지속가능경영을 위한

서비스 품질경영

유영목 · 임현정 · 김현승 지음

자유아카데미

머리말

후기산업사회(postindustrial society)로 대변되는 서비스 산업 시대의 도래는 이제 단순한 무형의 서비스 가치제공 차원을 넘어서 고객의 경험과 감동을 중요시하는 경험경제(experience economy) 시대로 발전해 가고 있다. 오늘날 선진화된 국가에서 서비스 산업이 차지하는 GDP대비 부가가치 창출의 비중은 미국의 경우 81.0%, 일본의 경우 68.5%이며, 우리나라의 경우도 57.0%로서 타 산업부문의 비중을 압도하고 있다. 특히, 눈부신 정보기술의 발전에 따른 인터넷과 SNS에 기반한 상품 거래 시장의 발전은 이러한 서비스 산업비중의 확대를 보다 가속화하고 있다. 따라서 서비스 산업의 경쟁력이 곧 전체 국가의 산업경쟁력을 좌우한다고 해도 과언이 아닐 것이다.

산업의 경쟁력이 상품과 서비스의 품질에 의해 크게 좌우된다는 것은 미국을 비롯한 세계 여러 나라의 초일류 기업들이 익히 경험하고 깨달은 바가 있다. 오늘날 기업들이 가장 활발하게 도입을 추진하고 있는 경영혁신 기법의 하나로서 식스 시그마(6 Sigma) 경영은 바로 "완벽한 품질구현을 통한 우수 경쟁력 확보"에 그 초점을 맞추고 있다. 세계 여러 나라들이 앞다투어 국가 품질 상을 제정하여 시행하고 있고, 다양한 국제적인 품질 인증제도가 만들어져서 시행되고 있는 사실도 경쟁력 향상을 위한 품질의 중요성을 잘 보여주는 것이다.

지난 100년간에 걸쳐서 품질개선을 위한 아이디어와 노력이 다양하게 개발되어 적용됐지만 이러한 품질개선 활동의 대부분은 유형의 가치창출을 중심으로 하는 제조 산업 부문에서 이뤄져 왔다. 본질적으로 무형의 가치창출을 기본으로 하는 서비스 산업 부문에서는 인적자원을 중심으로 한 무형적인 서비스 창출 활동을 객관적으로 측정하고 평가하기가 어려운 제약성이 있기 때문이다. 그러나 이러한 제약성에도 불구하고 제조 산업 부문에서 활발하게 도입되어 사용되고 있는 품질개선의 기본적인 개념과 도구들은 상당 부분 서비스 산업 부문에도 그대로 적용가능한 경우가 많이 있다. 가령 품질개선을 위한 "신뢰할 수 있는 공급업체 개발"의 중요성은 자동차를 조립하는 공장이나 햄버거를 조리하는 패스트 푸드 점에 모두 공통적으로 적용될 수 있는 구매관리 활동일 것이기 때문이다.

이 책은 이러한 관점에서 기존에 다양하게 개발되어 사용되고 있는 제조 부문의 품질개선 아이디어와 노력이 서비스 부문의 품질개선을 위해 어떻게 적용될 수 있는지를 모색해 보고 이를 제시해 보려는 것에 중점을 두고 있다. 그러나 이러한 중점은 기본적으로는 서비스 고유의 품질 개념의 정의와 측정 모델을 기반으로 실행되어야 할 필요가 있다. 서비스 상품은 분명히 제조 상품과 달리 특유한 품질의 특성과 차원을 가지고 있기 때문이다. 따라서 기존에 개발된 서비스 고유의 품질개선 아이디어와 노력도 이러한 중점에 적절하게 반영되어 조화를 이룰 필요가 있을 것이다.

이 책은 전체 5개의 부로 구성되어 있다. 기본적인 서비스 품질개선 노력의 틀은 서비스 품질 Gap 모델을 중심으로 전개되어 있다. 즉, 고객이 기대하는 서비스와 실제 지각하는 서비스의 차이(품질 Gap)를 최소화하기 위한 단계적 노력들로 구성되어 있는 것이다. 따라서 서비스 품질의 중요성과 체계를 설명하는 1부에 이어서 2부는 고객이 기대하는 서비스 욕구와 욕구 충족을 위해 설계한 서비스 규격의 차이를 최소화하는 것에 초점을 맞추어 설명하고 있다. 이어서 3부는 설계된 서비스 내용과 배달된 서비스 내용의 차이를 최소화하는 노력을 중심으로 설명하고 있으며, 4부는 배달된 서비스의 내용과 외부 커뮤니케이션을 통해 고객에게 알려진 서비스 내용 사이의 차이를 최소화하는 것에 초점을 맞추고 있다. 마지막으로 5부에서는 새로운 서비스 환경에 대응하기 위한 서비스 품질의 혁신방안에 대해 살펴보고 있다.

늘 책을 쓰는 과정에서 겪어온 일이지만 이 책을 마무리하면서도 많은 아쉬움이 남는 것은 어찌할 도리가 없다. 처음에 세웠던 거창한 원고 집필 계획은 시간이 갈수록 줄어들고 축소되어 흡족하지 않은 모습이 되고 말았다. 따라서 이 책을 읽으면서 “기대했던 수준에 비해 지각된 수준이 현저히 낮았다”라면 이는 전적으로 본 저자들의 책임일 수밖에 없다. 미흡한 부분이 있다면, 이 점은 양해를 바라며 출간 후 나올 수 있는 수정사항 등은 자유아카데미 홈페이지(www.freeaca.com) 자료실에 제공할 예정이니 참고하기를 바란다.

끝으로 이 책을 잘 마무리할 수 있도록 늘 곁에서 격려해 주고 도움을 아끼지 않았던 사랑하는 가족들에게 고마움을 전하고 싶다. 아울러 이 책의 멋진 출판을 위해 고생을 해주신 자유아카데미 관계자 여러분들께도 감사드린다.

2024년 10월

저자 일동

차례

1부 서비스 품질경영 시스템

1장 서비스 시스템의 이해

Ⅰ. 서비스 산업의 중요성 4
1. 서비스 산업의 발전 4
2. 우리나라 서비스 산업의 현황 12

Ⅱ. 서비스 시스템의 특징 16
1. 서비스와 제조의 차이 16
2. 서비스 상품의 복합성 21
3. 서비스 운영시스템의 유형과 과제 22
4. 서비스 행동의 성격 25

참고문헌 27

2장 서비스 품질경영 시스템

Ⅰ. 품질경영 시스템의 발전과정 30
1. 초기 및 산업혁명 시대 30
2. 과학적 관리법 시대 31
3. 통계적 품질관리 및 품질보증 시대 31
4. TQC 및 무결점 시대 35
5. TQM 및 Six Sigma 시대 38
6. 공공부문 서비스품질 경영 도입 43
7. 환경과 사회적 책임 45

Ⅱ. Total Quality Service 시스템 48
1. TQM의 구성요소 48
2. TQS의 체계 51

참고문헌 59

3장 서비스 품질의 개념과 측정

Ⅰ. 서비스 품질의 개념과 모델 62
1. 서비스 품질 개념 62
2. 서비스 품질 모델 64

Ⅱ. 서비스 품질의 측정 71
1. SERVQUAL에 의한 품질측정 71
2. SERVPERF에 의한 품질측정 76
3. 핵심상황법에 의한 서비스 품질측정 77

참고문헌 82

2부 서비스 설계 품질의 개선

4장 고객기대의 규명

Ⅰ. 고객기대의 이해 88
1. 고객의 욕구와 기대 88
2. 고객기대의 구성요소 88

Ⅱ. 고객기대의 측정 91
1. 고객목소리(VOC) 수집 91
2. 고객목소리(VOC)의 구조화 96
3. 고객목소리(VOC)의 계량화-가치측정기법 100
4. Kano 모델을 사용한 고객기대의 측정 109
5. 빅데이터 감성분석을 활용한 고객기대 측정 114

참고문헌 116

5장 고객기대의 설계규격화

Ⅰ. 서비스 설계의 전개 120
1. 서비스 설계와 상품 설계의 차이 120
2. CE 설계방식 122
3. QFD 설계방식 124

Ⅱ. 서비스 설계의 작성과 개선 132
1. 서비스 블루프린팅 132
2. 로부스트 설계 136
3. FMEA 142
4. 서비스 포카요케 144
5. 서비스 디자인 씽킹 146

참고문헌 148

3부 서비스 프로세스의 개선

6장 통계적 서비스 프로세스 관리

Ⅰ. 서비스 품질의 변동성 154
1. 품질변동의 원인 154
2. 품질변동의 형태 155
3. 프로세스 능력 지수 156

Ⅱ. 통계적 프로세스 관리 160
1. 품질특성과 관리도 160
2. 계량형 관리도 164
3. 계수형 관리도 169

참고문헌 177

7장 서비스 프로세스 개선 기법

Ⅰ. 서비스 프로세스 품질개선 시스템 180
1. 지속적 개선(CI) 180
2. PDCA 싸이클 181

Ⅱ. 서비스 프로세스 품질개선 도구 184
1. 서비스 품질개선 도구 184
2. 서비스 시설 및 현장 개선 192

Ⅲ. 서비스 프로세스 품질 인증 199
1. ISO 9000 199
2. ISO 14000 204
3. ISO 26000 – ISO SR 205
4. ISO 18091 206
5. ESG 206

참고문헌 209

8장 공급업체 파트너십 관리

Ⅰ. 전략적 파트너십 구축 212
1. 공급업체 소싱 프로세스 212
2. 공급업체 선정 기준 213
3. 공급업체 신뢰구축의 중요성 216
4. 공급업체 파트너십 구축의 단계 217
5. 파트너십의 관리와 전개 220
6. 지속가능 공급망 관리 221

Ⅱ. 혁신적 파트너십 관리 223
1. JIT–II 223
2. ECR 225
3. 공동 구매관리 228
4. 지속가능 구매 229

참고문헌 232

4부 고객관리 및 유지

9장 고객기대 관리

Ⅰ. 외부 촉진 및 커뮤니케이션 노력 238
1. 고객 커뮤니케이션과 내부 커뮤니케이션 238
2. 인적 커뮤니케이션 239
3. 광고 241
4. 판매촉진 242
5. PR 및 퍼블리시티 242
6. 사용 지침서 243
7. 기업 디자인 및 물적 증거 244
8. e-커뮤니케이션 245

Ⅱ. 서비스 배달 프로세스상의 노력 246
1. 고객기대 관리 모델 246
2. 고객기대 관리 250
3. 고객욕망 관리 251
4. 고객기대 조절요인 252
5. 서비스 대기와 고객 심리 254

참고문헌 256

10장 서비스 회복

Ⅰ. 서비스 실패와 영향 260
1. 서비스 실패와 고객 행동 260
2. 불만족 고객의 특성 263
3. 고객상실 비용 264

Ⅱ. 서비스 회복 시스템 266
1. 서비스 회복 절차 266
2. 서비스 회복 시스템의 구성 269

3. 서비스 회복노력에 대한 고객인식 273
4. 우수한 서비스 회복 기업의 특징 274
5. 상습적인 불만고객의 처리법 275
6. 서비스 보증 276
7. 서비스 회복 패러독스 280

참고문헌 282

5부 서비스 품질 혁신

11장 서비스 품질비용과 생산성

Ⅰ. 서비스 품질비용 모델 288
1. COQ 모델 288
2. PQC 모델 295
3. 서비스 품질 수준과 비용의 변화 299

Ⅱ. 서비스 품질비용의 측정 302
1. 직접적 품질비용 측정 302
2. 간접적 품질비용 측정 304

Ⅲ. 서비스 생산성 307
1. 서비스 생산성의 정의 307
2. 서비스 생산성의 구성요소 308

참고문헌 313
보충 315

12장 서비스 품질과 고객만족

Ⅰ. 서비스 품질 관련 모델 322
1. 서비스-수익 사슬 322
2. 고객만족지수 모델 324

Ⅱ. 서비스 품질, 서비스 가치 및 고객만족 327
1. 서비스 품질과 서비스 가치 327
2. 서비스 품질과 고객만족 329
3. 서비스 가치와 고객만족 330
4. 고객만족과 고객충성도 331

Ⅲ. 서비스 품질 리더십 332
1. 품질에 대한 헌신 333
2. 기업의 시스템과 가치에 대한 이해 333
3. 품질 프로세스 참여 334
4. 품질의 경영모델 통합 335

참고문헌 336

13장 식스 시그마 서비스와 서비스 디지털화

Ⅰ. 식스 시그마의 의미와 체계 340
1. 식스 시그마의 기원 340
2. 식스 시그마의 정의 341
3. 식스 시그마 품질수준의 의미 342
4. 식스 시그마 블랙 벨트 제도 346

Ⅱ. 식스 시그마의 실행단계 및 개선 프로세스 348
1. 식스 시그마 실행의 단계 348
2. 식스 시그마 개선 프로세스 354

Ⅲ. 서비스 디지털화 365
1. 품질 자동화와 효율성 365
2. 고객 경험 개선 366

참고문헌 367

14장 e-Service 품질

Ⅰ. e-Service 시장의 확대 370

1. 신성장 e-Service 분야 370
2. e-Service로 비중이 이동되는 분야 371
3. e-Service로 서비스가 확장되는 분야 372

Ⅱ. e-Service 품질의 특징 373

1. e-Service와 전통적 서비스의 차이 373
2. e-Service와 e-Commerce의 차이 375
3. e-Service와 고객경험 375

Ⅲ. e-Service 품질의 측정 379

1. e-Service 경쟁능력 379
2. e-Service 품질 모형 383

참고문헌 390

찾아보기 393

1부

서비스 품질경영 시스템

후기산업사회로 대변되는 서비스 산업 시대의 도래는 이제 단순한 무형의 서비스 가치제공 차원을 넘어서 고객의 경험과 감동을 중요시하는 경험경제 시대로 발전해 가고 있다. 오늘날 선진화된 국가에서 서비스 산업이 차지하는 GDP 대비 부가가치 창출의 비중은 미국의 경우 81.0%, 일본의 경우 68.5%이며, 우리나라의 경우 57.0%로서 다른 국가들과 마찬가지로 타 산업 부문의 비중을 압도하고 있다. 따라서 서비스 산업의 경쟁력이 곧 전체 국가의 산업 경쟁력을 좌우한다고 해도 과언이 아닐 것이다. 산업의 경쟁력이 상품과 서비스의 품질에 의해 크게 좌우된다는 것은 세계 여러 나라들이 앞 다투어 국가품질상을 제정하여 시행하고 있고, 국제적인 품질 인증제도를 만들어서 시행하고 있다는 사실에서도 찾아볼 수 있다. 제1부에서는 이러한 서비스 품질의 중요성에 대한 이해를 돕기 위해서 먼저 서비스의 개념과 중요성을 살펴보고, 다음으로 서비스 품질경영을 위한 시스템의 구축방안을 살펴보기로 한다. 아울러 이러한 기본적인 서비스 품질과 품질경영 시스템의 이해를 바탕으로 구체적인 서비스 품질의 구성요소와 그 측정방안에 대해서도 살펴보기로 한다.

1장 서비스 시스템의 이해
2장 서비스 품질경영 시스템
3장 서비스 품질의 개념과 측정

>>> 1장

서비스 시스템의 이해

무형의 가치창출을 통한 고객욕구의 충족에 초점을 맞추는 서비스 산업은 국가 경제가 고도화될수록 그 비중이 확대되는 특징을 가지고 있다. 경제적인 여유 증가에 따라 사회문화적인 활동에 대한 관심이 증대되고, 노령인구의 증가에 따라 실버산업 등과 같은 새로운 서비스 비즈니스에 대한 욕구가 확대되면서 서비스 수요의 증가가 폭넓게 이루어지기 때문이다. 아울러 다양한 정보기술의 발전에 따른 생산시스템의 자동화는 제조산업들로 하여금 생산시스템의 운영보다는 고객에 대한 지원활동에 더욱 많은 관심을 쏟을 수 있게 만들고 있다. 이는 전략적으로 상품의 단순한 제공을 넘어 고객욕구 충족을 위한 통합 솔루션 제공을 가능하게 만들어서 제조 비즈니스의 서비스 비즈니스화를 가속화하고 있다. 이 장에서는 먼저 이러한 서비스 산업활동이 가지는 경제적인 중요성을 세부적으로 살펴보고, 다음으로 서비스가 제조와 구별되는 독특한 특징이 무엇인지를 살펴보며, 마지막으로 서비스 시스템 및 행동의 유형과 그에 따른 과제를 논의해 보기로 한다.

핵심용어

- 사회문화적 변화
- 후기산업사회
- 서비스 – 제조의 차이
- 신뢰속성
- 대량 서비스
- 소유물 프로세싱
- 전기산업사회
- 경험경제시대
- 탐색속성
- 서비스 공장
- 서비스 패키지
- 전문서비스
- 정신적 자극 프로세싱
- 산업사회
- 경영전략적 변화
- 경험속성
- 서비타이제이션
- 서비스 숍
- 인간 프로세싱
- 정보 프로세싱
- OTT 서비스

I 서비스 산업의 중요성

1 서비스 산업의 발전

서비스 산업은 산업의 고도화와 더불어 급격한 성장을 보여왔다. 일례로 1900년대 초기만 해도 미국의 경우 서비스 부문에 고용된 인원의 비율은 30% 정도였고, 나머지 대부분의 인원은 농업과 제조업에 종사하고 있었다. 그러나 2차 세계대전 이후 1950년경에는 그 비율이 50%까지 증가하였고, 지금은 거의 80%에 육박하는 인원이 서비스 산업에 종사하고 있다(Bordoloi 등, 2023). 특히 제조 산업에 고용된 인원 중에도 마케팅, 재무, 구매 등과 같이 실질적으로 서비스 성격의 활동에 종사하는 인원의 비중이 44%나 된다는 조사 결과(Demig, 1980)를 감안한다면 서비스 산업의 비중은 절대적이라고 해도 과언이 아닐 것이다. 일찍이 Colin Clark는 산업이 고도화될수록 소위 3차 산업으로 분류되는 서비스 산업은 커져서 선진화된 경제가 되면 가장 큰 비중을 차지하게 된다고 설명한 바 있으며, 이러한 그의 주장은 실제로 여러 선진 국가들의 고용구조에서 쉽게 그 증거를 찾아볼 수 있다.

서비스 산업의 발전이 지속적으로 이루어지는 이유는 여러 가지 측면에서 살펴볼 수 있을 것이다. 문화적인 변화나 인구통계적 구성변화 혹은 라이프 스타일 변화 등과 같은 사회적인 변화의 요소를 중심으로 설명해 볼 수도 있고(Bareham, 1989), 산업사회의 발전 과정에서 이루어지는 자연스러운 현상으로 설명해 볼 수도 있을 것이다(Bell, 1973). 전기산업사회, 산업사회, 후기산업사회로 발전하면서 서비스 산업의 비중이 점차 확대될 수밖에 없다고 보는 산업사회 발전 이론은 보다 나아가서 경험경제 시대(Pine과 Gilmore, 1998)로 발전할 것이라는 전망까지도 낳고 있다. 또한 전략적 측면에서 기업이 살아남고 성장하기 위해서는 새로운 비즈니스 설계 모델을 바탕으로 수익성 있는 영역(profit zone)으로 확대해 나아가야 한다는 가치 이동(value migration)의 개념(Slywotzky와 Morrison, 2001)은 제조기업조차도 수익성이 높은 영역을 좇아서 서비스 영역으로 확장해 나아가도록 요구하고 있다. 이러한 서비스 산업의 성장 이유에 대한 다양한 설명은 다음의 3가지 측면 즉, 사회문화적 변화, 산업의 고도화, 기업의 경영 전략적 변화의 관점에서 요약해 볼 수 있을 것이다.

1.1 사회문화적 변화

사회문화적 변화는 경제발전과 소득증대, 사회제도 변화, 고객인식 변화 등의 다양한 요소들의 복합적인 결과로 나타나게 된다. 이러한 사회문화적 변화 요소들은 다양한 서비스 수요를 창출하게 된다. 가령, 주 5일 근무제도와 같은 사회 제도적 변화는 늘어난 여가를 활용하기 위한 서비스 수요를 창출하게 된다. 또한 혼인 연령의 증가, 높은 이혼율과 같은 결혼에 대한 인식변화는 독신자의 비중을 높이게 되고, 결과적으로 이들을 위한 서비스 수요를 증가시키게 된다. 일반적으로 사회문화적 변화에 따른 서비스 산업의 증대 효과는 다음의 4가지 측면에서 살펴볼 수 있다(Bareham, 1989):

- **문화적 변화**: 건강, 신체 단련, 환경 안전성에 대한 관심 증대는 관련 상품과 서비스에 대한 새로운 시장을 창출하게 된다.
- **인구통계적 변화**: 특히 노령인구의 증가 현상은 은퇴한 노년층에 대한 여가 활용, 의료 보호, 주거 지원, 양로시설에 대한 수요 창출이 이루어지게 된다.
- **라이프 스타일 변화**: 유연성 있는 근무 패턴, 레저에 대한 기대감 변화는 개별화된 서비스, 시간 절약형 서비스, 특별한 경험을 제공하는 서비스, 특정 관심사항을 배려하는 서비스에 대한 수요를 창출하게 된다.
- **서비스 조직규모의 증대**: 서비스를 제공하는 조직 자체의 규모가 증가하면서 서비스 수요증진을 위한 촉진 활동이 가능하게 되었고, 결과적으로 서비스 수요를 증가시키게 된다.

1.2 산업의 고도화

Bell(1973)에 따르면, 산업의 발전 과정은 3단계로 구분될 수 있다. 즉, 농업을 중심으로 하는 전기산업사회(preindustrial society), 제조를 중심으로 하는 산업사회(industrial society) 그리고 서비스를 중심으로 하는 후기산업사회(postindustrial society)이다. Pine과 Gilmore(1998)는 이에 더하여 서비스를 초월하여 경험을 중심으로 하는 경험경제(economy of experience) 시대의 등장을 제기한 바 있다. 〈표 1.1〉은 이러한 4가지 산업 영역이 가지는 특징을 요약하고 있다.

최근에 급속하게 이루어지고 있는 과학과 정보 그리고 통신기술 등의 발전은 산업사회의 핵심을 이루는 제조활동에서 고도의 자동화를 실현하게 함으로써 제조 부문의 인력소요를 급격하게 감소시키는 효과를 가져오게 되었다. 이러한 인력소요의 감소 현상은 마치 산업혁명으로 인해 농어업에 종사하던 많은 노동력이 제조 산업으로 이동하였던 것처럼, 많은 제조 산업의 노동력들이 후기산업사회의 영역 즉, 서비스 산업영역으로 이동할 수밖에 없다는 것이 산업고도화에 따른 서비스 산업 증가의 이유이다.

산업사회에서 후기산업사회로의 이동은 다음과 같이 여러 가지 측면에서 그 원인을 찾아볼 수 있다:

- **교통과 전기/수도처럼 산업 발전을 지원하기 위한 서비스의 자연적인 발전 때문이다:** 생산과정에 노동력을 절약하는 시설이 도입되면서 유지 및 수리와 같은 비제조활동에 대한 노동력의 수요가 자연히 증가하게 되는 것이다.
- **인구와 상품의 대량소비가 늘면서 이를 효율적으로 지원하기 위한 도소매 유통활동이나 은행, 부동산, 보험 등의 금융거래 활동이 증가하기 때문이다.**
- **소득이 증가하면서 음식과 주거와 같은 필수품에 대한 소비가 줄고, 더욱 풍족한 생활을 반영하는 서비스 소비가 증대하기 때문이다:** 즉, 기초적이고 물질적인 욕구 충족보다는 보건, 의료, 교육, 연예 서비스 등과 같이 삶의 질을 높이기 위한 전문적인 서비스 욕구충족에 대한 관심이 점점 증가하는 것이다.

이러한 질 높은 서비스에 대한 욕구는 '서비스'보다는 '경험'을 중시하는 서비스의 개념으로 발전해 가고 있다. 소위 경험경제 시대의 도래는 '만족스러운 서비스의 제공'이 아닌 '감동적인 경험의 창출'로 서비스 상품의 초점이 옮겨가고 있음을 강조하고 있다.

표 1.1 산업유형별 특징 비교

구분 \ 경제	농업	산업	서비스	경험
기능	추출	제조	배달	연출
성격	대체성	유형적	무형적	인상적
속성	자연적임	표준화 됨	고객화 됨	개인화 됨
공급방법	대량저장	재고저장	수요에 따른 배달	시간을 두고 나타남
판 매 자	상인	제조자	제공자	연출자
구 매 자	시장	사용자	고객	손님

자료: Pine Jr., B.J. and Gilmore, J.H. (1998), "Welcome to the Experience Economy," *Harvard Business Review*, July−August, p. 98.

이에 따라 고객에게 감동적인 경험을 제공하려면 단순한 서비스 창출이 아닌 서비스 연출이 필요하게 된다. 마치 무대에서 각본에 따라 연극을 연출하는 것처럼 고객에게 감동을 주기 위한 서비스의 연출이 필요하다는 것이다. 단순한 여행상품을 제공하는 것은 서비스의 판매개념이지만, 신혼여행을 위해 특정 신혼부부만을 위한 여행지 선정과 숙박, 항공편 예약, 관광 안내 서비스를 제공하는 바로 경험의 판매개념이라고 볼 수 있을 것이다.

고객과의 대면이 서비스가 아닌 경험으로 인식되려면 어떠한 특징을 가져야 할까? 암벽등반, 테마파크, 박물관 등과 같은 다양한 경험 제공자들과의 인터뷰를 통해서 살펴본 상품으로서 경험이 가져야 할 특징은 다음의 5가지로 요약해 볼 수 있다. 즉, 다음의 5가지 요소 중 적어도 하나 이상의 특징을 고객이 느낄 수 있어야 고객에게 경험을 제공한다고 말할 수 있다는 것이다(Poulsson과 Kale, 2004).

(1) 개인적인 연관성(personal relevance)

특정한 경험에 참여하고자 하는 내적인 흥분, 활성화, 준비 상태를 말한다. 경험에 관심을 두는 정도에 직접적인 영향을 미치기 때문에 고객이 경험에 참여하게 되는 정도에 영향을 미치게 된다.

(2) 진기함(novelty)

기존의 경험과는 다른 자극 조건의 변화를 나타낸다. 새롭고 색다른 것에 더욱 관심과 매력을 느끼게 되는 인간의 본성을 나타내는 특징이다. 대상 자체가 진기하냐 아니냐는 중요하지 않다. 그것이 고객에게 진기하게 보이느냐 하는 것이 중요한 것이다. 호랑이 자체가 진기하게 보이진 않지만, 야생동물보호구역에서 호랑이를 만져볼 수 있다는 것은 분명 방문객들에게 진기하게 느껴질 만한 경험일 것이다.

(3) 놀라움(surprising)

고객은 통상 기대하는 수준을 넘어선 기대하지 못했던 결과를 얻었을 때 놀라운 경험을 얻게 된다. 따라서 경험을 제공함에 있어서 적절한 놀라움을 연출하려면 고객이 경험에 대해 기대하는 바를 면밀하게 평가하고 조정하는 노력이 중요하다.

(4) 학습(learning)

지각된 과업의 난이도와 고객에게 요구되는 기술의 정도가 높고 균형을 이룰 때, 관련된 이슈나 활동의 개인적인 연관성이 높을 때, 그리고 경험자가 학습환경에 대한 통제가 가능할 때, 학습을 통해 경험의 내용이 더욱 풍부해질 수 있다. 학습의 조건이 잘 마련되면 바로 참여로 이어지게 된다.

(5) 참여(engagement)

고객과의 상호작용을 통해 참여를 유도할 수 있다. 고객의 요구를 반영함으로써 고객이 적극적으로 관여하게 만들고 효과적인 피드백을 제공하게 되면 고객의 경험 참여 수준을 높일 수가 있다.

1.3 기업의 경영전략적 변화

시장환경의 변화에 따른 기업의 경영전략 변화도 서비스 수요증대에 중요한 영향을 미치고 있다. 경영전략적 변화에 따른 서비스 수요 증대 효과는 다음의 3가지 측면에서 살펴볼 수 있다:

(1) 아웃소싱의 증대

제조사업 부문의 경영전략적 변화의 패턴은 연구개발, 마케팅, 정보관리, 재무 및 회계관리 등과 같이 제조기업 내에 귀속되어 있던 서비스 활동들을 외부로 아웃소싱(outsourcing)하게 되면서 관련 서비스 산업의 활동을 증대시키고 있다. 즉, 핵심역량(core competence)을 중심으로 한 초점화 전략의 중요성 인식은 외부로부터 보다 나은 지원 서비스를 받을 수 있는 기능영역의 활동들을 과감히 아웃소싱하는 경영전략적 변화를 추진하게 되었고, 이는 바로 다양한 전문 서비스 제공 비즈니스의 확대를 낳고 있는 것이다. 일례로 세계적인 커뮤니케이션 시스템 제조회사인 Cisco의 경우 FedEx에 부품운송 및 저장 활동을 아웃소싱하여 신속한 고객주문 대응과 부품관리 비용의 절감 효과를 거두고 있다(Poirier와 Bauer, 2001). 기존에는 회사의 각 지역 창고에 저장해 놓았던 부품들을 고객의 위치로 옮겨서 조립하는 방식을 취해왔었다. 그러나 연간 40%에 달하는 고객수요의 증가에 대응하여 새로운 창고를 짓고, 늘어난 부품 재고를 관리하고, 운송비용을 부담한다는 것은 매우 비효율적인 것이라는 사실을 깨닫게 되었다. 결과적으로

Cisco는 FedEx에 부품운송 및 관리 활동을 위임하는 정책을 채택하게 되었고, 배달 및 운송에 전문적인 서비스 능력을 갖춘 FedEx는 Cisco의 요청에 따라 필요한 부품을 고객의 위치에 신속하고 정확하게 공급해 주고 있다.

(2) 비즈니스 모델의 변화 – 서비타이제이션

제조기업들이 보다 나은 수익성을 추구하기 위해 서비스 영역으로 비즈니스 모델을 변화시키는 전략을 추구함에 따라 나타나는 서비스 산업의 증대 현상을 말하며, 이를 서비타이제이션(servitization)이라고 표현하기도 한다.

서비타이제이션(servitization)이란 용어는 처음 Vandermerwe와 Rada(1988)에 의해서 상품에 서비스를 부가시켜서 가치를 창출하는 프로세스를 지칭하는 용어로 사용되었다. 서비타이제이션에 대한 개념 정의는 다양하게 시도되고 있지만 본질적으로는 제조기업들이 서비스 구성요소를 보다 많이 상품제공 프로세스에 가미하려는 노력이라는 것을 공통으로 인식하고 있다. 보다 포괄적으로 서비타이제이션을 "제조기업들이 고객의 욕구를 만족시키고, 경쟁의 우위를 달성하며, 기업의 성과를 증대시킬 목적으로 서비스 지향성을 강화하고 더욱 다양하고 개선된 서비스를 개발하고자 하는 변화 프로세스"라고 정의하고 있다(Ren과 Gregory, 2007).

비즈니스 모델 변화 전략의 대표적인 예로서는 GE를 들 수 있다(Slywotzky와 Morrison, 2001). GE 비즈니스 모델 변화 전략의 핵심은 '상품판매'의 개념에서 '솔루션(solution) 판매'의 개념으로 전환한 것이다. 단순히 저렴하고 품질 높은 상품을 만들어서 판매한다는 제조 중심의 경영전략적 사고에서 벗어나 고객이 원하고 필요로 하는 것을 해결해 주기 위한 솔루션을 판매한다는 서비스 중심의 경영전략적 초점으로 이동한 것이다.

2020년 GE 리포트에 따르면, GE는 소프트웨어가 원격으로 산업을 지원하는 뉴노멀을 기반으로 산업용 소프트웨어 시장을 공략하고 있다. 전력망, 발전, 석유와 가스, 제조 등 네 분야로 나누고, 분야별로 고객을 방문하여 고객 기업의 기계, 발전소, 공장 등에서 생성되고 축적되는 데이터에서 고객이 무엇을 배울 수 있는지 이해할 수 있도록 지원하고 있다. 이러한 방법의 효과가 입증되어 현재 GE의 여러 비즈니스에서 활용되고 있으며, 이러한 방식의 비즈니스 접근법은 의외의 결과를 만들었는데 코로나 바이러스가 팬더믹 양상으로 지속되면서 직원들이 원격으로 업무를 수행할 수밖에 없는 상황에서도 생산시설이 원활히 돌아가고, 발전소와 수처리시설이 문제없이 가동될 수 있도록 고객을 지원하였다. 이러한 비즈니스 모델변화전략을 기반으로 팬더믹 기간에도 GE의 매출액은 2021년 74,196백만 달러, 2022년 76,555백만 달러, 영업이익은 2021년 3,677백만 달러, 2022년 1,719백만 달러를 달성하였다. 2023년 GE가 대형 사업 부문 한 곳인 GE 헬스케어를 분사하였기 때문에 전년 대비 단순 비교가 어려워졌지만, 항공 부문의 주문이 전년동기비 37% 증가하였고, 매출은 28%가 증가함에 따라 마진율도 상승하였다. 또한 가스파워 사업 부문 주문은 7% 늘었고, 매출은 1년 전과 같지만, 순익 마진율은 높아지면서 18% 증가하였다. 코로나 팬더믹 및 비즈니스 모델 변화와 같은 여러 이슈에도 불구하고 GE 산하 전 사업 부문은 고른 성장세를 보이고 있는 것이다(초이스스탁US, 2023).

국내에서는 1989년 설립된 Coway도 제조 중심에서 벗어나 서비스 중심으로 변모한 대표적인 기업이라 할 수 있다. Coway는 초창기 정수기를 넘어서 매트리스까지 다양한 가정용품에 대한 렌털(rental)와 함께 고객 방문케어 서비스인 하트 서비스를 제공하고 있다. Coway의 대표적인 정수기 방문케어 서비스인 하트 서비스는 주기적으로 정수기를 직접 살균 및 세척하고 필터 교체까지 고객의 제품을 체계적으로 관리해 주는 서비스이다. 또한 현재 주방부터 거실, 욕실, 침실로 서비스의 영역이 확장된 렌털 비즈니스와 결합한 주기적인 관리 서비스로 고객의 모든 공간을 케어하는 서비스 제공을 목표로 하고 있다. 이는 제품에 한정된 서비스를 넘어서 공간을 케어하는 것으로 서비스의 영역을 더욱 확장하고 있는 것이다. 더욱 확대된 서비스 영역에 힘입어 Coway의 2022년 매출액은 3조 8,561억 원, 영업이익은 6,774억 원으로 전년 대비 5.2%, 5.8% 증가하였으며, 모두 역대 최대를 달성하였다(ZDNET Korea, 2023).

아울러 LG는 가전의 초개인화 구현을 하기 위해 스마트가전 전용 인공지능 칩과 운영체계를 탑재하여 개인 취향과 라이프 스타일에 맞춘 사용자 경험을 제공하는 노력을 시도하고 있다. 또한 구독 및 제휴 서비스를 결합하여 기존 사용경험을 확대시키고 외부 O2O(Online to Offline) 서비스와 결합하여 가전제품의 개인 맞춤형 서비스 추천을 넘어서 관련 외부 서비스까지 연결해 주는 UP가전 2.0의 실행을 2023년 발표하였다. 이제는 고객을 위한 토탈 솔루션 제공을 넘어서 초개인화를 기반으로 한 기존 생활가전을 스마트 홈 솔루션으로 전환시키는 혁신에 도전하고 있는 것이다(LG전자, 2023).

(3) e-business의 확대

기존의 유통채널이 아닌 인터넷이나 TV 등을 통한 마케팅 활동의 증대가 또 다른 서비스 부문의 활동을 증가시키는 요인이 되고 있다. 특히 주문한 상품을 배달하고, 반환된 상품을 회수하는 일련의 물류 활동 수요의 폭발적인 증대는 물류 부문 서비스 산업의 급격한 성장을 가져오고 있다. 또한 인터넷 쇼핑몰 등과 같은 Online Market의 구축이나 유지를 위해서 요구되는 소프트웨어와 전문인력의 수요증대는 관련 서비스 산업 부문의 활성화에 커다란 기여를 하고 있다. 이러한 e-business 활동의 증대는 그 밖에도 고속 데이터 전송을 위한 통신 서비스 활동, 대금결제와 관련한 금융 서비스 활동, 거래 안전성 유지를 위한 정보관리 활동 등 다양한 서비스 영역에서 새로운 수요를 창출하고 있다.

기존의 Market이 온라인으로 확대되고 있는 것과 더불어 기술의 발달과 고객 생활패턴 및 니즈 변화로 인해 새로운 시장이 등장하기도 한다. 인터넷 기반 동영상 서비스인 OTT(Over-The-Top) 시장은 과거 지상파 TV, 유료 유선방송, IPTV 등을 통해 영상 콘텐츠를 소비하던 것이 스마트폰의 성능과 5G 통신의 발달로 인해 스마트폰을 통한 이용이 충분히 가능해지면서 새로운 시장으로 등장하였다. 방송통신위원회에 따르면 2020년 기준 OTT 시장 규모는 7,801억 원, 2021년은 1조 원 이상으로 추정된다. 2016년 Netflix의 등장 이후 지난 8년간 연평균성장률(CAGR; Compound Annual Growth Rate)은 무려 28%에 달하였다. 특히, Netflix가 한국에 들어온 2016년 이후 국내에 토종 OTT 티빙, 웨이브 등이 출시되면서 사업 규모 성장률은 더욱 가속화되었다. 미국의 시장조사업체 Grand View Research가 최근 발표한 글로벌 스트리밍 시장보고서 Video Streaming Market Analysis & Segment Forecasts to 2027에 따르면, 전 세계 스트리밍 시장 규모는 2020년 501억 달러에서 2027년 1,843억 달러로 확대될 것으로 전망하고 있다(전이슬, 2020).

다음 〈표 1.2〉를 보면 2027년까지의 전 세계 스트리밍 시장 규모에 대한 지역별 예측치를 세부적으로 확인할 수 있다.

표 1.2 2027년까지의 전세계 스트리밍 시장 규모에 대한 지역별 예측치

지역	성장률	세부내용
북미	19.5%	· SVOD 서비스 중심의 경쟁구도 · AVOD 신규가입률 상승세 · 2020년: 195.5억 달러 · 2027년: 680.3억 달러
유럽	20.8%	· 지역별 서비스에 중점을 둔 토종 플랫폼의 경쟁력 강화 추진 · 로컬 콘텐츠 개발과 합작 플랫폼 운영 · 2020년: 151.7억 달러 · 2027년: 570.0억 달러
아시아태평양	21.5%	· 기간 중 가장 높은 성장률 유지 · AVOD의 인기 속에서 광고는 스트리밍 플랫폼의 핵심수익원 · 2020년: 117.4억 달러 · 2027년: 459.4억 달러
중동 · 아프리카	19.9%	· 불법 복제와 낮은 가처분 소득으로 OTT 성장을 억제 · 핵심사업자인 STARZPLAY가 통신사와 협업해 시장을 견인 · 2020년: 22.3억 달러 · 2027년: 79.3억 달러
남미	20.8%	· 브라질과 아르헨티나 중심으로 시장 형성 및 성장 · 시장에 조기 진입한 Netflix의 우위 지속 · 2020년: 14.3억 달러 · 2027년: 53.7억 달러

자료: 지인해(2023), "국내 OTT 산업 및 기업의 주요 현황과 시사점," *KCA Media Issue Trend*, vol.54, p.22-32.

2 우리나라 서비스 산업의 현황

다음의 〈그림 1.1〉과 〈그림 1.2〉에 나타낸 바와 같이 우리나라의 경제에 있어서 서비스 산업이 차지하는 비중은 매우 크다. 2022년 기준으로 볼 때, 우리나라 전체의 GDP 규모는 총 2,161조 773.9십억 원에 달한다. 이 중에서 농림, 어업, 광업과 제조업을 제외한 서비스 산업 전체(전기가스 수도업, 건설업, 서비스업)의 GDP 규모는 모두 1,254조 564.3십억 원으로서 우리나라 전체 GDP 중에서 64%를 차지하고 있다(〈그림 1.1〉 참조).

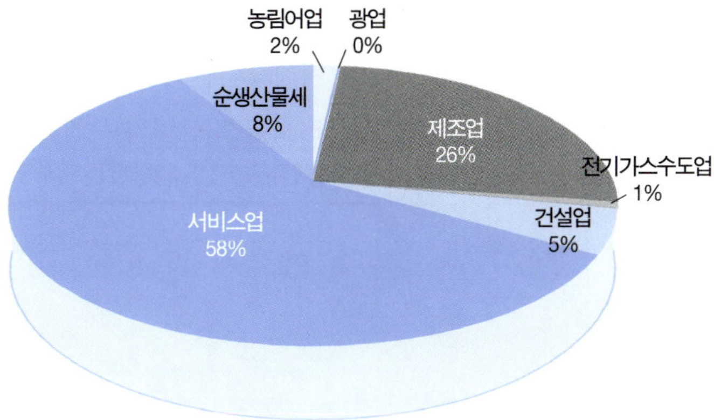

그림 1.1 2022년 우리나라 서비스 산업의 GDP 비중
자료: 국가통계포털(2023), http://kosis.nso.go.kr

2022년 산업별 고용인원의 비중을 기준으로 볼 때는 서비스 산업의 비중이 더욱 크게 나타나고 있다. 〈그림 1.2〉에서 보는 바와 같이 농업 · 어업 · 광업(6%)과 제조업(16%)을 제외한 서비스 산업 전체의 고용비중은 78%로서 GDP 비중보다도 크게 나타나고 있다.

그러나 우리나라 서비스 산업의 비중이나 경쟁력의 수준은 다른 OECD 국가들의 수준과 비교하면 낮은 편이라고 할 수 있다.

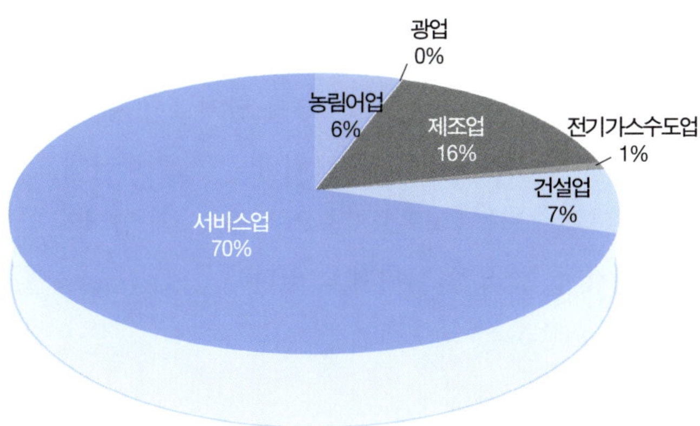

그림 1.2 2022년 우리나라 서비스 산업의 고용비중
자료: 국가통계포털(2023), http://kosis.nso.go.kr

다음 〈그림 1.3〉을 보면 우리나라의 총 GDP에 대비한 서비스 산업의 부가가치 비율은 57.0%로서 미국(81.0%)이나 영국(71.7%)에 비해 크게 낮은 수준에 머물러 있다. 제조 산업에 있어서 세계적인 경쟁력을 갖춘 일본도 서비스 산업의 부가가치 비중은 68.5%로 비교적 낮은 편이다. 이들 국가에 비해 우리나라는 서비스 산업의 비중은 보다 낮은 수준을 보이고 있다.

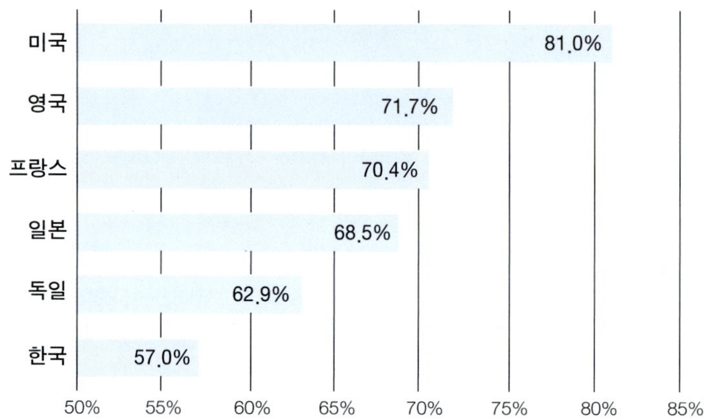

그림 1.3 2021년 주요 OECD국가의 GDP대비 서비스산업 부가가치의 비중
자료: 산업통계분석시스템(2023), http://istans.or.kr

우리나라 서비스 산업의 상대적인 취약성은 국가 간의 서비스 거래에서 두드러지게 나타난다. 다음의 〈표 1.3〉에서 보는 바와 같이 국가 간에 이루어지는 서비스 교역의 측면에서 볼 때 우리나라 서비스 수출은 1,015억 달러로서 세계 16위 수준이며, 수입 규모는 이보다 큰 1,250억 달러로서 세계 11위의 수준을 나타내고 있다. 결과적으로 우리나라의 서비스 거래의 수지는 2019년 기준으로 총 235억 달러의 적자로 중국, 독일에 이어 세 번째로 적자가 큰 것으로 나타나고 있다.

표 1.3 2019년 주요국 상업 서비스 교역 현황

국가	교역		수출		수입		수지
	억 달러	%	억 달러	%	억 달러	%	억 달러
세계	117,963	100	60,656	100	57,306	100	3,350
미국	14,175	12.0	8,533	14.1	5,643	9.8	2,890
영국	6,910	5.9	4,118	6.8	2,792	4.9	1,326
독일	6,982	5.9	3,352	5.5	3,630	6.3	-277
프랑스	5,499	4.7	2,871	4.7	2,628	4.6	243
중국	7,786	6.6	2,817	4.6	4,970	8.7	-2,153
네덜란드	5,083	4.3	2,621	4.3	2,461	4.3	160
일본	4,023	3.4	2,005	3.3	2,017	3.5	-12
이탈리아	2,441	2.1	1,214	2.0	1,227	2.1	-13
한국	2,264	1.9	1,015	1.7	1,250	2.2	-235
홍콩	1,803	1.5	1,013	1.7	788	1.4	224

* 10대 상품 무역 대국 대상이며, 서비스 수출액 순으로 정렬함
자료: 한국무역협회(2020), *한국 서비스 수출의 국제적 위상과 경제 기여 효과*

또한 다음 〈표 1.4〉를 참고하여 서비스 거래의 항목별 수지를 살펴보면 우리나라는 주요국 대비 운송, 건설 등의 수출 비중이 비교적 큰 반면, 부가가치가 높은 보험·금융 수출 비중은 낮은 수준으로 나타나고 있다.

표 1.4 2019년 주요국 세부 업종별 서비스 수출 비중(%)

구분	여행	기타사업	운송	정보 통신 컴퓨터	보험 및 금융	지식 재산권	가공	건설	유지보수	개인여가 문화
세계	23.1	22.2	16.6	10.8	10.5	6.7	2.0	1.8	1.8	1.2
미국	22.1	21.6	10.4	6.4	17.3	13.4	0.0	0.4	3.2	2.7
중국	12.2	25.9	16.2	19.0	3.1	2.3	6.9	9.9	3.6	0.4
독일	12.2	27.2	20.4	12.4	11.5	7.1	2.5	0.7	3.6	0.8
일본	22.1	22.3	12.8	3.3	7.9	22.8	0.5	5.2	0.5	0.5
한국	17.4	22.9	25.7	5.4	3.8	7.6	2.2	12.3	0.6	1.3

자료: 한국무역협회(2020), *한국 서비스 수출의 국제적 위상과 경제 기여 효과*

코로나 팬더믹, e-서비스 산업의 확대로 인해 전 세계적으로 서비스 경제의 중요성이 더욱 높아질 것으로 예측되고 있다. 아울러 세계 경제의 불확실성이 높아지고 있는 상황에서 세계 서비스 수요는 상품 수요에 비해 경기변동성이 작아, 대외의존도가 높은 우리 교역구조의 특성상 서비스 수출 확대가 경제 변동성의 완화를 가져올 수 있다는 기대감에서 앞으로 서비스 산업은 더욱 중요해질 전망이다.

Ⅱ 서비스 시스템의 특징

1 서비스와 제조의 차이

고객에게 제공되는 프로세스의 산출물(output)은 물리적인 형태를 갖춘, 유형적인 성격의 상품(goods)과 보이지 않는, 무형적인 성격의 서비스(services)로 나누어 볼 수 있다. 고객이 필요로 하는 욕구를 상품의 창출을 통해 충족시키는 데에 초점을 두는 산업은 제조(manufacturing)라고 하는 반면, 무형적인 가치의 창출을 통해 충족시키는 데에 초점을 두는 산업은 서비스라고 한다. 산출물을 창출하는 프로세스의 성격이 제조인지 서비스인지에 따라서 프로세스 운영을 책임지는 관리자의 관리 초점은 달라지게 된다. 일례로 자동차, TV 등을 생산하는 제조 프로세스에는 고객의 참여가 거의 이루어지지 않지만, 고객이 원하는 음식을 제공하는 서비스 프로세스에는 고객의 참여와 관여가 활발하게 이루어지게 된다. 따라서 프로세스의 운영에 있어 서비스 부문의 경우는 고객에 대한 고려와 배려가 중요한 요소가 된다. 일반적으로 제조와 서비스의 차이를 이해하기 위해서는 창출의 대상인 상품과 서비스의 차이를 이해하는 것이 필요하다. 전통적으로 상품과 서비스의 차이는 무형성(intangibility), 이질성(heterogeneity), 소멸성(perishability), 동시성(simultaneity)의 4가지 차원을 중심으로 설명해 왔으나(Sasser 등, 1978), 보다 구체적으로는 〈표 1.5〉에 나타낸 바와 같이 9가지 측면으로 나누어 살펴볼 수 있다(Lovelock과 Wright, 2002).

표 1.5 서비스와 상품의 기본적인 차이점

- 고객은 서비스의 소유권을 획득하지 않는다.
- 서비스는 무형의 성과를 제공한다.
- 고객이 생산 프로세스에 참여하는 정도가 높다.
- 다른 고객도 서비스의 일부분을 형성할 수 있다.
- 투입물이나 산출물의 변동성이 높다.
- 대다수 서비스의 경우 고객의 평가가 어렵다.
- 일반적으로 재고가 존재하지 않는다.
- 시간적인 요소의 고려가 보다 중요하다.
- 다양한 배달 경로 시스템을 사용하게 된다.

(1) 고객의 소유권 비획득

서비스가 상품과 다른 큰 특징 중의 하나는 고객이 실질적으로 가시적인 요소의 영속적인 소유권을 획득하지 않은 채 서비스 자체로부터 필요한 가치를 도출하여 사용한다는 것이다. 승용차나 호텔 룸을 빌려 쓰는 것이나 혹은 변호사나 의사의 전문적인 지식을 활용하는 것은 바로 그 예가 된다. 서비스의 결과 못지않게 서비스 프로세스에서 받는 대우도 고객의 만족감에 중요한 영향을 미치게 된다.

(2) 무형성과 제공

극장의 좌석이나 식당에서 제공하는 음식과 같이 서비스의 내용에 유형적 요소가 종종 포함되긴 하지만, 본질적으로 서비스가 제공하는 성과는 무형적인 것이다. 따라서 똑같이 승용차를 기반으로 고객에게 가치를 제공하는 회사들이지만 유형적인 속성에 치중하는 제조회사가 승용차를 광고할 때 중점을 두는 측면과 무형적인 속성에 치중하는 승용차 렌털 회사가 광고할 때 중점을 두는 측면은 달라지게 된다. 제조회사는 스타일이나 안전성, 연비 등과 같은 승용차의 물리적이고, 유형적인 속성에 중점을 두게 되지만, 렌털 회사는 이러한 물리적인 속성보다는 이용요금, 보험비용, 배달 서비스, 예약 편의성과 같이 비가시적인 서비스 가치에 보다 중점을 두게 된다. 물론 제조회사라고 해서 전적으로 유형의 속성에만 치중하는 것은 아니다. 제조회사에서 고객의 승용차 구매 시에 저렴한 비용의 금융 서비스를 제공한다거나 장기간의 A/S 보증을 제공하는 것 등은 무형의 속성을 강조하는 측면이라고 볼 수 있다. 따라서 〈그림 1.4〉에 나타낸 바와 같이 상품과 서비스의 차이는 단속적인 형태로 구분 지어지기보다는 유형과 무형의 속성이 상대적으로 얼마나 큰 비중을 차지하는가에 따라서 구분 지어지는 것이 타당할 것이다.

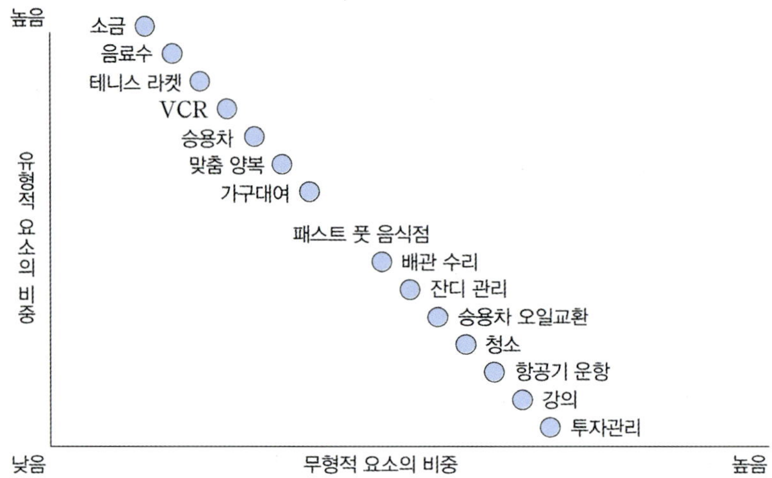

그림 1.4 상품과 서비스에 포함된 유 · 무형적 요소의 비중

자료: Lovelock, C. and Wright, L. (2002), *Principles of Service Marketing and Management*, 2nd ed., Prentice-Hall, NJ, p. 11.

(3) 고객의 생산 프로세스 참여

서비스의 수행을 위해서는 물리적인 시설과 정신적인 노동 혹은 신체적인 노동을 결합하여 서비스 산출물을 만들어 낸다. 종종 고객들이 이 프로세스에 참여하여 서비스를 만들어 내게 되는데, 가령 ATM 시설같이 스스로 서비스를 만들어 사용하기도 하고, 미용실이나 호텔, 병원 등과 같이 서비스 제공자와 협력하여 서비스를 만들어 내기도 한다.

(4) 다른 고객의 서비스 창출 참여

고객과의 접촉이 높은 서비스인 경우는 고객이 서비스 제공자뿐만 아니라 다른 고객과도 접촉하게 되는 경우가 많다. 이 경우 종업원의 서비스 제공 품질뿐만 아니라 서비스를 이용하는 다른 고객의 수준도 서비스의 품질을 결정하는 주요 요소가 된다. 소위 '이용 고객의 수준'이라는 의미의 속성이 이에 해당하며, 따라서 서비스 품질을 높이기 위해선 종업원뿐만 아니라 이용 고객의 적절한 관리도 중요하게 된다.

(5) 투입물이나 산출물의 변동성

서비스 창출 프로세스에 종업원과 고객이 관여한다는 것은 서비스의 표준화를 어렵게 만드는 동시에 서비스 투입물과 산출물에서 발생하는 변동성을 통제하기 어렵게 만든다. 제조 프로세스의 경우는 투입 자재에 대한 엄격한 관리뿐만 아니라 생산된 상품에 대한 품질 균일성 관리도 엄격하게 이루지게 된다. 즉, 상품이 고객에게 전달되기 전에 엄격한 통제 과정을 거쳐서 품질의 일관성이 유지될 수 있도록 관리하는 것이 가능한 것이다. 그러나 서비스는 서비스 창출과 동시에 고객에 의한 소비가 이루어지기 때문에 고객에 따라서 그리고 시간에 따라서 서비스 품질수준의 변동이 불가피하게 발생하게 된다. 그러나 이러한 변동성이 부정적인 의미만 가지는 것은 아니다. 고객에 따라서 필요로 하는 욕구가 달라지기 쉬운, 소위 고객화(customization)의 욕구가 높은 서비스의 경우에는 탄력성 있는 서비스 제공을 위해 투입물과 산출물의 적절한 변동이 필요할 수도 있기 때문이다.

(6) 고객의 평가 어려움

서비스에 대한 평가는 탐색속성(search attributes)에 치중하는 상품과 달리 경험속성(experience attributes) 혹은 신뢰속성(credence attributes)에 의존하는 경향이 크다. 〈그

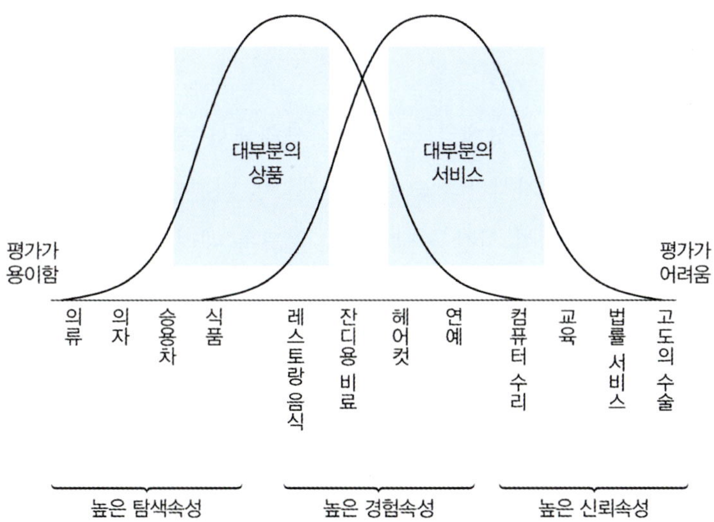

그림 1.5 상품/서비스 평가 속성의 특징

자료: Lovelock, C. and Wright, L. (2002), *Principles of Service Marketing and Management*, 2nd ed., Prentice-Hall, NJ, p. 84.

림 1.5〉에서 보는 바와 같이 승용차나 의류 같은 상품의 경우에는 구매가 이루어지기 전에도 고객이 다양한 정보탐색을 통해 얻은 지식을 가지고 상품에 대한 평가가 쉽게 이루어질 수 있다(탐색속성). 그러나 헤어숍이나 레스토랑 같은 경우는 탐색 된 정보에 의한 사전적인 평가보다는 고객이 직접 이용한 경험에 바탕을 둔 사후적 평가에 의존하는 경향이 높다(경험속성). 또한 외과적 수술이나 법률적 자문 등과 같은 전문적인 서비스의 경우에는 고객 스스로가 이를 평가할 수 있는 능력을 갖추지 못하기 때문에 서비스를 경험한 직후에도 이를 합리적으로 평가하기가 어렵다. 이 경우는 서비스 제공자에 대한 신뢰를 바탕으로 평가할 수밖에 없는 것이다(신뢰속성).

(7) 서비스 재고의 불가능성

서비스는 고객이 보유할 수 있는 유형적 품목이 아닌 행위나 성과이기 때문에 사라질 수밖에 없고, 재고로 저장될 수도 없다. 물론 서비스 시설이나 종업원을 준비해 두었다가 서비스를 창출하는 데 사용할 수는 있다. 그러나 이는 서비스를 재고로 보유하는 것이 아니라 서비스 생산 능력을 유휴로 남겨두는 것이다. 이러한 서비스의 재고저장 불가능성은 서비스 능력 부족 시에 고객에게 커다란 불만족을 야기시킬 수가 있다. 따라서 서비스 운영시스템의 관리자로서는 서비스 수요의 변동을 완화시켜 수요와 공급을 일치시키는 일에 중요한 관심을 쏟아야 한다.

(8) 시간 요소의 중요성

대부분의 서비스는 고객이 실제로 존재하는 상태에서 실시간으로 제공되기 때문에 고객에게 요구할 수 있는 대기시간의 크기에는 제약이 따른다. 가능한 한 서비스 배달을 신속하게 실행함으로써 고객이 시간을 낭비하지 않도록 배려하는 것이 중요하다. 고객에게 대기에 필요한 시간이나 서비스 진행 상태에 대한 정보를 제공하는 것은 시간적인 측면에서 필요한, 적극적인 만족 증대 방법이 될 수 있을 것이다.

(9) 다양한 유통경로의 사용

제조 상품은 일률적인 공장으로부터 고객에 이르기까지 일정한 물리적 유통경로를 거치게 된다. 이에 반하여 서비스는 방송이나 인터넷 금융과 같이 전자적으로 유통되는 경로를 사용할 수도 있고, 서비스 공장과 소매점, 소비 위치가 한 곳에서 이루어지는 혼합형 경로를 사용할 수도 있다. 특히 여러 고객이 동시에 존재하면서, 서비스 생산-유통-소비가 이루어지는 경우에는 특정 고객의 행동이 다른 고객을 방해하지 않도록 하는 고객관리 노력이 필요하다.

2 서비스 상품의 복합성

상품으로서 서비스의 실체를 명확하게 한정하기는 매우 어렵다. 본질적으로 서비스가 가지는 비가시성과 고객의 서비스 창출 프로세스 참여 특성은 서비스 결과와 더불어 결과가 제공되는 프로세스에서 얻어지는 경험 모두가 서비스 상품의 의미를 담고 있기 때문이다. 가령 커피전문점 서비스를 예로 든다면 맛있는 커피를 마시기 위해서 카페를 찾기도 하지만 친구와 만나서 담소할 목적으로 혹은 홀로 조용히 독서하기 위해서 찾을 수도 있는 것이다. 따라서 서비스가 상품으로서의 가치를 잘 제공하려면 단순하게 정의된 서비스 결과가 아니라 다양하게 묶여진 서비스 요소를 잘 담고 있어야 할 것이다. 서비스가 담아야 할 요소들의 묶음을 서비스 패키지(service package)라고 하며, 서비스 패키지는 다음의 〈표 1.6〉에서와 같이 5가지 특성을 담게 된다(Sanjeeve 등, 2023).

표 1.6 서비스 패키지의 5가지 특성

- **보조시설**(supporting facility): 서비스가 제공될 수 있기 위해서 사전에 반드시 준비가 갖춰져야 하는 물적인 자원들을 말한다. 예를 들면, 골프 코스, 스키장 리프트, 병원, 항공기 등을 들 수 있다.
- **촉진 상품**(facilitating goods): 고객이 구매하거나 소비하게 되는 자재 혹은 고객이 준비해야 하는 물품들을 말한다. 예를 들면, 골프 클럽, 스키, 음식물, 자동차 교체 부품, 법률 서류, 의료 소모품 등을 들 수 있다.
- **정보**(information): 서비스 운영 관련 자료나 효율적이고 고객화된 서비스가 이뤄지기 위해 고객이 제공하는 정보를 말한다. 예를 들면, 환자 진료기록, 배정 가능한 항공기 좌석 현황, 이전 방문 시의 고객의 선호 내용, 택시 배정을 위한 고객위치 등을 들 수 있다.
- **명시적 서비스**(explicit services): 쉽게 감각적으로 관찰할 수 있고, 서비스의 기초적이고 본질적인 특성들로 구성되는 서비스 혜택을 나타낸다. 예를 들면, 치과 진료 후에 사라진 치통, 엔진 튠업 후에 조용해진 운행 소리, 소방서의 출동 시간 등을 들 수 있다.
- **묵시적 서비스**(implicit services): 명확한 것은 아니지만 고객이 느끼게 되는 심리적인 혜택이나 부수적인 서비스 특성들을 나타낸다. 예를 들면, 아이비리그 대학 졸업장이 주는 상징성, 대출업체의 프라이버시 유지, 안심 자동차 수리 서비스 등을 들 수 있다.

3 서비스 운영시스템의 유형과 과제

3.1 서비스 운영시스템의 분류

서비스가 이루어지는 프로세스를 분류하는 대표적인 체계로는 〈그림 1.6〉에 나타낸 바와 같이 서비스 프로세스 메트릭스(service process matrix)를 들 수 있다(Schmenner, 1986). Schmenner는 서비스 프로세스에서 사용되는 노동의 집약 정도(labor intensity)와 고객과의 상호작용 및 고객화의 정도(interaction and customization)를 기준으로 다음과 같이 4가지로 서비스 운영 시스템 유형을 구분하였다:

- 서비스 공장(service factory)
- 서비스 숍(service shop)
- 대량 서비스(mass service)
- 전문 서비스(professional service)

노동 집약도 \ 상호작용 및 고객화 (낮음 → 높음)	낮음	높음
낮음	서비스 공장 (항공, 화물운송, 호텔 리조트 및 레크리에이션)	서비스 숍 (병원, 자동차 수리, 기타 수리 서비스)
높음	대량 서비스 (패스트 푸드, 도소매, 대학, 소매금융)	전문 서비스 (외과 수술, 법률, 회계, 건축, 컨설팅)

그림 1.6 서비스 운영 시스템의 분류

자료: Schmenner, R. (1986), "How Can Service Business Survive and Prosper?," *Sloan Management Review*, Spring, pp. 22-32.

(1) 노동 집약도

Y축을 구성하는 노동 집약도는 '자본비용에 대한 노동비용의 비율'을 나타낸다. 따라서 노동 집약도가 낮은 서비스 프로세스는 역으로 자본 집약도가 높은 특징을 가지며, 그림의 상단에 나타낸 바와 같이 항공사나 병원 등이 대표적인 예가 된다. 반

면에 노동 집약도가 높은 서비스 프로세스는 주로 서비스 제공자에 의한 서비스 창출의 비중이 큰 특징을 가지며, 그림의 하단에 나타낸 바와 같이 대학이나 법률사무소 등이 대표적인 예가 된다.

(2) 상호작용 및 고객화

X축은 고객과의 상호작용과 고객이 원하는 형태로 서비스를 제공하는 고객화의 정도를 나타낸다. 제공되는 서비스의 내용이 표준화되어 있을 경우는 고객과 서비스 제공자 사이의 상호작용이 거의 필요 없게 된다. 가령 KFC 같은 경우 사전에 준비된 음식 품목만을 가지고 제한된 메뉴의 고객주문만을 처리하게 때문에 서비스 제공을 위해서 고객과 긴밀히 상호작용할 필요는 없다. 그러나 외과의사 진료의 경우는 환자의 부상 부위와 상태를 확인하고 적절하게 치료(고객화)하기 위해 진료 서비스 모든 과정에서 의사(서비스 제공자)와 환자(고객)가 긴밀하게 상호작용하게 된다.

(3) 서비스 운영시스템의 특징

〈그림 1.6〉에 나타난 서비스 운영 시스템의 특징을 요약해 보면, 서비스 공장은 승용차 조립공장에서 보는 라인 공정과 같이 자본 집약도가 높은 시설을 가지고 제한된 종류의 표준화된 서비스를 제공하는 특징을 가지고 있다. 서비스 숍은 노동력보다는 주로 설비에 의존하여 고객의 다양한 욕구를 충족시키는 서비스 프로세스를 나타낸다. 대량 서비스는 주로 서비스 제공자의 노동력에 의존하여 제한된 종류의 서비스를 대량으로 제공하는 서비스 프로세스를 말하며, 전문 서비스는 높은 전문적인 서비스 능력을 갖춘 서비스 제공자에 의해 다양한 고객의 욕구를 충족시키는 서비스 프로세스를 나타낸다.

3.2 서비스 운영시스템의 유형별 과제

서비스 프로세스의 운영을 책임지는 경영자들이 주로 관여하게 되는 의사결정의 내용은 노동 집약도와 상호작용/고객화 정도에 따라 구분되는 서비스 운영시스템의 성격에 따라서 달라지게 된다(〈그림 1.7〉 참조).

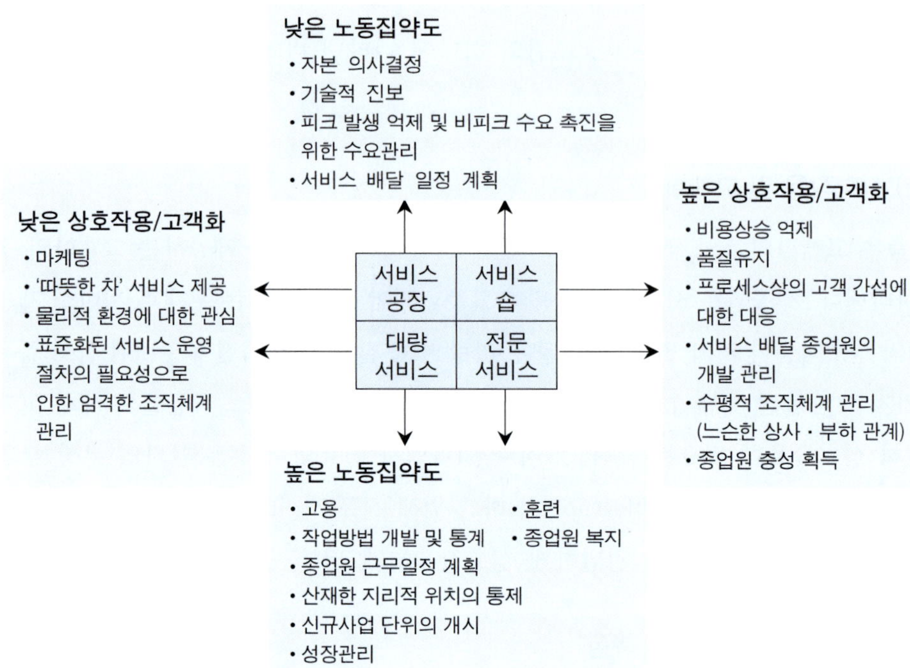

그림 1.7 서비스 운영 시스템 유형별 경영자의 과제

자료: Schmenner, R. (1986), "How Can Service Business Survive and Prosper?," *Sloan Management Review*, Spring, pp. 22-32.

(1) 노동 집약도 측면

항공사나 종합병원처럼 높은 자본투자 요구가 발생하는 서비스 운영시스템의 경우는 경쟁력의 유지를 위해 기술적인 진보에 빠르게 대응하는 노력이 뒷받침되어야 한다. 또한 설비나 장비의 감가상각비와 같은 간접비용의 비중이 높기 때문에 서비스 시설의 이용률을 높일 수 있도록 적극적인 서비스 수요관리 노력도 필요하게 된다.

반면에 백화점이나 일반 전문치료 의원과 같이 서비스 제공자의 서비스 능력에 대한 의존도가 높은 서비스 운영시스템에 있어서는 종업원과 관련한 의사결정 문제에 보다 많은 관심을 기울여야 한다. 효과적인 인적자원 관리가 곧 고객만족을 가져올 수 있는 서비스 창출의 토대가 되기 때문이다. 따라서 서비스 제공자인 종업원의 선발과 훈련, 동기부여, 근무일정 수립 등이 보다 중요한 의사결정 영역이 된다.

(2) 상호작용 및 고객화 측면

서비스의 고객화가 많이 요구되며, 서비스 제공을 위해 고객과 긴밀하게 접촉하게 되는 운영시스템의 경우는 다양한 고객요구 충족을 위한 서비스 다양화 노력 때문에 서비스 효율성이 낮아지게 된다. 표준화된 서비스를 대량으로 제공하는 경우와 달리 다양한 서비스 제공을 위해서는 높은 작업전환(setup) 비용과 낮은 작업학습 효과로 인해 서비스 비용이 증가하기 때문이다. 따라서 비용증가 억제노력과 더불어 고객의 다양한 서비스 욕구를 효과적(품질이 높은)으로 충족시켜야 하는 상충적인 과제가 발생하게 된다.

반면에 표준화된 서비스를 중심으로 고객에게 대응하는 서비스 운영시스템의 경우는 엄격하게 통제된 서비스 제공 시스템을 바탕으로 균일한 품질의 서비스가 제공되도록 노력해야 한다. 특히 서비스가 제공되는 환경의 물리적인 시설이 고객의 서비스 품질인식에 주는 영향이 크기 때문에 이에 대한 관심과 개선노력을 필요로 하게 된다.

4 서비스 행동의 성격

앞서 살펴본 서비스 운영시스템의 구분은 서비스 창출을 위해 사용하는 자원과 고객과의 상호작용을 중심으로 분류한 것이다. 주로 전략적인 측면에서 서비스 운영시스템의 개선을 위해 중점을 두어야 할 의사결정의 영역이 무엇인지를 규명하기 위해 서비스 프로세스의 개략적인 흐름을 구분해 본 것이라고 할 수 있다. 그러나 서비스 운영 시스템에서 이루어지는 세부적인 서비스 행동의 개선을 위해서는 프로세스에서 이루어지는 행동의 성격을 구체적으로 이해하는 것이 필요하다. 일반적으로 서비스 창출 프로세스에서 시행되는 서비스 행동의 성격은 두 가지 차원으로 나누어 생각해 볼 수 있다. 첫째는 서비스의 대상이 누구(사물 혹은 사람)인지를 나타내고, 둘째는 서비스 행동의 유무형성을 나타낸다. 이 2가지 차원을 결합하여 서비스 행동을 구분하면 다음의 〈그림 1.8〉에 나타낸 바와 같이 4가지로 나타내 볼 수 있다.

- 인간 프로세싱(people processing): 고객의 신체를 대상으로 한 서비스로서 인체에 대한 유형적인 서비스 행동을 말한다. 승객 운송, 헤어 컷, 치과 치료 등을 예로 들 수 있으며, 서비스를 받기 위해 고객은 서비스의 전 과정에 걸쳐서 물리적으로 서비

스 장소에 머물러야 한다.

- **소유물 프로세싱(possession processing)**: 고객의 소유물을 대상으로 한 서비스로서 고객이 가지고 있는 상품이나 그 밖의 물질적인 소유물에 대한 유형적인 서비스 행동을 말한다. 화물운송, 차량수리, 보관 및 저장 등을 예로 들 수 있으며, 서비스를 요하는 대상물은 반드시 서비스의 전 과정에 걸쳐서 물리적으로 서비스 장소에 머물러야 하지만, 고객은 그럴 필요가 없다.
- **정신적 자극 프로세싱(mental stimulus processing)**: 고객의 심적 상태를 대상으로 한 서비스로서 인간의 마음을 대상으로 한 무형적인 서비스 행동을 말한다. 예술, 연기, 교육, 방송 등을 예로 들 수 있으며, 서비스를 받기 위해 고객은 정신적으로는 서비스의 전 과정에 참여해야 하지만 신체적으로는 서비스 장소에 머무를 수도 있고, 지리적으로 떨어진 곳에 머무르면서 텔레커뮤니케이션 장치를 사용할 수도 있다.
- **정보 프로세싱(information processing)**: 고객의 무형적인 자산을 대상으로 한 서비스로서 고객이 가진 자산에 대한 무형적인 서비스 행동을 말한다. 보험, 금융, 컨설팅 등을 예로 들 수 있으며, 일단 서비스에 대한 요청이 이루어지면 서비스 프로세스에 고객이 직접적으로 관여하는 일이 거의 없다.

서비스 행동의 유무형성	서비스의 직접 수혜자: 사람	서비스의 직접 수혜자: 소유물
유형적 행동	인체 대상 서비스 (승객운송, 보건, 숙박, 미용, 음식점, 장례식)	소유물 대상 서비스 (화물운송, 수리보수, 창고, 소매유통, 청소, 조경)
무형적 행동	정신 대상 서비스 (광고, 예술/연예, 방송, 경영 컨설팅, 종교, 심리치료)	무형적 자산 대상 서비스 (회계, 금융, 자료처리/송신, 보험, 프로그래밍, 조사)

그림 1.8 서비스 행동의 성격

자료: Lovelock, C. and Wright, L. (2002), *Principles of Service Marketing and Management*, 2nd ed., Prentice-Hall, NJ, p. 34.

참고문헌

Live LG (2023), *"생활 가전에서 스마트 홈 솔루션으로의 대전환" LG전자, '맞춤' 더하고 '구독' 채운 「UP가전 2.0」 공개.*

신영빈 (2023), *'글로벌 렌털 강자' 코웨이, 매출·영업이익 모두 역대 최대'*, ZDNET Korea.

전이슬 (2020), *급변하는 국내 OTT 시장 동향*, 소프트웨어정책연구소.

GE리포트코리아 (2020), *소프트웨어가 원격으로 산업을 지원하는 뉴노멀.*

지인해 (2023), "국내 OTT 산업 및 기업의 주요 현황과 시사점", *KCA Media Issue Trend*, vol. 54, pp. 22–32.

초이스스탁US (2023), *GE, 실적 호조로 6% 폭등...경쟁사 레이시온은 엔진 리콜에 폭락.*

한국은행 경제통계국 국제수지통계팀 (2003), *최근의 서비스수지 동향 및 시사점.*

한국무역협회 (2020), *한국 서비스 수출의 국제적 위상과 경제 기여 효과.*

Bareham, J. (1989), "Consumers of Services," in Jones, P. (Ed.), *The Management of Services*, Pitman, London, pp. 16–32.

Bell, D. (1973), *The Coming of Post–Industrial Society : A Venture in Social Forecasting*, Basic Books, NY.

Demig, W.E. (1980), *Out of the Crisis,* MIT Press, MA.

Sanjeev, B., Fitzsimmons, J.A. and Fitzsimmons, M.J. (2023), *Service Management : Operations, Strategy and information Technology*, 10th ed., McGraw–Hill, NY.

Lovelock, C. and Wright, L. (2002), *Principles of Service Marketing and Management*, 2nd ed., Prentice Hall, NJ.

Pine Jr., B.J. and Gilmore, J.H. (1998), "Welcome to the Experience Economy," *Harvard Business Review*, July August, p. 98.

Poirier, C.C. and Bauer, M.J. (2001), *E–Supply Chain*, Berrett–Publishers, CA.

Poulsson, S. H.G. and Kale, S.H. (2004), "The Experience Economy and Commercial Experiences", *The Marketing Review*, vol.4, pp. 267–277.

Ren, G. and Gregory, M. (2007), "Servitization in Manufacturing Companies", *Paper presented at 16th Frontiers in Service Conference*, San Francisco, CA.

Sasser, W.E. et al. (1978), *Management of Service Operations*, Allyn & Bacon, Boston. MA.

Schmenner, R. (1986), "How Can Service Business Survive and Prosper?," *Sloan Management Review*, Spring, pp. 22－32.

Slywotzky, A.J. and Morrison, D.J. (2001), *The Profit Zone*, Three Rovers Press, NY.

Vandermerwe, S. and Rada, J. (1988), "Servitization of Business: Adding Value by Adding Services", *European Management Journal*, Vol. 6 No. 4.

Zeithaml, V.A. (1981), "How Consumer Evaluation Processes Differ between Goods and Services", in Donnelly, J.H. and George, N.R. (Eds), *Marketing of Services*, AMA, Chicago, IL.

국가통계포털 (2023), http://kosis.nso.go.kr.

대한민국 정책브리핑 (2023), http://www.korea.kr.

산업통계분석시스템 (2023), http://istans.or.kr.

>>> 2장

서비스 품질경영 시스템

산업혁명 이후 태동하기 시작했던 품질관리의 개념은 20세기 초기에 급속한 산업화과정을 거치면서 제조산업을 중심으로 본격적인 발전을 이루게 되었다. 서구사회를 중심으로 발전되던 품질관리의 개념은 2차 대전 후 일본에 전파되어 전체 조직구성원의 참여를 통한 통합된 품질개선의 노력으로 발전하게 되었고, 이는 오늘날 TQM(total quality management)의 체계로 발전하는 모태가 되었다. 품질의 관리(control)보다는 품질의 경영(management)에 초점을 맞추는 TQM의 개념은 식스 시그마, 벤치마킹 등과 같은 혁신적인 품질개선 접근방법들이 도입되면서 경쟁력 혁신을 위한 경영철학의 개념으로 발전하게 되었다. 이러한 TQM의 개념은 서비스 산업부문에도 폭넓게 도입되어 서비스 품질개선과 경쟁력 향상을 위한 효과적 경영철학으로 응용되고 있으며, 이를 TQS(total quality service)라고 부르기도 한다. 이 장에서는 이러한 품질경영 시스템의 태동과 발전과정을 살펴보고, 통합된 품질경영의 체계로서 TQM과 TQS의 구성요소에 대해 세부적으로 설명해 보기로 한다. 아울러 최근 지속가능경영의 중요성을 반영하여 환경과 사회적책임경영을 강조하는 전사적 환경경영(TQEM)에 대해서도 살펴보기로 한다.

핵심용어

- 과학적 관리법 시대
- TQC 시대
- TQM
- 연쇄반응 효과
- 통계적 품질관리 시대
- 무결점(ZD)
- Crosby의 14단계
- Deming의 14가지 처방
- TQS 구성요소
- 품질보증 시대
- 품질 삼박자
- 식스 시그마
- 지속가능발전과 ESG
- TQM 구성요소
- TQEM

주요인명

- W. A. Shewhart
- J. M. Juran
- P. Crosby
- H. F. Dodge
- K. Ishikawa
- B. Galvin
- W. E. Deming
- A. V. Feigenbaum

I 품질경영 시스템의 발전과정

1 초기 및 산업혁명 시대

인간은 언제나 품질이 좋은 상품과 서비스를 원해왔다. 아마 선사시대에도 어떤 것이 좋은 석기인지는 알았을 것이고, 기술이 뛰어난 사람이 무기나 그릇을 만드는 방법을 후손들에게 가르치곤 했을 것이다. 초기 역사시대에도 품질에 대한 관심은 지대했다. B.C. 1700년대 후반에 바빌론의 Hammurabi 왕(B.C. 1792–1750)이 제정한 법전에는 다음과 같은 조항이 담겨져 있다(Richardson, 1997):

> "만일 집을 잘못 지어줘서 집이 붕괴되어 주인이 죽었다면 지어준 자를 사형에 처한다. 만일 주인의 아들이 죽었다면 지어준 자의 아들을 사형에 처한다."

또한 페니키아에서는 돌을 규격에 맞지 않게 잘라낸 석공의 손을 자르기도 했다.

그리스와 로마 시대에는 도로와 빌딩, 상하수도, 다리 등을 건설하기 위한 토목기술의 품질능력을 매우 중요시하여 무게와 측량의 표준단위를 설정하기도 하였다. 13세기에 이르러서는 도제제도와 길드(guilds) 제도가 성행하였다. 도제는 장인으로부터 기술을 습득하였고, 훈련과정에서 거래와 고객에 대한 정보도 얻게 되었다. 뛰어난 품질의 상품을 만들어내기 위해서는 숙련된 기술자뿐만 아니라 교육자, 검사자, 관리자도 필요하게 되었다. 이 시기의 품질이란 장인의 마음과 손에 달려있었다.

산업혁명이 일어나면서 품질과 더불어 생산성에 대한 관심이 증대하게 되었다. Adam Smith는 1776년에 처음 간행된 국부론("*The Wealth of Nations*")을 통해 분업이 가져오는 생산성의 증대 효과를 강조하였다. 그는 핀(pin)의 제작 과정을 분할하여 작업자로 하여금 각기 구분된 과업만을 수행하도록 함으로써 생산성을 10배나 증가시킬 수 있음을 보여주었다. 분업의 원리와 부품의 표준화는 대량생산의 가능성을 열어주게 되었고, 이제 품질은 숙련된 작업자 개인의 몫이 아닌 작업에 참여하는 여러 사람의 몫이 되게 되었다. 19세기 말에 이르러서는 현대적인 의미의 산업시스템이 갖춰지게 되었다. 기업의 기능이 설계, 회계, 판매, 생산 등의 부서로 분할되기 시작했고, 품질은 주로 제조부서의 책임하에 두게 되었다.

2 과학적 관리법 시대

20세기로 들어서면서 Frederick Taylor는 과학적 관리 운동을 주창하게 되었다. 비숙련 작업자의 생산성 향상에 관심을 가졌던 Taylor는 최선의 작업 방법을 규명하고 이를 수행하기에 적합한 작업자에게 할당함으로써 작업의 효율성을 극대화시키는 이른바 "과학적 관리의 원리(Principles of Scientific Management)"를 강조하였다. 비슷한 시기에 Frank Gilbreth는 그의 부인 Lillian Gilbreth와 더불어 작업 동작의 낭비적 작업 요소를 제거하기 위해 작업자의 미세 동작에 초점을 맞춘 시간-동작 연구를 수행하였으며, 그 결과 "서블릭(therbligs)"이라는 기본적인 작업 동작의 요소를 개발하였다.

과학적 관리의 체계에서는 작업을 단순하고 측정 가능한 단계로 나누어 반복해서 수행될 수 있도록 하였다. 기본적인 작업자에 대한 시각은 의사결정을 내릴 수 있는 주체가 되지 못한다고 보았으며, 따라서 엄격한 표준과 규칙을 따르도록 해야 한다고 생각하였다. 직장(foreman)들은 작업자들로 하여금 작업지시를 잘 따르도록 하는 것에 주안점을 두었으며, 품질검사는 검사자들에 의해 이루어졌다. 불량인 것이 발견되면 재 작업장으로 보내어 별도의 작업자들로 하여금 수정하게 하였다.

3 통계적 품질관리 및 품질보증 시대

오늘날의 품질관리기법의 체계를 갖춤에 있어서 초기에 선도적인 기여를 한 대부분의 사람은 Bell Telephone System(지금의 AT&T)과 깊은 인연을 가지고 있었다. 전화 네트워크는 거대한 연결시스템으로 구성되어 있다. 장거리 전화 연결이 이루어지려면 네트워크를 구성하는 모든 부분이 제 기능을 잘 발휘해야 한다. 즉, 전화기뿐만 아니라 전화선, 스위치 및 그 밖의 트랜스미션 설비들이 표준에 정확하게 맞도록 설계, 제조, 설치 및 유지가 되어야 하는 것이다. 따라서 전국적인 커뮤니케이션 네트워크를 구축하기 위해서는 기본적인 품질보증의 개념 – 즉, 생산한 상품의 품질을 보증하기 위해서 엄격한 검사를 시행하는 것의 필요성을 인식하게 되었다.

3.1 1920년대 이전

1907년 AT&T에서는 Western Electric Company(2006년 4월 Alcatel과 합병된 Lucent Company의 전신)를 설립하여 AT&T의 엔지니어링부서의 지휘 아래 회사에서 필요로 하는 검사와 테스트 업무를 담당하도록 하였다. 1908년에 이르러서는 생산한 상품과 설치된 상품 및 구매 자재에 대한 검사와 테스트를 시행하도록 확대되었다. 이 시기에는 주로 샘플링 기법이 활발하게 사용되었으며, 규격 적합성과 내구성(신뢰성)을 평가하기 위한 노력이 많이 이루어졌다.

3.2 1920 - 1940년대 초

1920년대는 통계적 품질관리의 체계가 본격적으로 갖춰지기 시작한 중요한 시기이다. 1922년에 이르러서 Western Electric Company의 검사부서에서는 검사의 영역을 확대하여 산하 회사들뿐만 아니라 다른 제조업체의 공장도 정기적으로 방문하여 검사를 실시하기 시작하였다. 1924년 당시 이 회사의 Hawthorne 공장에는 전체 40,000명의 종업원 중 5,000명이 검사부서에 종사하고 있었다. 품질보증 기능은 설계, 제조 및 설치에 이르는 품질의 모든 국면에 적용되었고, 상품을 올바르게 만드는 책임은 작업자에게 두어지게 되었다. 사실 "처음에 올바르게 하라(Do it right the first time)"는 슬로건은 이때부터 있어왔던 품질 운동이었다.

1925년에는 Bell Telephone Laboratories가 새로이 설립되면서 새 검사부서가 만들어지게 되었는데 이 부서에는 현대적인 품질관리와 품질보증 기법의 토대를 마련한 선구적인 전문가들이 참여하고 있었다. George D. Edwards는 품질보증 부서의 관리책임자를 맡고 있었고, Walter A. Shewhart는 이론 개발의 책임을, Harold F. Dodge는 방법론 개발의 책임을 맡고 있었다. 이들에 의해서 "품질보증(quality assurance)"이라는 용어가 공식적으로 만들어지게 되었다. 실제적인 검사 작업의 실행은 Western Electric의 품질보증 부서에서 담당하였는데 당시 Western Electric 공장의 엔지니어로 근무하고 있던 Joseph M. Juran은 Dodge 및 Shewhart와 함께 긴밀하게 업무를 추진하였다. 이들의 노력은 오늘날 통계적 품질관리(Statistical Quality Control) 기법의 체계를 갖추는 효시가 되었다:

- Walter A. Shewhart: 1925년 12월에 간행된 *Journal of the American Statistical Association*에 관리도(control chart)의 개념을 처음 소개하였다. 현대적인 품질관리의 체계를 갖추는 데 선구자적인 역할을 하였으며, 1947년에는 미국품질관리학회(ASQC)로부터 최초의 명예회원으로 추대되기도 하였다.
- Harold F. Dodge: 1925년에 기본적인 속성에 의한 샘플링 검사의 개념을 처음 소개하였고, 고객의 위험과 생산자의 위험에 대한 개념을 정의하였다.

3.3 2차 세계대전 전후 시기

품질관리 기법의 개발이 가장 활발하게 이루어진 시기라고 할 수 있다. 2차 세계대전이 일어나면서 대규모의 군수품을 생산하기 위한 비숙련 작업자의 대량 투입이 발생하게 되었다. 작업에 익숙하지 못한 작업자의 투입은 필연적으로 품질 문제를 일으키게 되었고, 이를 해결하기 위해서 대대적인 훈련 프로그램들이 도입되게 되었다. 이 훈련 프로그램에서는 주로 통계적인 품질관리에 초점을 맞추어 관리도와 샘플링 검사기법에 대한 교육이 이루어졌다. 미국 전쟁부(War Department)에서는 Edwards를 비롯한 Bell Telephone Laboratories의 사람들로 하여금 제조공장을 방문하여 간단한 품질관리기법을 교육하도록 요청하였으며, 지역별 대학의 인사들도 강사로 위촉하였다. 이 시기에 전쟁부와 함께 긴밀하게 활동했던 대표적인 사람이 W. Edwards Deming이었다. 전쟁 후인 1946년에는 Columbia 대학의 Statistical Research Group을 비롯한 지역별 품질관리연구 클럽들이 함께 모여 미국품질관리학회(American Society of Quality Control, 1997년에 미국품질학회(American Society of Quality)로 개칭함)를 창립하였으며, Bell Telephone Laboratories의 George Edwards가 초대 회장으로 선출되었다.

3.4 일본의 품질관리 발전

2차 세계대전 이후 일본에서는 전후 복구사업을 위한 맥아더 장군의 통치가 시작되면서 특히 통신망 품질확보에 어려움을 겪고 있었다. 이에 따라 맥아더 장군의 스태프진에서는 Western Electric Company에 도움을 요청하게 되었고, 이것을 계기로 일본산업에 품질관리 기법이 도입되게 되었다.

- W. G. Magil: 1945년 말에 군사 행정업무의 촉진을 위해 일본 통신산업체의 관리자와 엔지니어를 대상으로 한 최초의 1주간 품질관리 교육을 실시하였다.
- JUSE(The Union of Japanese Scientists and Engineers): 1946년에 결성되어 일본에서의 품질경영 시스템 발전에 지대한 공헌을 하였다. 1949년에는 QC 연구그룹을 결성하여 엔지니어를 대상으로 한 6개월간 기본 QC코스를 개설하였으며, 이 코스의 참여자들은 소속 기업에서 QC 활동의 중추적인 역할을 수행하였다.
- W. Edwards Deming: 1950년 JUSE의 요청으로 일본을 방문하여 엔지니어를 대상으로 8일간 통계적 품질관리 이론에 관한 세미나를 실행하였다. 미국에서의 교육 경험을 바탕으로 경영자의 품질관리에 대한 인식 제고의 필요성을 절감했던 Deming은 최고경영자들을 대상으로도 품질관리에 대한 교육을 실시하였다. 1951년에는 Deming의 공헌을 기려서 Deming Prize가 제정되기도 하였다.
- Joseph M. Juran: 1954년 JUSE와 일본 경단련(Federation of Economics Organization)에서는 경영자의 품질관리 인식 제고를 위해 Juran을 일본으로 초청하였다. 당시 처음 출간되었던 Juran의 "*Quality Control Handbook*"을 바탕으로 상급관리자 및 중간관리자만을 대상으로 한 품질관리 교육이 처음 이루어지게 되었다. 이러한 교육의 효과로 품질관리란 용어는 품질을 관리한다는 의미와 더불어 전반적인 경영 성과의 제고 수단의 의미로도 사용되기 시작하였다.
- Kaoru Ishikawa: 1950년부터 품질관리에 관심을 가져온 Ishikawa는 1958년 품질학습 팀의 일원으로서 AT&T Bell Laboratories를 방문하여 Shewhart를 만나기도 하였다. 1956년부터는 일본에서 QC에 관한 교육이 라디오를 통해서 방송되기 시작하였고, JUSE에서는 공장근로자를 위한 잡지를 출간하였는데 Ishikawa는 편집장을 맡았었다. 당시 잡지를 구독하는 근로자들이 소규모로 모여서 새로운 품질관리 기법을 공부하고 적용하는 활동을 목격하고 이의 효과성을 소개하게 되었다. QC 서클이라고 명명된 소집단 품질개선 활동은 1962년 5월에 처음 NTT에서 설립된 이후 종업원의 자발적인 품질개선 활동으로 널리 활용되고 있다. Ishikawa는 품질관리기법의 개발에도 많은 기여를 하였으며, 특히 품질 문제의 원인을 효과적으로 규명하기 위해 개발한 원인－결과 다이어그램(cause－and－effect diagram 혹은 fishbone diagram)은 전 세계적으로 널리 사용되고 있다.

4 TQC 및 무결점 시대

이 시기에 이르기 전까지는 품질관리의 노력이 주로 불량의 발생을 억제하는 것에 두어졌었고, 품질은 생산활동의 문제로만 여겨졌었다. 그러나 1960년대에 들어서면서 품질보증에 대한 관심은 조직 내의 전체 종업원에게까지 확대되어야 한다는 필요성이 제기되기 시작하였다. 상품을 만드는 작업자뿐만 아니라 상품을 설계하는 엔지니어, 자재를 구매하는 구매담당자, 상품을 설치하고 서비스하는 판매 후 서비스 요원들도 모두 품질이 좋은 상품을 만들기 위해서 함께 노력해야 한다는 인식이 나타나게 된 것이다.

표 2.1 Juran의 품질 삼박자

품질계획(quality planning): 품질 표준을 충족시킬 수 있는 시스템을 제공하기 위한 노력이다:

- 고객을 규명한다.
- 고객의 욕구를 결정한다.
- 상품의 특징을 개발한다.
- 품질목표를 설정한다.
- 프로세스를 개발한다.
- 프로세스 능력을 입증한다.

품질통제(quality control): 수정 활동이 필요한 시기를 결정하기 위한 노력이다:

- 통제대상을 선정한다.
- 측정단위를 선정한다.
- 측정방법을 설정한다.
- 성과표준을 설정한다.
- 실제 성과를 측정한다.
- 차이(실제와 표준)를 해석한다.
- 차이에 대한 조처를 실행한다.

품질개선(quality improvement): 보다 나은 작업 활동을 모색하기 위한 노력이다:

- 개선의 필요성을 입증한다.
- 개선을 위한 특정 프로젝트를 규명한다.
- 프로젝트의 진행절차를 구성한다.
- 원인의 규명을 위한 진단절차를 마련한다.
- 원인을 규명하기 위한 진단을 실행한다.
- 해결방안을 제공한다.
- 일반적인 운영상황하에서 해결방안이 유효함을 입증한다.
- 개선의 성과를 유지하기 위한 통제방안을 제공한다.

A.V. Feigenbaum에 의해 본격적으로 강조되기 시작한 이러한 TQC(total quality control)의 개념은 일본의 전사적인 품질관리 노력의 체계를 갖추는 데에 많은 영향을 미쳤으며, 오늘날의 TQM(total quality management)의 개념이 정립되는 데에 밑거름이 되었다. 이 시기에는 또한 품질 저하가 가져오는 비가시적인 비용의 발생 효과에 대한 인식이 이루어지기 시작하면서 완전한 품질의 중요성을 강조하는 소위 "무결점(ZD; zero defect)"의 개념이 강조되기도 하였다.

(1) A. V. Feigenbaum

TQC란 용어를 처음 사용하였다. 1961년 당시 GE에 근무하면서 "*Total Quality Control*"이란 책을 처음 출간하였다. Feigenbaum은 품질관리에 대한 책임을 품질관리부서에만 국한시킬 것이 아니라 모든 부서에 두어야 한다고 주장하면서 각 부서가 좋은 품질을 보증하기 위해 무엇을 해야 하는지를 제시하였다. 이러한 Feigenbaum의 생각은 일본의 산업에 도입되어 전사적품질관리(CWQC; company－wide quality control)의 개념으로 발전하게 되었다.

(2) Joseph M. Juran

1979년에 발표된 논문을 통해서 전체 조직의 참여를 강조하는 품질관리의 전반적인 범위와 체계를 제안하였다(Juran, 1979). Juran은 최고경영자의 리더십과 더불어 회사의 모든 종업원에게 기본적인 품질관리 기법을 익히도록 하기 위한 광범위한 훈련 프로그램의 필요성을 강조하였다. 또한 기업의 모든 활동 즉, 시장조사, 상품설계, 공급업체 관계, 제조, 납품 및 서비스의 측면에서 품질에 대한 헌신적 노력이 있어야 함을 강조하였다. Juran은 특히 품질개선을 위해 다음의 세 가지 측면의 노력이 잘 어우러져야 함을 강조하였는데 이를 품질 삼박자(Quality Trilogy)라고 한다(〈표 2.1〉 및 〈그림 2.1〉 참조).

(3) Phil Crosby

품질개선과 품질비용의 감축을 위한 노력에 많은 관심을 기울였다. 25년간 ITT(국제 전화 전신 기업)에서 품질관리 전문가로 근무하면서 얻은 산업체 경험을 바탕으로 특히 비가시적인 품질비용의 극소화를 위한 무결점(ZD; Zero Defect) 실현의 중요성을 강조하였다. 무결점이란 상품규격에 적합하지 않은 결점이 하나도 없는 상태를 말한다. 이러한 그의 생각은

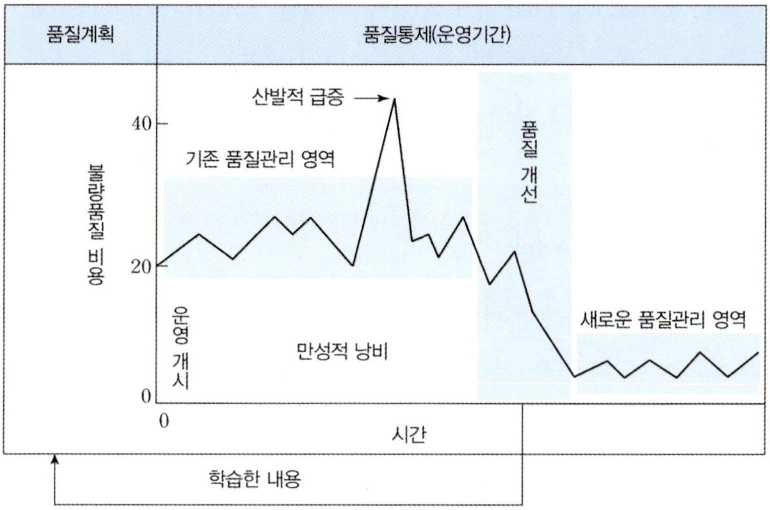

그림 2.1 Juran의 품질 삼박자

자료: Wadsworth, H.M., et al. (2002), *Modern Method for Quality Control and Improvement*, John Wiley & Sons, N.Y. p. 97.

표 2.2 Crosby의 품질개선을 위한 14가지 단계

단계	내용
단계 1 – 경영자의 헌신	경영자는 품질에 대한 확신을 가지고 이를 위해 헌신적인 노력을 다해야 한다.
단계 2 – 품질개선팀	전체 회사를 대표하는 품질개선팀을 만들어야 한다.
단계 3 – 품질측정	현재 혹은 잠재적인 문제의 존재 여부를 결정하기 위해 품질측정을 시행해야 한다.
단계 4 – 품질비용	품질비용을 관리도구로 시용하라. 품질개선을 통해 수익성이 가장 향상될 수 있는 영역이 무엇인지를 찾아내야 한다.
단계 5 – 품질인식	모든 회사의 구성원들은 품질의 중요성을 인식하고 이해해야 한다.
단계 6 – 수정 활동	단계 3과 4에서 문제점이 발견되면 수정 활동을 시행해야 한다.
단계 7 – 무결점 계획 수립	무결점 프로그램과 이를 위한 헌신적인 노력을 계획하고 지휘할 운영위원회를 구축해야 한다.
단계 8 – 감독자 훈련	품질개선 계획을 적극적이고 효과적으로 실행할 수 있도록 모든 감독자와 관리자를 훈련해야 한다.
단계 9 – 무결점의 날	모든 구성원으로 하여금 개선의 중요성을 인식하고 변화가 이루어지고 있음을 볼 수 있도록 "무결점의 날"을 제정하고 실행한다.
단계 10 – 목표설정	개인과 그룹별로 개선의 목표를 설정하도록 유도해야 한다.
단계 11 – 오류원인 제거	모든 구성원으로 하여금 개선목표 달성에 장애가 되거나 문제가 되는 것은 무엇이든지 적극적으로 알리도록 해야 한다.
단계 12 – 인정	품질향상 프로세스에 참여한 개개인을 인정(비금전적인 감사)하는 것이 필수적이다.
단계 13 – 품질위원회	팀 리더들로 하여금 정기적으로 진전 상황을 알릴 수 있도록 품질위원회를 구축해야 한다.
단계 14 – 반복 실행	개선프로그램에는 끝이 없다. 이상의 과정(단계 1－13)을 모두 반복해야 한다.

1979년에 간행된 "*Quality Is Free*"와 1984년에 간행된 "*Quality Without Tears*"를 통하여 당시 베스트셀러로 읽혀질 정도로 큰 관심을 불러일으켰다. Crosby가 강조하는 품질경쟁력 제고를 위한 접근 노력의 방향은 다음의 14가지 단계로 요약되어 있다(〈표 2.2〉).

5 TQM 및 Six Sigma 시대

1980년대에 들어서면서 품질관리의 중요성은 더욱 부각되기 시작하였다. 당시 품질을 기반으로 한 제조경쟁력을 무기로 미국 시장을 장악하기 시작한 일본기업들의 공세는 미국 기업들로 하여금 생존의 수단으로써 품질의 중요성을 깨닫게 만들었다. 이 시기에 다양한 컨설턴트들이 품질개선을 위한 방법들을 소개하면서 TQM이란 용어가 등장하게 되었는데, 기본적으로는 TQC가 가지는 개념적 특징을 확대한 의미로 사용하기 시작하였다. 즉, TQC가 가지는 '통제(control)'란 용어를 보다 확대된 의미의 '경영(management)'이란 용어로 대체시킨 것이었다. 이런 의미에서의 TQM은 '품질목표와 실제의 차이를 분석하고 그 원인을 찾아서 품질 프로세스에 피드백 시킨다'는 제한된 의미의 품질통제(control)를 넘어서 '품질목표를 설정하고, 그 실행 방안을 마련하며(planning), 관리자와 종업원의 참여를 통해 이를 실행하고(doing), 성과측정과 차이 분석을 통해 품질능력의 개선 방안을 마련한다(controlling)'는 품질경영 프로세스의 전 과정을 포괄하는 의미로 사용된 것이라 할 수 있다. 그러나 TQC의 경우와 달리 TQM이란 용어가 정확하게 누구에 의해서 처음 사용되기 시작하였는지는 알려져 있지 않다. Deming이나 Juran, Crosby 등의 대가들조차 TQM이란 용어를 사용하지 않았으며, 대략 1985년경부터 용어의 사용이 시작되었다는 짐작만이 있을 뿐이다(Martinez－Lorente 등, 1998).

그러나 오늘날의 TQM이 가지는 개념은 지금까지 살펴본 서구와 일본의 다양한 품질관리 개념과 기법을 바탕으로 최고경영자의 적극적인 관리노력, 고객만족에 초점을 맞춘 관리노력, 공급업체 관리노력, 설계 측면의 관리노력, 종업원 측면의 관리노력 등이 어우러진 종합적인 경영 시스템과 철학의 의미로 사용되고 있다. 따라서 TQM을 구성하는 세부적인 내용이 무엇이어야 하는지를 단정적으로 설명하기는 매우 어렵다. 개념 자체가 역동적이기 때문에 새로운 경영의 기법이 개발되면 이를 또 다른 TQM의 영역과 도구로 포함시키려 하는 경향이 크기 때문이다. 이런 의미에서 1980년대 이후 유행하였던 JIT (Just－In－Time), 무재고(zero inventory) 시스템, 린 생산 시스템(lean manufacturing system), 프로세스 리엔지니링(process reengineering), 벤치마킹 (benchmarking) 등과 같은 새로운 경영기법들이 담고 있는 내용의 상당부분들도 오늘날 넓은 의미의 TQM의 개념에는 모두 포함되어 있다고 볼 수 있다. 실제로 TQM이 지향하는 바를 가장 잘 설명하고 있는 것은 이러한 포괄적인 내용들을 담고 있는 미국의 말콤 볼드리지 국가품질상(Malcolm Baldrige National Quality Award)의 평가항목이라고 해도 과언이 아닐 것이다.

한편, 1981년에 Motorola의 회장 Bob Galvin은 일본 경쟁기업의 품질수준을 따라잡기 위해서 회사 내에 야심 찬 품질개선 목표를 설정하여 이를 달성하도록 독려하였다. 5년 내에 1/10수준으로 불량률을 낮추라는 Galvin의 명령은 기존의 품질향상 노력과는 다른 혁신적인 품질개선 방안의 모색을 필요로 하게 되었고 그 결과로 얻어진 개념이 식스 시그마(Six Sigma)인 것이다("제12장 참조"). 개념 자체의 정립은 1986년 Motorola의 고위 엔지니어였던 Bill Smith에 의해 이루어졌지만, 초기에 이를 주도하고 확산시킨 것은 Galvin에 의해서였다. 통계적 의미의 식스 시그마 품질의 개념은 100만 개당 3.4개의 불량수준(3.4ppm)을 나타내지만, 오늘날 경쟁능력 향상의 체계로서의 식스 시그마의 개념은 고객감동을 위해 기업활동 프로세스의 모든 낭비적인 요소를 제거하기 위한 경영자와 종업원의 적극적인 노력을 나타낸다고 할 수 있다. 특히 1980년대 말부터 John F. Welch에 의해 시작된 GE에서의 식스 시그마 실행 운동은 이러한 측면의 식스 시그마 체계의 정립에 커다란 영향을 미쳤다고 볼 수 있다.

(1) W. Edwards Deming

오늘날의 TQM의 체계를 갖추는 데에 가장 큰 공헌을 하였다. 앞서 살펴본 Juran, Ishikawa, Feigenbaum 등도 커다란 기여를 하였지만 Deming의 품질철학과 개선의 아이디어는 누구보다도 큰 기여를 하였다고 할 수 있을 것이다. 일본의 품질관리 발전에 지대한 기여를 한 Deming이었지만 자신의 고국인 미국에서 널리 알려지게 된 것은 1980년에 이르러서였다. 당시는 일본의 제조기업들이 저렴하고 품질이 좋은 상품을 무기로 미국시장을 본격적으로 휩쓸기 시작하면서 일본 경쟁력의 원천이 무엇인지를 파악하기 위해 산업계와 학계가 다대한 노력을 기울이고 있었던 시기였다. 1980년 6월에 방영된 미국 NBC방송의 다큐멘터리 "일본이 할 수 있다면 우리가 못할 이유가 무엇인가?(if Japan can, why can't we?)"라는 프로그램은 미국 전역에 큰 반향을 불러일으켰다. 이 프로그램에 출연했던 다른 많은 전문가들이 미국 산업의 문제점 지적에 치중했던 것과 달리 경쟁력 강화를 위한 긍정적인 문제해결 방안을 제시하였던 Deming은 시청자들에게 깊은 감화를 주었다. 특히 그가 일본 제조기업의 품질 경쟁능력 창출에 지대한 공헌을 했다는 사실이 알려지면서 Deming은 세계적으로 널리 인정받는 품질경영의 대가가 되었다.

- **연쇄반응(chain reaction) 효과**: Deming이 강조하는 품질의 중요성은 다음 〈그림 2.2〉에 나타낸 바와 같이 품질개선이 가져오는 연쇄반응 효과에서 찾아볼 수 있다(Deming, 1986). 즉, 품질을 향상시키면 재작업, 재료폐기, 작업지연 등의 낭비가 줄어들어서 생산비용이 감소하게 된다. 품질향상으로 인한 산출의 증대와 투입 비용의 감소는 생산성을 증가시키게 되고, 이는 결과적으로 가격경쟁력을 높이게 되어 우수한 품질과 더불어 높은 시장점유율을 달성하게 된다. 따라서 사업영역에 경쟁력 있게 남을 수 있는 기회가 높아지게 되고, 투자를 통해 보다 많은 일거리를 창출하게 된다. 이는 결국 기업의 수익성을 높여 투자자에게 만족을 주는 동시에 경영자와 종업원의 유대를 강화시키는 결과를 가져오게 된다는 것이다.

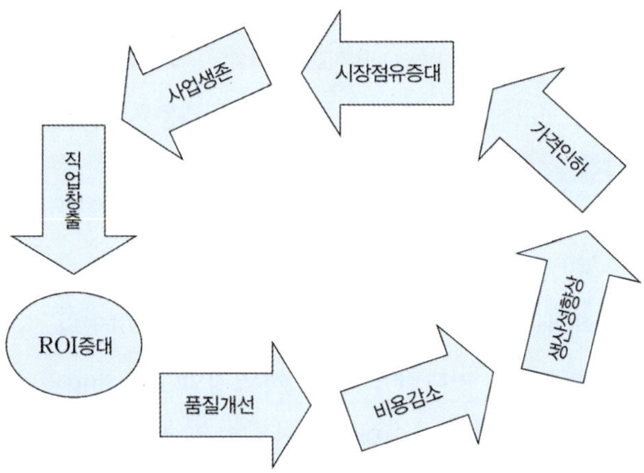

그림 2.2 Deming의 품질개선 연쇄반응 효과

자료: Deming, W.E. (1986), *Out of the Crisis*, MIT Center for Advanced Manufacturing Study, MA.

- **경영자를 위한 14가지 처방**: Deming이 지향하는 품질경영 철학의 내용은 〈표 2.3〉과 같은 14가지 처방으로 요약될 수 있다(Richardson, 1997). Deming은 조직의 성과에 부정적인 영향을 미치는 "7가지 치명적인 질병(7 deadly deases)"을 치유하고, 조직의 품질목표 달성을 방해하는 무수한 "장애(obstacles)"를 극복하기 위해서 경영자가

표 2.3 Deming의 경영자를 위한 14가지 처방

1. **목표의 일관성을 가져라:**
경영자는 상품과 서비스의 개선에 대한 일관된 목표를 세워야 한다. 비즈니스의 목표는 공개되어야 한다.
2. **새로운 철학을 수용하라:**
새로운 비즈니스 실행 철학을 수용해야 한다. 회의적 사고, 지연, 결함, 실수, 불량자재, 불량작업의 수용은 거부한다.
3. **검사에 대한 의존성을 없애라:**
프로세스 개선을 위해 통계적 관리법을 활용해야 한다. 대량검사를 중지하라. 대량검사는 비효과적이고, 불필요하며, 비용이 많이 든다.
4. **최저응찰가 계약제도를 중단하라:**
가격만을 전제로 비즈니스를 하는 관행을 중단해야 한다. 판매업체나 공급업체로 하여금 높은 품질의 상품을 공급하도록 요구한다.
5. **모든 프로세스를 개선하라:**
경영자는 생산과 서비스를 지속적으로, 끊임없이 개선해야 할 책임이 있다. 개선이란 한 번에 끝나는 노력이 아니다.
6. **직무에 대한 교육과 훈련을 제도화하라:**
모든 종업원을 위해 현대적인 훈련기법을 제도화해야 한다.
7. **리더십을 제도화하라:**
리더십을 발휘하여 종업원이 보다 나은 성과를 달성하도록 도와주며, 도움을 필요로 하는 종업원을 찾아내도록 한다.
8. **두려움을 몰아내라:**
커뮤니케이션을 장려하고 두려움을 몰아내면 모든 사람이 효과적으로 일할 수 있을 것이다. 사람들이 안정감을 느끼면 품질과 생산성은 향상될 것이다.
9. **장벽을 없애라:**
협동적인 직무수행과 문제해결을 장려하기 위해서 모든 부서(스탭) 간의 장벽을 없애도록 해야 한다.
10. **구호를 없애라:**
구체적인 개선 방법을 알려주지 않는 슬로건이나 포스터, 표적을 종업원에게 제공하지 말아야 한다.
11. **임의적인 수치 목표를 없애라:**
(보통 품질비용을 수반하는) 수치적인 할당 목표를 규정하고 있는 작업표준을 없애야 한다. 품질과 생산성을 지속적으로 개선하기 위해서 통계적 접근방법을 사용한다.
12. **기술솜씨에 대한 자부심을 용인하라:**
작업자로 하여금 자신의 기술에 대해 자부심을 가지질 수 있도록 이를 저해하는 장벽을 제거해야 한다. 작업자로 하여금 직무에 대한 자부심을 가지도록 필요한 장비와 방법을 제공한다.
13. **교육을 장려하라:**
기술이나 상품, 서비스의 변화에 맞추어서 엄격한 교육, 훈련, 재훈련 프로그램을 제공한다.
14. **경영자의 의지:**
최고경영층 내에 구조적인 장치를 만들어 품질에 대해 영속적인 개선의지를 가지고 있음을 확실하게 만들도록 하라.

해야 할 절대적인 과제로 이를 제안한 것이다(질병과 장애의 상세한 내용과 더불어 Deming 경영철학의 상세한 내용은 Rungtusannatham 등(2003)에 잘 정리되어 있다). Deming은 특히 대부분의 품질문제는 경영자에게 책임이 있음을 강조하였으며, 하나의 경영철학으로서 14가지 경영자에 대한 수행과제를 제시하였다. 이러한 경영자 책임의 강조는 오늘날 TQM을 특징짓는 중요한 요인의 하나로서 받아들여지고 있다.

(2) Motorola

1981년에 회장인 Bob Galvin의 주도로 시작된 품질개선 운동은 당시 5년 이내에 불량의 수준을 1/10로 줄이는 것을 목표로 하여 추진되기 시작하였다. 1986년까지 대부분의 사업장에서 이를 성공적으로 달성한 Motorola는 다시 2년 내에 1/10로 줄이는 목표 달성을 추진하였고, 1989년 3차로 2년 이내에 1/10로 줄이는 목표 달성을 추진하여 결과적으로 10년에 걸쳐 1/1000로 줄이는 경이적인 품질개선 성과를 이루게 되었다(Bhote, 2002). 품질개선을 위한 노력의 일환으로서 대대적인 종업원 교육 프로그램을 실시하여 1983년부터 1987년 사이에만도 1억 7천만 불을 상회하는 교육비용을 지불하였으며, 관리자 교육을 위해서는 사내에 "Motorola University"를 만들어 매년 평균 1억 1천만 달러 이상을 투입하였다. 식스 시그마(Six Sigma)로 불리는 이러한 성공적인 품질개선 운동으로 Motorola는 1988년에 미국 최초의 말콤 볼드리지 국가품질상(Malcolm Baldrige National Quality Award)을 수상한 업체 중의 하나가 되었다. 단순한 의미의 식스 시그마 품질수준이란 평균을 중심으로 $\pm 6\sigma$의 범위에 해당하는 품질변동의 폭과 품질규격의 폭이 일치하는 것을 말하며, 실제적인 의미로는 불량률이 3.4ppm에 해당하는 것을 말한다. 그러나 이러한 Motorola의 품질개선 노력은 이후 General Electric, Allied Signal, Citibank 등을 비롯한 여러 기업에 전파되어 제조 부문과 서비스 부문을 포함한 다양한 산업 부문에 적용되는 종합적 품질혁신 노력으로 확대발전하게 되었다.

(3) GE

1980년대 후반부터 당시 회장이었던 John F. Welch에 의해 Work-Out이라는 이름의 프로그램으로 시작된 GE의 품질개선 운동은 기본적으로 Motorola의 식스 시그마 프로그램을 도입하는 것에 목적을 두었었다. 그러나 GE의 식스 시그마 프로그램은 금융거래와 상품 서비스 활동과 같은 비제조부문의 핵심적인 사업영역으로 확대 시행되면서 기업의 총체적 비즈니스 시스템 혹은 철학의 의미로 발전하게 되었다. 특히 고객감동(delighting customers), 고객중심의 프로세스 사고(outside-in thinking), 종업원의 참여를 강조하는 리더십 의지(leadership commitment)를 핵심 요소로 하는 GE의 식스 시그마 정신(GE, 2004)은 TQM이 지향하는 고객 중심의 품질경영 철학과 더불어 고객을 기반으로 하는 품질기반 경쟁능력의 중요성을 강조하는 대표적인 혁신의 개념으로 받아들여지고 있다.

6 공공부문 서비스품질 경영 도입

6.1 공공 서비스 관련 도입배경 및 동향

공공성을 기본 설립 목적으로 운영되고 있는 다양한 형태의 공공서비스 영역에서 지난 30~40여 년간 공공기관의 개혁과 혁신의 방향은 민간기업과 같이 성과 및 효율성 중심으로 추구되며 운영되었다. 이를 통해 정책적으로 분야별 중점 효율화추구를 통해 핵심 기능을 중심으로 조직 · 인력 정비, 인건비 · 경상비 절감, 불요불급한 자산 매각 등(기획재정부, 2022)의 다양한 정책 과제를 시행하였으며 적극적이고 자발적인 혁신 유도를 통해 눈부신 성장을 이룰 수 있었다.

그러나 지나친 성장과 경쟁의 추구는 사회적, 환경적 가치를 침해하는 결과를 초래하였고, 국제적으로도 공기업, 민간기업을 막론하고 사회적책임(CSR)과 공유가치창출(CSV)의 중요성을 강조하는 시대가 되었다. 우리나라와 같이 공기업 및 준정부기관이 국가경제에서 차지하는 비중과 역할이 큰 국가에서는 공공기관이 선도적으로 산업생태계 변화를 자율적이고 혁신적으로 주도하는 플랫폼 역할을 수행하게 되었다(라준영 외, 2018).

공공서비스 관련 연구동향을 분석한 결과를 보면(김인, 2013), 1991년부터 2012년까지 공공서비스 관련 연구의 내용은 주로 공공서비스의 효과 또는 성과를 주제로 한 논문이 가장 큰 비중을 차지하고 있다. 이 연구 결과에 의하면 공공서비스 효과성에 관한 연구 분야는 보건 · 의료 및 인적 서비스를 대상으로 한 연구가 가장 많은 것으로 나타났다.

가장 비중이 높은 연구 주제는 공공서비스 고객만족 연구로, 전체 37.4%를 차지하였으며, 공공서비스 평가에 관한 연구(30.7%)와 공공서비스 개발 및 모델 연구(15.3%) 주제

순으로 높게 나타났다. 즉, 공공서비스 부분 연구는 공공서비스에 대한 고객만족도 측정과 공공서비스 평가 등 서비스 결과에 주된 관심이 있음을 확인할 수 있었다.

반면에 공공서비스의 지속적인 혁신(7.8%)과 서비스 표준화(1.6%)에 대한 연구비중은 상대적으로 낮아서 공공서비스의 지속적인 발전을 위한 방향성 제시 측면의 연구는 부족한 편이다. 공공서비스에서는 개별 공공서비스에 대한 발전과 고객만족이 함께 고도화될 필요성이 높으므로 공공서비스에 대한 전반적인 품질향상과 혁신의 관점에서 보다 적극적인 연구가 필요할 것으로 파악된다(조지훈 외, 2022). 공공서비스 영역은 공공성이라는 성격상 정치적 변화에 민감할 수 밖에 없어 역대 정부가 새롭게 출마될 때마다 새롭게 사회적 문제해결과 국민의 삶의 질 향상을 강조하는 노력을 지속적으로 강조하고 있다(강병준, 2018).

따라서 공공서비스의 전반적인 향상을 위해 공공서비스 품질관리 방안이 지속적으로 모색돼야 하며, 다양한 공공서비스 간의 특성을 고려하여 민간기업의 우수사례 등을 벤치마킹하여 공공서비스 품질경영(QMS)의 체계적 도입이 이뤄져야 한다(조지훈 외, 2022).

6.2 공공부문의 서비스품질 특성

민간 부문과 공공 부문은 사회교환이나 고객 만족의 궁극적 지향점 등에서 큰 차이를 나타내고 있다(〈표 2.4〉 참조). 민간 부문의 경우 고객을 대상으로 개인적인 특별한 가치를 창출하기 위해 고객만족이 실현되는 서비스품질의 결과를 창출해야 한다. 이를 바탕으로 경쟁시장 내 다양한 상품, 재화, 금전 등의 유형의 자산과 무형의 차별화된 서비스의 제공을 통해 고객으로부터 재구매, 또는 긍정적 구전을 이끌어내야 한다. 반면 공공부문은 대국민을 대상으로 공공의 가치를 창출해야 하기 때문에 대시민 만족도를 창출해

표 2.4 민간 부문과 공공 부문의 서비스 지향 비교

	민간 부문	공공 부문
고객	고객(client)	시민(citizen) 또는 국민
가치	개인적 가치	공공 가치
서비스품질의 결과	고객만족	대중(시민)만족
사회교환	상품, 재화, 금전 등의 유형 자산	협조, 존경, 타협
고객만족의 결과변수	재구매, 구전	국민행복, 사회적 기여

자료: Alford(2002)에서 발췌하여 정리

야 한다. 따라서 앞서 민간이 서비스품질을 창출하기 위해 이용한 상품 등의 유형 및 무형 자산 외에도 협조, 존경, 타협 등 대의적 명분을 바탕으로 국민행복, 사회적 문제해결 및 기여를 만들어내야 하는 과제를 가리게 된다. 따라서 공공서비스 부문의 고객만족지수를 측정하기 위한 도구들은 공공서비스의 특수성을 반영하여 공공기관을 위한 관리적 관점을 제시해 줄 수 있도록 설계되어야 한다(이유재와 라선아, 2006).

7 환경과 사회적 책임

(1) 지속가능발전과 ESG(Environmental Social Governance)

18세기 산업혁명 시대부터 노동환경, 기업의 사회적 책임과 같은 이슈는 단편적으로 등장하기 시작하였다. 산업화 초기 공장에서 일하는 노동자들은 매우 열악한 환경에 노출되며 장시간 노동, 낮은 임금, 불안정한 일자리, 위험한 작업환경 등이 흔한 일이었다. 노동자는 기업주의 이익을 위해 희생하길 강요당했으며 노동자의 권리가 거의 고려되지 않았다. 그뿐만 아니라 산업화는 환경오염을 촉진시켜 왔으나 기업들의 환경훼손에 대한 사회적 책임은 거의 고려되지 않았다. 이러한 문제들은 산업혁명 초기에는 큰 관심을 받지 못했지만, 시간이 흘러감에 따라 노동자 권리와 사회적 책임에 대한 논의가 보다 중요하게 대두되면서 현대에 이르러서는 노동법과 환경규제 등 다양한 방법을 통해 이러한 문제들을 해결하기 위한 노력이 계속되고 있다. 사회적 가치 및 지속가능성에 대한 개념 정립과 국제적 공감대 형성은 1970년대부터 본격적으로 이루어지기 시작하였다.

'지속가능발전(Sustainable Development)'에 대한 개념은 1987년 유엔환경계획(UNEP; UN Environmental Programme) 및 세계환경개발위원회(WEDC; World Environment and Development Commission)가 발표한 '우리 공동의 미래(Our Common Future)' 보고서에서 전 지구적 환경 문제를 해결하기 위한 대안으로 정의되었다. 이후 2015년 9월 뉴욕에서 개최된 UN 지속가능한 개발 정상회담에서 모든 UN 회원국에 의해 2030 지속가능발전 의제가 채택되었다.

'2030 지속가능 개발 의제'는 MDGs(Millennium Development Goals)의 8대 목표 재구성 당시에 누락되었던 추가적인 목표를 포함하여 5가지의 핵심 차원(5Ps: 사람(people), 지구(planet), 번영(prosperity), 평화(peace), 파트너십(partnership))에 대한

국제사회의 청사진을 공유하며, 2030년을 목표로 하는 17대 주요 목표와 169개의 세부 목표(targets), 관련 지표로 구성되는 '지속가능개발 목표(SDGs; Sustainable Development Goals)'를 포함하였다(〈그림 2.3〉 참조).

그림 2.3 UN 지속가능개발목표 (SDGs)
자료: UN SDGs, https://www.un.org/millenniumgoals/

2020년 이후 장기화된 코로나 팬데믹으로 인해 더욱 지속가능한 발전에 대한 관심이 높아지면서 경영의 메커니즘이 변화하기 시작하였다. 더는 무분별한 환경 및 자원의 훼손을 방치할 수 없었으며, 극대화된 양극화로 인한 사회적 문제를 해결하기 위한 다양한 해결방안을 마련해야만 했다.

기업의 경영트렌드 또한 이와 같은 전 세계적인 흐름을 바탕으로 거대한 메커니즘의 변화가 시작하였으며, 새로운 기업의 생존전략으로 ESG에 대한 관심이 높아졌다. ESG라는 용어는 Environmental, Social, Governance의 영어 약자로, 세계적 기후변화 대응, 환경 및 사회 문제에 대한 이슈를 고려하며 기업 경영을 운영해야 하는 움직임의 일환으로 시작되었다. 기존에 존재하는 다양한 지속가능성 이니셔티브의 긍정적인 파급효과를 극대화하는데 시스템 차원의 협업과 소통, 조정이 필수적이라는 관점에서 세계경제포럼(WEF; World Economic Forum)은 복잡한 ESG 생태계의 현황과 관련 주체 간의 역할을 파악하기 위한 '생태계 지도'를 구축하여 제공하며 기업의 변화를 권고하였다.

(2) TQEM(Total Quality Environment Management)

전통적으로 제조기업은 효율성, 수익성, 고객 만족, 대응성과 품질과 같은 목표들을 주도적으로 추진해 왔다. 특히, 품질은 제조기업의 성공과 경쟁력을 결정하는 중요한 요소로 널리 인식되어 왔다(O'Neill 등, 2016). 그러나 품질 및 기타 운영 목표의 중요성에도 불구하고 친환경 제품과 서비스에 대한 환경 규제와 고객의 요구 때문에 기업들은 기업의 운영 활동이 환경에 미치는 영향도 고려하여 이러한 목표들을 다시 생각하지 않을 수 없게 되었다. 따라서 지속가능하고 친환경적인 목표는 이제 많은 제조기업들이 다루어야 할 경영 주제의 주요 부분으로 자리 잡게 되었고, 다른 전통적인 목표들과 균형을 맞추지 않으면 안 되게 되었다.

이러한 흐름 속에서 품질과 같은 몇몇 전통적인 기업목표들과 환경지속가능성 사이의 시너지가 존재한다는 연구 결과도 보고되고 있다. 즉, 품질경영 시스템과 실행 활동이 환경경영시스템을 촉진하고 환경경영시스템의 실행 활동이 보다 높은 결과를 가져오게 만드는 역할을 한다는 것이다(Narasimhan과 Schoenherr, 2012). 품질과 환경 목표 사이의 시너지 효과와 품질 및 환경경영시스템 분야의 자연스러운 진화는 이 두 분야가 결속되어 자연스럽게 환경을 고려하는 종합적인 품질경영(TQEM)의 의미로 발전하게 된 것이다.

TQEM은 IBM, AT&T, Kodak을 포함하여 1990년에 결성된 21개 기업으로 구성된 그룹인 GEMI(Global Environmental Management Initiative)에 의해 1992/1993년에 비즈니스의 환경적 우수성을 육성하기 위해 개발되었다(GEMI, 2017). 즉, TQEM은 TQM의 원칙과 접근 방식을 기업 환경 전략에 적용하려는 GEMI의 의도에 의해서 탄생된 것이다. 따라서 TQEM은 1980년대 중반부터 주목되기 시작하였으나 이를 명시적으로 다루지 않았던 환경 문제들을 반영하기 위해서 전통적인 품질 중심 TQM의 체계로부터 진화된 것이라 할 수 있다. TQEM은 제품의 설계, 제조, 활용 및 폐기의 흐름 속에서 발생하는 모든 폐기물의 발생을 줄이고 제거하기 위해 품질과 환경경영의 원칙을 통합하는 데 중점을 두는 것이다(Sarkis 등, 2010). TQEM을 구성하는 명확한 차원이나 표준에 대한 정의는 없으나 Khadour(2010)는 근본적으로 TQM과 마찬가지로 외부 및 내부 고객의 규명, 지속적인 개선, 처음부터 일을 올바르게 수행하는 것과 시스템적 접근 등의 4가지 요소를 4가지 기본 원칙으로 제시하고 있다.

Ⅱ Total Quality Service 시스템

TQM의 철학과 접근방법을 서비스 조직에 적용하는 것을 TQS(total quality service)라고 한다. 이런 의미에서 보면 지난 100년간 주로 제조 부문을 중심으로 발전되어 온 TQM의 기법을 사용하여 서비스 조직의 품질경쟁력을 높인다는 의미의 TQS는 특별히 TQM과 다른 의미를 가지고 있지 않다고 할 수 있다. 제조 부문의 품질문제 개선과 품질능력 혁신을 위해서 사용해 온 다양하고 풍부한 기법들을 그대로 활용하면 될 것이기 때문이다. 그러나 서비스의 무형성, 생산－배달－소비의 동시성, 고객기대의 가변성, 고객의 서비스 배달과정 참여 등과 같은 서비스 상품의 차별화된 특성은 제조 부문 중심의 TQM 기법 적용을 어렵게 만들게 된다. 따라서 제조와 서비스 부문에 보편적으로 적용될 수 있는 전통적인 TQM의 기법과 함께 서비스 부문 고유의 TQM적 철학을 반영한 기법의 개발과 적용이 필요하게 된다. 다음에서는 전통적인 TQM의 구성요소에 대한 소개와 함께 이를 기초로 서비스 부문의 특성을 반영한 TQM의 구성요소 즉, TQS 구성요소에 대하여 살펴보기로 한다.

1 TQM의 구성요소

TQM은 조직의 모든 기능영역에서 지속적인 개선을 추구하는 종합적인 경영철학으로 정의될 수 있으며, 이는 자원의 획득으로부터 판매 후 고객 서비스에 이르기까지 모든 과정에서 총체적인 품질(total quality)의 개념이 활용될 때 비로소 달성될 수 있다(Kaynak, 2003). TQM의 개념을 보다 구체적으로 이해하기 위해서는 TQM이 담고 있는 세부적인 실행요소가 무엇인지를 살펴볼 필요가 있다. TQM의 구체적인 실행요소 즉, 구성요소가 무엇인지를 제안한 연구내용들은 매우 많이 있으나 이들의 내용을 정리해 보면 대체로 다음의 〈표 2.5〉에 나타낸 바와 같이 9가지 요소로 요약해 볼 수 있다.

(1) 최고 경영자의 리더십

성공적인 TQM의 실행을 위해서는 최고 경영자가 품질에 대한 확고한 신념과 지원의지를 가져야 한다. 최고 경영자 스스로도 상품과 서비스의 품질에 대한 1차적인 책임의식

표 2.5 TQM의 구성요소

구성요소	Martinez-Lorente 등 (1998)	Saraph 등 (1989)	Flynn 등 (1994)	Chase등 (2001)
최고 경영자의 리더십	최고경영자의 지원	최고경영자의 리더십	최고경영자의 지원	리더십
고객중심적 사고	고객관계	-	고객참여	고객지배적 품질
종업원 개발 및 교육	작업자 관리 종업원 태도 및 행동	훈련	작업자 관리	종업원 참여 및 개발
종업원 참여	-	종업원 관계	품질개선 보상	
공급업체 파트너십	공급업체 관계	공급업체 품질관리	공급업체 참여	파트너십 개발
상품/서비스 설계 관리	상품설계 프로세스	상품/서비스 설계	상품설계	설계품질 및 예방
프로세스 관리	프로세스 흐름 관리	프로세스 관리	프로세스 관리	신속한 대응
품질자료의 수집과 활용	품질자료 및 보고	품질자료 및 보고	피드백	사실에 의한 관리
지속적 개선	벤치마킹	-	-	지속적인 개선
기타:	품질부서의 역활	품질부서의 역할	-	기업의 책임 및 시민의식

을 느끼고 이를 개선하기 위한 노력을 아끼지 말아야 한다. 품질에 대한 구체적인 목표와 전략을 수립하고 이를 달성하기 위해서 종업원에게 적극적으로 동기부여하는 강력한 리더십이 발휘되어야 한다.

(2) 고객중심적 사고

전체 종업원은 항상 고객의 욕구를 이해하고 이의 만족을 위해 노력하려는 생각과 행동을 추구해야 한다. 고객의 욕구와 목소리를 이해하기 위해서 이를 적극적으로 규명하려는 노력을 실행해야 하며, 조직활동의 궁극적인 지향점은 고객만족과 감동에 두어져야 한다.

(3) 종업원 개발 및 교육

유능한 종업원을 채용하고 선발하여 품질개선에 필요한 지식과 기술을 교육하고 훈련시켜야 한다. 종업원 교육과 훈련은 계층과 부문에 상관없이 전사적이고 지속적으로 이루어져야 하며, 고객만족을 위한 품질개선의 중요성을 인식하고 이를 실행할 수 있는 능력을 갖추도록 지원해야 한다.

(4) 종업원 참여

품질개선을 위한 전체 종업원의 참여가 이루어져야 한다. 품질분임조(quality circles) 활동을 비롯한 종업원의 자율적인 팀 단위 활동 노력을 장려하고, 종업원에게 품질개선을 위한 권한과 책임을 부여하여야 한다. 종업원의 평가를 위해 품질개선 노력과 성과를 적극적으로 반영하도록 우수한 품질성과에 대해서는 적절한 보상을 제공하여야 한다.

(5) 공급업체 파트너십

가격보다는 품질 위주로 신뢰할 수 있는 공급업체를 개발하여 장기적인 파트너십을 구축하는 일이 중요하다. 상품과 서비스의 개선을 위해 공급업체를 설계과정에 적극적으로 참여시키며, 공급업체의 품질능력 개발을 위해 적극적으로 지원해야 한다. 고객욕구의 효과적인 충족을 위해 신속한 정보공유와 교환 체계를 갖추어야 한다.

(6) 상품/서비스 설계 관리

고객의 요구사항을 충족시켜 줄 수 있는 설계가 만들어지도록 공급업체와 고객을 포함한 모든 관련 부서의 참여가 이루어져야 한다. 기능적인 측면의 품질과 더불어 생산의 용이성과 효율성, 재설계 필요성 등의 다양한 성과 측면에서 총체적으로 바람직한 설계가 만들어져야 한다.

(7) 프로세스 관리

설비의 자율적이고 예방적인 유지 노력으로 프로세스의 불규칙한 중단을 없애야 한다. 작업오류의 방지를 위한 설비와 작업 방법의 개선 노력이 이루어져야 하며, 통계적인 공정관리(SPC)를 비롯한 다양한 품질개선 노력이 적극적으로 수행되어야 한다. 불량의 검사보다는 불량의 예방에 중점을 두는 원천적인 품질확보 노력보다 치중해야 한다.

(8) 품질자료의 수집과 활용

품질정보가 쉽게 활용될 수 있도록 관련 자료의 수집, 분석 및 정리가 체계적으로 이루어져야 한다. 품질비용과 수준에 대한 측정이 적극적으로 이루어져야 하며, 이를 활용한 품질문제의 원인과 해결 방안이 효과적으로 규명되어야 한다.

(9) 지속적 개선

품질개선을 위한 여러 측면의 노력은 반복적이고 지속적으로 실행되어야 한다. 계획(plan) – 실행(do) – 검토(check) – 활동(act)으로 이어지는 품질개선 노력의 지속적인 수행을 통하여 변화하는 고객욕구를 효과적으로 충족시킬 수 있도록 끊임없는 노력이 이루어져야 한다.

2 TQS의 체계

2.1 TQS의 구성요소

TQM의 개념을 서비스 부문에 응용한다는 의미의 TQS의 개념은 본질적으로 TQM의 구성요소를 기반으로 한 것이기 때문에 전반적으로 TQM과 크게 다르지 않다고 할 수 있다. 다만, 비가시적인 상품을 창출하고 판매하는 서비스의 속성상 가시적인 상품의 창출과 판매에 초점을 맞춘 제조와 달리 서비스 고유의 품질개선을 위한 노력이 필요하게 된다. 따라서 TQS의 구성요소는 제조 부문을 기반으로 한 TQM의 구성요소 중에서 서비스 부문에 적용 가능한 요소들을 중심으로 서비스 고유의 구성요소들을 부분적으로 추가한 형태를 취하게 된다. 다음에서는 이러한 관점에서 은행 서비스 부문을 중심으로 TQS의 구성요소와 측정 방법들을 제안하고, 실증적인 조사, 분석을 통해 이의 타당성을 검토했던 최근의 연구를 중심으로 TQS의 구성요소와 이들 간의 관계를 살펴보기로 한다.

최근 Sureshchandar 등(2001, 2002)은 전통적인 TQM의 접근방법을 바탕으로 서비스 고유의 특성과 서비스 품질에 관한 선행연구의 주요 발견 사항들을 종합하여 TQS의 구성요소를 체계적으로 제안한 바 있다. 이들은 기존의 TQM에서 강조하는 구성요소 중에서 서비스 부문에 적용 가능한 요소들을 중심으로 TQM에서 간과하고 있는 새로운 구성요소와 서비스 고유의 구성요소를 개발하여 다음과 같이 모두 12가지의 TQS 구성요소를 제안하였다:

[서비스에 적용 가능한 전통적 TQM 구성요소]

(1) 최고경영자의 의지와 비전 있는 리더십

최고경영자의 의지는 효과적이고 성공적인 TQS 실행을 위한 전제가 된다. 효과적인 TQS 실행을 위한 조직 측면의 요구사항이 무엇인지에 대해서는 학자마다 주장하는 바가 다양하지만 어떤 품질개선을 위한 노력도 추진력 제공의 주체가 최고경영자이어야 한다는 것에는 모두 일치된 견해를 보이고 있다. 비전 있는 리더십이란 장기적인 비전을 설정하고, 조직을 통해 이를 전파시키며, 실행계획을 개발하고, 궁극적으로 전체 조직이 비전의 달성을 향해가도록 격려함으로써 조직 내에 전략적인, 그리고 정신적인 변화를 이끌어내고 신봉하도록 만드는 기술을 말한다.

(2) 인적자원 관리

종업원의 선발과 고용, 훈련 및 교육, 권한부여 및 참여 등과 같이 기업전략 구축의 토대가 되는 조직행동 측면의 다양한 이슈들과 관련된 것을 말한다. 여기서 논쟁의 초점은 고용주가 종업원을 귀중한 자산으로 대우할 때 비로소 종업원도 고객을 소중한 대상으로 대우하게 될 것이라는 데에 있다. 따라서 서비스 조직의 경우 필연적으로 인적자원 관리를 경쟁우위의 원천으로서 소중하게 생각해야 한다.

(3) 종업원 만족

종업원 만족은 다면적인 개념으로서 종업원이 스스로 조직이 자신의 욕구와 욕망을 지속적으로 만족시켜주고 있다고 믿는 정도로 정의된다. 종업원 복지에 대한 종업원의 지각과 서비스 품질과 만족에 대한 고객의 지각 사이에 매우 강력한 연관성이 있다는 증거가 연구를 통해 밝혀지고 있음에 비추어 볼 때, 조직은 서비스 품질과 고객에 초점을 맞추는 것뿐만 아니라 종업원 만족에 대해서도 중점을 두어야 한다.

(4) 기술적 시스템

기술적 시스템은 설계품질 관리와 프로세스 관리를 포함한다. 견실하고 신뢰성 있는 서비스 설계내용은 조직의 전략적 품질계획 능력을 반영하고 있는 것이다. 이는 또한 고객의 욕구와 기대 그리고 욕망을 완벽하게 충족시키게 되며, 결과적으로 향상된 비즈니스 성과를 가져오게 된다. 서비스 프로세스 관리는 본질적으로 서비스 배달을 효율화하기 위해 요구되는 절차와 시스템 및 기술과 관련이 있다. 이는 고객이 어떤 혼란도 없이 서비스를 받을 수 있도록 하는 것을 말하며, 다음의 구성요소, "(12) 서비스 문화"에 담겨져 있는 인적요소에 상반되는 것으로서 서비스 배달의 비인적요소를 나타내고 있다.

(5) 고객중시

고객에 초점을 맞추는 것은 TQS 프로그램의 궁극적인 목표라 할 수 있다. 조직은 고객의 욕구와 요구사항을 효과적으로 규명하고, 이들의 변화하는 관심사항과 욕망을 예측하고, 이에 대응함으로써 경쟁자를 능가할 수 있기 때문이다. 고객의 욕구와 욕망에 중점을 두는 것은 경쟁자를 압도하는 경쟁의 우위를 제공하게 되고, 이는 조직으로 하여금 보다 시장지향적인 특성을 가질 수 있도록 만들게 되며, 결과적으로 보다 향상된 비즈니스 성과를 가져오게 된다. 서비스 조직의 경우 고객의 기대라는 것은 본질적으로 매우 역동적이고 복잡한 속성을 가지고 있기 때문에 단순히 고객을 만족시키기 위해 고객이 규정한 영역(즉, 특정한 고객의 욕구)만을 대상으로 초점을 맞추는 것은 성과를 거두기 어려울 것이다. 오늘날과 같이 경쟁이 치열한 세계에서 고객을 만족시키는 것만으로는 충분하지 않다. 품질혁신을 통한 경쟁적 이점은 고객을 감동시킬 때만 얻어지는 것이다. 고객만족은 단기적인 속성을 가진 개념으로서 고객의 재구매 의지를 이끌어낼지 알 수 없다. 경영자의 책임은 만족이 명확하게 재구매 의지를 나타내는 것이 되도록 만드는 데에 있는 것이다.

(6) 정보 및 분석 시스템

제조 상품과 달리 서비스는 재고로 저장하였다가 시급한 경우나 수요에 맞추어서 사용할 수가 없다. 따라서 조직이 수요가 몰리거나 피크인 경우와 같은 우발적인 상황에 대해 준비를 갖추지 못한 경우에는 고객에게 품질이 높은 서비스를 제공하지 못할 수도 있다. 프로세스와 고객에 관한 정보를 종업원에게 제공할 수 있을 때만이 이를 해결할 수 있을 것이다. TQM의 실행에 필요한 핵심적인 자료를 신속하고, 충분하며, 적절하게 제공하는 것이 바로 정보 및 분석 시스템을 구성하는 것이다. TQS의 환경 속에서는 사람들이 현재의 문제를 해결하고, 새로운 문제 발생을 피하며, 변화를 실행하기 위해서 조직계층과 기능 부문 혹은 지역을 가로질러 의사소통할 필요가 있다. 진정한 고객중심의 자세를 견지하기 위해서는 수동적인 수정 활동보다는 적극적인 예방 활동을 통해 품질을 감시할 필요가 있다.

(7) 지속적 개선

품질개선의 추구는 특정한 목적지를 지향하는 것이 아니라, 보다 많은 개선의 기회를 찾아서 끊임없이 여행하는 것이다. 한 번 목표가 달성되면 보다 높은 수준의 서비스 효율성을 겨냥하여 새로운 목표를 설정해야 한다는 의미에서, 개선이란 계속되는 프로세스로 인식되어야 한다. 이는 종착점이 없이 지속적인 개선을 위해 노력한다는 단일 목표만을 가진 경주라고 할 수 있으며, 세계적인 수준(world-class)의 조직으로 변모시킬 수 있을 혁신적인 방법을 구하는 것이라 할 수 있을 것이다.

(8) 벤치마킹

벤치마킹(benchmarking)이란 실제로는 하나의 비교표준으로서 세계적으로 최고인 조직의 상품/서비스와 프로세스를 분석하여 자신의 상품, 서비스 혹은 프로세스를 개선하기 위해 그 정보를 분석하고 활용하는 것을 의미한다. 서비스가 가지는 매우 불분명한 속성은 결과적으로 서비스의 설계 내용, 생산, 배달 및 소비 과정에 있어서 조직에 우발적인 상황을 만들어 내게 된다. 따라서 조직은 서비스와 서비스 배달 프로세스에 대한 벤치마킹과는 별도로 고객만족과 종업원 만족 같은 행동적인 특성에 대한 벤치마킹에도 초점을 맞출 필요가 있다.

[서비스-제조에 중요한 새로운 TQM 구성요소]

(9) 노조 개입

노사관계는 서비스 조직에서도 매우 중요한 문제이다. TQM은 전체 조직을 대상으로 한 접근방법이기 때문에 성공가능성에 대한 종업원 노조의 영향은 매우 크다. 이러한 종업원 관계와 관련한 이슈들은 조직 시스템에 영향을 미치게 되며, 결과적으로 TQM 실행의 성격과 범위를 결정하게 된다. 전산화나 네트워킹 등과 같이 서비스 부문의 눈길을 잡는 기술의 성장과 더불어 그러한 발전에 대해 노조가 가지는 혐오감과 불안감을 감안한다면 노조의 태도가 품질개선 노력에 있어서 중요한 역할을 하게 된다는 결론을 얻을 수 있을 것이다.

(10) 사회적 책임

기업이 성공을 거두고 나아가 탁월한 비즈니스 성과를 달성하려면 기업의 시민의식(corporate citizenship) 개념이 활성화되어야 한다. 기업이 이윤을 남기기 위해 존재한다는 것에는 의심의 여지가 없으며, 이는 사명을 완수함으로써 달성될 수 있다. 기업은 동시에 성장하고 좋은 이미지도 가져야 한다. 즉, 사회적인 의무와 지역사회에 대한 의무를 충족시켜야 하는 것이다. 종국에는 기업을 평가하는 잣대가 이윤이나 수익뿐만 아니라 사회적 책임에 대한 불굴의 신념도 분명히 포함하게 될 것이다. 바로 이러한 사회적 책임을 중시하는 태도가 이윤이나 투자수익률, 시장점유율 등의 관점에서만 성공을 거두려고 다투고 있는 많은 기업에 비해 장기적으로 확실한 경쟁적 우위를 제공하게 될 것이다. 미묘하지만 영향력이 큰 바로 이 구성요소가 조직으로 하여금 이미지와 성과 개선을 향해 노력하도록 유도하게 되며, 결과적으로 고객의 서비스에 대한 만족감과 조직에 대한 충성도를 높여주게 되기 때문이다.

[서비스 고유의 구성요소]

(11) 서비스 풍경

서비스 풍경(servicescapes) 이란 서비스 시설이 가지는 유형적 측면을 말한다. 즉, 장비나 기계시설, 표지, 종업원의 외모 등과 같은 물리적 환경을 의미하는 것이다. 이러한 서비스 풍경은 핵심 서비스가 보다 무형적인 속성을 가지게 되면서 생리적, 심리적, 감성적, 사회적 및 인지적인 형태로 종업원과 고객 모두에게 커다란 영향을 미치게 된다.

(12) 서비스 문화

서비스 조직에서는 고객과 종업원을 구분하는 경계가 매우 미약하고 혼재되어 있어서 결과적으로 이들 사이의 신체적, 심리적 근접성이 매우 높아지게 된다. 따라서 조직 전체에 서비스 품질을 강조하는 기업의 문화를 창출하는 것만이 매끄러운 서비스 배달을 가능하게 할 수 있다. 서비스 문화란 사실 모든 계층에 있는 종업원들이 자신의 진실한 존재 목적은 "고객에 대한 서비스"라는 사실을 얼마나 잘 인식하고 있는지를 나타내는 것이다. 고객 중시가 TQS의 목표라고 한다면 서비스 문화는 종업원으로 하여금 수행하는 모든 일에 있어서 서비스 지향의식을 가지게끔 동기부여 하는 하나의 조직전략인 것이다.

2.2 TQS 모델

〈그림 2.4〉는 앞에서 살펴본 TQS 구성요소 간의 관계를 살펴보기 위해 은행 서비스 부문을 대상으로 실시한 실증적인 조사연구 결과를 요약하여 모델로 나타낸 것이다(Sureshchandar, 2001). 모델에서 보면 '최고경영자의 의지와 비전 있는 리더십'이 TQS의 실행을 위한 추진력이 되어야 함을 알 수 있다. 최고경영자의 품질에 대한 관심이 단순히 지적인 훈련에 머물러서는 안 된다. 전략과 비전 있는 리더십을 통해서 매우 강력한 개인적인 의지가 두어지고 있음을 명확하게 해야 한다. 이와 같은 의지와 리더십이 조직 내의 하부시스템 즉, 인적자원 시스템, 기술적 시스템, 사회적 책임, 정보 및 분석 시스템, 서비스 풍경 및 서비스 문화로 구성된 조직 시스템을 이끌어가게 되는 것이다. 노사관계와 관련해서는 노조 개입 요소가 작용하게 되고, 벤치마킹은 비교표준으로써 사용된다. 모든 조직은 목표나 사명 혹은 목적을 가지기 마련인데, 상품 혹은 서비스로서 고객에게 봉사한다는 것이 주로 담겨지게 된다. 이러한 고객에 대한 봉사는

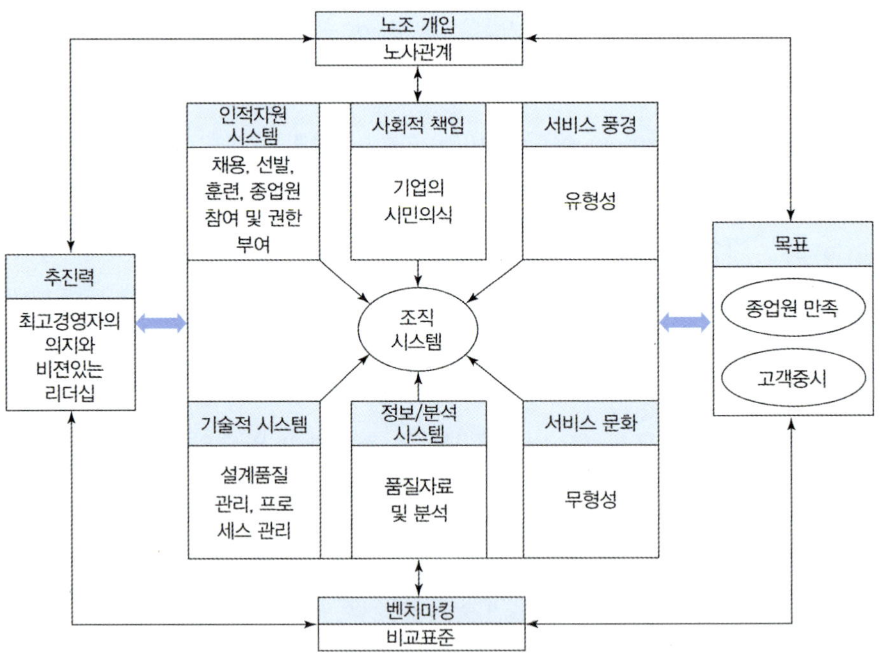

그림 2.4 TQS(Total Quality Service) 모델

자료: Sureshchandar, G.S. et al. (2001), "A Holistic Model for Total Quality Service," *International Journal of Service Industry Management*, Vol. 12, No. 4, pp. 378-412.

종업원을 통해서만이 이루어질 수 있다. 따라서 TQM을 포함해서 어느 경영접근 방식이든지 고객중시와 종업원 만족은 중요한 조직의 목표가 된다. 서비스 조직의 경우는 종업원과 고객 사이의 신체적, 심리적 근접성이 매우 높기 때문에 특히 이러한 목표가 더욱 중요하게 된다.

2.3 TQS와 TQM의 비교

TQS는 기본적으로 TQM의 체계를 서비스 부문에 응용한다는 개념이기 때문에 TQM의 구성요소와 크게 다르지 않은 구성요소를 가지고 있다. 다만, 앞에서도 언급했던 바와 같이 TQS에서는 제조와 다른 서비스 고유의 특성 때문에 TQM에서 적극적으로 강조하지 않는 혹은 다루기에 부적절한 몇 가지 요소들이 추가로 필요하게 된다. 〈표 2.6〉은 지금까지 살펴본 TQM과 TQS의 구성요소를 비교하여 본 것이다. 표에서 보는 바와 같이 TQM에서 강조되는 대부분의 구성요소는 TQS에서도 동일하게 강조되고 있다. 다만, 공급업체 파트너십에 대해서는 TQS에서 명시적으로 다루고 있지 않다. 이는 제조부문과 달리 서비스 창출을 위해 필요로 하는 자재구매의 중요성이 상대적으로 작기 때문이라고 볼 수 있다. 그러나 보다 통합적인 의미의 TQS의 실행이 되기 위해서는 이를 명시적으로 포함시키는 것이 바람직할 것이다.

표 2.6 TQS 구성요소와 TQM 구성요소의 비교

구성요소의 특징	TQS	TQM
서비스에 적용 가능한 전통적 TQM 구성요소	• 최고경영자의 의지와 비전 있는 리더십	• 최고경영자의 리더십
	• 인적자원 관리 • 종업원 만족	• 종업원 개발 및 교육 • 종업원 참여
	• 기술적 시스템	• 상품/서비스 설계 관리 • 프로세스 관리
	• 고객중시	• 고객중심적 사고
	• 정보 및 분석 시스템	• 품질자료의 수집과 활용
	• 지속적 개선 • 벤치마킹	• 지속적 개선
	–	• 공급업체 파트너십
서비스–제조에 중요한 새로운 TQM 구성요소	• 노조 개입 • 사회적 책임	–
서비스 고유의 구성요소	• 서비스 풍경 • 서비스 문화	–

사회적 책임 부분은 기업윤리 문제와 함께 제조기업이든 서비스 기업이든 매우 강조해야 될 부분이라고 볼 수 있다. 다만, 기업에 따라서는 노조를 가지지 않은 기업들도 많기 때문에 이를 TQM이나 TQS의 보편적인 구성요소로 고려해야 되는지는 생각해 볼 여지도 있다. 서비스 고유의 TQS 요소로 제안한 서비스 풍경과 서비스 문화는 서비스 시스템이 가지는 고객과 종업원의 밀접성을 반영하여 특별히 강조된 구성요소라고 할 수 있다. 기본적으로는 두 가지 구성요소 모두가 넓은 의미의 TQM에서 강조하는 프로세스 관리 구성요소에 포함된다고 볼 수 있다. 그러나 이를 TQS 고유의 구성요소로 사용한 것은 서비스 창출과 소비의 동시성, 서비스 창출 프로세스에 대한 고객참여 등과 같이 서비스가 가지는 독특한 측면을 보다 강조하기 위한 것이라 할 것이다.

참고문헌

Bhote, K.R. (2002), *The Ultimate Six Sigma*, AMACOM, New York.

Chase, R.B. et al. (2001), *Operations Management for Competitive Advantage*, 9th ed., McGraw−Hill, NY.

Deming, W.E. (1986), *Out of the Crisis*, MIT Center for Advanced Manufacturing Study, MA.

Flynn, B.B. et al. (1994), "A Framework for Quality Management Research and An Associated Measurement Instrument", *Journal of Operations Management*, Vol. 11, pp. 339−366.

Gara-Reyes, J. A. et al. (2018), "Total quality environmental management : adoption status in the Chinese manufacturing sector," *The TQM Journal*, Vol. 30, No. 1, pp. 2−19.

Juran, J. M. (1979), "Japanese and Western Quality - A Contrast," *Quality*, Vol. 18, No. 1 & 2, pp. 8−12 and 12−15.

Kaynak, H. (2003), "The Relationship between Total Quality Management Practices and Their Effects on Firm Performance", *Journal of Operations Management*, Vol. 21, pp. 405−435.

Khadour, L. (2010), *Total Quality Environmental Management(TQEM) Framework Towards Sustainability*, PhD thesis, Nottingham Trent University, Nottingham, pp. 198−200.

Martinez−Lorente, A.R., et al. (1998), "Total Quality Management : Origins and Evolution of the Term," *The TQM Magazine*, Vol. 10, N0. 5, pp. 378−386.

Narasimhan, R. and Schoenherr, T. (2012), "The effects of integrated supply management and environmental management practices on relative competitive quality advantage," *International Journal of Production Research*, vol. 50, No. 4, pp. 1185−1201.

O'Neill, P., Sohal, A., & Teng, C. W. (2016). *Organizational Performance and*

Sustainability in Manufacturing and Service through TQM Implementation. International Journal of Production Economics, v.171, pp.381-393.

Richardson, T.L. (1997), *Total Quality Management*, Delmar Publishers, N.Y.

Rungtusanatham, M. et al. (2003), "Advancing Theory Development in Total Quality Management : A Deming Management Method Perspective," *IJOPM*, Vol. 23, No. 8, pp. 918-936.

Saraph, J.V. et al. (1989), "An Instrument for Measuring the Critical Factors of TQM", *Decision Sciences*, Vol. 20, No. 4, pp. 810−829.

Sarkis, J. et al. (2010), *Facilitating Sustainable Innovation Through Collaboration*, Springer, Berlin, Germany.

Sureshchandar, G.S. et al. (2001), "A Holistic Model for Total Quality Service," *International Journal of Service Industry Management*, Vol. 12, No. 4, pp. 378−412.

Sureshchandar, G.S. et al. (2002), "Management's Perception of Total Quality Service in the Banking Sector of Developing Economy − A Critical Analysis", *International Journal of Bank Marketing*, Vol 20, No. 4, pp. 181−196.

Wadsworth, H.M., et al. (2002), *Modern Method for Quality Control and Improvement*, John Wiley & Sons, N.Y.

GE, http://www.ge.com/sixsigma/.

GEMI (2024), https://gemi.org/.

Motorola, http://mu.motorola.com/history.shtml.

Quality America INC, http://www.qualityamerica.com/knowledgecente/articles/SixSig_pg13.html.

3장

서비스 품질의 개념과 측정

서비스가 가지는 무형적 속성은 서비스 품질의 수준을 객관적으로 정의하고, 측정하기 어렵게 만든다. 동일한 서비스 상품이라 하더라도 서비스 제공자와 고객, 그리고 서비스 환경에 따라서 고객이 느끼는 품질의 수준은 크게 달라질 수 있기 때문이다. 이러한 서비스 품질의 변동성은 규격화된 객관적 서비스 특성에 의존해서 품질을 평가하기보다는 고객이 지각하는 주관적 품질의 수준을 바탕으로 품질을 평가하는 접근 방식을 필요로 하게 된다. 따라서 서비스 품질의 수준을 올바르게 측정하기 위해서는 먼저 고객이 서비스 품질을 어떻게 지각하게 되는지를 이해하는 일이 필요하다. 다음에서는 먼저 고객이 서비스 품질에 대해 지각하게 되는 프로세스를 살펴보고, 고객이 중요하게 생각하는 서비스 품질의 차원을 규명해 보며, 이를 바탕으로 서비스 품질의 구체적 측정 방법에 대해 설명해 보기로 한다.

핵심용어

- 기술적 품질
- 기능적 품질
- 서비스 품질 속성
- 서비스 품질 GAP모델
- GAP 세분화 모델
- SERVQUAL
- 유형성
- 신뢰성
- 대응성
- 확신성
- 공감성
- SERVPERF
- 핵심상황법
- 상황그룹

I 서비스 품질의 개념과 모델

1 서비스 품질 개념

가시적인 형체를 지니고 있는 상품의 경우는 상품이 지닌 물리적인 속성이 설계규격에 부합되는지를 측정함으로써 객관적인 품질수준을 평가해 볼 수 있다. 그러나 비가시적인 무형성을 특징으로 하는 서비스의 경우는 객관적인 품질수준 평가기준을 사용하기가 어렵다. 따라서 서비스 품질에 대한 개념적인 설명은 고객이 가지는 주관적인 평가속성 즉, 지각하는 바에 의존하여 이루어질 수밖에 없는 것이다.

고객의 지각을 중심으로 한 서비스 품질의 개념은 제품성과에 대한 고객지각의 특성을 설명한 Swan과 Comb(1976)의 연구 결과와 유사한 성격을 가지고 있다(Dotchin와 Oakland, 1994). 이들은 제품이 고객에게 제공하는 성과를 도구적 성과(instrumental performance)와 표현적 성과(expressive performance)로 나누어 설명한 바 있다. 도구적 성과란 제품이 제공하는 핵심 기능을 나타내며, 표현적 성과란 고객의 심리적 만족 수준을 결정하는 제품 속성의 크기를 나타낸다. 이는 Sasser 등(1978)이 말하는 명백한 서비스(explicit service)와 암묵적 서비스(implicit service)의 개념과 일치하는 것이다. 비행기를 타고 서울에서 부산으로 여행하는 운송 서비스를 예로 든다면, 승객을 서울에서 부산으로 이동시켜 주는 것은 고객이 기대하는 명백한 운송 서비스인 동시에 도구적 성과인 것이다. 반면에 서비스 제공 과정에서 항공사 승무원이나 직원들과의 접촉을 통해 이루어지게 되는 서비스 활동은 바로 암묵적 서비스인 동시에 표현적 성과의 속성을 가지게 된다.

초기의 이러한 고객의 지각을 중심으로 한 서비스 품질의 개념은 대체로 서비스가 제공하는 결과와 서비스가 이루어지는 프로세스로 나누어 설명해 볼 수 있다. Grönroos(1984)는 서비스 품질의 개념을 기술적 품질(technical quality)과 기능적 품질(functional quality)로 나누어 설명한 바 있다. 기술적 품질은 제공된 서비스의 결과로 고객이 받게 되는 것에 의해 평가가 이루어지며, 기능적 품질은 서비스가 어떻게 제공되어지는가에 의해서 평가가 이루어진다. Grönroos는 이 두 가지 측면에 대한 고객의 기대와 실제 결과에 대한 지각의 수준이 궁극적으로 서비스 품질을 결정하게 된다고 하였다. Grönroos는 아울러 기술적 품질이 최소한의 만족감을 줄 수 있을 경우 고객의 서비스 품질에 대한 지각은 대개 기능적 품질에 의해 결정된다고 주장하였다. Parasuraman 등(1985)은 후에 앞서 Sasser 등의 연구와 Grönroos의 연구를 비롯한 기존의 품질개념에 대한 연구 결과들을 바탕으로 서비스 결과와 프로세스에서 나타내게 되는 다양한 품질평가 속성을 다음의 10가지로 종합하여 제시하였으며(〈표 3.1〉 참조),, 서비스 품질의 통합적인 개념을 설명하는 서비스 품질 GAP 모델을 개발하였다(구체적인 내용은 다음의 '2. 서비스 품질 모델' 참조).

표 3.1 서비스 품질의 속성

속 성	내 용
신뢰성 (reliability)	일관성 있는 성과와 확실성을 나타낸다. 처음부터 서비스를 올바르게 수행하는 것을 의미하며, 약속한 것을 존중하는 것을 나타낸다. 구체적으로는 대금청구에 정확성을 기하고, 고객기록을 정확하게 유지하며, 지정된 시간에 서비스를 수행하는 것 등을 포함하게 된다.
대응성 (responsiveness)	서비스를 제공하는 종업원이 가진 열의와 준비성을 말한다. 신속한 거래전표 우송, 빠른 서비스 제공, 신속한 예약시간 설정 등과 같은 서비스의 적시성을 나타낸다.
능력 (competence)	서비스 수행에 필요한 기술과 지식의 소유를 말한다. 고객접촉 및 지원을 담당하는 종업원의 지식과 기술, 조사능력 등을 포함한다.
접근성 (access)	접근성, 접촉의 용이성을 의미한다. 전화를 통한 서비스 접근의 용이성, 과도하지 않은 대기시간, 편리한 영업시간, 편리한 위치 등을 나타낸다.
예의 (courtesy)	안내원, 전화 상담원 등을 포함하는 고객접촉 종업원의 공손함, 존경심, 배려, 친절성을 나타낸다. 고객의 특성에 대한 배려와 접촉 종업원의 청결성 및 말끔한 외모 등을 포함한다.
커뮤니케이션 (communication)	고객이 이해할 수 있는 언어로 정보를 제공하며, 고객에게 귀 기울이는 것을 말한다. 고객에 따라서 적절하게 사용하는 언어를 조절하는 노력을 의미한다. 가령 교육 수준이 높은 고객에게는 전문적인 용어의 수준을 높이고, 초보적인 고객에게는 단순하고 평범한 용어를 사용하는 것을 말한다. 서비스 자체, 비용 수준, 서비스와 비용 간의 상반관계 등을 설명하는 것, 고객에게 문제가 처리될 수 있다는 확신을 심어주는 것 등을 포함한다.
진실성 (credibility)	신뢰할 수 있는지, 믿을 수 있는지 혹은 정직한지를 나타낸다. 고객의 이익을 최우선시하는 마음가짐을 의미한다. 진실성에 영향을 미치는 요소로는 회사의 이름, 명성, 접촉 종업원의 개인적인 성격, 고객과의 접촉에서 보이는 끈질긴 설득노력 등을 들 수 있다.
안전 (security)	위험성, 의구심 등으로부터 자유로운 것을 말한다. 신체적인 안전성, 재정적인 안전성, 기밀 유지성 등을 나타낸다.
이해 (understanding)	고객의 요구를 이해하려고 노력하는 것을 말한다. 고객의 구체적인 요구사항을 습득하고, 개별화된 관심을 기울이며, 단골손님을 인식하는 것 등을 포함한다.
유형성 (tangibles)	서비스가 지니고 있는 물리적 증거를 나타낸다. 시설, 종업원의 외모, 서비스 제공에 사용되는 도구 및 장비, 서비스에 대한 물적 표현, 서비스를 이용하는 다른 고객 등을 포함한다.

2 서비스 품질 모델

2.1 서비스 품질 GAP 모델

서비스 품질의 개념을 설명하는 대표적인 제안으로서는 Parasuraman 등(1988[a])이 실증적인 심층면접을 통해 개발한 서비스 품질 모델을 들 수 있다. 이들은 은행, 신용카드, 증권거래 및 제품 수리/보수의 4개 서비스 산업에 걸쳐서 각 산업 부문마다 전국적으로 알려진 한 개씩의 회사를 선정하여 각기 3−4명의 고위 관리자를 대상으로 서비스 품질과 관련한 심층면접을 실시하였다. 또한 각 산업 부문별로 3개씩 모두 12개의 고객 포커스 그룹을 대상으로 한 심층면접도 병행하여 실시하였다. 이들은 이러한 일련의 심층면접을 통해 얻어진 주요 발견 사항을 바탕으로 〈그림 3.1〉과 같은 서비스 품질 모델을 제안하였다.

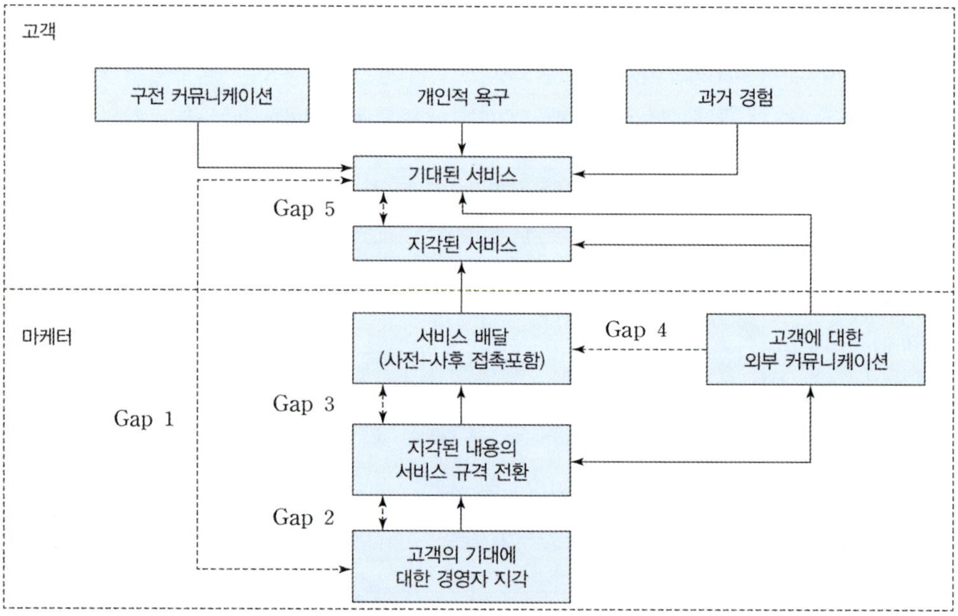

그림 3.1 서비스 품질 모델

자료: Zeithaml, V.A., Berry, L.L. and Parasuraman, A. (1988[a]), "Communication and Control Processes in the Delivery of Service Quality", *Journal of Marketing*, Vol. 52, April, pp. 35−48.

모델의 기본적인 틀은 궁극적으로 서비스 품질의 수준은 고객이 기대하는 서비스(expected service) 수준과 지각하는 서비스(perceived service) 수준의 차이(Gap 5)에 의해 결정되며, 이러한 차이는 서비스를 창출하고 배달하는 과정에서 발생하게 되는 4가지 차이(Gap 1, Gap 2, Gap 3 및 Gap 4)의 크기와 방향(+ 혹은 −)에 의해서 결정된다는 것이다. 이들은 후에 서비스 품질 수준을 구체적으로 측정하는 요소로서 유형성, 신뢰성, 대응성, 확신성 및 공감성의 모두 5개의 차원에 걸친 22개 측정 항목을 개발하여 제시한 바 있으며, 이에 대해서는 다음의 'III. 서비스 품질의 측정'에서 구체적으로 설명하기로 한다. 다음에서는 4가지 차이와 관련하여 각 차이의 발생 원인과 구체적인 측정의 방법에 대해 살펴보기로 한다.

(1) Gap 1 - 고객기대와 경영자 지각의 차이

첫 번째 차이의 개념은 고객이 서비스에 대해 기대하는 내용과 이에 대해 경영자가 지각하고 있는 내용 사이의 차이를 나타낸다. 제품과 달리 서비스가 가지는 비가시적인 특징은 명확한 서비스 속성의 정의를 어렵게 만들기 때문에 고객이 기대하는 것과 경영자가 생각하는 '고객이 기대하는 것' 사이의 차이를 보다 크게 만드는 경향이 있다. 이러한 고객기대에 대한 잘못된 지각은 주로 마케팅 조사가 효과적으로 이루어지지 못하거나, 고객과 접촉하는 종업원의 의견을 잘 받아들이지 못할 때, 그리고 관리계층이 복잡하여 상층으로의 의견 전달이 어려울 때 발생하게 된다(〈표 3.2〉 참조). 즉, 고객이 기대하는 바를 제대로 규명하지 못하거나, 규명된 내용이 상층에 잘 전달되지 못할 때 결과적으로 경영자는 고객이 기대하는 바에 대하여 잘못 생각하게 된다는 것이다.

표 3.2 서비스 품질관리 Gap 1

발생원인	세부 내용
마케팅 조사 지향성	• 마케팅 조사 활동의 정도 • 마케팅 조사자료의 활용 • 마케팅 조사가 서비스 품질 문제에 중점을 두는 정도
상향 커뮤니케이션	• 경영자와 고객의 직접적인 접촉의 정도 • 종업원의 경영자에 대한 커뮤니케이션 정도 • 고객접촉 종업원으로부터 정보를 구하는 정도 • 최고경영자와 고객접촉 종업원 사이에 이루어지는 접촉의 질적 수준 (직접대면 혹은 서류)
관리계층의 수	• 고객접촉 종업원과 최고경영자 사이의 계층의 수

자료: Zeithaml, V.A., Berry, L.L. and Parasuraman, A. (1988[a]), "Communication and Control Processes in the Delivery of Service Quality", *Journal of Marketing*, Vol. 52, April, pp. 35−48.

표 3.3 서비스 품질관리 Gap 2

발생원인	세부 내용
서비스 품질에 대한 경영자의 의지	• 서비스 품질을 위한 자원의 할당의지 • 내부 품질 프로그램의 존재여부 • 품질에 대한 경영자의 의지가 인정받는 정도
목표 설정	• 서비스 품질 목표설정을 위한 공식적인 프로세스의 존재
과업 표준화	• 서비스 창출과정 표준화를 위한 hard technology (자동세차기, 자동입출금기 같은 자동화 설비사용에 의한 서비스 표준화)의 사용 • 서비스 창출과정 표준화를 위한 soft technology (샐러드 바, 패키지여행 같은 통일된 서비스 내용에 의한 서비스 표준화)의 사용
실행가능성에 대한 지각	• 서비스 규격 충족을 위한 능력 및 시스템의 구축 • 고객기대의 충족가능성에 대한 경영자의 믿음정도

자료: Zeithaml, V.A., Berry, L.L. and Parasuraman, A. (1988[a]), "Communication and Control Processes in the Delivery of Service Quality", *Journal of Marketing*, Vol. 52, April, pp. 35－48.

(2) Gap 2 - 경영자 지각과 서비스 품질 규격의 차이

두 번째 차이는 고객이 기대하는 서비스 내용에 대해 경영자가 지각하고 있는 바와 실제 이를 서비스 설계의 내용으로 전환하는 과정에서 발생하는 차이를 말한다. 경영자가 가진 자원의 제약성, 단기적인 이익추구, 시장환경 혹은 경영자의 무관심 등과 같이 다양한 요소들이 이 차이를 만들어 내게 된다. 고객이 기대하는 내용을 정확하게 지각하고 있다 하더라도 이러한 요소들의 작용은 고객의 기대를 충족시켜 주기 위한 서비스 설계의 내용을 효과적으로 만드는 데에 장애가 된다. 일반적으로 두 번째 차이는 서비스 품질에 대한 경영자의 의지가 부족할 때, 체계적인 목표 수립 과정이 존재하지 않을 때, 서비스 창출과업의 표준화가 부족할 때 혹은 지각된 서비스 충족 가능성이 낮을 때에 발생하게 된다(〈표 3.3〉 참조).

(3) Gap 3 – 서비스 품질 규격과 배달된 서비스의 차이

세 번째 차이는 서비스 설계에서 한정해 놓은 품질 규격과 실제로 고객에게 배달된 서비스 내용 사이에 발생하는 차이로서, 서비스 제공자가 경영자가 기대하는 서비스 성과를 달성하지 못함으로써 발생하는 일종의 "서비스 성과 차이(service performance gap)"라고 볼 수 있다. 이러한 서비스 성과 차이는 종업원이 바람직한 수준의 서비스 성과를 제공할 수 있는 능력을 갖추지 못하였거나 제공하려는 의지를 가지지 않을 때 주로 발생한다(〈표 3.4〉 참조).

표 3.4 서비스 품질관리 Gap 3

발생원인	세부 내용
팀웍	• 다른 종업원을 고객으로 인식하는 정도 • 고객접촉 종업원이 느끼는 상위 관리자의 배려정도 • 고객접촉 종업원이 느끼는 다른 종업원과의(경쟁적 분위기보다) 협조적 분위기의 정도 • 종업원들이 개인적으로 느끼는 참여와 헌신의 정도
종업원-직무 적합성	• 종업원의 직무수행 능력 • 선발과정의 중요성 인식과 효과성
기술-직무 적합성	• 직무수행을 위한 도구와 기술의 적합성
지각된 통제능력	• 종업원들이 자신의 직무를 통제하고 있다고 지각하는 정도 • 고객접촉 종업원이 고객을 대함에 있어 유연성을 가지고 있다고 느끼는 정도 • 수요의 예측가능성
감독 통제 시스템	• 종업원을 평가함에 있어서 수량 산출성과에만 의존하기보다는 무엇을 행하였는지에 바탕을 두는 정도
역할 상충성	• 고객의 기대와 조직의 기대사이의 상충되는 정도 1) 서비스거래를 완료하기 위해 필요한 서류처리의 양 2) 고객접촉 종업원이 서비스 거래를 완료하기 위해 혹은 고객 질의에 대답하기 위해 가져야 하는 내부 접촉의 양 • 서비스 규격과 상충되는 경영정책의 존재
역할 모호성	• 목표와 기대에 대해 명확하게 지각하는 정도 1) 하향 커뮤니케이션의 빈도와 질 2) 고객접촉 종업원에게 주어지는 건설적인 피드백의 정도 • 지각된 능력과 자신감의 수준 1) 고객접촉 종업원이 가진 상품 지식 2) 고객접촉 종업원에게 제공되는 상품에 특화된 훈련 3) 고객접촉 종업원에게 제공되는 커뮤니케이션 기법 훈련

자료: Zeithaml, V.A., Berry, L.L. and Parasuraman, A. (1988[a]), "Communication and Control Processes in the Delivery of Service Quality", *Journal of Marketing*, Vol. 52, April, pp. 35-48.

(4) Gap 4 - 배달된 서비스와 알려진 서비스의 차이

네 번째 차이는 고객에게 제공된 서비스의 내용과 매스 미디어 광고와 같은 외부 커뮤니케이션을 통해 고객에게 알려진 서비스 내용 사이의 불일치 정도를 나타낸다. 즉, 광고와 홍보 등을 통해 고객에게 알려진 서비스의 내용이 실제보다 과장되어 있거나 서비스 배달의 실제적인 내용이 고객에게 제대로 알려지지 않았을 때 주로 발생하게 된다. 주요 발생원인으로는 조직 부문 간의 수평적인 커뮤니케이션이 효과적으로 이루어지지 못하여 실제 서비스 내용과 다른 광고문안을 작성하거나 서비스 약속실행이 지연되

표 3.5 서비스 품질관리 Gap 4

발생원인	세부 내용
수평적 커뮤니케이션	• 서비스 운영부서가 광고기획 및 실행에 필요한 정보를 제공하는 정도 • 고객접촉 종업원이 외부 커뮤니케이션이 이루어지기 전에 이를 숙지하고 있는 정도 • 판매부서와 운영부서 사이의 커뮤니케이션 • 부서와 지점 간의 서비스 절차의 유사성
과도한 약속 성향	• 기업이 새로운 사업창출 압력을 느끼는 정도 • 경쟁기업들이 과도한 약속을 제공하고 있다고 지각하는 정도

자료: Zeithaml, V.A., Berry, L.L. and Parasuraman, A. (1988[a]), "Communication and Control Processes in the Delivery of Service Quality", *Journal of Marketing*, Vol. 52, April, pp. 35–48.

는 경우 또는 치열한 경쟁압력에 대응하기 위해 과도한 고객 서비스 약속을 제공하게 되는 경우 등을 예로 들 수 있다(〈표 3.5〉 참조).

(5) Gap의 측정문제

서비스 품질의 궁극적인 수준은 고객이 기대하는 서비스 수준과 실제 제공된 서비스에 대한 지각수준 사이의 차이 즉, Gap 5에 의해 결정된다. Gap 5의 구체적인 측정의 차원은 SERVQUAL 등과 같은 측정도구를 활용하여 정의해 볼 수 있으며, 다음의 'III. 서비스 품질의 측정'에서 상세하게 다루고 있다. 그러나 앞서 살펴본 바와 같이 Gap 5는 다른 나머지 차이 즉, Gap 1, Gap 2, Gap 3 및 Gap 4에 의해서 영향을 받게 된다. 따라서 관리적인 측면에서 궁극적으로 고객이 지각하는 서비스 수준의 향상을 위해서 중점을 두어야 할 서비스 차이가 어디에서 발생하는 지를 규명하는 것은 매우 중요한 일이 된다. 이는 곧 각 Gap에 대한 구체적인 측정 문제를 발생시키게 되는 것이다(Zeithaml, 1988).

고객이 기대하는 바에 대한 경영자의 기대가 가지는 차이의 즉 Gap 1의 측정은 SERVQUAL의 응용을 통해서 이루어질 수 있다. SERVQUAL의 22개 항목을 중심으로 고객의 기대와 관련한 측정문항을 경영자에게도 적용하여 측정한 후, 고객과 경영자 사이의 차이값을 산출함으로써 Gap 1의 크기를 측정할 수 있다. 경영자의 기대와 서비스 품질규격 사이의 차이를 나타내는 Gap 2의 측정은 경영자가 기대하는 서비스를 고객에게 배달하기 위해 기업이 정한 서비스 표준의 수준을 측정하는 설문지를 경영자를 대상으로 조사하여 이루어질 수 있을 것이다. Gap 3 즉, 서비스 품질 규격과 배달된 서비스 사이의 차이는 종업원에 대한 설문조사를 통하여 이루어질 수 있을 것이다. 즉, 설정된 서비스 표준을 배달할 수 있는 능력에 대해 종업원이 지각하고 있는 정도를 조사하는 것이다. 마지막으로 배달된 서비스와 외부 커뮤니케이션을 통해 고객에게 알려진 서비스 배달 내용의 차이를 나타내는 Gap 4도 종업원을 대상으로 한 설문조사를 통하여 측정될 수 있을 것이다. 즉, 외부 커뮤니케이션을 통해서 배달하기로 약속한 서비스의 내용에 비하여 종업원이 실제로 배달하고 있는 서비스의 내용에 대해 지각하고 있는 바를 측정하는 것이다.

2.2 서비스 품질 GAP의 세분화 모델

〈그림 3.2〉는 서비스 품질 모델이 제안하는 차이를 보다 세분화시킨 모델로서 특히 배달된 서비스와 외부 커뮤니케이션을 통해 고객에게 알려진 서비스의 차이를 나타내는 Gap 4의 발생 과정을 보다 구체적으로 설명하고 있는 것이 특징이다. 즉, Gap 4의 발생은 기업 내부의 부문 간 커뮤니케이션 문제로 인해 발생하는 차이("내부 커뮤니케이션 차이")와 기업광고와 판매 시에 주어진 서비스 약속에 대한 고객의 해석에서 발생하는

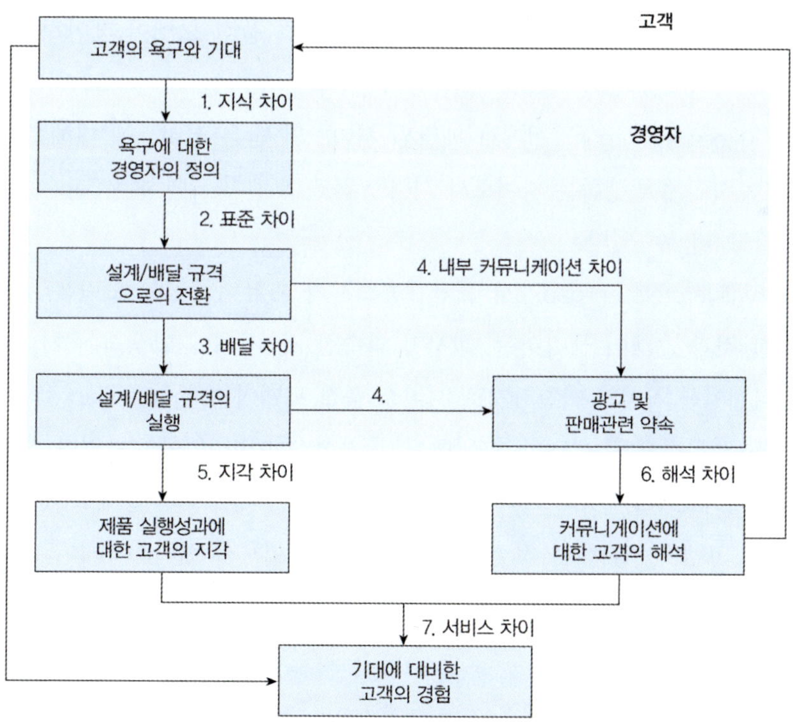

그림 3.2 고객 불만족을 초래하는 7가지 품질 차이

자료: Lovelock, C. (1994), *Product Plus*, New York, McGraw-Hill, p. 112.

차이("해석 차이")에 의해서 결과적으로 나타나게 된다고 보는 것이다. 그림에서 설명하는 차이의 내용을 간단하게 설명하면 다음과 같다:

(1) **지식 차이**(knowledge gap): 서비스 제공자가 생각하는 고객이 기대하는 바와 고객의 실제 욕구 및 기대 사이에 발생하는 차이로서 서비스 품질 모델이 제안하는 Gap 1에 해당하는 차이라고 할 수 있다.

(2) **표준 차이**(standard gap): 고객의 기대에 대한 경영자의 지각과 서비스 배달을 위해 설정한 품질표준 사이에 발생하는 차이로서 서비스 품질 모델이 제안하는 Gap 2에 해당하는 차이라고 할 수 있다.

(3) **배달 차이**(delivery gap): 규정된 서비스 표준과 서비스 제공자의 실제 성과 사이에 발생하는 차이로서 서비스 품질 모델이 제안하는 Gap 3에 해당하는 차이라고 할 수 있다.

(4) **내부 커뮤니케이션 차이**(internal communication gap): 회사의 광고에 실려있는 혹은 판매 요원이 생각하는 서비스 상품의 특징, 성과, 품질수준과 실제로 회사가 배달할 수 있는 서비스 사이의 차이를 나타내며, 서비스 품질 모델이 제안하는 Gap 4의 발생 프로세스를 세부적으로 설명하기 위하여 추가한 차이라고 할 수 있다.

(5) **지각 차이**(perception gap): 실제로 배달된 서비스와 받은 서비스에 대해 고객이 지각하는 것 사이에 발생하는 차이로서 서비스 품질 모델이 제안하는 Gap 4에 해당하는 차이라고 할 수 있다.

(6) **해석차이**(interpretation gap): 서비스 제공회사가 커뮤니케이션 노력을 통해 실제로 약속한 것과 고객이 생각하는 '회사가 약속한 것' 사이에 발생하는 차이로서 내부 커뮤니케이션 차이와 마찬가지로 서비스 품질 모델이 제안하는 Gap 4의 발생 프로세스를 세부적으로 설명하기 위하여 추가한 차이라고 할 수 있다.

(7) **서비스 차이**(service gap): 고객이 받기를 기대하는 서비스와 실제로 배달된 서비스에 대해 고객이 지각하는 것 사이에 발생하는 차이로서 서비스 품질 모델이 제안하는 Gap 5에 해당하는 차이라고 할 수 있다.

Ⅱ 서비스 품질의 측정

1 SERVQUAL에 의한 품질측정

SERVQUAL은 서비스 품질의 차원을 설명하는 대표적인 개념이라고 할 수 있다. Parasuraman 등(1988[b])은 〈표 3.1〉에 나타낸 바 있는 10개의 서비스 품질 속성을 중심으로 97개의 세부 측정 항목을 개발한 후 실증적인 자료조사와 통계적인 분석 및 검증 과정을 통하여 타당성 있는 속성과 측정 항목으로 요약한 서비스 품질 측정척도 즉, SERVQUAL을 개발하였다. 실증적 조사대상 서비스 산업은 가전제품 수리/보수, 은행, 장거리전화, 증권거래 및 신용카드의 5개 산업이었으며, 수집된 실증적 자료의 신뢰성과 타당성 분석 결과를 바탕으로 기존의 10개의 속성과 97개의 세부 측정 항목을 모두 5개의 속성으로 구성된 22개 서비스 품질 측정 항목으로 재구성하였다. 기본적으로 SERVQUAL은 앞서 설명한 서비스 품질 모델에서 제시하고 있는 궁극적인 서비스 품질의 결정요소 즉, Gap 5의 구체적인 측정 방법을 개발한 것이라 할 수 있다.

SERVQUAL이 제안하는 서비스 품질 측정 문항은 기대된 수준(E)과 지각된 수준(P)으로 나누어 구성되어 있으며, 고객은 각 문항에 대해 동의하는 정도를 7점 척도(7=정말 그렇다, 1=전혀 그렇지 않다)로 표시하도록 되어 있다. SERVQUAL에 의한 서비스 품질의 평가는 먼저 22개 항목에 대해 각각 고객이 지각하는 서비스(P)의 수준과 기대하는 서비스(E)의 수준을 측정하고 그 차이점수(Q) 즉, P－E를 산출하는 과정을 거쳐서 이루어지게 된다. 따라서 SERVQUAL의 22개 항목에 걸쳐서 산출한 Q의 합이 클수록 서비스품질의 수준은 높음을 나타내게 된다. 한 가지 유의할 점은 고객의 기대감(E)은 관련 서비스 산업의 일반적인 기업들을 염두에 두고 기대하는 정도를 측정하도록 되어 있는 반면에 고객의 지각수준(P)은 서비스 품질 수준의 평가대상이 되는 특정 기업을 염두에 두고 측정하도록 되어 있다는 것이다. 가령, 무선전화 서비스의 품질을 측정한다면, 기대감(E)은 일반적인 무선전화 서비스 회사 전체를 염두에 두고 측정이 이루어지는 반면에 지각수준(P)은 SK나 KT 등과 같이 특정 통신회사를 염두에 두고 측정이 이루어지게 된다. SERVQUAL이 사용하고 있는 5가지 서비스 품질의 속성은 다음과 같다:

- 유형성(tangibles)
- 신뢰성(reliability)
- 대응성(responsiveness)
- 확신성(assurance)
- 공감성(empathy)

(1) 유형성

서비스 제공을 위해 사용하는 물적인 시설이나 장비 혹은 서비스 제공자의 외모 등을 나타내는 서비스 품질의 속성을 말한다. 최신식 장비와 컴퓨터 시설을 갖추고, 호텔과 같이 아늑하고 고급스러운 분위기를 연출하는 진료실에서 외모가 단정하고 말쑥한 간호사의 안내를 받는다면 그 자체로 환자는 높은 수준의 서비스 품질을 지각하게 된다는 것이다. SERVQUAL이 제안하는 유형성 측정 문항은 〈표 3.6〉에 나타낸 바와 같이 기대된 수준(E)과 지각된 수준(P)으로 나누어 각각 4개로 구성되어 있다:

표 3.6 SERVQUAL의 유형성 측정 문항

구분	측정 문항
기대된 수준	E1: OOO 서비스를 제공하는 회사는 최신의 장비를 갖추어야 한다. E2: OOO 서비스를 제공하는 회사의 시설은 보기에 좋아야 한다. E3: OOO 서비스를 제공하는 회사의 종업원은 복장을 잘 갖추고, 단정해야 한다. E4: OOO 서비스를 제공하는 회사가 가진 물적인 시설의 외형적 모습은 제공하는 서비스의 유형과 잘 어울려야 한다.
지각된 수준	P1: XYZ 회사는 최신의 장비를 갖추고 있다. P2: XYZ 회사의 물적인 시설은 보기에 좋다. P3: XYZ 회사의 종업원은 복장을 잘 갖추고 있으며, 단정하다. P4: XYZ 회사가 가진 물적인 시설의 외형적 모습은 제공하는 서비스의 유형과 잘 어울린다.

(2) 신뢰성

고객에게 약속한 서비스를 믿을 수 있고, 정확하게 수행해 줄 수 있는 능력을 나타내는 서비스 품질의 속성을 말한다. 고장이 난 승용차를 가지고 온 고객에게 적극적으로 문제의 원인과 수리방법을 설명해 주며, 고객과 약속한 시간에 정확하게 정비를 시작할 수 있도록 준비하고, 고객의 정비기록을 정확하게 관리하는 회사라면 서비스 신뢰성이 높은 정비회사가 될 수 있을 것이다. SERVQUAL이 제안하는 신뢰성 측정문항은 다음의 〈표 3.7〉에 나타낸 바와 같이 기대된 수준(E)과 지각된 수준(P)으로 나누어 각각 5개로 구성되어 있다:

표 3.7 SERVQUAL의 신뢰성 측정 문항

구분	측정 문항
기대된 수준	E5: OOO 서비스를 제공하는 회사가 특정 시간까지 무엇인가를 해준다고 약속했다면, 반드시 그렇게 해야 한다. E6: 고객에게 문제가 발생했을 때 OOO 서비스를 제공하는 회사는 동정심을 가지고 고객을 안심시킬 수 있어야 한다. E7: OOO 서비스를 제공하는 회사는 믿을 수 있어야 한다. E8: OOO 서비스를 제공하는 회사는 반드시 서비스를 제공하기로 약속한 시간에 서비스를 제공해야 한다. E9: OOO 서비스를 제공하는 회사는 서비스 관련 기록을 정확하게 유지해야 한다.
지각된 수준	P5: XYZ 회사가 특정 시간까지 무엇인가를 해준다고 약속했다면, 그렇게 한다. P6: 고객에게 문제가 발생했을 때 XYZ 회사는 동정심을 가지고 고객을 안심시켜 준다. P7: XYZ 회사는 믿을 수 있다. P8: XYZ 회사는 서비스를 제공하기로 약속한 시간에 서비스를 제공한다. P9: XYZ 회사는 서비스 관련 기록을 정확하게 유지하고 있다.

(3) 대응성

고객을 적극적으로 도우려는 자세를 가지고 있고, 신속하게 서비스를 제공할 수 있는지를 나타내는 서비스 품질의 속성을 말한다. 수리를 요청하는 고객에게 정확한 출장수리 방문시간을 알려주거나, 고객의 수리 요청에 대해 보다 신속하게 대응해 주며, 사용하는 제품의 상태에 대하여 정기적인 점검 서비스를 제공해 주는 서비스 센터라면 대응성 품질수준이 높은 조직이 될 수 있을 것이다. SERVQUAL이 제안하는 대응성 측정 문항은 다음의 〈표 3.8〉에 나타낸 바와 같이 기대된 수준(E)과 지각된 수준(P)으로 나누어 각각 4개로 구성되어 있으며, 다른 차원의 측정 항목과 달리 부정적인 표현의 형태로 구성되어

표 3.8 SERVQUAL의 대응성 측정 문항

구분	측정 문항
기대된 수준	E10 : OOO 서비스를 제공하는 회사가 언제 서비스가 제공될지를 고객에게 정확하게 알려주기를 기대해서는 안 된다. E11 : 고객이 OOO 서비스를 제공하는 회사의 종업원으로부터 즉각적인 서비스를 기대하는 것은 비현실적이다. E12 : OOO 서비스를 제공하는 회사의 종업원이 항상 고객을 돕기 위해서 애써야 할 필요는 없다. E13 : 만일 OOO 서비스를 제공하는 회사가 너무 분주해서 고객의 요청에 즉각 대응해 주기 어렵더라도 상관없다.
지각된 수준	P10 : XYZ 회사는 언제 서비스가 제공될지를 고객에게 정확하게 알려주지 않는다. P11 : XYZ 회사의 종업원으로부터 즉각적인 서비스를 제공받지 못하고 있다. P12 : XYZ 회사의 종업원은 항상 고객을 애써 도우려 하지 않는다. P13 : XYZ 회사는 너무 분주해서 고객의 요청에 즉각 대응해 주지 않는다.

있다. 따라서 실제적인 품질측정치의 산출을 위해서는 응답점수를 역점수로 전환해서 사용하게 된다. 즉, 만일 다음의 E10에 대한 응답점수가 2였다면 실제 품질측정치의 산출을 위한 E10의 값은 6이 되는 것이다:

(4) 확신성

종업원들이 서비스 제공에 필요한 지식과 정중함을 갖추고 있으며, 고객에게 믿음과 확신을 심어줄 수 있는 능력을 가지고 있는지를 나타내는 서비스 품질의 속성을 말한다. 고객에게 항상 공손하고, 신뢰감을 심어주며, 고객 서비스를 위해 필요한 교육과 훈련을 잘 받은 종업원을 가진 백화점이라면 확신성 품질수준이 높은 회사가 될 수 있을 것이다. SERVQUAL이 제안하는 확신성 측정 문항은 다음의 〈표 3.9〉에 나타낸 바와 같이 기대된 수준(E)과 지각된 수준(P)으로 나누어 각각 4개로 구성되어 있다:

표 3.9 SERVQUAL의 확신성 측정 문항

구분	측정 문항
기대된 수준	E14 : 고객들은 OOO 서비스를 제공하는 회사의 종업원을 신뢰해야 한다. E15 : 고객들은 OOO 서비스를 제공하는 회사의 종업원과 거래할 때 안전하다는 느낌을 가질 수 있어야 한다. E16 : OOO 서비스를 제공하는 회사의 종업원은 공손해야 한다. E17 : OOO 서비스를 제공하는 회사의 종업원은 자신이 맡은 일을 잘 수행하기 위해서 회사로부터 충분한 지원을 받아야 한다.
지각된 수준	P14 : XYZ 회사의 종업원은 신뢰할 수 있다. P15 : XYZ 회사의 종업원과 거래할 때 안전하다는 느낌을 가지게 된다. P16 : XYZ 회사의 종업원은 공손하다. P17 : XYZ 회사의 종업원은 자신이 맡은 일을 잘 수행하기 위해서 회사로부터 충분한 지원을 받고 있다.

(5) 공감성

고객을 배려하고, 개별적인 관심을 보여줄 수 있는 능력을 나타내는 서비스 품질의 속성을 말한다. 정기적인 검진이 필요한 시기를 알려주고, 환자의 개인적인 사정을 고려하여 진료시간을 예약하며, 직장인들을 위한 야간진료시간을 운영하고, 환자의 재정적 형편을 고려하여 다양한 진료비 납부제도를 시행하는 병원은 공감성 측면의 서비스 품질을 높게 평가받을 수 있을 것이다. SERVQUAL이 제안하는 공감성 측정 문항은 〈표 3.10〉에 나타낸 바와 같이 기대된 수준(E)과 지각된 수준(P)으로 나누어 각각 5개로 구성되어

표 3.10 SERVQUAL의 공감성 측정 문항

구분	측정 문항
기대된 수준	E18: OOO 서비스를 제공하는 회사가 고객에게 개별적인 관심을 기울여 주길 기대해서는 안 된다. E19: OOO 서비스를 제공하는 회사의 종업원이 고객에게 개인적인 관심을 기울여 주길 기대할 수는 없다. E20: OOO 서비스를 제공하는 회사의 종업원이 고객의 욕구가 무엇인지 알기를 기대하는 것은 비현실적이다. E21: OOO 서비스를 제공하는 회사가 진심으로 고객의 이익을 최우선시하리라고 기대하는 것은 비현실적이다. E22: OOO 서비스를 제공하는 회사가 고객 모두에게 편리하도록 영업시간을 운영하리라고 기대해서는 안 된다.
지각된 수준	P18: XYZ 회사는 고객에게 개별적인 관심을 기울이지 않는다. P19: XYZ 회사의 종업원은 고객에게 개인적인 관심을 기울여 주지 않는다. P20: XYZ 회사의 종업원은 고객의 욕구가 무엇인지를 알지 못한다. P21: XYZ 회사는 진심으로 고객의 이익을 최우선시하지 않는다. P22: XYZ 회사는 고객 모두에게 편리하도록 영업시간을 운영하지 않는다.

있으며, 대응성 측정 항목과 마찬가지로 부정적인 표현의 형태로 구성되어 있다. 따라서 실제적인 품질측정치의 산출을 위해서는 응답점수를 역점수로 전환해서 사용하게 된다.

(6) SERVQUAL의 이점과 제약성

SERVQAL은 기존에 개념적으로 논의되었던 서비스 품질의 구성 요소들을 실증적으로 규명해 봄으로써 실제적인 서비스 품질측정의 수단을 제공하였다는 점에서 커다란 기여가 있다. SERVQUAL이 가지는 이점을 요약해 보면 다음과 같다(Tan과 Pawitra, 2001):

- 서비스 접점에서 고객이 가지는 상대적 중요성, 기대, 만족에 대한 생각을 도출하기에 유용하다.
- 경영자로 하여금 경영자와 고객에 대한 인식을 동시적으로 고려하도록 경각심을 줄 수 있다.
- 서비스 갭(gap)에 대한 명시적인 규정은 고객기대를 충족시키기 위한 전략과 전술 개발의 기초로 활용될 수 있다.
- SERVQUAL을 사용하면 구체적으로 품질과 관련해서 우수한 영역과 취약한 영역이 무엇인지를 규명해 볼 수 있다.
- 서비스 취약성의 정도를 차별화해 줄 수 있다.
- 동일한 산업에 속하는 기업을 위한 벤치마킹 분석에 활용될 수 있다.
- SERVQUAL을 주기적으로 적용하면 고객의 상대적인 중요성 인식, 기대 및 지각에 대한 추세변화를 추적해 볼 수 있다.

SERVQUAL은 여러 산업 부문과 나라에 걸쳐서 학계나 실무자들에 의해 폭넓게 활용되고 있지만 많은 연구자들이 또한 SERVQUAL이 가지는 개념적인 편향성과 조작적 정의의 편향성에 대해 지적하고 있다. 특히 지각된 품질개념의 조작적 정의에 대한 비판은 고객의 지각에 대한 추정치는 머릿속의 프로세스를 거쳐서 이미 지각된 수준에서 기대 수준을 차감한 크기를 반영한 것일 수도 있다는 것이다. 즉, 응답자가 기업에 대한 지각 수준을 평가할 때는 이미 머릿속으로 지각 수준과 기대 수준을 비교하여 응답하게 된다는 것이다. 또 다른 중요한 비판은 SERVQUAL의 차원에 관한 것이다. SERVQUAL의 개발과정에 조사되었던 산업유형들과 다른 산업들을 대상으로 조사할 경우 5가지 차원만으로 모든 서비스 대면에서 이뤄지는 고객 서비스의 측면들을 커버하기 어렵다는 것이다. 가령 은행과 같은 순수한 서비스를 평가할 때와 백화점 같은 상품 서비스를 평가할 때는 강조하는 서비스 차원이 달라져야 한다는 것이다.

2 SERVPERF에 의한 품질측정

SERVPERF는 기본적으로 SERVQUAL이 제안한 서비스 품질의 속성 및 측정 항목과 동일한 서비스 품질측정 개념이다. 다만, 측정의 방법에 있어서 SERVQUAL이 제안하는 지각된 수준(P)과 기대된 수준(E)의 차이를 사용하기보다는 지각된 수준(P)만을 사용하는 것이 다르다고 할 수 있다.

Cronin, Jr.과 Taylor(1992)는 은행, 해충방역, 드라이클리닝, 패스트푸드의 4가지 서비스 산업을 대상으로 각각 2개 기업씩 모두 8개 기업에 대한 조사자료를 바탕으로 기존의 SERVQUAL이 제안하는 서비스 품질 측정개념의 타당성과 효과성을 분석하였다. 이 연구에서는 SERVQUAL이 제안하는 22개 항목에 대한 지각수준(P), 기대수준(E)과 더불어 중요성(I) 측정 항목을 추가하여 조사하였으며, 측정 방법의 효과성을 비교하기 위해서 특정(XYZ) 기업의 서비스에 대한 전반적인 품질수준을 7점 척도(1=매우 낮음, 7=매우 우수함)를 사용하여 별도로 측정하였다(그 외에 서비스 구매의도 및 만족도 측정 항목도 포함되어 있음).

Cronin, Jr.과 Taylor는 다음의 4가지 측정 방법을 사용하여 정의한 서비스 품질 측정치를 가지고 각각 전반적인 품질만족도에 대한 설명 능력을 비교해 보았다:

SERVQUAL 방법 : $Q = P - E$ (1)

SERVPERF 방법 : $Q = P$ (2)

가중치를 사용한 SERVQUAL 방법 : $Q = I \times (P - E)$ (3)

가중치를 사용한 SERVPERF 방법 : $Q = I \times P$ (4)

고객이 평가하는 전반적인 서비스 만족도를 종속변수로 하고 각 방법에 의해서 산출한 22개 서비스 품질 측정치를 독립변수로 하는 다중회귀분석을 실시한 결과, 식 (2) 즉, SERVPERF 방법에 의한 만족도 설명 능력이 가장 높은 것으로 나타났다. 즉, 개념적으로는 SERVQUAL이 제안하는 측정 방법(식 (1))이 서비스 품질 모형의 정의된 내용과 일치하는 장점이 있지만, 고객이 평가하는 서비스 품질수준을 설명하는 능력이라는 측정의 효과성 측면에 있어서는 SERVPERF의 측정 방법(식 (2))이 보다 적합할 수 있다는 것이다. 아울러 이 연구에서는 서비스 품질수준이 서비스에 대한 고객만족도에 영향을 미치는 선행요소로 작용하며, 고객만족도는 서비스 구매의도에 중요한 영향을 미치게 되고, 서비스 품질보다는 고객만족도가 구매의도에 보다 큰 영향을 미친다는 분석 결과도 보고되었다.

3 핵심상황법에 의한 서비스 품질측정

SERVQUAL이 객관적이고 정량적인 서비스 품질 속성을 측정하는 도구라고 한다면 핵심상황법은 주관적이고 정성적인 서비스 품질측정 도구라고 할 수 있다. 특정 서비스 상품의 품질을 규정하는 주요 속성이 무엇인지를 주관적이고 고객 면접자료를 바탕으로 도출해 내는 것이 핵심상황법인 것이다.

핵심상황(critical incident)이란 고객과 서비스 제공자 사이에 발생한 특정한 접촉상황으로서 접촉의 결과가 어느 한 당사자에게 혹은 양자 모두에게 특별히 만족스러웠거나 불만족스러웠던 경우를 나타낸다. 따라서 핵심상황법(CIT; critical incident techniques)이란 서비스 접점에서 발생하는 핵심상황들에 관한 자료를 수집하고, 분류하며, 분석하는 방법을 말한다. 본래 핵심상황법은 효과적인 직무성과 수행을 위해 필요한 요건을 규명하기 위해 개발된 방법이었다(Flanagan, 1954). 그러나 지각된 서비스 품질의 측정도구로서 핵심상황법의 유용성을 인식하고, 이를 적합하게 개발하여 사용하게 된 것은 Bitner

등에 의해서였다(Bitner 등, 1985 및 1990). 이들은 다양한 서비스 산업을 대상으로 일선에서 근무하는 종업원과 고객 사이에 발생하는 커뮤니케이션 문제를 분석하기 위해 핵심상황법을 활용하였다.

핵심상황법이 가지는 장점은 고객이 서비스 프로세스를 통하여 실제로 경험하게 되는 상황을 바탕으로 보다 구체적이고 현실적인 품질결정 요인을 규명해 낼 수 있다는 것이다. 고객의 불만이 발생하지 않기 위해 필요로 하는 최소한의 서비스 속성은 무엇인지, 고객의 만족감을 증대시키기 위해 필요로 하는 추가적인 서비스 속성이 무엇인지를 구체적으로 밝혀 줌으로써 서비스 품질개선을 위해 보다 유용한 단서를 제공해 줄 수 있다는 것이다. 일반적으로 핵심상황법을 이용한 서비스 품질측정의 과정은 다음의 4단계로 나누어 살펴볼 수 있다(Stauss, 1993):

- 데이터 수집(data collection)
- 데이터 해석 및 분류(data interpretation and classification)
- 신뢰성 및 타당성 검사(reliability and validity tests)
- 데이터 보고(reporting data)

(1) 데이터 수집

핵심상황에 대한 자료수집은 전화나 혹은 대면을 통한 직접적인 인터뷰에 의해 이루어진다. 응답자는 특별히 만족스러웠거나 불만족스러웠던 경험이 있었던 서비스 상황을 회상하여 질문에 답하게 된다. 보통 2단계로 나누어 진행하게 되는데, 첫 단계에서는 고객이 경험한 구체적인 상황을 자연스럽게 진술하도록 한다. 면담자는 이 단계에서 얻은 자료를 바탕으로 다음과 같은 구체적인 핵심상황의 내용이 수집되도록 추가적인 질문을 하게 된다:

- 정확하게 무엇(what)이 일어났는가? (행동)
- 정확하게 누가(who) 무엇을 했는가? (행동한 사람)
- 누구(who) 혹은 무엇(what)이 상황의 주제인가 (대상)
- 어디(where)에서 상황이 발생했는가? (장소)
- 언제(when) 상황이 발생했는가? (시간)

- 상황에 대해 어떻게(how) 평가하고 있는가?
- 무엇(what)이 상황에 대해 만족(혹은 불만족)하게 만들었는가? (평가의 원인)
- 그 상황에 대해 어떻게(how) 대응하였는가 혹은 대응하겠는가? (결과)

(2) 데이터 해석 및 분류

데이터 수집이 완료되면 서비스 관련 상황을 해석하고 이해하는 과정이 시작된다. 이 과정은 부적합한 상황 데이터를 제거시킨 후 데이터의 내용을 적절한 방법으로 분류하고 해석하는 단계로 구성된다.

- **상황 선별**: 수집된 상황을 대상으로 다음의 4가지 요건을 충족시키지 못하는 부적절한 상황을 제거시킨다(Bitner 등, 1990).
  - 서비스 제공자와 고객 사이에 직접적인 접촉을 통해 발생한 것
  - 고객의 입장에서 매우 만족 혹은 불만족스러웠던 것
  - 명확하게 구별되는 단일 에피소드(episode)인 것
  - 면접자가 완전히 이해할 수 있을 만큼 충분히 구체적인 것
- **상황 분류**: 상황의 분류를 위해서는 기존의 SERVQUAL 등과 같은 서비스 품질속성 이론을 사용할 수도 있고, 핵심상황의 해석 과정에서 귀납적으로 만든 새로운 분류 체계를 사용할 수도 있다. 기본적으로 실제적 품질속성의 규명이라는 핵심상황법 사용의 목적에 비추어 볼 때는 후자의 방식이 보다 적합할 수 있을 것으로 생각된다. 대표적으로 널리 알려진 분류 방식으로는 다음에 제시한 Bitner 등(1990)의 상황그룹 분류 방식을 들 수 있다. 이 방식은 다음의 〈표 3.11〉에 사례를 제시한 바와 같이 전체 상황의 내용을 3개의 그룹과 그룹별로 세분화시킨 3-5개씩의 항목으로 구분하도록 되어 있다.

(3) 신뢰성 및 타당성 검사

핵심상황을 분류하는 과정은 다음과 같이 여러 가지 신뢰성과 타당성 검사를 통해 검증할 필요가 있다:

- 분류자를 달리하여 여러 차례 분류 과정을 반복실행 한 후 분류자 간의 분류신뢰성을 검사한다.

표 3.11 핵심상황 분류를 위한 그룹과 항목의 적용 사례

그룹	항목	만족 고객의 상황	불만족 고객의 상황
Group 1: 서비스 배달 시스템 오류에 대한 종업원의 반응	A: 부족한 서비스 상황에 대한 반응	내가 방을 예약한 자료가 없어졌으나 매니저가 와서 대신 VIP룸을 같은 가격에 배정해 주었다.	사전에 방을 예약하고 호텔에 도착하였으나, 방이 없었고, 사과는커녕 설명도 없었으며, 다른 호텔 방을 알아봐 주지도 않았다.
	B: 비정상적으로 느린 서비스에 대한 반응	한 시간 반 동안 기다린 것에 대해 불평을 하지 않았음에도 불구하고 여종업원은 계속 사과를 하면서 계산을 무료로 처리해 주었다.	항공사 직원들은 계속 엉터리 정보만 알려주었다: 한 시간 지연될 것이라던 비행기가 6시간이나 지연되었다.
	C: 기타 핵심 서비스 실패에 대한 반응	내가 시킨 새우 칵테일이 반쯤 얼어있었다. 여종업원은 사과를 하면서 식사대금을 받지 않았다.	내 여행가방은 마치 3만 피트 상공에서 떨어진 것처럼 온통 흠 투성이었다. 망가진 수하물에 대한 손해배상을 요구하자 종업원은 은근히 내가 거짓말을 하면서 돈을 뜯어내려 하는 것인 양 생각하는 것 같았다.
Group 2: 고객 욕구와 요청에 대한 종업원의 반응	A: "특별한 욕구"를 가진 고객에 대한 반응	승무원은 멀미하는 우리 아이를 안정시키고 돌볼 수 있도록 도와주었다.	스튜어디스가 어린 내 아들을 처음부터 끝까지 도와주도록 되어 있었다. 그러나 Albany 공항에 덜렁 내려놓고 가버려서, 아무도 연결편 비행기의 탑승구까지 데려다주지 않았다.
	B: 고객선호에 대한 반응	프론트 데스크의 직원이 여러 군데 전화로 알아보더니 내가 가고 싶었던 시애틀 Mariners 팀의 오프닝 게임 티켓을 구해주었다.	날이 더워서 여종업원에게 테이블을 옮겨달라고 요청했지만 빈자리가 없다고 거절하였다(자신이 팁을 받을 수 있는 구역에는 빈자리가 없다는 이유로).
	C: 실수를 인정한 고객에 대한 반응	비행기에 안경을 두고 내렸으나 승무원이 이를 찾아서 무료로 호텔까지 우편으로 보내주었다.	차가 고장 나서 비행기를 놓쳤는데, 서비스 데스크 직원은 다른 항공편을 알아봐 주려고도 하지 않았다.
	D: 다른 고객을 방해할 가능성 있는 사람에 대한 반응	매니저는 우리에게 방해가 되지 않도록 바(bar)에서 거슬리게 구는 친구를 계속 주시하고 있었다.	호텔 직원들은 새벽 3시까지나 시끄럽게 떠들어대는 친구들을 전혀 제지하지 않았다.
Group 3: 재촉하거나 요청하지 않은 종업원 행동	A: 고객에 대한 관심	웨이터는 나를 마치 왕처럼 대해 주었다. 진정으로 나에게 세심한 배려를 해주는 것처럼 보였다.	카운터에 있는 여직원은 우리가 마치 자기를 귀찮게 구는 것처럼 행동하였다. TV를 보고 있던 그녀는 호텔 손님보다는 TV에 더 관심을 쏟고 있었다.
	B: 비정상적인 종업원의 행동	우리는 여행하면서 늘 곰 인형을 가지고 다닌다. 외출한 후에 호텔 방에 돌아와 보니 청소하는 아주머니가 곰 인형을 의자에 가지런히 놓아두었다. 곰 인형들은 손을 맞잡고 편안하게 앉아 있었다.	저녁 메뉴를 고르려면 몇 분이 더 필요했다. 여종업원은 대뜸, "지도나 보시지 말고 메뉴를 들여다보셨으면 뭘 시키실지 아셨을 텐데…"라고 말하는 것이었다.

그룹	항목	만족 고객의 상황	불만족 고객의 상황
	C: 문화적 규범에 따른 종업원의 행동	테이블을 치우던 종업원이 우리에게 뛰어와서는 내 친구가 테이블 밑에 떨어뜨린 50불을 가져다 주었다.	고등학교 졸업 파티를 마치고 고급 레스토랑에 갔었는데 우리가 어린 학생이라고 웨이터가 소홀하게 대하는 것 같았다.
	D: 형태(Gestalt) 평가	전반적으로 기분 좋은 경험이었다. 모든 것이 순조롭고 완벽하였다.	그 비행은 완전히 악몽과도 같았다. 한 시긴 지체될 것이라던 착륙은 3시간 반이나 지체되었다. 조종사와 스튜어디스는 막 파업이 일어나려던 상황 때문인지 싸움만 하고 있었다. 착륙도 아주 거칠었다. 무엇보다도 황당한 것은 비행기가 멈추자 맨 먼저 조종사와 스튜어디스가 내리는 것이었다.
	E: 어려운 상황하에서의 서비스 수행	카운터의 직원은 분명히 스트레스를 받고 있었지만, 꾹 참고 직업의식에 투철하게 행동하였다.	

- 수집한 상황 데이터를 반씩 나누어 반은 분류 항목을 만드는 데 사용하고, 나머지 반은 앞서 만든 분류 항목 체계를 사용하여 모두 분류가 되는지를 검사한다.
- 개발한 분류체계를 사용하여 기존의 문헌이나 고객 불만사항 수집자료와 같은 다른 자료 원천을 통해 알려져 있는 핵심상황들도 분류될 수 있는지를 분석한다.

(4) 데이터 보고

데이터에 대한 보고서를 작성할 때는 어느 정도 수준의 구체화된 내용을 담아야 하는지를 결정해야 한다. 주요 항목을 중심으로 소수의 자료만을 명확하게 담는 것이 좋은지 세부 항목에 걸쳐서 보다 완전하고 정확한 내용의 자료를 담는 것이 좋은지를 판단해야 한다. 어느 경우든 본보기가 될 만한 핵심상황을 중심으로 모든 항목의 예시 내용을 담는 것이 중요하다. 아울러 모든 핵심상황에 대한 자료는 품질경영을 위해 활용할 수 있도록 데이터베이스에 담아두어야 한다.

참고문헌

Bitner, M.J., Booms, B.H. and Tetreault, M.S. (1990), "The Service Encounter : Diagnosing Favorable and Unfavorable Incidents," *Journal of Marketing*, Vol. 54, pp. 71-84.

Bitner, M.J., Nyquist, J.D. and Booms, B.H. (1985), "The Critical Incident as A Technique for Analyzing Service Encounter," In *Services Marketing in a Changing Environment*, Bloch, T.M. et al., eds., AMA, Chicago. pp. 48-51.

Cronin, Jr., J.J. and Taylor, S.A. (1992), "Measuring Service Quality : A Reexamination and Extension", *Journal of Marketing,* Vol. 56, No. 3, pp. 55-68.

Dotchin, J.A. and Oakland, J.S. (1994), "Total Quality Management in Services-Part 2 : Service," *International J. of Quality & Reliability* Management, Vol. 11, No. 3, pp. 27-42.

Flanagan, J.C. (1954), "The Critical Incident Techniques", *Psychological Bulletin,* Vol. 51, pp. 327-358.

Grönroos, C. (1984), *Strategic Management and Marketing in The Service Sector*, Chartwell-Bratt, Bromley.

Lovelock, C. (1994), *Product Plus,* McGraw-Hill, New York.

Parasuraman, A., Zeithaml, V.A. and Berry, L.L. (1985), "A Conceptual Model of Service Quality and Its Implications for Future Research", *Journal of Marketing*, Vol. 49, No. 4, pp. 41-50.

Parasuraman, A., Zeithaml, V.A. and Berry, L.L. (1988[b]), "SERVQUAL : A Multiple-Item Scale for Measuring Consumer Perceptions of Service Quality", *Journal of Retailing*, Vol. 64, No. 1, pp. 12-.

Sasser, J.E. et al. (1978), *Management of Service Operations*, Allyn & Bacon, MA.

Stauss, B. (1993), "Using the Critical Incident Technique in Measuring and Managing Service Quality," In Scheuing, E.E. and Christopher, W.F., eds., *The Service Quality Handbook*, Amacom, NY, pp.347-357.

Swan, J.E. and Combs, L.J. (1976), "Product Performance and Consumer Satisfaction : A New Conept," *Journal of Marketing*, Vol. 40, No. 2, pp. 25−33.

Tan, K.C. and Pawitra, T.A. (2001), "Integrating SERVQUAL and Kano's Model into QFD for Service Excellence Development," *Managing Service Quality*, Vol. 11, No. 6, pp. 418−430.

Zeithaml, V.A., Berry, L.L. and Parasuraman, A. (1988[a]), "Communication and Control Processes in the Delivery of Service Quality", *Journal of Marketing*, Vol. 52, April, pp. 35−48.

2부

서비스 설계 품질의 개선

서비스 품질의 개선을 위해 서비스 품질 모델이 강조하는 Gap 1과 Gap 2의 최소화 방안을 살펴보는 부분이다. 고객이 기대하고 있는 서비스의 내용을 정확하게 이해하고(Gap 1의 최소화), 고객의 요구사항을 서비스 설계에 효과적으로 반영하는 것(Gap 2의 최소화)은 고객기대에 부응하는 서비스 창출을 위해 우선으로 기울여야 할 노력일 것이다. 다음의 제4장과 제5장에서는 서비스 설계의 측면에서 고객의 요구사항을 효과적으로 반영하기 위한 노력과 방법에 초점을 맞추어 논의해 보기로 한다.

4장 고객기대의 규명
5장 고객기대의 설계규격화

4장

고객기대의 규명

고객이 서비스에 대해서 기대하는 욕구를 올바르게 이해하는 것은 고객이 만족할 수 있는 서비스 제공을 위한 첫걸음이라고 할 수 있다. 고객이 기대하는 서비스 욕구를 정확하게 이해하지 못하면 고객이 필요로 하는 서비스를 올바르게 설계하기 어렵게 되고, 결과적으로 고객의 기대를 올바르게 충족시킬 수 있는 서비스 창출이 불가능할 것이기 때문이다. 서비스 품질 GAP 모델에서도 본 바와 같이 고객이 기대하는 욕구를 올바르게 파악하지 못해서 발생하는 GAP 1은 궁극적으로 고객이 서비스에 대해 실제로 느끼는 지각의 수준을 악화시키게 된다. 다음에서는 고객이 서비스에 대해 기대하는 바를 효과적으로 규명하기 위해서 고객목소리(VOC)를 체계적으로 수집하고, 정리하며, 차별화하는 방법들을 살펴보기로 한다.

핵심용어

- 고객기대 구성요소
- 예상 서비스
- 고객목소리 구조화
- 나무 다이어그램
- 대체순위평가법
- 직접중요성추정법
- 점수평가법
- 만족요인
- 희망 서비스
- 인내 영역
- 유사성 다이어그램
- 고객목소리 계량화기법
- 일반형 조합비교법
- 범주형척도법
- 일정합계평가법
- 기본요인
- 적정 서비스
- 고객목소리 수집기법
- 상호연관성 다이어그래프
- 단순순위평가법
- 척도형 조합비교법
- NHP법
- KANO 모델
- 감동요인
- 디지털 고객
- 온라인 고객 리뷰
- 빅데이터 감성분석

I 고객기대의 이해

1 고객의 욕구와 기대

고객이 상품이나 서비스를 구매하는 것은 특정한 욕구(needs)를 충족시키기 위해서이다. 그러나 고객의 구매결과에 대한 평가는 고객이 받고자 기대했던 것(expectations)을 바탕으로 이루어지게 된다. 가령, 점심때가 되어서 배가 고프게 되면 무엇인가 먹고 싶은 욕구를 가지게 된다. 이 경우 욕구 충족을 위해서 가까운 패스트푸드점을 찾을 수도 있고, 잘 차려진 레스토랑을 찾을 수도 있을 것이다. 두 곳 모두 배고픔을 해결해 줄 수 있는 서비스 제공이 가능하겠지만 고객이 기대하는 욕구 충족 서비스의 내용은 다를 것이다. 패스트푸드점을 찾을 때는 식당의 분위기나 종업원의 공손함 등의 서비스 속성보다는 음식 제공의 신속성이나 저렴성과 같은 서비스 속성에 대해 보다 큰 기대를 가지게 된다. 반면에 레스토랑을 찾을 때는 보다 아늑한 분위기, 친절하고 공손한 종업원, 품위 있는 메뉴 등의 서비스 속성을 보다 기대하게 된다. 따라서 레스토랑의 분위기가 시끄럽고, 종업원이 불친절할 경우는 고객이 불만족하게 될 가능성이 높겠지만, 레스토랑 음식의 양이 너무 적다고 고객이 불만족하게 될 가능성은 상대적으로 낮을 것이다.

따라서 고객이 원하는 서비스를 효과적으로 설계하기 위해서는 고객의 욕구뿐만 아니라 고객이 우리 서비스에 대해 기대하는 바가 무엇인지를 정확하게 규명하는 노력이 필요한 것이다. 특히, 고객기대는 고객의 인구통계적 특성(나이, 성별, 학력, 직업 등)과 지리적인 위치에 따라서도 크게 달라질 수 있기 때문에 우리가 표적으로 하는 고객(target customers)은 누구이고, 이들이 우리가 제공하는 서비스에 대해 기대하는 바가 무엇인지를 조사하고, 이해하는 노력은 올바른 서비스 설계를 위해 필수적인 일이라고 할 수 있다.

2 고객기대의 구성요소

고객기대를 구성하는 요소에는 희망 서비스(desired service), 적정 서비스(adequate service), 예상 서비스(predicted service) 그리고 희망 서비스 수준과 적정 서비스 수준

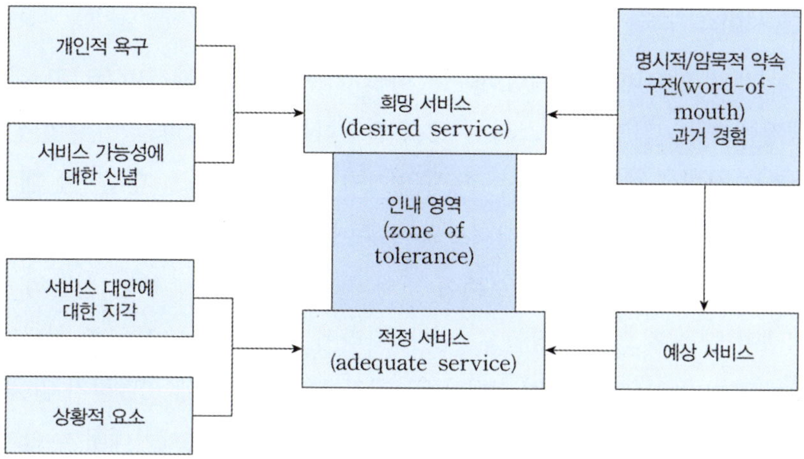

그림 4.1 서비스에 대한 고객기대에 영향을 미치는 요소

자료: Zeithaml, V.A. Berry, L.A. and Parasuraman, A. (1993), "The Nature and Determinants of Customer Expectations of Service," *J. of the Academy of Marketing Science*, Vol. 21, No. 1, pp. 1－12.

사이에 존재하는 인내 영역(zone of tolerance)이 있다(Zeithaml 등, 1996). 다음의 〈그림 4.1〉은 고객이 기대하는 희망 서비스와 적정 서비스가 어떻게 형성되는 지를 나타내고 있다.

(1) 희망 서비스 수준과 적정 서비스 수준

고객이 받기를 희망하는 서비스의 형태를 희망 서비스라고 한다. 고객이 자신의 개인적인 욕구와 관련해서 서비스가 제공할 수 있을 것이라는 수준과 반드시 제공해야 한다고 믿는 수준이 혼합된 "바라는 바(wished for)"의 수준을 나타내는 것이다. 그러나 서비스 제공자들이 항상 바라는 수준의 서비스 제공이 가능할 것이라고 생각하지는 않는다. 따라서 불만이 없이 받아들일 수 있을 만큼의 최소 서비스 수준에 대한 기대도 가지게 되는데 이를 적정 서비스라고 한다. 서비스 수행에 영향을 미치는 상황적인 요소와 다른 서비스 제공자에게서 예상할 수 있는 서비스 수준 등이 적정 서비스에 대한 기대수준을 결정하게 된다. 아울러 희망 서비스와 적정 서비스에 대한 기대 수준은 서비스 제공자가 명시적으로 혹은 암묵적으로 약속한 내용과, 구전에 의한 평가, 서비스 제공자에 대한 과거 경험을 반영하여 형성된다.

(2) 예상 서비스 수준

고객이 실제로 받으리라고 예상하는 서비스의 수준을 예상 서비스라고 하며, 특정 서비스 상황에 대한 적정 서비스의 수준을 결정하는 데에 영향을 미치게 된다. 예상 서비스 수준은 상황에 따라 변화하는 특성을 가지고 있다. 서비스 제공자에 대해서 좋은 서비스를 예상할 경우에는 적정 서비스의 수준이 높아지게 되고, 좋지 않은 서비스를 예상할 경우에는 적정 서비스의 수준이 낮아지게 된다. 가령, 보통 월말의 주말에는 은행에 고객이 많을 것으로 예상할 수 있다. 따라서 은행에 가서 10분쯤 기다리는 것은 별로 불만이 생기지 않을 수 있을 것이다(즉, 적정 서비스 수준에 미달하지 않음). 그러나 일반적인 평일 2시쯤 은행을 찾을 경우에는 고객이 많으리라고 기대하지 않기 때문에 10분쯤 기다리게 되면 불만감이 서서히 증가하게 될 것이다(즉, 적정 서비스 수준에 미달함).

(3) 인내 영역

서비스가 가지는 본질적인 변동성은 서비스 제공자에 따라서 혹은 서비스 제공 시간에 따라서 변화하게 된다. 같은 서비스 제공자라 하더라도 시간이 달라지면 서비스 내용에 차이가 나타날 수 있는 것이다. 일반적으로 고객이 참아줄 수 있는 서비스 수준의 변동 영역을 인내 영역이라고 한다. 이 영역을 벗어나게 되면 고객이 긍정적으로 혹은 부정적으로 반응하게 되며, 영역 내에서의 서비스 성과 변동에 대해서는 별다른 관심을 두지 않게 된다. 서비스의 수준이 희망 서비스 수준을 초과할 때는 고객이 “감동”하게 되며, 적정 서비스 수준을 미달할 때는 “불만족”하게 되는 것이다.

인내 영역의 폭은 고객마다 경쟁이나 가격 혹은 기타 특정 서비스 속성의 중요성에 따라서 증가하거나 감소하게 된다. 이러한 속성들은 주로 적정 서비스의 수준을 높이거나 낮추는 데에 영향을 미치게 되며, 희망 서비스 수준은 고객의 경험이 누적되면서 서서히 증가하게 되는 경향이 있다(Lovelock과 Wright, 2002). 앞서 예로 든 은행 서비스를 다시 생각해 본다면, 월말 주말에 대한 적정 서비스 수준은 상대적으로 길게 된다. 즉, 인내 영역이 넓어지게 되는 것이다. 반면에 평일의 오후에 대한 적정 서비스 수준은 짧아지게 되고, 결과적으로 인내 영역은 줄어들게 되는 것이다.

반면에 인내 영역의 상한을 정하는 희망 서비스 수준의 변동의 성격은 다를 것이다. 통상 3분 이내에 은행 서비스를 받는 것이 바람직한 수준이라고 느낀다면, 서비스가 제공되는 시간이나 상황에 관계없이 희망 서비스 수준은 3분이 되는 것이다. 고객이 많다고 해서 8분 내에 서비스가 완료되는 것이 바람직하다고 생각하지는 않기 때문이다. 그러나 정보기술의 발전으로 은행의 전반적인 서비스 속도에 대한 기대감이 증가하게 되면 장기적으로 희망 서비스 수준은 높아지게 될 것이다.

II 고객기대의 측정

고객이 기대하는 바를 측정하기 위해서는 고객이 실제로 서비스에 대해 가지고 있는 기대내용을 직접적으로 수집하는 방법을 사용하여야 한다. 일반적으로 고객이 기대하는 바를 나타내는 고객목소리(VOC; voice of customers)를 수집하고 정리하는 절차는 (1) 고객목소리를 수집하고, (2) 수집된 자료를 정리하고, 구조화하며, (3) 구조화된 고객목소리를 중요성에 따라 차별화하는 단계적 과정으로 나누어 살펴볼 수 있다(Shillito, 2001). 이러한 절차를 거쳐서 측정된 고객목소리는 구체적으로 서비스가 담아야 할 내용을 정하는 일 즉, 서비스 설계를 위한 핵심적인 투입 요소가 된다. 다음에서는 고객목소리를 측정하는 과정을 각 구성 단계별로 나누어 설명하기로 한다. 아울러 고객만족과 관련한 고객기대의 특성을 차별화하여 설계에 반영할 수 있도록 도와주는 효과적인 모델로서 Kano 모델의 개념과 이를 활용한 고객목소리 측정 방법도 살펴보기로 한다.

1 고객목소리(VOC) 수집

고객목소리를 수집하는 방법은 다양하다. 수집하려는 자료의 성격이 질적인지 양적인지에 따라서 사용하는 방법이 달라질 수도 있다. 아울러 시장조사(market research)와 고객조사(customer research)가 지향하는 바가 다르다는 점도 유의할 필요가 있다. 시장조사는 응용수학과 통계학에 기초를 둔 조사도구들을 주로 사용하며, 고객만족을 결정하는 요소에 중점을 두는 장기적인 조사의 성격을 가진다. 반면에 고객목소리를 수집하는 고객조사는 상품사용자를 직접 찾아가서 관찰하고, 상품구매에 대해 느끼고 있는 가치를 물어보는 방식을 사용한다. 아울러 선택에 영향을 미치는 요소에 중점을 두기 때문에 특정 상품이나 서비스의 구매를 결정하는 선택 의사결정을 내릴 때 고객의 머리에 스치고 지나가는 생각이 무엇인지를 파악하는 일에 보다 관심을 두게 된다.

1.1 조사고객의 수

얼마나 많은 고객을 대상으로 자료를 수집해야 하는지를 결정하는 일은 조사대상 상품 혹은 서비스의 성격, 조사 방법, 시장의 특성에 따라서 달라지게 된다. 한 연구 결과에 따르면, 1대 1로 고객을 독립적으로 면접할 경우 10－12명 정도를 면접하면 대개 고객욕구의 80%를 파악할 수 있으며, 20－30명 정도를 면접하면 90－95%의 고객욕구를 파악할 수 있다고 한다(Griffen과 Hauser, 1993). 기업들의 일반적인 경험에 따르면 고객의 층과 지역별 특성이 고려되어야 할 경우 대략 10－12 지역정도를 대상으로 각기 5－6명 정도를 조사하면 충분하다고 한다. 물론 5－6명은 각기 다른 고객의 층을 대변하는 사람이어야 할 것이다. 이는 질적인 차원의 고객욕구를 주로 조사하는 것이기 때문에 통계적인 유의성이나 타당성을 감안하여 결정할 필요는 없다.

1.2 VOC 수집기법

단일한 VOC 수집기법으로 필요한 모든 자료를 수집할 수는 없다. 각각의 기법이 상호 보완적일 수도 있기 때문에 경우에 따라서는 여러 가지 기법을 병행해서 사용하는 것이 필요하다.

(1) 여론 조사

여론조사(survey)는 설문지를 기초로 우편이나 전화로 이루어지게 되며, 경우에 따라서는 의견청취 카드(comment cards)의 형태로 이루어지기도 한다. 최근에는 온라인으로 설문이 이루어지고 있는 추세이다. 대부분 Google Forms와 같은 온라인 양식 제작도구를 이용하여 온라인 설문을 제작하고 설문 링크를 생성하여 이메일 또는 모바일을 통해 조사가 이루어지고 있다. 또한 기업의 자체 홈페이지 및 시스템을 통해 설문조사를 실시하기도 한다.

여론조사는 조사대상 고객과 조사 내용을 명확하게 파악하고 있고, 보다 구체적이고 집약된 고객목소리를 수집하고자 할 때 유용하게 사용할 수 있다. 단점으로는 응답률이 낮으며, 불성실한 응답 내용을 받게 될 경우가 많고, 질문 내용이 모호하거나 고객선정이 잘못되어 왜곡된 자료를 수집할 수도 있다. 온라인 설문과 같이 비대면으로 이루어질 경우 고객의 반응을 관찰하거나 확인하는 것이 불가능하고, 수집된 자료의 분석과 정리에 많은 시간이 소요된다는 점이 여론조사의 제약점으로 들 수 있다.

(2) 면담

면담(interviews)은 실제로 대면하거나 전화를 통해서 이루어질 수 있으나 상황통제나 문서자료 활용이라는 측면에서 볼 때 직접 대면해서 이루어지는 것이 바람직하다. 면담은 개별적으로 혹은 그룹으로 이루어질 수 있다. 그러나 그룹 면담은 자유롭게 의견을 개진할 수 있는 분위기가 조성될 수 있고, 그룹 내의 정서적인 압력이 존재하지 않을 경우에 활용되는 것이 바람직하다. 면담은 사전 준비가 매우 중요하며, 시간도 많이 소요된다.

(3) 포커스 그룹

포커스 그룹(focus group)은 진행자(moderator)를 중심으로 관련 상품 혹은 서비스와 친숙한 6명 남짓한 고객으로 구성되며, 대개 진행 내용을 녹음 혹은 녹화해서 추후 분석에 활용하게 된다. 실제 상품이나 시제품 혹은 서비스 내용을 고객에게 직접 제시하고 그 반응을 관찰할 수 있으며, 필요한 질문과 의견수렴을 직접적으로 시도할 수 있는 장점이 있다. 진행과정에 신축성 있게 질문의 내용을 수정할 수도 있고, 고객들도 다양하게 자신의 의견을 제안하거나 다른 사람의 의견에 견해를 표명할 수도 있기 때문에 사전에 생각하지 못했던 고객의 욕구와 의견을 수집할 수 있는 장점도 있다. 또한 한 명 정도의 고객을 면담하는 시간에 여러 고객을 면담할 수 있기 때문에 비용-효율성의 측면에서도 유리하다. 그러나 진행자가 주도적이지 못하거나 사전준비가 덜 된 경우 지배적인 의견선도 고객에 의해 의견수렴 과정이 왜곡될 수 있고(groupthink 현상), 참여고객이 단순히 보상에만 관심을 가진 경우 성의 없는 의견을 개진하거나 무관심한 행동을 보일 위험성이 있다. 아울러 녹음 혹은 녹화된 자료를 추후 분석하는 데에 많은 시간이 소요되기도 한다.

(4) 현장조사

현장조사(location studies)는 상품 혹은 서비스를 직접 사용하는 고객의 현장을 방문하여 고객이 사용하는 과정을 관찰하는 것을 말한다. 고객이 상품을 보다 효율적으로 사용할 수 있도록 도와줌과 아울러 고객이 상품을 사용하는 방식을 관찰함으로써 상품개선의 기회를 찾아보는 것에 목적을 두고 있다. 고객이 중요하게 생각하고 있는 것은 무엇이고, 이와 관련해서 현재 부족한 것이 무엇인지를 알아내는 것에 초점을 두게 된다.

(5) 내부 브레인스토밍

상품개발팀은 고객의 욕구를 규명하기 위해서 내부 브레인스토밍(internal brainstorming)을 활용할 수 있다. 상품개발팀은 최소한 마케팅, 고객 서비스, 상품설계, 연구개발 부서의 인원이 참여하는 다부문 연계 팀의 성격을 가져야 다양한 욕구에 대한 아이디어를 창출할 수 있다. 그러나 실제로 고객들은 중요시하지 않음에도 불구하고 팀이나 회사의 희망사항을 반영하여 고객욕구 리스트를 만들게 될 위험성도 있다. 따라서 반드시 브레인스토밍을 통해서 얻은 고객욕구의 내용에 대해서는 고객에 의한 검증이 이루어지도록 하는 후속적인 절차가 마련되어야 한다.

(6) 고객 패널

고객 패널(customer panels)은 대개 설계팀과 같이 활동을 하며, 통상 분기별로 초청이 이루어진다. 패널참여 고객들은 기밀유지에 대한 서명을 하고 최신 상품 모델을 사용해 보면서 개선을 위한 제안이나 조언을 하게 되며, 개발팀에서는 이를 반영하여 설계변경을 하게 된다. 이러한 상호작용 과정은 최종 설계안이 결정될 때까지 반복적으로 이루어진다. 경우에 따라서는 실제 설계 팀의 참여자처럼 급여를 받기도 하고, 생산시설 내에 사무실을 두고 주기적으로 회의에 참여하기도 한다.

(7) 서비스 콜

서비스 콜(service calls)도 유용한 정보원이 된다. 상품이 어떻게 기능을 발휘하고, 고객들이 상품을 어떻게 사용하고 접하고 있는지를 최초로 직접 관찰할 수 있는 기회가 된다. 상품이 지속적으로 잘못 사용되거나 장애를 일으키는 경우 이는 추가적인 조사를 필요로 하는 미충족된 고객의 욕구나 문제가 존재할 수 있다는 것을 나타내기 때문이다.

보증수리나 기타 고객지원 활동을 위한 전화 내용도 유사한 정보를 제공할 수 있다.

(8) 상황적 조사

상황적 조사(contextual inquiry)는 고객이 상품이나 서비스를 사용하는 실제적인 상황에서 고객을 관찰하는 프로세스이다. 고객의 주위에 머무르면서 사용에 관련된 질문을 하고, 문제가 생기면 이에 같이 참여하여 해결한다. 이는 고객이 접하는 실제상황에 관찰자를 둠으로써 불가피한 혼란 상황이나 예외적인 특수한 활동이 발생하는 것을 목격할 수 있도록 하는 것이다. 이 방식은 일방적으로 질문하고 고객의 응답을 수집하는 면담과는 달리 고객과 정보공유를 위한 파트너십에 초점을 맞추게 된다. 상황적 조사에 참여하는 상품-서비스 설계자들은 관찰한 고객행동에 의거해서 설계변경이나 문제해결의 아이디어를 실시간으로 그려보거나 창출할 수 있는 기회를 가지게 된다.

(9) 인터넷과 SNS(social network service)

인터넷(internet)은 여론조사나 패널 혹은 면담과 같은 조사 방법의 사용을 대체할 수 있는 잠재력을 가지고 있다. 게시판이나 e-mail 및 SNS 등의 여론수렴 방법을 통해 고객의 불만사항을 수집, 해결, 응답하는 것은 바로 이러한 잠재적인 능력을 보여주는 것이다. 또한 인터넷을 통해 고객의 주문을 수령하게 되는 경우는 세분화된 고객 프로파일을 만들어 내는 출발점이 될 수도 있다.

고객 후기 및 SNS(social network service)의 활성화에 따라 디지털 고객이 등장하게 되었고 온라인 소비 패턴에 맞춰 고객 경험을 기반으로 한 개인화 서비스가 강화될 전망이다(어도비 코리아, 2022). 디지털 고객이 남기는 니즈는 방대한 데이터를 생성하며, 이러한 빅데이터를 기반으로 기업은 타깃(target) 고객을 파악하고 조사할 수 있고, 경쟁사의 핵심 서비스 파악이 가능해졌다. 가속화된 디지털 전환 속 모바일, 디지털 퍼스트 고객들의 등장으로 인하여 기업 또는 브랜드가 제공하는 고객 경험에 대한 기대가 높아지고 있다. 이에 따라 급격하게 변화하는 비즈니스 환경 속에서 기업은 경쟁력 강화를 위해 고객의 데이터를 수집하고 이를 유의미한 비즈니스 인사이트(insight)로 신속하게 도출하는 데 기업 역량을 강화하고 있다.

2 고객목소리(VOC)의 구조화

다양한 방법을 사용하여 수집된 고객목소리를 분석하기 위해서는 이를 보다 간결한 표현의 형태로 전환시킨 후, 이를 선별하여 중요한 목소리를 골라내는 일이 뒤따르게 된다. 선별된 목소리들은 유사성이나 연관성을 바탕으로 통합, 분류하는 절차를 거치게 되는데 이를 구조화(structuring)라고 한다.

2.1 표현의 간결화

고객목소리를 수집한 후에는 이를 고객이 생각하는 바의 축약적 표현(verbatims)으로 전환하는 일이 뒤따르게 된다. 축약적 표현을 각 카드에 담은 후 카드마다 팀이나 고객형태, 피면담자 형태, 고객명, 고객의 위치 등을 코드로 표시하는 방법을 사용한다. 이렇게 해서 모아진 많은 수의 카드들은 다중선택법(MPM; Multi Pickup Method)과 같은 방법을 사용하여 프로젝트나 상품의 목적 혹은 주제에 비추어 중요성이 높은 것을 골라 관리 가능한 만큼의 수로 줄이게 된다. MPM은 각 카드에 담긴 축약적 표현 내용의 중요성에 대해 팀 구성원들이 여러 차례 평가를 한 뒤 궁극적으로 제한된 주요 축약적 표현만을 선별하도록 해주는 방식을 말한다.

2.2 표현의 구조화

관리 가능한 수의 축약적 표현들이 얻어지고 나면 이들 간의 관계나 상대적 중요성의 체계를 파악하기 위해 이를 구조화하는 것이 필요하다. 무작위로 얻어진 고객목소리를 쌓아놓은 것은 이들 간의 관계나 연관성을 이해하기 전까지는 아무 소용이 없는 것이다. 고객목소리를 구조화하는 것은 품질기능전개(QFD)를 위한 사전절차의 의미도 가지게 된다. 고객목소리를 구조화하기 위한 방법으로는 유사성 다이어그램(affinity diagram), 상호연관성 다이어그래프(interrelationship diagraph), 나무 다이어그램(tree diagram) 등이 있다.

(1) 유사성 다이어그램

항목들 간의 자연스러운 연관성이나 유사성에 바탕을 두어 많은 양의 VOC 축약적 표현과 같은 언어적 표현이나 질적인 자료를 그룹화하는 상향식 군집화 기법을 말한다. 유사성 다이어그램의 실행과정은 다음과 같다:

- 단계 1: 각 축약적 표현을 노트 패드나 인덱스카드에 담는다.
- 단계 2: 모든 패드나 카드를 테이블이나 벽에 전시한다.
- 단계 3: 팀 구성원들이 직관적으로 유사성이 있는 것들을 그룹화한다.
  - 동일한 카드가 복수의 그룹에 분류될 수도 있다.
- 단계 4: 카드 항목의 내용을 수정한다.
  - 중복되는 것을 제거시킨다. 단, 한 카드 항목이 복수의 그룹에 속할 수 있음을 유의한다.
  - 단일한 고유의 항목으로 분류해야 할 복합적 내용의 항목이 있는지를 찾아본다.
  - 장황한 표현의 항목을 찾아서 가능한 한 간략하게 줄이도록 한다.
  - 여러 항목을 포괄하는 보편적인 표현이나 상위수준의 표현에 주의한다. 이 단계에서는 축약한 표현이 너무 상위수준의 표현을 담고 있는 경우 유용하게 사용될 수 없다.
- 단계 5: 각 그룹의 타이틀을 개발한다.
  - 각 그룹에 속한 카드 중에서 그룹의 본질을 가장 잘 함축하고 있는 카드를 찾는다. 이 카드를 그룹의 맨 위에 놓고 빨간색 등으로 두드러지게 보이게 한다.
  - 이러한 카드가 존재하지 않을 경우는 단순하게 그룹의 본질을 표현할 수 있는 카드를 하나 만든다.
- 단계 6: 타이틀 카드만을 사용하여 단계 3부터 5의 과정을 반복한다.
  - 3단계 정도 수준의 그룹이 이루어질 때까지 이 과정을 반복한다. 수준 3은 초기의 항목들을 모아놓은 단계로 대개 50−250개 항목정도가 포함된다. 수준 2는 처음 분류 후의 타이틀들로 구성된 단계로 15−30개 그룹이 포함된다. 수준 1은 타이틀을 재분류한 2단계 분류후의 수준으로서 8−12개 그룹정도로 구성된다.
  - 단계 2의 분류를 실행할 경우는 타이틀 카드에 속하는 모든 항목을 타이틀 카드와 함께 묶어서 이동시키도록 한다.

〈그림 4.2〉는 은행 서비스에 대한 고객요구를 담은 축약적 표현을 대상으로 작성한 유사성 다이어그램의 부분적인 내용을 나타내고 있다.

신뢰성

- 정확한 입출금 서비스
- 정확한 금융정보 제공

유용성

- 저렴한 서비스 수수료
- 편리한 입출금 서비스
- 안전한 입출금 서비스

신속성

- 짧은 대기시간
- 빠른 입출금 처리
- 전용창구 활용

접근성

- 24시간 ATM 활용
- 24시간 인터넷 금융서비스 활용
- 편리한 주차시설

그림 4.2 은행 서비스 유사성 다이어그램

(2) 상호연관성 다이어그래프

상호연관성 다이어그래프는 유사성 다이어그램이 담고 있는 그룹 간의 논리적인 연계를 도출하는 것으로서 주로 항목 간의 논리적인 혹은 순차적인 연계를 찾아내기 위해서 사용한다. 유사성 다이어그램이 고객목소리의 창의적인 흐름을 그려내는 역할을 한다면 상호연관성 다이어그래프는 고객목소리의 논리적인 흐름을 그려내는 역할을 한다. 상호연관성 다이어그래프의 작성 과정은 다음과 같다:

- 유사성 다이어그램에서 작성한 수준 1 혹은 2의 타이틀을 중심으로 상호 간의 연관성을 나타내는 화살표를 그린다.
- 연관성을 관찰하고 분석한다.
  - 많은 화살표가 유래하는 타이틀 카드를 찾아본다. 이는 핵심 요소 혹은 영향요소가 된다.
  - 많은 화살표가 집중되는 타이틀 카드를 찾아본다. 이는 많은 외부요소의 영향을 받는 항목이다. 병목현상을 나타낼 수도 있고, 긍정적인 의미로는 기회를 나타낼 수도 있다.
- 연관성과 관련한 핵심 유의사항은 특정 타이틀 항목이 그 밖의 다른 타이틀 항목에 영향을 미치지 않는가를 살펴보는 일이다.

〈그림 4.3〉은 앞서 작성한 은행 서비스 유사성 다이어그램을 바탕으로 작성한 상호연관성 다이어그래프를 나타내고 있다. 그림에서 보는 바와 같이 '유용성'은 '신뢰성'과 '신속성' 및 '접근성' 모두에 의해 영향을 받는 병목현상 혹은 기회 요소의 성격을 가진다.

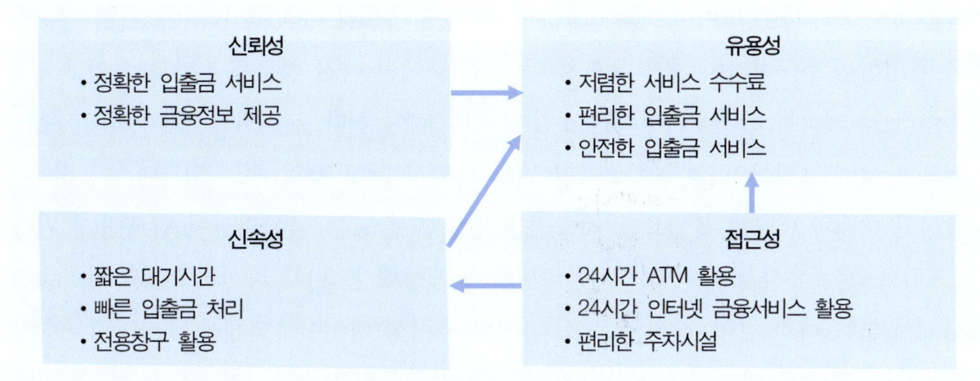

그림 4.3 은행 서비스 상호연관성 다이어그래프

아울러 '접근성'은 고객의 창구집중을 억제하고, 시간적인 분산을 유도함으로써 결과적으로 '신속성'을 높이는 효과를 가져온다고 볼 수 있을 것이다. 따라서 '접근성'은 복수의 요소에 영향을 미치는 핵심요소의 성격을 가진다고 볼 수 있다.

(3) 나무 다이어그램

나무 다이어그램은 논리적인 언어표현의 구조화 기법으로서 유사성 다이어그램과 달리 하향식으로 연관된 고객목소리를 세분화해 가는 방식을 취한다. 따라서 유사성 다이어그램으로 작성된 연관성의 흐름이 완전한지를 검토할 목적으로도 사용된다. 나무 다이어그램의 작성 과정은 다음과 같다:

- 유사성 다이어그램에 의해 작성된 항목들과 구조를 가지고 시작한다.
  - 가장 추상적인 개념수준, 즉 유사성 다이어그램의 수준 1로부터 시작한다.
- 수준 1에서 정확성에 비추어 항목을 분석한다. 수준 2에 대해서도 순차적으로 분석한다. 완전성에 문제가 있으면 빠진 부분을 개발한다. 고객이 의식적인 응답을 했거나 VOC기법이 수집한 정보에 결여된 부분이 있을 경우 유사성 다이어그램이 불완전할 수도 있다.
- 수준 3까지 확대해 가면서 완전성을 검토한다.

나무 다이어그램에 의해 작성된 계층별 요소들은 고객목소리를 설계규격으로 전환시키기 위해 사용하는 품질의 집(HOQ; house of quality)의 행의 구성요소로 사용될 수 있다(자세한 것은 "제5장 참조"). 바람직한 고객목소리의 세분화된 정도에 따라서 수준

3 혹은 수준 2의 나무 다이어그램 요소들이 HOQ에 사용될 수 있을 것이다. 다만, 주의할 것은 완전성을 추구하기 위해서 유사성 다이어그램에서 빠진 항목을 추가로 삽입할 경우 그것이 실제 고객목소리를 반영하는 것인가에 유의해야 한다. 논리적인 이유에서 완전성을 목적으로 삽입한 항목이 실제는 고객이 별로 바라지 않는 것일 수도 있으며, 이 경우는 복잡성의 증대와 더불어 불필요한 목소리를 반영하게 되는 불합리성이 발생하게 된다.

〈그림 4.4〉는 유사성 다이어그램을 바탕으로 작성해 본 나무 다이어그램을 나타낸다. 그림에서 보는 바와 같이 '신뢰성' 요소의 경우 유사성 다이어그램에서는 파악되지 않았던 고객목소리('예금의 안전성')가 완전성의 측면에서 새로이 추가되었음을 볼 수 있다. 물론 이 추가적인 목소리가 실제로 고객이 요구하는 목소리인지를 확인하는 절차가 뒤따라야 한다.

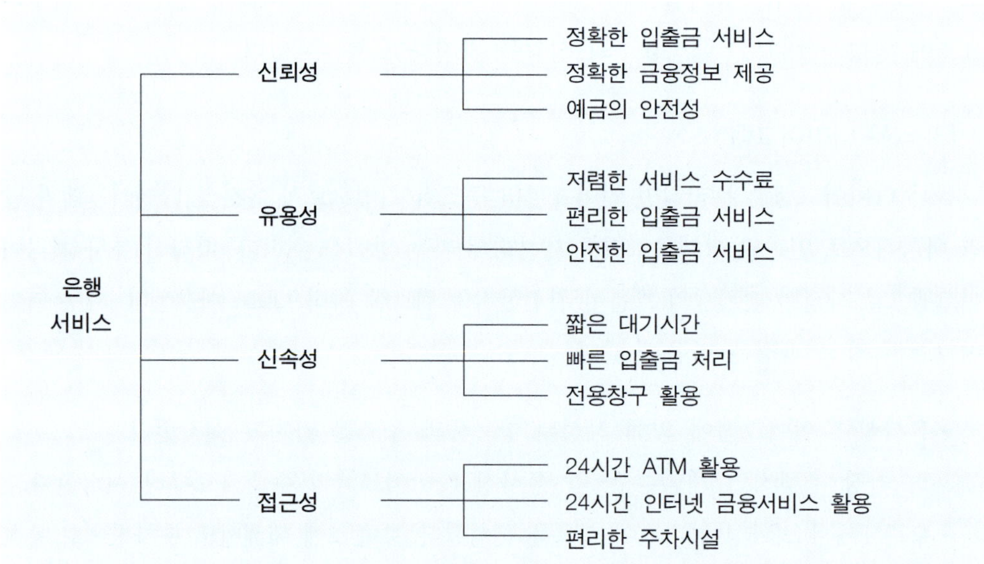

그림 4.4 은행 서비스 나무 다이어그램

3 고객목소리(VOC)의 계량화 – 가치측정기법

수집된 고객목소리의 구조와 기능이 파악된 후에는 각 목소리에 대해 고객이 지각하는 중요성을 계량화하는 절차가 필요하다. 다음에서는 고객의 축약된 목소리에 대한 계량화 기법으로서 가치측정기법(value measurement techniques)에 대해 살펴보기로 한다. 가치

측정기법은 주로 응답자가 지각하는 항목의 상대적인 영향력을 표시하기 위해 수치적인 측정치가 필요할 경우 각 항목이나 혹은 항목의 속성을 평가하기 위해서 사용된다. 고객의 축약된 목소리가 가지는 중요성이 그 예가 될 수 있다. 일반적으로 사용되는 가치측정 기법으로는 다음과 같은 방법들이 있다:

(1) 단순순위평가법

단순순위평가법(simple ranking)은 여러 항목의 상대적인 중요성을 평가하기 위해 가장 보편적으로 사용되는 방법의 하나로서 각 항목에 대한 순위가 매겨지면 이를 수치적 가치로 변환시키게 된다. 이 방법은 목록에 담겨진 각 항목에 대해 순위를 부여하는 방식으로 경우에 따라서는 역순위를 매겨서 이를 평가점수로 바로 환산하는 방식을 사용할 수도 있다.

이 방법은 단순하고 이해하기 쉽기 때문에 별도의 진행자나 리더를 둘 필요가 없이 신속하게 중요성을 평가할 수 있는 장점을 가지고 있다. 그러나 가장 큰 단점은 중요성 부여에 있어서 선형성을 가정하고 있다는 것이다. 즉, 각 순위 사이에 존재하는 중요성의 차이가 일정하다는 것이다. 이는 결과적으로 상대적인 중요성 차이의 현실적인 크기를 반영하지 못하게 되는 것이다. 아울러 가장 중요한 것과 가장 중요하지 않은 것을 정하기는 쉽지만 중간의 순위를 합리적으로 정하기가 어렵다는 것도 단점이 된다. 특히 항목의 수가 많을 경우에는 중간 순위를 적절하게 평가하는 것이 더욱 어려워지게 된다. 따라서 이 방법은 항목의 수가 15개 이내일 경우에, 그리고 정교한 중요성 평가가 필요하지 않은 경우에 사용되는 것이 바람직하다.

(2) 대체순위평가법

대체순위평가법(alternative ranking)은 상대적인 중요성을 나타내는 가중평가요소를 개발하기 위해 사용되는 방법으로서 여러 참여자로 구성된 그룹을 대상으로 실행할 수 있다. 대개 그룹의 구성원 수는 6명에서 9명 정도가 적당하다. 다음에서는 평가항목의 수가 7개일 경우를 가정하고 이 기법의 진행 과정을 설명해 보기로 한다.

- 단계 1: 각 참여자에게 7개의 카드를 나눠주고 카드마다 한 개의 항목을 기입하도록 한다.

- 단계 2: 만일 6개를 버리고 가장 중요한 것 한 개만 가지라고 한다면 어느 카드를 가질 것인지를 선택하도록 한다. 선택된 카드에는 점수 7(가장 높은 점수)을 적은 후 이를 따로 놓도록 한다.
- 단계 3: 만일 나머지 6개 중에서 5개만 가지고 중요하지 않은 하나를 버린다면 어느 카드를 버릴 것인지 선택하도록 한다. 선택된 카드에는 점수 1(가장 낮은 점수)을 적은 후 이를 따로 놓도록 한다.
- 단계 4: 위의 단계 2와 3을 반복한다. 즉, 다음에는 5개 중에서 남기고 싶은 하나를 선택해서 점수 6을 기입한 후 치우고, 그다음에는 4개 중에서 버리고 싶은 것을 하나 선택해서 점수 2를 기입한 후 치우도록 한다. 계속해서 다음에는 3개 중에서 남기고 싶은 하나를 선택해서 점수 5를 기입한 후 치우고, 그다음에는 2개 중에서 버리고 싶은 것을 하나 선택해서 점수 3을 기입한 후 치우도록 한다. 최종으로 남은 카드에 점수 4를 기입하면 모든 평가절차가 완료된다.

이 방법은 절차가 비교적 단순하고 이해하기 쉬우면서도 단순순위평가법이 가지는 본질적인 제약성 즉, 중간순위 평가의 비합리성을 개선할 수 있는 장점을 가지고 있다. 따라서 비교적 많은 수의 항목을 대상으로도 평가의 합리성을 유지할 수 있는 장점을 가지고 있다. 그러나 참여자로 하여금 중요성이 높고 낮은 것을 교차해 가면서 여러 개의 항목을 정확하게 평가하도록 유도하기 위해서는 별도의 진행자를 두는 것이 필요하다.

(3) 일반형 조합비교법

일반형 조합비교법(regular pair comparison)은 여러 관련 항목에 대해 바람직한 정도에 대한 상대적인 순위와 크기를 결정하기 위해서 사용되는 방법으로서 중요성이나 품질, 신뢰성과 같은 긍정적인 평가기준뿐만 아니라 비용이나 설비유지요구, 고장시간과 같은 부정적인 평가기준에 대해서도 효과적으로 사용될 수 있다. 다음에서는 앞서 규명한 은행 서비스에 대한 고객목소리 즉, 신뢰성, 유용성, 신속성 및 접근성의 4가지 항목을 예로 들어 이 기법을 설명하기로 한다. 이 경우 총 비교할 조합의 수는 6개가 된다.

- 단계 1: 먼저 평가를 위해 다음의 〈그림 4.5〉와 같이 필요한 양식을 작성한다.
- 단계 2: 각 조합마다 보다 중요하게 생각되는 항목의 기호를 골라서 주어진 칸에

	B	C	D	항목평가점수
A	A	A	A	3
B		C	B	1
C			C	2
D				0

단, A = 신뢰성
B = 신속성
C = 유용성
D = 접근성

그림 4.5 일반형 조합비교법

기입한다. 가령 〈그림 4.5〉의 두 번째 행을 보면 신속성(B)은 유용성(C)과 비교할 때는 상대적으로 덜 중요하고 접근성(D)과 비교할 때는 보다 중요한 것으로 평가되고 있음을 볼 수 있다.

- 단계 3: 각 항목마다 중요하다고 선택된 회수를 집계한다. 〈그림 4.5〉에서 보면 유용성(C)은 6개의 조합비교 중에서 2번 중요한 것으로 선택되었기 때문에 평가점수가 2가 된다.

이 방법은 항목 간의 강제적인 차별화를 요구하기 때문에 중요성의 수준이 비슷해서 서열화하기가 어려운 경우에 효과적으로 사용될 수 있다. 그러나 항목의 수가 많으면 비교해야 할 조합의 수가 급격하게 증가하기 때문에 시간이 많이 소요되는 단점이 있다. 가령 항목의 수가 n개인 경우 비교할 조합의 수는 $n(n-1)/2$가 되며, 7개의 항목이 존재할 경우 $7(7-1)/2 = 21$개의 조합의 비교가 필요하게 된다. 따라서 10개 미만의 항목이 존재할 경우에 사용하는 것이 바람직하다.

(4) 척도형 조합비교법

척도형 조합비교법(scaled pair comparison)은 기본적으로 일반형 조합비교법과 같으나 다만 비교에 있어서 상대적인 중요성의 크기를 차별화하도록 하는 것이 다르다. 〈그림 4.6〉에서 보는 바와 같이 각 칸에는 상대적으로 중요한 항목의 기호와 더불어 이 항목이 비교대상 항목에 비해서 얼마나 더 중요한지를 평가한 점수가 기입되어 있다. 따라서 항목의 중요성 평가도 단순히 선택된 빈도수에 의해서 결정하지 않고 선택된 점수의

	B	C	D	항목평가점수	평가점수 %
A	A–2	A–3	A–3	8	62
	B	C–2	B–2	2	15
		C	C–1	3	23
			D	0	0
				합계 = 13	100

단, A = 신뢰성
B = 신속성
C = 유용성
D = 접근성

중요성 차별화 정도:
1 = 약간 더 중요함
2 = 보다 더 중요함
3 = 훨씬 더 중요함

그림 4.6 척도형 조합비교법

합계로써 결정하게 된다. 아울러 항목의 상대적인 중요성 비율을 산출하여 최종적으로 그룹의 항목평가수준을 결정하는 데에 사용하도록 한다. 아래 그림에서 유용성(C)의 경우 각기 신속성(B)과 접근성(D)에 대해서 2와 1의 중요성 점수를 받았기 때문에 항목평가점수가 2+1 = 3이 되며, 평가점수 %는 3/13 = 0.2307 즉, 23%가 된다.

이 방법은 일반형 조합비교법과 유사한 장 · 단점을 가지고 있다. 다만, 차별화의 정도가 더 강하고, 조합의 비교에 더 많은 시간이 소요된다는 점이 다르다고 할 수 있다. 그 때문에 중요성의 정도가 아주 유사한 항목들의 차별화를 위해 효과적으로 사용될 수 있다. 퍼센트로 표시한 중요성의 크기는 가중치 요소로 삼아 다른 측정기법에도 사용될 수 있다.

(5) 직접중요성추정법

직접중요성추정법(direct magnitude estimation)은 참여자로 하여금 제안된 항목에 비추어 특정 항목의 상대적인 중요성을 수치적으로 표현하도록 하는 방법으로서 참여자의 평가점수를 평균하고 퍼센트로 전환하여 평가치를 산출한다. 이 방법의 진행 과정은 다음과 같다.

- 단계 1: 각 참여자는 맨 처음 항목에 대해 임의로 수치 값을 부여하도록 한다.

- 단계 2: 직전 항목에 부여된 수치 값을 감안하여 다음 항목의 수치 값을 차례로 부여하도록 한다.
- 단계 3: 항목별 참여자 평가치의 기하평균(geometric mean)을 산출한다.

$$\text{항목 } i \text{의 평균} = \sqrt[n]{R_{i1} \times R_{i2} \times R_{i3} \cdots R_{in}}$$

단, R_{ij} = 항목 i 대한 j번째 참가자의 평가치
n = 총 참여자의 수

- 단계 4: 각 항목별 기하평균 값을 전체 값에 대한 퍼센트 값으로 전환한다.

$$\text{항목 } i \text{의 중요성 \%} = \frac{\text{항목 } i \text{의 평균} \times 100}{\text{항목 1의 평균} + \text{항목 2의 평균} + \cdots + \text{최종항목의 평균}}$$

이 방법을 사용하면 비교적 간단하게 많은 항목에 대한 그룹의 중요성 평가치를 구해 볼 수 있다. 긍정적이든 부정적이든 비가시적인 속성의 크기를 효과적으로 계량화할 수 있으며, 항목 간의 중요성 크기 차이를 잘 보여줄 수 있는 장점을 가지고 있다. 참가자들마다 자유롭게 평가한 중요성 크기를 일반화하기 위해서 기하평균 값을 사용하게 된다. 기하평균은 산술평균과 달리 극단적인 값들의 영향을 최소화할 수 있는 장점을 가지고 있다. 다만, 참여자의 수가 많을 경우 기하평균을 구하기 위해 컴퓨터의 지원을 필수적으로 받아야 하는 제약성이 있다. 이울러 항목나열 순서를 무작위로 만들어서 항목 간의 상호작용 효과, 혹은 영향효과를 최소화하는 노력도 필요하다.

(6) 범주형 척도법

직접중요성추정법에서는 참여자들이 자유롭게 평가치를 부여할 수 있는 데 반하여 범주형 척도법(category scaling)에서는 평가의 범주를 일정하게 정하여 그 틀 내에서 참여자들이 평가치를 부여하게 된다. 이것은 직접중요성추정법이 가지는 평가치의 일관성 유지 어려움을 해결하기 위해서 공통으로 사전에 정한 척도를 사용하게 한 것이 특징이다. 각 참여자는 사전에 정한 평가척도의 크기와 설명 내용을 참고하여 항목별 중요성의 크기를 평가하게 되며, 각 항목의 산술평균을 통하여 그룹의 평가치로 통합되게 된다. 산술평균한 각 항목의 그룹 평가치는 다시 전체 평가치의 크기에 대한 퍼센트 평가치로

표 4.1 범주형 평가척도의 예

평가	설명 내용
10	나는 반드시 이것을 가져야 한다. 나는 기꺼이 돈을 더 지불하더라도 이것을 얻기 위해서 브랜드를 바꾸어 구매할 것이다.
8	나는 이것을 가지고 싶다. 다른 것이 동일하다면, 이것을 얻기 위해 브랜드를 바꾸거나, 돈을 더 지불할 수도 있을 것이다.
5	이것을 가지면 좋을 것이다. 이것을 가지면 좋기는 하겠지만 이것을 얻기 위해서 애쓰지는 않을 것이다. 이것을 얻기 위해서 브랜드를 바꿀 수도 있겠지만 돈을 더 지불하지는 않을 것이다.
1	나는 별로 이것에 관심이 없다. 이것은 내가 구매 결정을 내리는 데 전혀 영향을 미치지 않는다.

전환하여 사용하게 된다. 가령 평가치의 범주가 1부터 10까지라면 다음의 〈표 4.1〉과 같이 평가치 척도의 의미를 구체적으로 설명한 내용을 제시하여 일관성 있는 평가가 내려질 수 있도록 유도한다.

이 방법을 사용해서 얻은 항목별 참가자의 평가치가 매우 비정규적인 분포의 모습을 가지는 경우도 발생할 수 있다. 이때는 예외적인 평가치의 모습을 가진 참가자들에게 그 이유를 설명하도록 유도한 후 전체 참가자가 재평가 과정을 가지는 것도 필요하다. 이러한 재평가 절차를 거치게 되면 대부분의 경우 평가치의 분포 모습이 매우 개선된 형태를 보이게 된다. 아울러 척도의 설명 내용은 상품 혹은 서비스에 초점을 맞추어 고객이 이해하기 쉽도록 작성하는 것이 중요하다.

(7) NHP법

NHP(nested hierarchy process)법은 항목의 특성에 계층이 존재하는 경우 계층별로 평가치를 부여한 후 이를 종합적으로 반영하여 최종 세부항목의 평가치를 산출하는 방법을 말한다. 가령 고객목소리의 구조화에서 살펴본 바 있는 〈그림 4.7〉의 나무 다이어그램을 보면 고객목소리의 특성에 계층이 존재하고 있다. 이 경우 맨 우측에 위치한 세부목소리의 중요성 평가치는 각각 상위에 있는 고객목소리의 중요성을 반영하여 결정하는 것이 바람직할 것이다. 따라서 평가절차는 먼저 수준 1(상위)에 위치한 목소리들에 대한 중요성을 평가한 후 각 목소리 항목 내의 세부항목(수준 2)에 대한 중요성을 평가하는 방식으로 진행된다. 가령 앞서 설명했던 방법 중의 어느 하나를 사용해서 수준 1의 목소리를 각각 신뢰성은 10, 유용성은 7, 신속성은 5, 접근성은 3으로 평가했다고 가정해 보자(〈그림 4.7〉). 아울러 각 수준 1의 목소리 항목별로 세부항목에 대한 평가도 〈그림

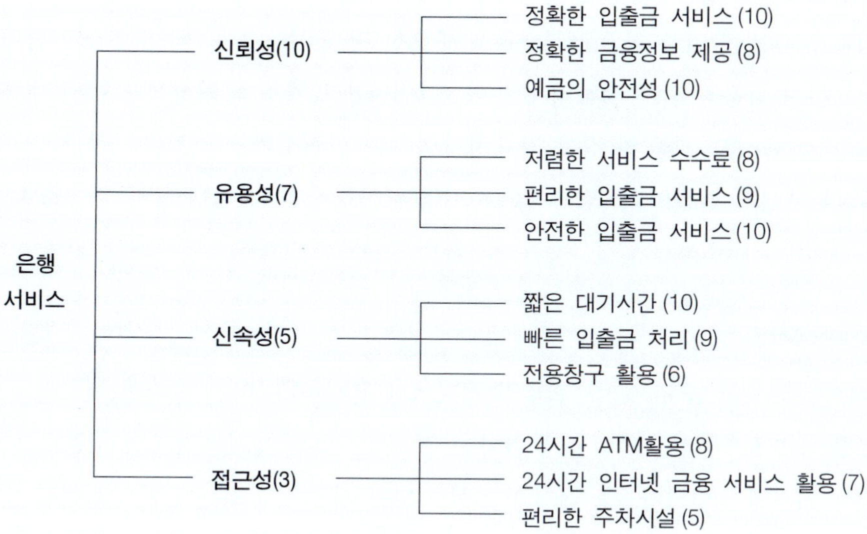

그림 4.7 NHP법에 의한 항목별 평가치 부여

수준 1			수준 2			
항목	평가점수	점수(%)	항목	평가점수	점수(%)	가중평가점수
신뢰성	10	40	정확한 입출금 서비스	10	36	0.40×0.36×100=14.4
			정확한 금융정보 제공	8	28	0.40×0.28×100=11.2
			예금의 안전성	10	36	0.40×0.36×100=14.4
			합계	28	100	
유용성	7	28	저렴한 서비스 수수료	8	30	0.28×0.30×100= 8.4
			편리한 입출금 서비스	9	33	0.28×0.33×100= 9.2
			안전한 입출금 서비스	10	37	0.28×0.37×100=10.4
			합계	27	100	
신속성	5	20	짧은 대기시간	10	40	0.20×0.40×100= 8.0
			빠른 입출금처리	9	36	0.20×0.36×100= 7.2
			전용창구 활용	6	24	0.20×0.24×100= 4.8
			합계	25	100	
접근성	3	12	24시간 ATM활용	8	40	0.12×0.40×100= 4.8
			24시간 인터넷 서비스 활용	7	35	0.12×0.35×100= 4.2
			편리한 주차시설	5	25	0.12×0.25×100= 3.0
합계	25	100	합계	20	100	

그림 4.8 NHP법을 활용한 중요성 평가치 산출

4.7〉의 괄호 안에 있는 것과 같이 평가가 이루어졌다고 가정해 보자.

이 경우 NHP법에 의한 최종 세부항목의 중요성 평가치는 수준 1과 수준 2의 평가치를 모두 반영하여 다음과 같이 정해지게 된다(〈그림 4.8〉). 가령 신뢰성에 포함된 세부항목인 '정확한 금융정보 제공'의 경우 가중평가점수는 신뢰성의 퍼센트(%) 점수 (10/25)×100 = 40과 자신의 퍼센트(%) 점수 (8/28)×100 = 28을 곱하여 퍼센트(%) 점수로 환산한 11.2가 된다.

(8) 점수평가법

점수평가법(scoring method)은 범주형 척도법과 유사하다. 다만 범주형 척도법은 특성의 범주를 척도로 나타내고 있음에 반하여 점수평가법은 성과측정치의 수준을 척도로 나타내고 있는 것이 다르다. 즉, 대개 1–5점 척도를 사용하게 되는데 어느 항목을 평가하거나 항상 5점은 "우수함", 1점은 "열등함"을 나타내게 된다. 따라서 항목별로 동일한 평가기준을 사용하는 일관성 유지의 장점이 있다. 주로 개별 고객목소리의 중요성을 평가하기보다는 각 목소리에 비추어 특정 상품 혹은 서비스가 어떠한 수준의 고객만족능력을 가지고 있는지를 평가하기 위해서 사용한다.

(9) 일정합계평가법

일정합계평가법(constant sum)은 각 항목에 대해 자유롭게 가중치를 부여하되 그 합이 항상 일정하게 되도록(가령 100) 하는 평가 방식이다. 참가자들은 주어진 항목의 내용을 보고 합계가 100점이 되도록 항목별 중요성 평가치를 부여하게 된다. 평가가 끝나면 항목별 평균치와 분포를 산출하고 그 결과를 토의하여 필요한 경우 자신의 평가치를 조정하도록 한다. 경우에 따라서는 개인별 평가 과정을 거치지 않고 그룹의 토의에 의해 평가치를 부여하는 방식을 택할 수도 있다. 이 방법은 평가점수를 부여함에 있어서 항목 간의 연관성을 고려하여 상대적인 중요성을 결정하는 방식을 취하기 때문에 비교적 정확성이 높은 상대평가 방식이라 할 수 있다. 그러나 항목의 수가 많아지면 평가 과정이 길어지고 배분되는 점수가 작아져서 차별화가 어려워지는 제약성이 있다. 따라서 항목 수가 최대로 15개 미만인 경우에만 사용하는 것이 바람직하다.

4 Kano 모델을 사용한 고객기대의 측정

앞서 고객목소리를 수입하고, 정리하여, 중요성을 차별화하는 다양한 방법을 살펴보았다. Tokyo Rika 대학의 Noriake Kano는 특히 고객만족을 위해 상품이 가져야 할 특성들을 설명하면서 상품 특성에 대한 고객목소리의 차별화 방법을 제시한 바 있다(Clausing, 1994). 이러한 Kano 모델의 개념은 특히 상품 아이디어의 창출 단계 혹은 시제품 개발단계 등의 초기 상품 개발단계에서 고객목소리를 효과적으로 반영해 줄 수 있는 방법으로 널리 알려져 있다(Shillito, 2001).

4.1 Kano 모델의 구성

Kano 모델은 다음의 〈그림 4.9〉에 나타낸 바와 같다. 고객이 필요로 하는 요구사항에 대한 상품 혹은 서비스의 충족 정도가 고객이 지각하는 만족수준에 미치는 영향을 나타내고 있는 것이다. 그림의 수평선(X축)은 고객 요구사항의 충족 정도를 나타내며, 수직선(Y축)은 고객의 만족정도를 나타낸다. Kano 모델에 따르면, 고객의 요구사항은 고객이 명시적으로 드러내게 되는 만족요인(satisfiers)과 명시적으로 드러내지 않는 기본요인(must−be) 및 감동요인(exciters)으로 나눌 수 있다.

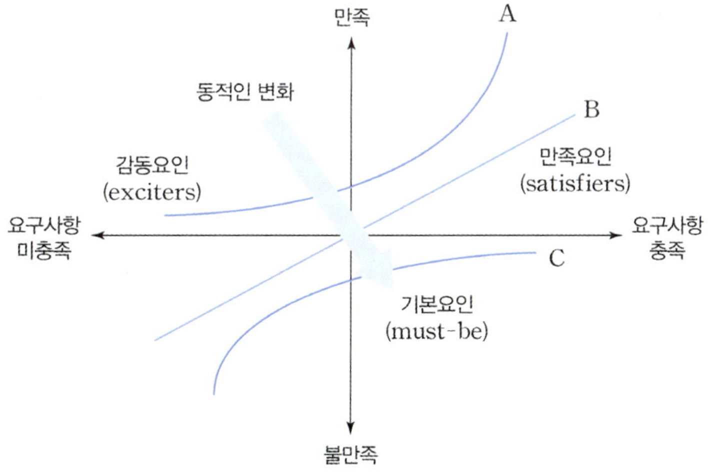

그림 4.9 Kano 모델

자료: Kano, N. et al. (1984), "Attractive Quality and Must-be Quality" (translated by Mazur, G.), *Hinshitsu*, Vol. 14, No. 2, Japan Society for QC, pp. 39-48.

(1) 만족요인

고객이 명시적으로 표현할 수 있는 서비스 요구사항을 나타낸다. 단순히 고객에게 서비스에 대해 기대하는 바를 물어서 알아낼 수도 있다. 이 요구사항에 대한 만족감은 〈그림 4.9〉의 직선 “B”에서 보는 것처럼 충족하는 정도에 따라서 비례적으로 증가 혹은 감소하게 된다. 서비스 제공 속도는 만족요인을 나타내는 좋은 예가 된다. 은행에서 서비스를 받기 위해 대기하는 시간은 짧을수록 만족감이 증가하게 되고, 길어질수록 만족감이 감소하게 될 것이다.

(2) 기본요인

고객이 명시적으로 표현할 필요가 없을 정도로 서비스가 반드시 충족시켜야 할 요구사항을 나타낸다. 고객의 입장에서 보면 평상시에는 별다른 인식이 없으나 충족되지 않을 경우는 급격하게 불만족감을 증가시키게 되는 욕구에 해당한다. 따라서 이러한 고객의 요구사항을 잘 충족시켜 주는 것은 서비스 제공자가 가져야 할 기본적인 능력이기 때문에 〈그림 4.9〉의 곡선 “C”에서 보는 것처럼 이를 잘 충족시켜 준다고 해서 만족감이 생기는 것은 아니다. 가령, 백화점에서 상품을 구매한 후에 포장 서비스를 받는 경우를 가정해 보면, 포장된 상품이 내가 구매한 것과 일치해야 하는 것은 기본적인 것이다. 당연히 일치해야 하므로 일치시켜 달라고 요구할 고객도 없지만, 일치한다고 해서 만족해할 고객도 없을 것이다. 그러나 일치하지 않을 경우 불만감이 생길 것은 두말할 나위도 없다.

주목할 것은 만일 기본요인에 대한 서비스 욕구 충족이 충분히 이뤄지지 않으면 만족요인 혹은 감동요인에 대한 충족 노력이 무의미한 일이 된다는 점이다(Joiner, 1994). 매장이 넓고, 청결하며, 심지어 주차 서비스까지 가능한 패스트푸드점이라고 하더라도 주문한 지 30분이나 지나서 햄버거가 나온다면 그 패스트푸드점을 찾을 고객은 별로 없을 것이기 때문이다.

(3) 감동요인

고객이 서비스에 대해 기대하지 못하는 요구사항을 나타낸다. 따라서 고객이 명시적으로 표현할 수 없는 요구사항의 성격을 가진다. 감동요인은 〈그림 4.9〉의 곡선 “A”가 나타내는 바와 같이 이를 충족시키지 못한다고 해서 고객에게 불만감을 초래하지는 않는다. 그러나 이를 충족시켜 주게 되면 고객의 만족감이 급격하게 증가하여 감동하는 수준에 다다르게 된다. 가끔 가는 은행을 찾았을 때, 은행원이 내 이름을 기억하지 못한다고 해서 불만을 가지지는 않을 것이다. 그러나 만일, 은행원이 정확하게 내 이름을 기억하고 반갑게 맞아준다면 분명 감동하게 될 것이다. 고객이 서비스에 대해 지속적인 충성심을 가지게 만드는 것은 바로 이러한 감동요인의 충족으로부터 비롯되는 것이다.

그러나 감동요인은 고객이 잘 지각하지 못하는 요구사항을 나타내기 때문에 이를 찾아서 충족시켜 줄 수 있도록 개발하는 것은 서비스 관리자의 몫이다. 따라서 감동요인의 효과적인 개발과 효율적인 충족 방안을 마련하는 것은 경쟁력 있는 서비스 창출을 위한 필수적인 노력이 된다.

(4) 요인변화의 동적 특성

Kano 모형을 구성하는 요인들은 시간의 흐름에 따라서 변화하는 특성을 가지고 있다. 즉, 어느 시점에서는 감동요인이 되었던 고객의 요구사항이 점차 만족요인으로 변하고, 다시 기본요인으로 변화하게 되는 것이다. 가령, 아무도 판매한 후의 고객 불만사항에 대해 관심을 두지 않았을 때는 불만족한 구매 상품을 환불해 주는 서비스가 분명 고객에게 감동을 주었을 것이다(감동요인). 그러나 누구나가 환불 서비스를 제공한다면 이제 환불 가능 기간의 길이에 따라서 만족 정도가 달라지게 될 것이고(만족요인), 궁극적으로는 환불은 언제든지 가능해야 한다는 한 기본적인 서비스로 인식하게 될 것이다.

4.2 Kano 조사법

Kano의 고객 요구사항 분류개념은 서비스에 대해 고객이 기대하는 목소리를 차별화하기 위한 수단으로써 유용하게 사용될 수 있다. Kano 모델을 바탕으로 한 고객기대 조사방법을 설명해 보면 다음과 같다(Shillito, 2001을 참조하여 작성하였음):

(1) 고객이 기대하는 핵심적인 서비스 요구사항에 대해 면접조사를 실시한다

〈그림 4.10〉에 나타낸 바와 같이 핵심적인 요구사항에 대한 질문서를 작성하여 고객이 지각하는 바를 측정한다. 단, 측정 시에는 요구사항에 대한 긍정적인 표현(+)과 부정적인 표현(−)을 동시에 사용하며, 응답에 사용하는 측정척도는 동일한 것을 사용하도록 한다. 〈그림 4.10〉은 상품구매 시에 제공하는 영수증에 대한 고객의 기대를 측정하기

고객명 : ____________________　　면접자 : ____________________

질문 :

(+) 구매품목과 가격이 정확하게 일치하는 영수증을 출력해 준다면 어떻게 느끼십니까?

(−) 구매품목과 가격이 종종 차이가 나는 영수증을 출력해 준다면 어떻게 느끼십니까?

질문 (+)		질문 (−)
	1. 그렇게 해주면 좋다.	
✔	2. 그렇게 해주어야 한다.	
	3. 그저 그렇다.	
	4. 그렇게 해줘도 참을 만하다.	
	5. 그렇게 해주는 것은 싫다.	✔

그림 4.10 Kano 조사법에 의한 질문 및 응답용 서식

위한 것이다. 고객은 긍정적인 표현(+)에 대해 2번을, 부정적인 표현에 대해 5번을 체크하고 있다.

(2) 고객이 체크한 결과를 Kano 모델의 구성요인으로 구분한다

고객의 서비스 요구사항에 대한 응답을 요인별로 구분하기 위해서는 〈그림 4.11〉과 같은 분류표를 사용한다. 그림에 나타낸 바와 같이 어느 고객의 긍정적 표현(+)과 부정적 표현(−)에 대한 응답이 (1,2), (1,3), (1,4)라면 이는 감동적요인(E)에 해당한다. 반면 응답이 (2,5), (3,5), (4,5)이라면 기본요인(M)에 해당하고, 응답이 (1,5)라면 만족요인(S)에 해당한다. 만일 응답이 (1,1) 혹은 (5,5)인 경우는 정상적이지 않은, 의문시되는 응답이 되고 응답이 (2,1), (3,1), (4,1), (5,1), (5,2), (5,3) 혹은 (5,4)인 경우는 반대 응답이 된다. 즉, 서비스 제공에 대해서 부정적인 태도를 보이는 것으로써 그 이유가 무엇인지 살펴볼 필요가 있다. 가령 '매장을 찾는 고객에게 다가가 도움을 주려고 가까이 가는 행동이 오히려 불편을 초래하는 경우' 같은 것이 예가 될 수 있다. 앞서 〈그림 4.10〉의 응답은 (2,5)이었으므로, 이 고객은 영수증 출력 서비스를 기본요인(M)으로 인식하고 있다고 볼 수 있다.

		(−)				
		1	2	3	4	5
(+)	1	Q	E	E	E	S
	2	R	I	I	I	M
	3	R	I	I	I	M
	4	R	I	I	I	M
	5	R	R	R	R	Q

단, E=감동요인(Exciter), M=기본요인(Must－be), S=만족요인(Satisfier),
Q=의문시되는 응답(Questionable), R=반대응답(Reverse), I=무관심(Indifferent)

그림 4.11 Kano 조사법 응답자료의 고객기대 구분표

(3) 전체 응답자의 평가내용을 집계하여 서비스 요구사항의 성격을 결정한다

전체 조사대상자에 의한 응답이 끝나면, 응답의 내용을 정리하여 조사대상 서비스 요구사항이 가지는 요인의 성격을 결정하게 된다. 즉, 〈그림 4.12〉와 같은 집계표를 사용하여 현재 조사하고 있는 고객 요구사항의 성격이 감동요인인지, 만족요인인지 혹은 기본요인인지를 결정하는 것이다. 〈그림 4.12〉의 경우 총 88명을 대상으로 조사한 응답의 내용을 나타내고 있다. 전체 100%의 응답자 중에서 기본요인을 나타내는 영역인 (2,5), (3,5) 및 (4,5)에 응답한 고객의 비율은 모두 83.1%(73명)에 해당한다. 따라서 상품 구매 영수증의 출력 서비스는 기본요인(M)의 성격을 가지는 것으로 판정할 수 있다.

		(−)				
		1	2	3	4	5
(+)	1			2 (2.2%)	6 (6.8%)	1 (1.1%)
	2			1 (1.1%)	3 (3.4%)	42 (47.8%)
	3			1 (1.1%)	1 (1.1%)	21 (23.9%)
	4					10 (11.4%)
	5					

그림 4.12 Kano 조사법 응답자료의 고객기대 집계표

5 빅데이터 감성분석을 활용한 고객기대 측정

온라인 고객 리뷰(OCR; Online Customer Reviews)는 온라인 구전(eWOM; electronic Word-of-Mouse)의 한 형태로, 텍스트나 이미지 등을 포함하고 있으며 상품 및 서비스에 대한 온라인 고객의 정보 및 생각을 공유하고 의견을 표출할 수 있도록 하는 중요한 매개체이다(Guy 등, 2017; 김은미, 2021). 온라인 리뷰는 소비자의 경험에 의해 작성된 주관적인 평가이며 특별한 관계가 없는 모든 사람과 공유할 수 있다는 점에서 오프라인과 차이가 있다. 온라인 리뷰가 많아짐에 따라 소비자들의 정보 획득 능력도 향상하고 기업이 활용할 수 있는 유용한 정보도 많아지고 있다(Liu와 Park, 2015).

따라서 방대한 양의 온라인 사용자 리뷰를 효과적이고 지능적으로 분석하는 연구들이 활발하게 수행되고 있으며, 그 중 대표적인 분석 방법이 감성분석이다(정풀잎, 2019). 감성분석(sentiment analysis)은 텍스트에 내재되어 있는 작성자의 감성을 추출하는 기법으로 긍정적인지 혹은 부정적인지 파악할 수 있다(Liu, 2010). 감성분석의 기법은 어휘기반(lexicon-based) 접근방법과 기계학습(machine learning) 접근방법, 그리고 앞선 어휘기반과 기계학습 접근방법을 통합한 통합적(hybrid) 접근방법으로 나누어지며, 일반적으로 통합적 접근방법을 많이 사용한다.

먼저 어휘기반 접근방법은 기존에 구축되어진 감성사전을 활용하는 방법으로 텍스트에서 추출된 단어와 감성사전을 비교하는 방식이다(Marks와 Vossen, 2012). 감성사전은 긍정단어와 부정단어를 분류해 놓은 사전이며 Esuli와 Sebastiani(2006)에 의해 구축된 SentiWordNet이 많이 사용되고 있다(Lailiyah 등, 2017; Rupal과 Shina, 2014). 고객이 남긴 온라인 리뷰의 단어를 기반으로 감성사전에서 단어를 긍정, 부정, 중립으로 분류하고, 긍정과 부정의 정도에 점수를 부여하여 나타낸다. 수동으로 대량의 정보를 처리하는 데 있어서 상당한 비용과 시간이 들기 때문에 감성사전을 기반으로 한 단어의 분류는 기계학습 접근방법을 활용한다. 빅데이터를 활용한 감성분석은 다음의 〈그림 4.13〉과 같이 최종 분석 결과를 가시적으로 도출할 수 있다.

그림 4.13 감성분석의 결과

자료: 한국알(사용자회)(2023), https://r2bit.com/book_ tm/index.html)

이러한 가시적인 분석 결과는 기업이 제품이나 서비스 제공에 있어서 중요한 의사결정의 수단으로 활용할 수 있다. 자사 제품 및 서비스의 기대속성에 대한 고객 평가의견을 객관적으로 분석하여 그 중요성에 대한 측정과 더불어 비즈니스 인사이트 도출에도 활용할 수 있다.

감성분석을 하기 위해서는 Python과 같은 프로그래밍 언어를 사용할 수 있으며, 이외에도 Chat GPT에서 제공하는 자연어 처리 분석을 통해서도 고객 리뷰를 분석해 볼 수 있다.

참고문헌

김은미 (2021), "온라인 리뷰의 감성분석과 순환신경망을 적용한 국내 인바운드 관광수요 예측 모형", *International Journal of Tourism and Hospitality Research*, Vol. 35, No. 3, pp. 69−79.

어도비 코리아 (2022), *2022 디지털 트렌드 보고서 : 올해 비즈니스 성공 필수 요소는 규모에 따른 개인화.*

정풀잎 (2019), *고객리뷰의 감성분석 정확도 개선에 관한연구*, 국민대학교, 석사학위논문.

Alford, J. (2002), *Why do public-sector clients coproduce? Toward a contingency theory.* Administration & Society, 34(1), pp. 32–56.

Clausing, D. (1994), *Total Quality Development : A Step−by−Step Guide to World−Class Engineering,* ASME Press, NY.

Griffen, A. and Hauser, J.R. (1991), "The Voice of The Customer," *MIT Marketing Center Working Paper*, MIT Sloan School of Management, MA, pp. 91−92.

Guy, I., Avihai, M., Nus, A. and Raiber, F. (2017), "Extracting and Ranking Travel Tips from User-Generated Reviews", *Proceedings of the 26th International Conference on World Wide Web*, pp. 987-996.

Joiner, B.L (1994), *Fourth Generation Management*, McGraw−Hill, New York, NY.

Kano, N. et al. (1984), "Attractive Quality and Must−be Quality" (translated by Mazur, G.), *Hinshitsu*, Vol. 14, No. 2, Japan Society for Quality Control, pp. 39−48.

Lailiyah M., Sumpeno S., and Purnama I. E. (2017), "Sentiment Analysis of Public Complaints Using Lexical Resources Between Indonesian Sentiment Lexicon and Sentiwordnet", *2017 International Seminar on Intelligent Technology and Its Application*, pp. 307−312.

Liu, B. (2010), *Sentiment analysis and subjectivity Handbook of Natural Language Processing*, University of Illinois at Chicago, CHI.

Lovelock, C. and Wright, L. (2002), *Principles of Service Marketing and Management,*

2nd ed., Prentice−Hall, NJ.

Maks, I. and Vossen, P. (2012), "A lexicon model for deep sentiment analysis and opinion mining applications", *Decision Support Systems*, Vol. 53, No.4, pp. 680−688.

Rupal, N., and Shina. (2014), "Review of Classifiers for Automated Opinion Mining", *International Journal of Computer Applications*, Vol. 97, No. 5, pp. 5−8.

Shillito, M.L. (2001), *Acquiring, Processing, and Deploying Voice of The Customer*, St. Lucie Press, Boca Raton, Fla.

Zeithaml, V.A. Berry, L.A. and Parasuraman, A. (1993), "The Nature and Determinants of Customer Expectations of Service," *J. of the Academy of Marketing Science*, Vol. 21, No. 1, pp. 1−12.

Zeithaml, V.A. Berry, L.A. and Parasuraman, A. (1996), "The Behavioral Consequences of Service Quality," *Journal of Marketing*, Vol. 60, April, pp. 31−46.

한국 알(R) 사용자회(2023), https://r2bit.com/book_tm/index.html.

5장

고객기대의 설계규격화

고객이 기대하는 서비스에 대한 욕구를 효과적으로 규명한 후에는 이를 충족시키기 위해 필요한 구체적인 서비스 내용이 무엇이어야 하는지를 규정하는 일이 필요하다. 즉, 고객이 기대하는 욕구의 충족을 위한 서비스 설계활동이 뒤따르게 된다. 고객의 욕구충족을 위해 필요한 서비스의 구체적인 내용을 규정하는 노력은 서비스 품질을 결정하는 중요한 부분으로서, 서비스 품질 모델에서 살펴본 바 있는 Gap 2의 크기를 결정하게 된다. 서비스의 효과적인 설계를 위해서는 다양한 조직 부문의 구성원이 참여하는 서비스 개발팀의 구축이 필요하다. 소위 CE(concurrent engineering)라고 부르는 다부문 연계(cross-functional) 설계 팀 주도의 설계방식은 고객의 기대를 반영한 서비스의 내용과 서비스 창출 프로세스의 동시적 설계를 추구한다. 아울러 고객기대의 설계규격화를 효과적으로 수행하기 위해서는 QFD(quality function deployment), 로부스트 설계(robust design), 서비스 블루프린팅(blueprinting)과 같은 여러 가지 기법을 활용할 수 있다. 본 장에서는 이러한 효과적인 서비스 설계와 관련해 활용될 수 있는 다양한 개념과 기법을 살펴보도록 한다.

핵심용어

- CE 설계방식
- 품질의 집(HOQ)
- 로부스트 설계
- 잡음변수
- 서비스 포카요케
- 다부문 연계 팀
- 서비스 블루프린팅
- 품질손실 함수
- FMEA
- 서비스 디자인 씽킹
- QFD 설계방식
- 실패발생 점
- 통제변수
- RPN

I 서비스 설계의 전개

1 서비스 설계와 상품 설계의 차이

서비스 설계와 상품 설계는 여러 가지 차이점을 가지게 되는데 이러한 차이점은 주로 서비스의 무형적 특성으로부터 나타나게 된다. 서비스 설계와 상품 설계의 차이점은 자원사용, 규격설정, 테스트 가능성, 변경 용이성의 측면에서 살펴볼 수 있다(Hakserver, 2000).

(1) 자원사용

상품의 생산을 위해서는 원재료, 반제품, 노동력, 에너지 등과 같은 많은 자원을 사용하게 된다. 이러한 자원들은 상품 생산을 위해 필수적인 요소가 된다. 따라서 상품의 설계를 위해서는 반드시 사용되는 자원의 특성과 규격을 명시하게 된다. 그러나 서비스의 생산을 위해서는 자원의 사용이 절대적으로 요구되는 것은 아니다. 물론 항공운항 서비스를 위해선 항공기 좌석이 절대적으로 필요하겠지만, 항공예약 서비스를 위해서 고객 접대용 의자가 반드시 필요한 것은 아니다.

(2) 규격설정

상품 생산을 위한 설계 내용에는 각 구성부품과 재료가 가져야 할 규격이 명확하게 명시되어 있고 생산 프로세스에서는 이를 엄격하게 충족시켜야 한다. 규격을 충족시키지 못한 상품은 불량품으로 판정하게 되고, 기업에 막대한 손실을 입히게 된다. 그러나 서비스 설계 내용에는 서비스 활동에 대한 표준과 규격이 상대적으로 명확하게 명시되어 있지 않다. 서비스 수행에 영향을 미치는 인적 혹은 환경적인 영향의 작용이 크기 때문에 표준의 엄격한 준수보다는 상황에 적절하게 대처하는 것이 바람직할 수도 있다. 가령, 예약 없이 나타난 항공 서비스 고객에 대해서는 순서에 따라서 대기자 명단에 올리는 것이 표준적인 고객 서비스 활동일 것이다. 그러나 그 고객이 위급한 상황에 처해 있거나, 기업에 매우 중요한 고객일 경우라면 보다 적극적인 방법을 동원하여 탑승할 수 있도록 도와주는 것이 바람직한 서비스 제공이 될 수 있을 것이다.

(3) 테스트 가능성

상품에 대한 테스트의 경우는 규격을 바탕으로 물리적인 속성의 적합성을 평가해 볼 수도 있고, 고객으로 하여금 실제로 사용한 경험을 조사하여 평가해 볼 수도 있다. 상품은 물리적으로 균일한 속성을 가지고 만들어지기 때문에 생산 환경에 따른 상품속성의 변화가 거의 없고, 따라서 테스트의 신뢰성이 유지될 수 있다. 서비스의 경우는 상황이 다르다. 서비스의 품질은 결과보다는 프로세스에 의해 좌우되는 성향이 크기 때문에 서비스 상황에 관여하는 고객과 서비스 제공자의 역할이 매우 중요하다. 이러한 서비스에 대한 인적 특성의 작용은 서비스의 균일성을 유지하기 어렵게 만들게 되고, 따라서 상대적으로 신뢰성 있는 테스트 결과를 얻어내기가 어렵게 된다.

(4) 변경 용이성

상품설계의 경우 초기 15%기간의 노력이 상품 생산비용의 85%를 결정하게 된다고 한다. 초기 설계노력의 중요성을 강조하는 것이다. 이러한 초기 노력의 중요성을 강조하는 이유는 일단 설계안이 완성되고 나면 설계의 변경이 매우 어렵기 때문이기도 하다. 서비스에 비해 상대적으로 생산의 규모가 큰 상품의 경우 설계변경에 따른 설비교체나 구매자재의 변경이 커다란 비용을 발생시키게 된다. 따라서 잦은 설계변경은 생산의 효율성을 악화시켜서 결과적으로 수익성을 떨어뜨리게 되는 것이다. 그러나 서비스 설계의 경우는 설계변경에 따른 비용발생의 규모가 상대적으로 작기 때문에 변경이 용이하다고 할 수 있다. 또한 경우에 따라서는 다양한 고객의 요구변화에 효율적으로 대응하기 위해 신속한 설계변경이 요청되기도 한다.

(5) 상품-프로세스 설계의 동시성

상품 설계와 프로세스 설계는 기본적으로 서로 다른 개념이지만 효율성을 강조하기 위해 동시적 설계가 진행될 수 있다. 동시적 설계는 제품과 관련된 프로세스 설계가 동시에 이루어지는 개념으로 제품이 개발되는 동안에 해당 제품을 생산하고 유지 및 보수, 서비스를 제공하는 일련의 프로세스를 병행하여 설계하는 것이다. 이러한 동시성은 제품이나 서비스가 시장에 빠르게 출시될 수 있도록 하며, 동시에 효율적인 프로세스를 마련하여 상품의 제조 및 유지보수를 지원하여 점점 급변하는 고객의 요구에 빠르게 대응할 수 있다. 이를 통해 기업은 제품 수명 주기 전체에 걸쳐 경제적이고 효율적으로

운영할 수 있는 것이다. 이러한 상품-프로세스 설계의 동시성은 기술적인 측면과 생산 및 운영적인 측면에서의 통합을 강조하며, 제품이 시장에 나올 때부터 생산, 유지보수 등 모든 단계를 효율적으로 관리하는 것을 목표로 한다.

2 CE 설계방식

CE(concurrent engineering)이란 콘셉트 단계로부터 폐기 단계에 이르기까지 상품수명주기상의 모든 요소들을 고려하여 상품 설계를 창출하는 체계적인 접근방법으로서, 상품, 생산 프로세스, 기타 물류지원과 같은 수명주기 프로세스에서 요구되는 모든 활동들을 동시적으로 정의하게 된다. CE는 기존의 순차적으로 하류흐름(downstream)으로 진행해 가는 설계 프로세스의 국면을 임의로 제거시키려는 것은 아니다. 그보다는 상류흐름(upstream) 설계과정에서 모든 바람직한 하류흐름 특성들을 공동 설계함으로써 순차적인 설계보다도 저렴한 비용으로 생산과정이나 사용 과정의 변동을 흡수할 수 있는 로부스트(robust) 설계를 만들어 내는 것이 목적이다. 이와 같은 공동 설계의 일차적인 목표는 고객의 기대에 효과적으로 반응하는 데에 있다. 보다 빠른 시간에 보다 저렴한 가격으로 보다 품질이 좋은 상품을 만들어 내기 위해서는 설계의 오류나 반복적인 수정 과정을 제거시키는 것이 필수적이며, 이를 위해 개발된 것이 바로 CE인 것이다.

전통적인 설계방식과 CE가 다른 점은 다음의 6가지 기본적인 CE의 구성요소로부터 살펴볼 수 있다:

(1) 다부문 연계 팀

고객이 기대하는 서비스를 효과적으로 개발하기 위해서는 서비스의 개발과 창출에 참여하게 되는 여러 부문의 조직구성원이 참여하는 다부문 연계 팀(cross-functional team)의 구성이 필요하다. 즉, 고객의 욕구를 조사하고 수집하는 마케팅 부서, 서비스의 내용을 개발하는 상품기획/개발부서, 서비스를 창출해서 제공하는 운영부서, 서비스 창출에 필요한 자재와 물품을 구매하는 구매부서 등은 모두 서비스 개발과 창출에 영향을 주고받게 되는 조직 내의 부서들이라 할 수 있다. 따라서 각 부서를 대표하는 구성원들이 팀을 이루어서 상호 영향을 주고받게 되는 서비스 개발과 창출 활동들을 사전에 조율하고 개선하는 노력은 바로 순차적인 개발 프로세스가 가지는 반복적 설계수정 과정을 제거시켜주는 CE의 주요 요소인 것이다. 이러한 다부문 연계 팀에는 필요에 따라서 고객과 외부 공급업체의 참여도 이루어지게 된다.

(2) 동시적인 상품개발 활동

상품개발과 관련한 활동들은 병행하여 이루어지게 된다. 가령 서비스 내용에 대한 설계와 동시적으로 서비스 창출을 위해 필요한 자재의 개발과 조달 활동을 설계하는 것이다. 레스토랑에서 새로운 요리를 개발하고자 한다면 요리에 사용할 식자재를 규정하면서 동시에 규정된 식자재가 필요한 시기에 필요한 수량만큼 조달이 가능한지를 검토하는 것이다. 고객의 구미에 맞는 요리를 설계하는 것도 중요하지만, 요리에서 필요로 하는 품질 좋은 식자재를 적절하게 조달할 수 없다면 요리설계의 내용은 바로 바뀌어져야 할 것이기 때문이다. 그러나 이러한 병행적인 개발 활동이 이루어지지 않고 순차적인 개발 활동이 사용된다면 설계가 종료된 후에 자재조달 과정에서 발견되는 설계의 불합리성을 수정하기 위해 보다 많은 시간과 노력이 필요하게 된다.

(3) 설계 정보의 동시적인 사용

상품개발 프로세스에서 발생하는 정보를 실시간으로 공유되게 함으로써 관련 부문의 설계활동 개시를 앞당기도록 함과 동시에 잘못된 설계 정보에 의한 불필요한 설계활동의 수행을 제거시키도록 하는 것이다. 이는 앞에서 설명한 동시적인 상품개발 활동의 수행을 위해서도 중요한 일이다. 특히 상대적으로 정보의 공유가 어려운 외부참여 공급업체와 필요한 설계 정보를 공유하는 것도 효과적인 서비스 상품개발을 위해 중요한 일이 된다.

(4) 설계 프로세스의 통합적인 관리

고객의 기대를 반영한 서비스 콘셉트 개발부터 서비스 창출 프로세스의 설계에 이르기까지 서비스 상품개발에 필요한 전 과정을 통합적으로 관리하게 되면 개발 프로세스의 진행과 성과에 대한 평가와 피드백이 효과적으로 이루어질 수 있으며, 부문 간의 협조체계가 보다 긴밀하게 유지될 수 있다. 또한 설계 프로세스에 대해 통합적 프로젝트 단위의 관리방식을 사용함으로써 서비스 개발 목표의 달성을 위해 중점을 두어야 할 핵심적인 활동(critical activity)과 핵심경로(critical path)를 효과적으로 규명해 낼 수 있다. 이러한 프로젝트 관리방식의 활용은 서비스 개발에 소요되는 시간과 인적 및 물적 자원의 효율적 관리를 가능하게 한다.

(5) 공급업체의 개발 프로세스 참여

핵심적인 공급업체의 개발프로세스 참여는 CE를 구성하는 중요한 요소가 된다. 설계 정보 공유를 통해 공급업체가 제공해야 하는 자재나 서비스의 설계에 필요한 정보를 공급업체에게 신속하게 제공하는 것은 전체 개발 프로세스의 효과적인 완료를 위해 필수적인 일이 된다. 조직 내에서 서비스 개발이 완료된 후에 새로운 서비스의 창출을 위해서 공급업체에게 요구한 자재나 서비스의 조달이 불가능하다는 것을 알게 된다면 또다시 설계를 수정해야 하는 비효율성이 발생하게 되고, 이는 결과적으로 서비스 개발 프로세스의 성과를 악화시키게 될 것이다.

(6) 고객중시 개발 프로세스

서비스 품질의 수준을 결정하는 핵심적인 요소는 고객의 기대와 지각에 있다. 고객이 기대하는 서비스를 효과적으로 제공하는 것이 서비스 품질목표 달성을 위한 핵심과제라면 서비스 개발 프로세스에 고객의 기대와 욕구를 반영하는 노력을 적극적으로 실행하는 것은 당연한 일이다. 따라서 고객의 기대와 반응을 효과적으로 반영할 수 있도록 서비스 개발 프로세스에 고객을 직접 참여시키거나 고객의 관점이 효과적으로 투입될 수 있도록 노력하는 것이 필요하다.

3 QFD 설계방식

QFD(quality function deployment)는 1960년대에 일본에서 개발되었다. 당시에는 통계적품질관리 기법을 사용해서 생산과정 중에 혹은 생산완료 후에 발생하는 품질문제의 해결에 치중해 왔었다. 그러나 품질을 효과적으로 보증하기 위해서는 생산 이전의 단계, 즉 설계단계부터 품질유지를 위한 개선노력이 절실하게 필요했다. 이러한 필요성에 의해 생산이 이루어지기 전에 고객만족을 위해 필요한 요소를 상품에 설계해 넣는 방법으로 개발된 것이 QFD이다. Matsushita Electric의 Katsuyo Ishihara와 함께 QFD를 개발한 Yoji Akao에 따르면, “QFD란 고객만족을 목표로 한 설계품질을 개발하고, 고객의 요구사항을 설계목표와 생산단계에서 사용될 주요 품질보증 점검요소로 전환하기 위한 방법"으로 정의해 볼 수 있다(Akao, 1990). 다음에서는 포괄적인 의미의 QFD 전개 과정을 먼저 살펴보고, 앞의 제4장에서 설명한 고객목소리(VOC)를 품질설계의 요소로 전환하는 QFD의 핵심적인 도구로서 HOQ(house of quality)의 활용 방법을 설명하기로 한다.

3.1 서비스 QFD의 전개 과정

서비스 상품개발을 위한 QFD의 전개 과정은 다음의 9가지 단계적 과정으로 나누어 살펴볼 수 있다(Mazur, 1993). 주요 QFD 전개 과정의 세부적인 연결체계는 다음의 〈그림 5.1〉과 같이 나타낼 수 있다. 여기서 전개(deployment)란 관련 활동을 계량화하고 통제 가능할 수 있도록 세분화하는 과정을 의미한다.

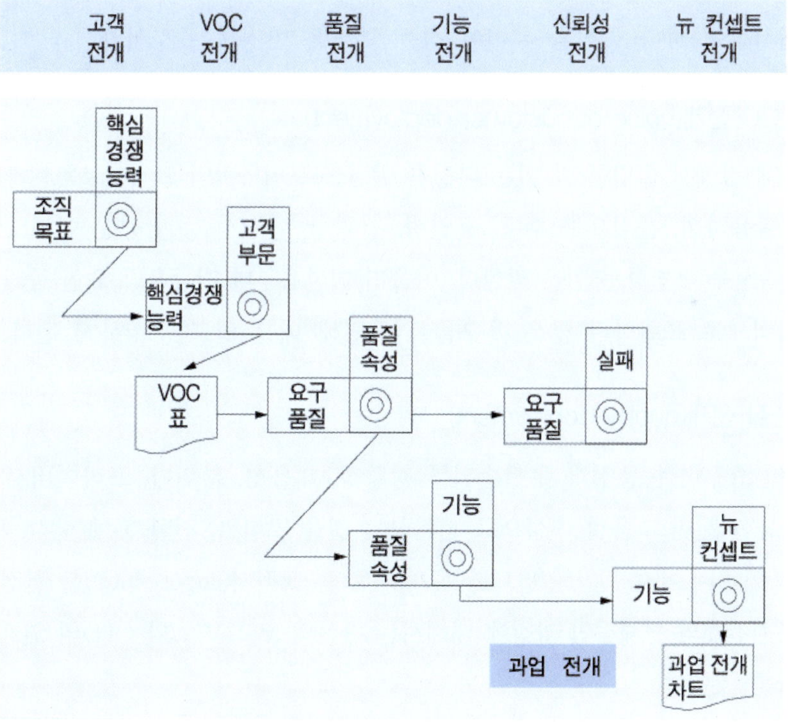

그림 5.1 서비스 QFD전개

자료: Mazur, G.H. (1993), "QFD for Service Industries : from Voice of Customer to Task Deployment", *The 5th Symposium on Quality Function Deployment*, June 22-23, Novi, Michigan.

(1) 조직 전개(organization deployment)

본격적인 QFD의 전개에 앞서서 최고경영자를 비롯한 조직의 각 부문에 QFD 실행에 관한 책임과 역할을 명확히 하는 과정이다. 즉, 서비스 기획과 개발 프로세스를 진행하면서 누가, 언제, 어떤 활동에 대해 책임질 것인지를 보여주는 것이다. 특히 특정 서비스에 대해 구체적인 QFD를 전개하기에 앞서 QFD 팀 구성원들로 하여금 자신의 역할과 활동 및 작업 일정을 이해하도록 만들기 위해서 필요한 과정이다.

(2) 고객 전개(customer deployment)

조직의 목표(이익, 시설이용률 등)를 핵심경쟁능력(서비스 기술, 위치 등), 고객 속성(소득수준, 구매성향 등), 표적고객층(여피(Yuppies)족, 딩크(Dinks)족, 노년층 등)으로 전개시키는 것을 말한다. 이 과정은 조직의 목적 달성에 가장 기여도가 높은 고객집단의 욕구에 서비스를 맞출 수 있도록 도와주게 된다. 대량으로 생산되는 상품과 달리 서비스는 틈새시장에 보다 중점을 두어야 하는 특징을 반영하는 것이다.

(3) VOC 전개(voice of customer deployment)

앞서 제4장에서 설명한 바 있는 다양한 방법으로 기초적인 고객자료를 수집하고, 고객 특성을 활용하며, 품질요구 수준, 균일성, 신뢰성, 안전성 등과 같은 여러 가지 형태의 서비스 속성을 구별하는 일을 말한다. 아울러 기본욕구나 감동유발 요인 등과 같이 고객이 명시적으로 표현하지 않은 욕구들을 규명해 내는 일도 수행하게 된다.

(4) 품질 전개(quality deployment)

고객이 요구하는 품질과 우선순위를 정확성, 대응성, 분위기, 프라이버시 등과 같은 측정 가능한 서비스 품질 속성으로 전환하는 것을 말한다. 전환 후에는 각 속성에 대해 고객만족이 이루어지기 위해 필요한 목표수준, 즉 표적치(target value)를 결정할 수 있게 된다. 품질전개의 구체적인 과정에 대해서는 다음의 "3.2. VOC와 QFD의 연계"에서 자세하게 다룰 것이다.

(5) 기능 전개(function deployment)

품질 속성의 표적치를 달성하기 위해 수행해야 할 서비스 과업과 중요한 연관성을 가지는 조직의 기능영역을 규명하는 활동을 말한다.

(6) 신뢰성 전개(reliability deployment)

핵심적인 고객 요구사항을 충족시키지 못하는 서비스 실패의 유형이 무엇인지를 규명하고, 이를 방지하기 위한 방안을 모색하는 활동을 말한다.

(7) 프로세스 전개(process deployment)

서비스 프로세스의 진행 흐름을 가시적으로 표현하는 활동을 말한다. 다음의 "II의 1. 서비스 블루프린팅"과 같은 방법을 활용하여 서비스의 구체적인 활동 흐름을 나타낸다.

(8) 뉴 콘셉트 전개(new concept deployment)

고객의 욕구를 가장 잘 충족시켜 줄 수 있는 새로운 서비스 프로세스를 선택하는 활동을 말한다. 표적치 달성가능성, 비용효율성, 오류발생 가능성 등에 비추어 바람직한 프로세스를 선택하게 된다.

(9) 과업 전개(task deployment)

서비스 프로세스를 구성하는 주요 직무를 과업과 절차로 세분화하는 활동을 말한다. 수행할 과업과 절차를 규명하고, 이를 누가, 언제, 어디서, 어떤 장비를 사용하여, 어떤 과업표준을 가지고 수행할 것인지를 규정하게 된다. 또한 요구되는 훈련과 기술의 내용, 개인적인 성격, 인간관계 등에 대해서도 규정이 이루어지게 된다. 이러한 과업 전개의 결과는 직무기술서. 작업일정, 작업실행 계획, 요구되는 장비 및 훈련의 내용들을 작성하는 데에 활용될 수 있다.

3.2 VOC와 QFD의 연계

고객이 서비스에 대해 기대하는 요구사항을 수집하여, 정리하고, 그 중요성을 차별화한 후에는 이를 구체적인 서비스 설계를 위한 품질 속성으로 전환하여야 한다. 앞에서 설명한 QFD의 "품질 전개" 단계는 바로 추상적으로 표현된 고객목소리(VOC)를 구체적인 서비스 설계속성으로 전환시키는 활동인 것이다. 이러한 품질 전개 과정을 효율적으로 수행하기 위해 사용할 수 있는 방법으로는 "품질의 집(house of quality)"이라 불리는 HOQ 기법을 들 수 있다. HOQ에 따라 고객목소리로 작성된 품질속성 전환도표의 모습이 마치 집 모양을 닮았기 때문에 붙여진 이름이다. 〈그림 5.2〉에 나타낸 바와 같이

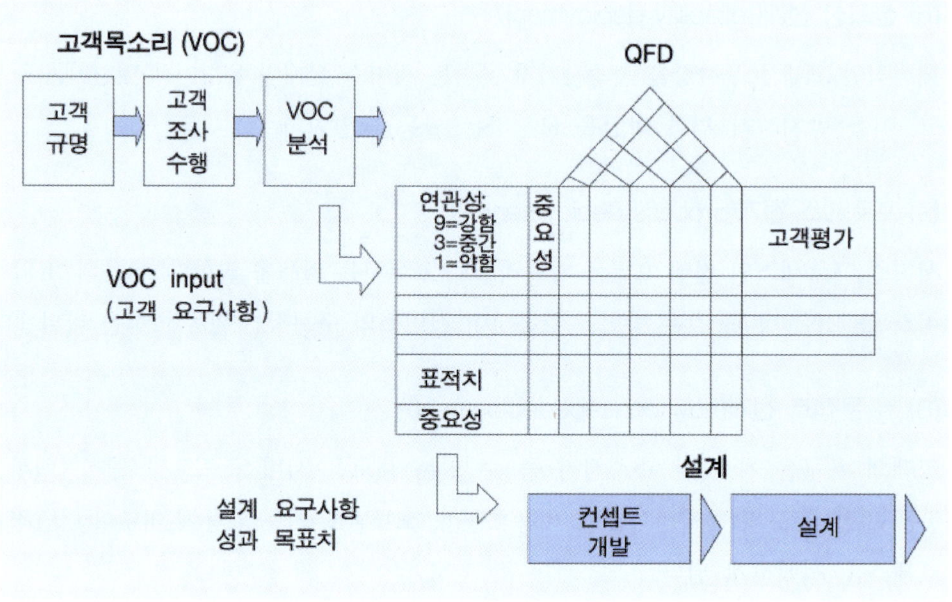

그림 5.2 VOC-QFD의 연계 : 고객목소리의 설계/성과 요구사항 전환과정
자료: George, M.L. (2003), *Lean Six Sigma for Service*, McGraw-Hill, New York, NY, p. 75.

품질 전개를 위해 투입되는 중요한 요소는 바로 VOC 자료이다.

VOC의 내용을 서비스 수행을 위해 필요한 기술적인 속성으로 전환하기 위해 작성하는 HOQ는 다음과 같은 여러 가지 구성요소로 이루어져 있다. 다음에서는 대출 서비스를 대상으로 작성한 HOQ(〈그림 5.3〉)를 바탕으로 각 구성요소에 대해 살펴보기로 한다.

(1) 고객 요구사항 - VOC

고객이 서비스에 대해 기대하는 요구사항 즉, VOC를 요약하여 나타낸 것이다. VOC의 수집과 정리 및 중요성 차별화에 대해서는 앞서 제4장에서 자세하게 살펴본 바 있다. 〈그림 5.3〉의 맨 왼쪽을 보면 대출 서비스에 대해 고객이 기대하는 8가지 요구사항을 정리하여 나타내고 있다. 아울러 그 오른쪽에는 각 요구사항에 대한 중요성의 정도를 5점 척도로 표시하고 있다(5=가장 중요함). 그림에서 보면 '질문에 대한 적극적인 응답'과 '대출 과정에 대한 이해'가 고객이 가장 중요하게 생각하는 서비스 요구사항임을 볼 수 있다.

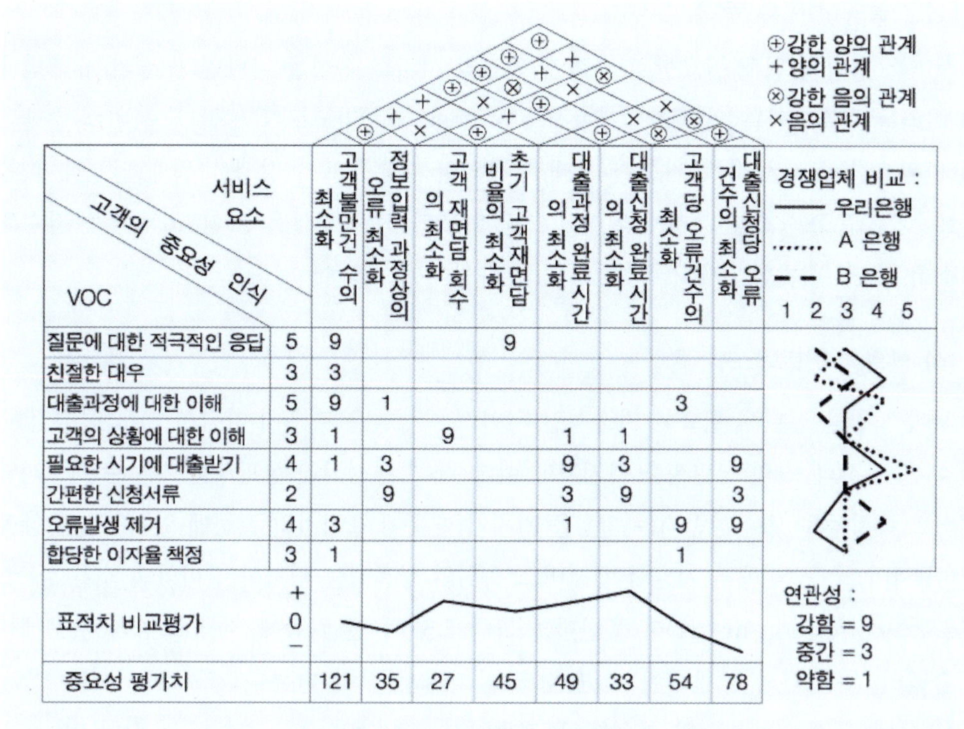

그림 5.3 대출 서비스 과정에 대한 HOQ

자료: George, M.L. (2003), *Lean Six Sigma for Service,* McGraw-Hill, New York, NY, p. 79의 자료를 일부 수정하여 작성하였음.

(2) 경쟁기업의 비교

고객이 경쟁기업과 비교하여 우리의 서비스를 어떻게 평가하고 있는지를 이해하는 것은 매우 중요한 일이다. 고객이 요구하는 사항에 대한 우리 기업의 상대적인 충족능력을 평가함으로써 우리 기업이 품질 높은 서비스 제공을 위해 보다 많은 노력을 기울여야 할 부분이 무엇인지를 파악할 수 있기 때문이다. 〈그림 5.3〉에서 보면 맨 오른쪽에 경쟁기업과 비교한 우리 은행의 고객욕구 충족능력이 나타나 있다(5=가장 우수함). 경쟁기업에 비해 '친절한 대우'는 가장 높게 평가되고 있는 반면, '오류발생 제거'는 가장 낮게 평가되고 있음을 볼 수 있다.

(3) 기술적 서비스 속성 - VOE

서비스 창출을 위해 필요한 기술적인 측면의 서비스 속성을 나타낸다. 설계자 측면에서 바라는 목소리라는 의미로 VOE(voice of engineers)라고도 표현한다. 서비스 수행을 위해 필요한 속성을 측정 가능한 형태로 정의한 부분으로서 경쟁을 위해 달성해야 할 목표수준, 즉 표적치를 가지게 된다. 〈그림 5.3〉의 상단 부분을 보면 '고객 불만건수의 최소화' 등을 비롯한 8가지 주요 서비스 속성이 표시되어 있다.

(4) 상관성 매트릭스

서비스 창출을 위해 필요한 기술적인 서비스 속성들은 경우에 따라서 서로 긍정적(+)인 혹은 부정적(−)인 상관성을 가지기도 한다. 특히 부정적인 상관성을 가지는 기술적인 서비스 속성들은 서로 상반되는 속성을 가지기 때문에 표적치의 결정에 있어서 신중해야 한다. 서비스 개발팀에서 기술적인 서비스 속성의 상관성을 평가하여 나타낸 것을 상관성 매트릭스(correlation matrix)라고 한다. 〈그림 5.3〉의 맨 위쪽에 지붕 모양의 부분에는 기술적인 속성 간의 상관성이 관련 정도에 따라서 각기 다른 기호로 표시되어 있다. 예를 들어 '고객불만 건수의 최소화'와 '정보입력 과정상의 오류 최소화'는 강한 양(+)의 관계를 나타내고 있어서 서로 개선의 방향이 함께 이루어질 수 있음을 나타내고 있다. 반면, '정보입력 과정상의 오류 최소화'와 '대출 신청 완료 시간의 최소화'는 강한 음(−)의 관계를 나타내고 있어서 서로 개선의 방향이 상반되고 있음을 볼 수 있다. 즉, 오류 최소화를 위해 대출서류를 꼼꼼하게 살피게 되면 결과적으로 대출 프로세스의 완료가 지연될 수 있음을 의미하는 것이다.

(5) 연관성 매트릭스

HOQ의 중앙에는 서비스 개발팀에서 평가한 VOC와 VOE의 연관성을 나타내는 수치들이 나열되게 되는데 이를 연관성 매트릭스(relationship matrix)라고 한다. 〈그림 5.3〉의 중앙에 보면 연관성의 정도를 수치(9=강함; 3=중간; 1=약함)로 나타내고 있다. 예를 들어 고객이 요구하는 '질문에 대한 적극적인 응답'과 기술적인 서비스 속성인 '초기 고객 재면담 비율의 최소화'는 매우 강한 연관성을 가지고 있음을 나타낸다. 이 정보는 중요한 고객의 요구사항을 개선하기 위해 상대적으로 중점을 두어야 할 기술적인 서비스 속성이 무엇인지를 규명하기 위해 사용된다.

(6) 표적치

기술적인 서비스 속성이 달성해야 할 계량적 수준을 결정해 놓은 것을 표적치(target values)라고 한다. 표적치는 고객만족을 위해 필요한 서비스 실행의 목표 수준을 나타내는 것이다. 〈그림 5.3〉에는 구체적인 기술적인 속성의 표적치를 나타내고 있지 않지만, 표적수준에 대비한 상대적인 달성 수준을 보여주고 있다. 그림에서 보면 대체로 오류와 관련한 기술적 속성의 수준은 표적 수준에 미달하고 있는 반면 소요시간과 관련한 기술적 속성의 수준은 표적 수준을 상회하고 있다.

(7) 중요성 평가치

서비스 설계에서 실제로 사용하게 되는 것은 기술적인 서비스 속성이다. 따라서 고객이 중요하게 생각하는 요구사항과 밀접한 연관성을 가지는 기술적 속성에 보다 중점을 두어 설계를 작성하는 것은 설계의 효과성을 높이기 위해 매우 중요한 일이 된다. 기술적 속성이 가지는 중요성의 정도를 나타낸 것을 중요성 평가치(importance value)라고 한다. 중요성 평가치는 각 기술적 속성별로 자신이 가지는 VOC와의 연관성의 정도를 측정하여 산출하게 된다. 〈그림 5.3〉에서 보면 '정보입력 과정상의 오류 최소화'에 대한 중요성 평가치는 다음과 같이 산출된다.

중요성 평가치 = '대출 과정에 대한 이해'의 중요성 (5) × 연관성 (1) +
'필요한 시기에 대출받기'의 중요성 (4) × 연관성 (3) +
'간편한 신청서류'의 중요성 (2) × 연관성 (9)
= 5 + 12 + 18
= 35

결과적으로 그림에서 보면 기술적인 속성 중에서 고객의 요구사항과 가장 밀접한 연관성을 가지는 중요한 속성은 '고객불만 건수의 최소화 (121)'임을 알 수 있다.

3.3 QFD를 활용한 개선의 방향

HOQ에 담겨있는 정보를 바탕으로 서비스 개선을 위해 우선적으로 중점을 두어야 할 요소는 무엇인지를 규명해야 한다. 먼저 고객이 중요하게 생각하는 VOC가 무엇인지를 규명하고 이들 중에서 경쟁기업에 비해 상대적으로 많이 뒤진 VOC가 무엇인지를 선택해야 한다. 선택된 VOC를 개선하기 위해서 밀접한 연관성을 가지는 VOE를 규명하고 이들 중에서 표적치에 많이 미달하거나 중요성 평가치가 높은 VOE를 설정해서 우선적으로 개선하도록 노력해야 한다. 개선노력을 실행함에 있어서는 선택된 VOE가 가지는 상관성 매트릭스의 특성을 반영하여 신중하게 접근해야 한다.

II 서비스 설계의 작성과 개선

1 서비스 블루프린팅

서비스 설계안을 작성하기 위해 사용되는 대표적인 도구로 서비스 블루프린팅(blueprinting)을 들 수 있다. 블루프린팅은 새로운 서비스 아이디어를 구현하기 위해서도 사용되지만, 기존의 서비스를 개선하기 위해서도 사용된다. 블루프린팅을 통해 작성된 서비스 블루프린트에는 서비스 배달을 위해 요구되는 프런트 스테이지(front stage)와 백스테이지(back stage)에서 요구되는 활동들의 연결 순서를 시각적인 연결도표로 표현한 그림이 담겨지게 된다. 이러한 블루프린트를 분석하면 서비스 품질에 심각한 문제를 야기할 수 있는 서비스 프로세스상의 특정한 위치를 규명해 낼 수 있는데, 이를 실패발생점(fail point)이라고 한다. 이러한 실패 위치를 사전에 숙지하게 되면 실패의 발생을 제거하거나 실패 시에 필요한 서비스 회복 전략을 실행하기 위한 절차를 설계해 넣을 수 있게 된다. 또한 서비스 배달은 시간이 진행되면서 이루어지기 때문에 경우에 따라서는 고객으로 하여금 기다리게 만드는 서비스 활동 사이에 지연이 발생할 가능성도 있다. 주요 서비스 단계에서 발생하는 과도한 대기시간은 고객으로 하여금 불쾌감을 느끼게 만들어 서비스 품질지각에 악영향을 미칠 수가 있다. 이는 곧 실패 발생 점을 나타내게 된다.

〈그림 5.4〉는 레스토랑에서 이루어지게 되는 서비스를 나타내는 서비스 블루프린트이다. 그림에서 보면 다음과 같은 서비스 블루프린트를 구성하는 주요 요소들이 표시되어 있다:

- 상호작용선(line of interaction): 고객과 서비스 제공자가 직접 접촉하게 되는 선을 나타낸다. 그림에서 4개의 수평선 중에서 가장 위에 위치한 점선을 말한다. 가령 주차서비스를 제공하기 위해서는 고객을 직접 대면해서 차를 수령해야 할 것이다.

• 가시선(line of visibility): 고객이 직접 볼 수 있는 서비스 활동과 볼 수 없는 서비스 활동을 구분하는 선이다. 그림의 중앙에 굵은 실선으로 표시되어 있다. 고객이 목격할 수 있는 활동을 프런트 스테이지 활동이라고 한다. 그림에서 고객을 직접 접촉하면서 이뤄지는 예약접수, 주차안내, 좌석안내, 주문안내 등의 활동들은 고객이 직접 볼 수 있는 서비스 활동들이 된다. 반면에 가시선 아래의 활동들은 고객이 직접 목격할 수 없는 서비스 활동들을 나타내며, 이를 백 스테이지 활동이라고 한다. 백 스테이지 활동은 주로 프런트 스테이지 활동을 지원하기 위한 활동들로 구성된다. 그림에서 보면 주차장에 차를 주차시킨다든지, 메뉴판을 가져가는 것, 메뉴를 주방에 전달하는 것, 주방에서 음식을 수령하는 것 등은 백 스테이지 활동들이 된다.
• 내부 물적 상호작용선(line of internal interaction): 고객과 직접 대면하는 종업원의 활동과 내부에서 이를 지원하기 위한 활동을 구분하는 선으로 가시선 바로 아래의 점선을 나타낸다. 내부 종업원들 사이에 고객 서비스 제공을 위해서 교류하는 접점을 나타내는 것이라 할 수 있다. 그림에서 보면 주차시설 관리, 메뉴판 준비, 주문관리, 음식준비 등의 활동은 고객을 직접 대면하는 내부 종업원을 지원하기 위해 수행하는 활동들이 된다.
• 서비스 표준 및 대본(service standards and scripts): 고객에 대한 서비스 과정에서 충족시켜야 할 서비스 표준 혹은 규격과 서비스 제공 시에 사용할 서비스 제공자의 표준화된 멘트 내용을 말한다. 특정 서비스 제공 활동에 소요되는 시간은 대표적인 서비스 표준이 된다. 아울러 연극의 대본처럼 표준화된 예약접수 멘트 혹은 고객안내 멘트 등을 개발하는 것은 균일한 서비스 제공을 위해 필요한 노력일 것이다.
• 물적 증거(physical evidence): 고객에게 품질이 좋은 서비스를 제공했다는 것을 가시적으로 확인할 수 있는 지표들을 나타낸다. 그림에서 보면 주로 서비스 장소의 물리적인 환경 즉, 서비스 풍경을 중심으로 물적 증거를 표시하고 있다. 빌딩의 외관이나 종업원의 외모, 음식의 맛과 품질, 화장실의 상태 등은 대표적인 물적 증거의 예가 된다.

한편, 왼쪽에서 오른쪽으로는 시간의 흐름에 따른 서비스 활동의 진행이 이루어지게 된다. 서비스 진행 과정은 서비스 경험이 시작되는 '활동 I'의 단계로부터, 핵심 서비스 상품이 제공되는 '활동 II'의 단계를 거쳐, 서비스 수행이 완료되는 '활동 III'의 단계로 이어지게 된다.

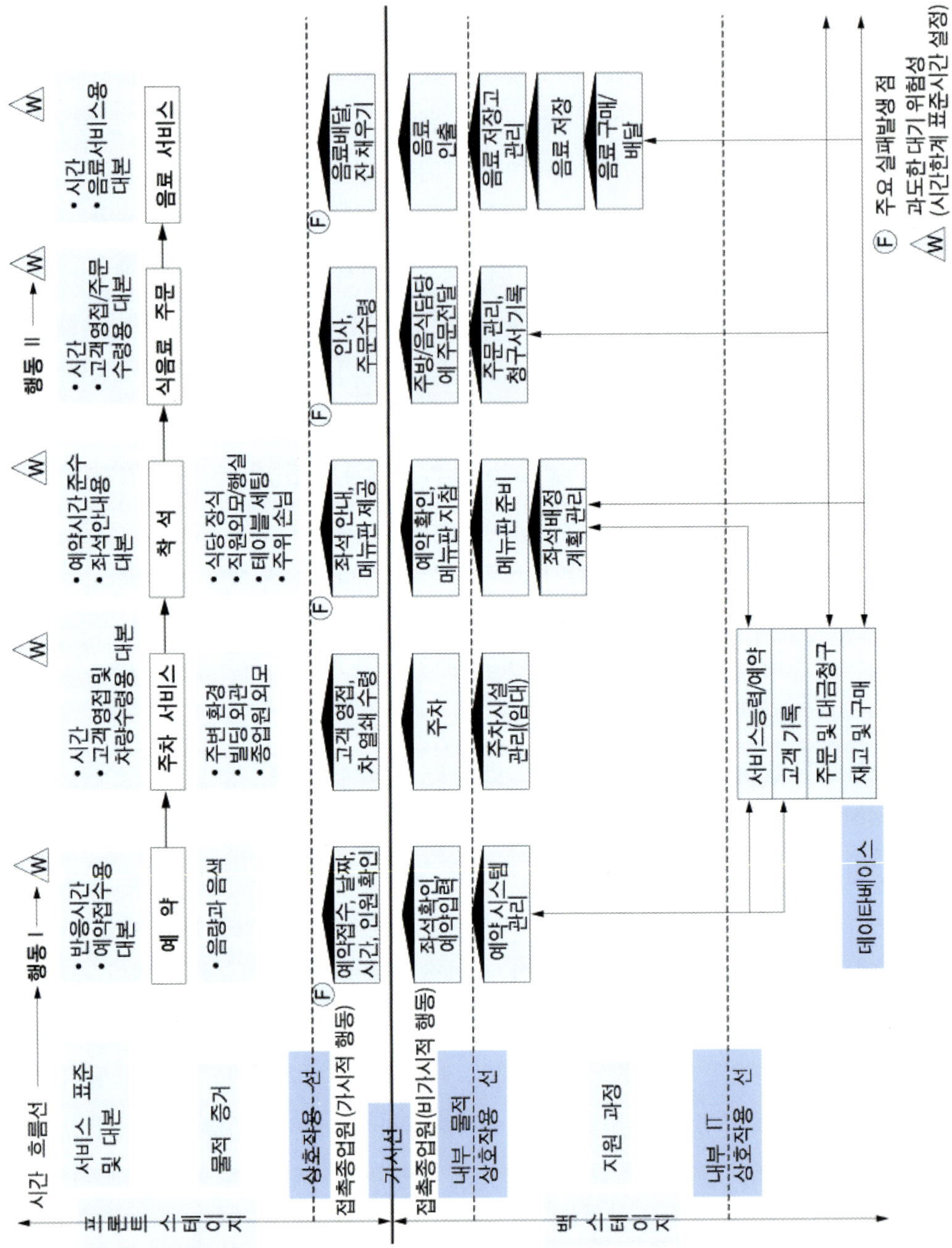

그림 5.4 레스토랑 서비스 설계 블루프린트

자료: Haksever, C. et al. (2000), *Service Management and Operations*, 2nd ed., Prentice-Hall, N.J., pp. 156-158의 부분 인용.

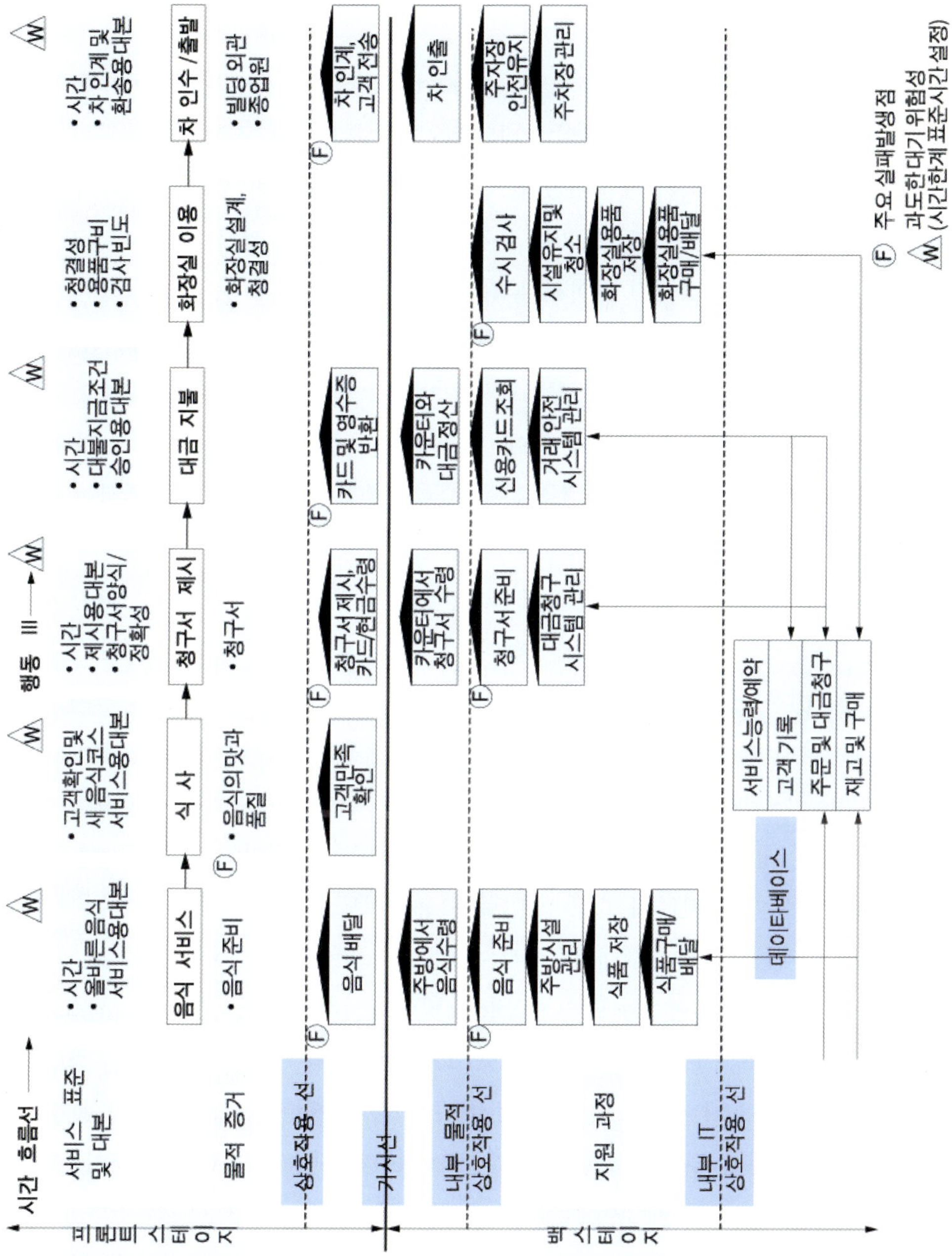

그림 5.4 레스토랑 서비스 설계 블루프린트(계속)

2 로부스트 설계

1960년대 일본의 어느 세라믹 타일(ceramic tiles) 제조회사에서는 한 가지 심각한 문제를 가지고 있었다. 가마에서 구워낸 타일 중에 상당한 양이 규격과 맞지 않는 모양을 가진 불량 타일로 판정되기 때문이었다. 원인은 가마가 비교적 오래된 것이어서 온도 조절이 완벽하지 않기 때문이었다. 가마 중간에서 구워낸 것은 괜찮았으나 가장자리에서 구워낸 것은 온도가 일정하지 않아서 불량이 많이 발생하였다. 온도 조절을 완벽하게 하기 위해서 새 가마를 설치하려면 거의 50만 달러나 되는 투자가 필요하였다. 그러나 타일을 잘 구워내기 위해서 필요한 투자로서는 너무 비용이 많이 드는 것이었고, 투자의 수익성에도 문제가 있었다. 그러던 중에 누군가가 "좋은 타일을 구워내기 위해서 꼭 가마를 교체해야만 하는가?"에 대해 의문을 제기하였고, 이에 따라 회사에서는 다양한 실험을 해보게 되었다. 그 결과 가마의 온도 조절이 완벽하지 않더라도 타일 원료로 사용하는 석회와 점토의 배합 비율을 조절하면 양질의 타일을 구워낼 수 있다는 사실을 발견하게 되었다. 기존의 가마를 사용하더라도 양질의 타일을 생산하는 데는 문제가 없게 된 것이었다. 이와 같이 어느 프로세스가 다른 요인들의 변동에 영향을 받지 않도록 그 프로세스상의 특정 요인들을 변화시키는 개념을 로부스트 설계(robust design)라고 한다(Godfrey 등, 1986). 로부스트 설계의 구체적인 실행방법은 Taguchi(1985; 1991[a]; 1991[b])에 의해 개발되어 널리 사용되고 있으며, 이러한 의미에서 로부스트 설계와 Taguchi 방법은 때에 따라서 같은 의미로 사용되기도 한다.

로부스트 설계를 위한 핵심 개념으로서는 품질손실 함수(quality loss function), 통제변수(control variables), 잡음변수(noise variables) 및 실험설계(design of experiments) 등을 들 수 있다(Kumar 등, 1996; Wadsworth 등, 2002). 다음의 〈그림 5.5〉는 로부스트 설계의 개념을 그림으로 나타내고 있다. 주어진 통제 불가능한 잡음변수의 수준을 전제로 프로세스에 투입되는 투입을 바람직한 수준(target)의 산출로 전환할 수 있는 최적의 통제변수 수준을 규명하는 것이 바로 로부스트 설계방식이라고 할 수 있다.

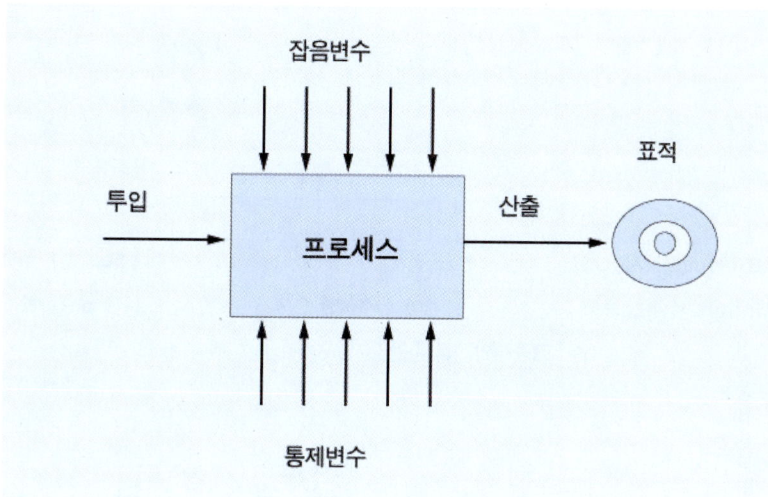

그림 5.5 로부스트 설계의 개념적 구성

자료: Wadsworth, H.M. et al. (2002), *Modern Method for Quality Control and Improvement*, John Wiley & Sons, N.Y., p. 452.

2.1 품질손실 함수

로부스트 설계의 가장 중요한 개념 중의 하나는 품질손실 함수(보통 Taguchi 손실함수라고 함)이다. 품질수준이 표적 수준으로부터 벗어나는 순간 손실이 발생하게 된다는 것이다. 전통적인 품질손실의 개념은 설계규격을 중심으로 설명된다. 품질의 수준이 표적수준을 벗어나더라도 설계상에 한정된 규격의 범위를 벗어나지 않는다면 특별히 발생하는 손실이 없다고 보는 것이다.

다음의 〈그림 5.6〉에서 보는 바와 같이 설계규격에 상한(USL)과 하한(LSL)이 존재하는 경우는 표적수준(m)과 관계없이 규격 내에 있을 경우는 손실이 0이 되며, 규격을 벗어나게 되면 반환 혹은 상실에 따른 비용(A)이 발생하는 것으로 가정한다(그림(a)). 그러나 로부스트 설계에서의 품질 손실 함수는 규격의 범위와 상관없이 표적수준, 즉 표적치(m)를 중심으로 손실의 변화를 나타내고 있다. 즉, 품질수준이 규격 내에 있다고 하더라도 표적을 벗어나게 되면 벗어난 정도에 따라서 점점 증가하는 것으로 가정하는 것이다(그림(d)). 이러한 두 손실함수 개념의 차이는 규격상에 상한만 존재하거나(그림(b)와 그림(e)), 하한만 존재하는 경우(그림(c)와 그림(f))에도 마찬가지이다.

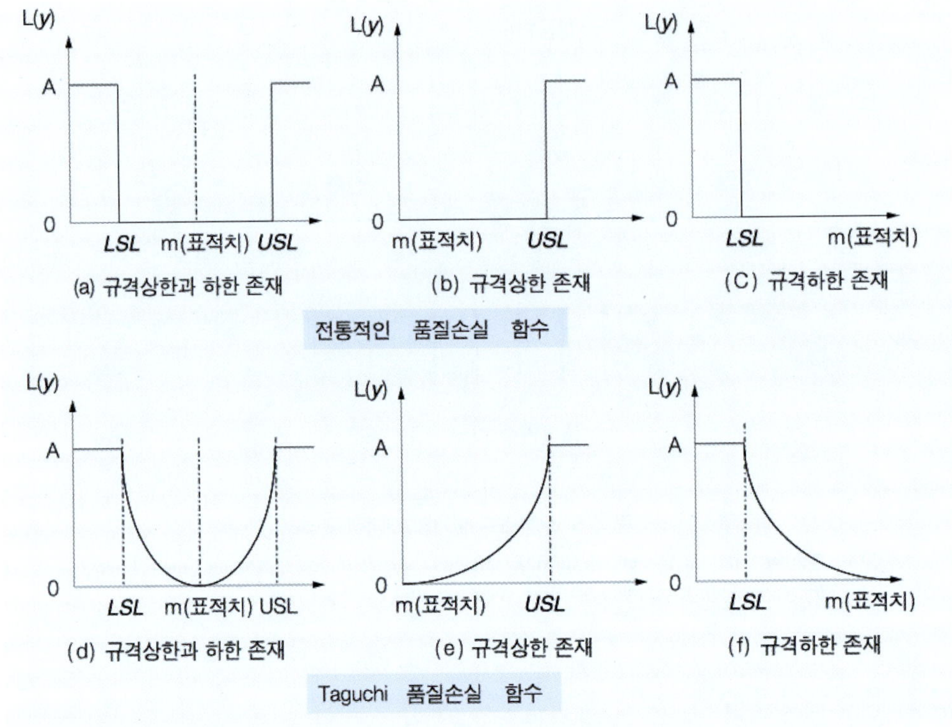

그림 5.6 전통적 품질손실 함수와 Taguchi 품질손실 함수의 비교

(1) 규격상한과 하한이 존재하는 품질손실 함수

다음의 식(1)은 규격상한과 하한이 모두 존재하는 그림(d)에 상응하는 품질손실 함수의 식을 나타내고 있다:

$$L(y) = K(y-m)^2 \quad \cdots\cdots (1)$$

단, $L(y)$ = 품질손실 비용,
y = 개별 서비스 품질속성의 값,
m = 서비스 품질 속성의 표적 수준,
$K = A/\Delta_0^2$
A = 서비스 반환(상실) 비용,
Δ_0 = 서비스 프로세스상의 품질속성 변화의 폭
(예: 서비스 규격 상한과 하한이 모두 존재할 경우, $\Delta_0 = (USL - LSL)/2$).

이 손실함수는 표적치를 충족시키는 것이 바람직할 경우에 적용된다. 스테이크의 구운 정도라든지 건물 내의 온도유지, 예약시간 준수 등과 같은 것이 예가 될 수 있다. 이 손실함수의 적용 예를 설명하기 위해 가상적인 버스운행 서비스의 예를 들어 보자.

어느 정류장에 매 20분 간격으로 버스가 운행되며, 도착시간과 관련한 서비스 규격은 ±5분이다. 즉, 예정 도착시간보다 5분 범위 내에서 일찍 혹은 늦게 도착하는 것은 허용 가능한 운행 서비스라고 가정하는 것이다. 만일 예정보다 5분 이상 빨리 혹은 늦게 도착하면 고객이 버스 이용을 포기하게 되어서 1,500원의 손실이 발생한다고 가정해 보자. 이 경우 손실함수는 다음과 같이 정의해 볼 수 있다.

- 이 경우 표적치(m)는 늦거나 빠르지 않고 정확하게 운행 간격을 지키는 것이므로 20이다. 5분 늦게 도착한 경우 ($y=25$), 손실 ($L(25)$)은 1,500이 되므로,

  $$1{,}500 = K(25-20)^2,\ 25K = 1{,}500,\ K = 60 \text{이 된다.}$$

  (혹은, $A = 1{,}500$, Δ_0 $(25-15)/2 = 5$이므로, $K = 1{,}500/5^2 = 60$)

  따라서, 손실함수는 $L(y) = 60\,(y-20)^2$이 된다.

- 만일 예정보다 3분 일찍 도착했을 경우($y = 17$)와 4분 늦게 도착했을 경우($y = 24$)의 예상되는 손실은 각각,

  $L(17) = 60(17-20)^2 = 60 \times 9 = 540$원과

  $L(24) = 60(24-20)^2 = 60 \times 16 = 960$원이 된다.

(2) 규격상한만 존재하는 품질손실 함수

다음의 식(2)는 규격상한만 존재하는 그림(e)에 상응하는 품질손실 함수의 식을 나타내고 있다.

$$L(y) = Ky^2 \quad \cdots\cdots (2)$$

이 손실함수는 품질특성이 0에 가까울수록 바람직한 경우에 적용된다. 대표적인 예는 대기시간이라 할 수 있다. 고객들이 서비스를 받기 위해 기다리는 시간은 짧을수록 바람직하다. 서비스에 따라서는 고객의 대기시간이 일정 시간을 넘으면 보상이 제공되기도 한다. 고객에 따라서는 일정 시간이 넘으면 서비스 장소를 이탈하기도 한다. 어느 경우든

서비스 제공자에게 바람직한 일은 아닐 것이다. 이 손실함수의 적용 예를 설명하기 위해 가상적인 피자 배달 서비스의 예를 들어 보자.

어느 피자점에서는 30분 배달 보장제를 실시하고 있다. 만일 고객배달시간이 30분을 초과하면 5,000원을 할인해 준다고 할 경우 손실함수는 다음과 같이 계산해 볼 수 있다.

- 30분 초과할 경우 손실은 5,000원이 되므로,
  $5,000 = K(30)^2$, $900K = 5,000$, $K = 5,000/900 =$약 5.6이 된다.
  따라서, 손실함수는 $L(y) = 5.6y^2$이 된다.
- 만일 20분 늦게 배달 된 경우 예상되는 손실은
  $L(20) = 5.6(20)^2 = 5.6(400) = 2,240$원이다.

(3) 규격하한만 존재하는 품질손실 함수

다음의 식(3)은 규격하한만 존재하는 그림(f)에 상응하는 품질손실 함수의 식을 나타내고 있다.

$$L(y) = K/y^2 \quad \cdots\cdots (3)$$

이 손실함수는 품질특성이 커지면 커질수록 바람직한 경우에 적용된다. 대표적인 예는 투자수익률, 설비의 고장시격, 시스템 혁신을 통한 효율성 변화, 강의에 대한 이해 수준 등을 들 수 있을 것이다. 이 손실함수의 적용 예를 설명하기 위해 가상적인 펀드투자 계약 상황을 예로 들어 보자.

100만 원 단위로 펀드 투자를 받는 어느 투자컨설팅 회사에서는 계약기간에 5% 이상의 수익을 내지 못할 경우 일률적으로 50,000원을 보상금으로 고객에게 지불한다고 가정할 경우 손실함수는 다음과 같이 계산해 볼 수 있다.

- 5%에 미달할 경우 손실은 5만 원이 되므로,
  $5 = K/(5)^2$, $K = 25(5)$, $K = 125$가 된다.
  따라서, 손실함수는 $L(y) = 125/y^2$만 원이 된다.
- 만일 8%의 수익률을 올리는 경우 손실은,
  $L(8) = 125/8^2 = 125/64 = 1.95$만 원 즉, 19,500원이다.

2.2 통제변수와 잡음변수

서비스 프로세스의 결과는 투입과 여러 가지 다양한 변수 즉, 통제변수와 잡음변수에 의해 영향을 받게 된다. 결과에 영향을 미치는 변수 중에서 통제가 가능한 변수를 통제변수, 통제가 불가능한 변수를 잡음변수라고 한다. 의료 서비스의 경우 처방의 종류, 내용, 시기, 의료요법 등은 통제변수에 속하게 되고, 환자 개인의 흡연습관, 식습관, 신체적 특성 등은 잡음변수에 속하게 된다.

로부스트 설계를 위해서는 변수들의 조합이 산출에 미치는 영향을 분석하기 위해 실험설계법을 사용하게 된다. 이 실험설계의 목표는 산출이 잡음변수의 변화에 별다른 영향을 받지 않을(robustness) 통제변수의 최적 조합을 찾는 것에 있다. 잡음변수는 통제비용 혹은 통제의 어려움 때문에 현실적으로 통제하기 어려운 변수들을 말한다. 앞서 세라믹 공장의 예를 든다면 '일정한 가마 온도의 유지'는 비용 측면에서 통제가 불가능한 잡음변수가 된다. 잡음변수의 산출에 대한 영향은 시간에 따라서, 프로세스에 따라서 혹은 환경에 따라서 달라질 수 있기 때문에 실제적인 값의 변화를 알기 어렵다. 잡음변수는 산출이 목표치로부터 벗어나게 만들어 결과적으로 품질손실 비용을 발생시키게 된다.

2.3 실험설계

투입과 잡음변수, 통제변수 및 바람직한 산출의 수준이 결정되면, 잡음변수의 영향하에서 최고의 산출을 유도하기 위한 통제변수의 조합을 결정해야 한다. 변수의 수가 많아지게 되면 분석해야 할 변수의 조합이 급격하게 늘어나게 된다. 그러나 실제로 산출에 중요한 영향을 미치게 되는 변수의 조합은 제한되어 있기 때문에 Taguchi는 직교배열(orthogonal array) 방식에 의한 실험설계법을 통해 중요한 조합만을 선택하여 사용할 수 있게 하였다. 분석할 변수의 조합이 결정되면, 각 조합에 따른 산출 수준의 변화를 측정하게 된다. Taguchi는 단순히 프로세스 산출의 평균적인 수준 변화에 의해 최적조합을 찾아내기보다는 잡음대비 신호비율(signal−to−noise ratio (S/N))을 기준으로 최적조합을 찾는 것이 산출 수준을 극대화하는 동시에 잡음에 의한 기대손실을 극소화할 수 있는 바람직한 접근이라고 주장하였다(신호는 동적인 변동속성을 가지는 투입 요소를 의미함).

3 FMEA

FMEA(failure modes and effects analysis)란 설계상의 잠재적인 문제 혹은 실패(failures)들을 규명하고 차별화하기 위한 일련의 지침서, 프로세스 혹은 형식을 말한다(Pande 등, 2000). 상품이나 서비스의 설계 혹은 생산 프로세스의 설계에서 발생할 수 있는 잠재적인 실패의 유형이 무엇이고, 그 영향(effects)이 어떻게 나타날 것인지를 분석하여 핵심 실패 상황에 대한 대응과 해결 방안을 사전에 모색하기 위한 것이다. 일반적으로 FMEA의 전개 과정은 다음과 같다:

(1) 분석대상 프로세스 혹은 상품/서비스를 규명한다.

(2) 발생할 수 있는 잠재적인 실패유형(failure modes)의 목록을 작성한다.

기본적인 관점은 "무엇이 잘못될 수 있는가?"에 두어진다. 브레인스토밍, 프로세스 분석, 벤치마킹 등과 같은 다양한 아이디어 원천을 활용하여 잠재적인 문제들을 개발한다. 개발된 문제들은 프로세스의 단계나 상품/서비스 구성요소별로 그룹을 나누고, 사소한 문제들은 제외시키도록 한다.

(3) 문제의 중요성을 심각성(severity), 발생가능성(probability of occurrence) 및 감지가능성(detectability)의 측면에서 평가한다.

주로 5-10점 척도를 사용하여 각 잠재적인 문제에 대한 요소별 평가점수를 부여한다. 문제의 심각성이 높거나 발생가능성이 높을 때, 또한 감지하기가 어려운 경우 각기 해당하는 요소별로 높은 점수를 부여한다. 점수의 크기는 판단에 의해서 정할 수도 있고, 과거의 기록이나 테스트 자료를 바탕으로 정할 수도 있다.

(4) RPN(risk priority number)을 계산하고, 행동을 차별화한다.

각 요소에 대한 평가점수를 곱하여 문제별 RPN의 값을 산출한다. 특정 프로세스 혹은 상품/서비스가 가지는 잠재적인 실패의 총 위험성 수준은 각 문제의 RPN을 더하여 산출하게 된다. 각 문제에 대한 RPN이 계산되면 우선으로 중점을 두어야 할 문제해결 행동이 무엇인지를 차별화할 수 있게 된다.

(5) 위험성을 줄이기 위한 행동을 개발한다.

우선 가장 RPN이 높은 잠재적 문제를 대상으로 심각성, 발생가능성, 감지가능성을 개선하기 위한 방안을 마련한다. FMEA의 핵심적인 목적은 문제개선을 위해 사용할 수 있는 제한된 자원을 보다 효과적으로 배분하는 데에 있는 것이다.

다음의 〈표 5.1〉은 대형 슈퍼마켓을 대상으로 FMEA를 적용하여 산출한 RPN 평가치를 나타내고 있다. FMEA를 위한 심각성, 발생가능성 및 감지가능성은 5점 척도(각각 5=매우 심각함, 발생이 빈번함, 혹은 감지가 어려움)로 평가되어 있다. 표에서 보면 '에어컨 고장(25.38)'과 '정해진 진열 공간에 상품부재(23.83)', '느린 계산원(cashier) 서비스(23.68)', '표준 이하의 상품(23.28)', '매장에 서비스 종업원 부재(23.27)' 등이 우선적으로 고려되어야 할 중요한 실패유형임을 알 수 있다.

표 5.1 대형슈퍼마켓 FMEA 적용 사례

서비스 하위 시스템	서비스 프로세스 활동	잠재적 실패유형	심각성 평가 (1–5)	발생 가능성 평가 (1–5)	감지 가능성 평가 (1–5)	RPN
서비스 시설	매장 시설	주차시설의 부족	2.93	2.42	3.01	21.34
		에어컨 고장	3.10	2.65	3.09	25.38
		에스컬레이터 고장	2.58	2.00	2.77	14.29
		쇼핑 카트 고장/손상	2.40	2,01	3.03	14.62
서비스 과정	창고 및 재고관리 활동	장부 재고와 실제 재고의 불일치	2.32	2.18	2.84	14.36
		상품의 창고 보관 위치 오류	2.51	2.13	2.99	15.99
		정해진 진열 공간에 상품 부재	3.07	2.64	2.94	23.83
	고객선택 및 구매 흐름	표준 이하의 상품	3.29	2.67	2.65	23.28
		매장에 서비스 종업원 부재	2.81	2.76	3.00	23.27
		서비스 종업원의 나쁜 태도	2.84	2.45	3.10	21.57
		잘못된 가격표/가격표 부재	2.68	2.50	2.78	18.63
		느린 계산원	2.94	2.74	2.94	23.68
		계산원의 나쁜 태도	2.96	2.51	2.87	21.32

자료: Chung, P. (2007), "Combining Blueprint and FMEA for Service Design," *The Service Industries Journal*, Vol. 27, No. 2, pp. 91-104.에 실린 Table 1에서 부분 발췌하였음.

4 서비스 포카요케

포카요케(Poka－Yoke)란 "POH－kuh YOH－kay"란 일본식 발음을 따온 용어로서 프로세스상에서 발생하는 실수를 방지하기 위한(mistake－proofing) 노력을 의미하며, Shigeo Shingo에 의해서 개발되었다. 앞에서 설명한 FMEA가 문제의 발생과 예방에 중점을 두고 있다면, 포카요케는 고객에게 불량품이 전달되지 않도록 작업의 실수를 감지하고 이를 수정하는 것에 중점을 둔다. 서비스 프로세스인 경우는 주로 프로세스에서 발생하게 되는 종업원이나 고객의 실수에 중점을 두어 원천적인 제거 방안을 마련하는 데에 초점을 둔다. 이러한 포카요케는 FMEA의 실행 후에 이루어지는 것이 바람직하며, 일반적으로 다음의 실행과정을 거쳐서 이루어지게 된다(Pande 등, 2000):

(1) 예방 활동에도 불구하고 나타날 수 있는 잠재적인 실수를 규명한다.

기존 서비스 프로세스의 각 단계별로 "이 단계에서 발생할 수 있는 종업원의 실수나 장비의 고장은 어떤 것이 있을까?"를 검토한다.

(2) 실수나 고장이 발생하고 있는지 혹은 발생하려고 하는지를 감지하기 위한 방법을 결정한다.

인터넷을 통한 상품구매를 위해 입력해야 할 정보가 누락되었을 경우 이를 고객에게 알려주는 팝업(pop-up) 창을 만들거나, 정상적인 신용카드 거래가 아닌 것으로 의심되는 거래내역을 감지해서 고객에게 통보해 주는 시스템을 구축하는 것 등이 그 예가 된다.

(3) 실수가 감지되었을 때 취할 행동의 유형을 규명하고, 선택한다.

실수방지를 위한 방안 혹은 장치로는 다음의 세 가지 유형의 것이 있다:

- 통제(control): 워드 프로세서의 철자 혹은 문법의 자동체크/수정 기능과 같이 프로세스를 자동으로 수정해 주는 행동을 말한다.
- 중지(shutdown): 오류가 발생할 경우 프로세스를 차단 혹은 중지시키는 절차 혹은 장치를 말한다. 신용한계를 초과해서 구매하는 것을 차단하는 프로그램이나 적절하지 않은 고객층의 접근을 막는 인터넷 사이트의 차단 프로그램 등이 예가 된다.
- 경고(warning): 용어가 의미하는 바와 같이 무엇인가 잘못되고 있을 때 이를 종업원에게 알려주는 장치를 말한다. 프로세스가 적절하게 통제되지 않고 있음을 나타내는 관리도와 같은 것은 경고장치의 예가 된다. 종종 경고가 무시되는 경우가 많기

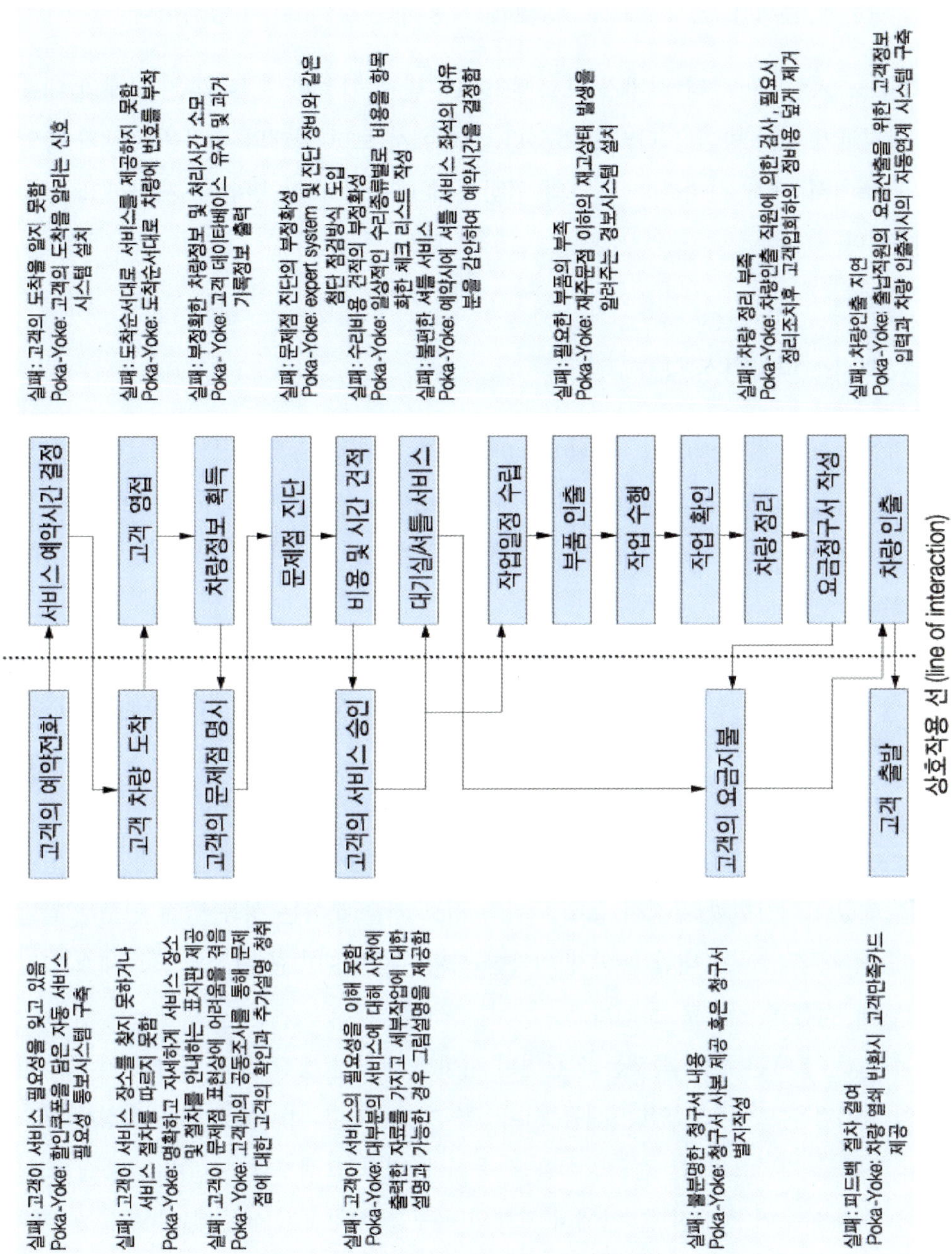

그림 5.7 차량 수리 서비스에 대한 Poka-Yoke 적용 사례

자료: Haksever, C. et al. (2000), *Service Management and Operations*, 2nd ed., Prentice- Hall, N.J., p. 200.

때문에 통제나 중지와 같은 방안을 사용하는 것이 더 바람직하다.

〈그림 5.7〉은 차량수리 서비스 프로세스에서 발생 가능한 오류 혹은 실패의 내용과 이를 방지하기 위한 방안을 나타내고 있다. 그림에서 보면 실패의 유형을 고객과 종업원으로 나누어서 각기 서비스 제공자의 입장에서 대응해야 할 방안을 제시하고 있음을 볼 수 있다.

5 서비스 디자인 씽킹

서비스 디자인 씽킹(service design thinking)은 고객 중심의 접근방식을 갖추어 서비스를 개발하고 개선하는 프로세스이다. 이는 제품이나 서비스를 단순히 제공하는 것을 넘어, 고객의 니즈와 경험을 중심으로 고려하여 창의적이고 효과적인 서비스를 제공하는 것을 목표로 한다.

또한 고객의 니즈, 서비스 산업의 빠른 변화, 그리고 치열한 경쟁 속에 고객중심 접근방식을 통해 경쟁 우위를 창출하고자 새롭게 주목받고 있는 프로세스 중의 하나이다.

기존의 서비스 개발 및 개선의 방식은 정해진 가치 내에서 고객의 단편적인 의사만을 알 수 있었으며 예상치 못한 숨은 수요를 반영하는데 한계가 있었다. 그러나 정보 기술을 활용할 수 있는 디지털 트랜스포메이션 시대에는 이러한 더 깊이 있는 고객의 니즈 파악이 가능해졌다(이창현과 차경진, 2022). 아직 정보 기술 분야는 성능 발전 연구는 활발하나, 실증적 적용 방안에 대한 논의가 미약한 상황이지만 이러한 관점의 프로세스가 앞으로 활발히 적용될 것으로 보인다.

다음 〈그림 5.8〉은 푸드 플랫폼과 관련된 서비스 디자인 씽킹 접근 방식과 기존의 접근 방식의 차이점을 보여주고 있다. 신규 서비스를 개발하거나 서비스 품질을 측정하기 위해 SERVQUAL을 기반으로 한 접근방식을 사용하게 되면 고객보다는 서비스 품질 중심의 사고에 중점을 두어 정해진 틀 안에서 고객의 욕구를 파악하기 때문에 예상치 못한 수요 및 고객의 욕구 파악에 어려움이 있었다. 그러나 서비스 디자인 씽킹 접근방식은 정보 기술의 활용이 확대됨에 따라 기존의 접근방식과 달리 고객 경험에 영향을 주는 무수한 맥락들(contexts)을 고려한 고객경험 중심적 측정이 가능하기 때문에 주목을 받고 있는 것이다.

〈표 5.2〉는 인간중심 설계를 지향하는 미국의 디자인 혁신 기업 IDEO의 디자인 씽킹

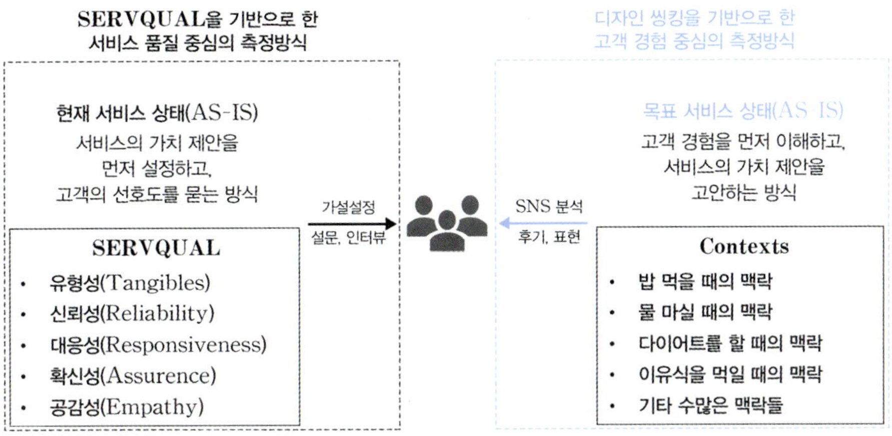

그림 5.8 서비스 디자인 씽킹과 기존 접근방식의 차이점

자료: 이창현과 차경진(2022), "고객 경험 중심적 서비스 디자인을 위한 데이터 기반 디자인 씽킹 : 소셜 리스닝 기반 푸드 플랫폼 경험 개선 사례 연구", *한국지능정보시스템학회 학술대회논문집*, pp. 52-56.

표 5.2 서비스 디자인 씽킹의 주요 단계와 특징

구분	설명 내용
공감하기 (empathize)	• 고객의 관점, 경험, 욕구, 의도를 다양한 측면에서 이해하는 것부터 시작한다. • 고객이 직면하는 문제와 기대치를 파악하고, 이를 통해 디자인에 반영할 중요한 정보를 수집한다.
정의하기 (define)	• 수집된 정보를 기반으로 고객의 다양한 측면(관점, 경험, 욕구, 의도)에 대하여 정의하고, 이를 해결하기 위한 목표를 설정한다. • 여기서 어떤 문제를 해결할 것인지 명확히 정의하게 된다.
아이디어 도출하기 (ideate)	• 다양한 아이디어를 생성하고, 문제해결을 위한 창의적인 방안을 모색한다. • 팀 혹은 디자인 파트너들과의 협업이 중요한 단계이다.
시제품 만들기 (prototype)	• 아이디어 중에서 선택된 것들을 실제로 구현 가능한 시제품을 만드는 단계로 서비스에서 이 단계에서는 실제 서비스가 어떻게 작동할지 시뮬레이션한다.
테스트하기 (test)	• 제작한 시제품을 실제 사용자들에게 제공하고 피드백을 받는 단계로 서비스에서 이 단계에서는 이를 통해 서비스를 계속 개선하고 완성도를 높인다.
배우기 (learn)	• 테스트 단계에서 얻은 피드백과 데이터를 분석하여 어떻게 서비스를 더 개선할 수 있는지 학습하는 단계이다. • 이 학습은 다음 라운드의 서비스 설계 및 개선에 적용된다.

자료: ㈜엠와이소셜컴퍼니 (2018), 디자인씽킹 가이드북 : IDEO의 인간 중심 디자인을 참고하여 저자가 재구성함

과정을 바탕으로 서비스 개발 방법론을 서비스 개발 및 개선의 차원에서 정리하여 본 것이다(㈜엠와이소셜컴퍼니, 2018).

서비스 디자인 씽킹은 반복적인 과정으로, 고객 피드백을 수용하고 지속적으로 개선하는 방식으로 서비스를 제공한다. 이를 통해 고객이 진정으로 필요로 하는 서비스를 만들어 나갈 수 있는 것이다.

참고문헌

이창현과 차경진(2022), "고객 경험 중심적 서비스 디자인을 위한 데이터 기반 디자인 씽킹 : 소셜 리스닝 기반 푸드 플랫폼 경험 개선 사례 연구", *한국지능정보시스템학회 학술대회논문집*, pp. 52−56.

㈜엠와이소셜컴퍼니(2018), *디자인씽킹 가이드북 : IDEO의 인간 중심 디자인.*

Akao, Yoji, ed. (1990), *Quality Function Deployment : Integrating Customer Requirements into Product Design*, Translated by Mazur, G., Productivity Press, MA.

Chung, P. (2007), "Combining Blueprint and FMEA for Service Design," *The Service Industries Journal*, Vol. 27, No. 2, pp. 91−104.

Godfrey, A.B. et al. (1986), "The Development and Application of Robust Design Methods − Taguchi's Impact in The United States," (In Japanese) *The Journal of the Japanese Society for Quality*, Vol. 16, No. 2, pp. 33−41.

Haksever, C. et al. (2000), *Service Management and Operations*, 2nd ed., Prentice −Hall, N.J.

Hery, A. et al. (2016), "A Framework to Design Integrated Product-Service Systems based on the Extended Functional Analysis Approach", *Procedia CIRP* 47, pp. 323-328

Kumar, A. et al. (1996), "An Application of Taguchi's Robust Experimental Design Technique to Improve Service Performance", *International J. of Quality & Reliability Management*, vol. 13, No. 4, pp. 85−98.

Mazur, G.H. (1993), "QFD for Service Industries : from Voice of Customer to Task Deployment", *The 5th Symposium on Quality Function Deployment*, June 22−23, Novi, Michigan.

Pande, P.S. et al. (2000), *The Six Sigma Way : How GE, Motorola and Other Top Companies Are Horning Their Performance*, McGraw−Hill, New York, NY.

Statistics: *Theory and Methods*, Vol. 14, No. 11, pp. 2985−01.

Taguchi, G. (1985), "Quality Engineering in Japan," Communications in

Taguchi, G. (1991[a]), *Taguchi methods, Research and Development*, Vol. 1,

American Supplier Institute Press, Dearbon, MI.

Taguchi, G. (1991[b]), *Taguchi methods, Signam-to-Noise Ratio for Quality Evaluation,* Vol. 3, American Supplier Institute Press, Dearbon, MI.

Wadsworth, H. M. et al. (2002), *Modern Method for Quality Control and Improvement*, John Wiley & Sons, N.Y.

Designdb (2023), https://www.designdb.com/.

3부

서비스 프로세스의 개선

서비스 품질을 향상시키기 위해 필요한 서비스 품질 모델의 Gap 3의 개선방안을 살펴보는 부분이다. 고객의 서비스 요구사항을 효과적으로 반영한 서비스 설계가 개발되면 이를 충실하게 실행하는 서비스 프로세스 관리노력이 뒤따라야 한다. 설계에 부합되는 서비스 창출을 위해서는 서비스 창출 프로세스에서 발생하는 품질변동 원인을 효과적으로 통제하는 노력과 더불어 지속적인 서비스 프로세스의 개선노력이 필요하다. 아울러 서비스 프로세스에서 사용하게 되는 자재나 설비도 서비스 품질수준에 커다란 영향을 미치게 되므로 이를 공급하는 협력업체의 품질능력을 관리하는 노력도 보다 나은 서비스 품질의 달성을 위해 매우 중요하다. 다음의 3부에서는 고객기대에 부응하는 서비스 창출을 위해 필요한 서비스 프로세스의 통제와 개선노력 및 공급업체 관리노력에 초점을 맞추어 살펴보기로 한다.

6장 통계적 서비스 프로세스 관리
7장 서비스 프로세스 개선 기법
8장 공급업체 파트너십 관리

›››6장

통계적 서비스 프로세스 관리

가시적인 상품과 달리 무형적인 서비스는 객관적으로 명확하게 정의된 규격을 가정하기 어렵다. 또한 창출 프로세스에서 작용하게 되는 인적요소의 영향이 크기 때문에 품질의 균일성을 유지하기가 매우 어렵다. 이러한 품질의 변동이 고객의 욕구를 충족시킴에 있어서 장애가 되지 않는다면 문제가 되지 않을 수도 있으나, 고객이 허용할 수 있는 범위를 벗어나게 되면 고객에게 불만족을 주는 불량 서비스를 발생시키게 된다. 따라서 서비스 품질의 변동 추세를 적절하게 통제하고 예측하는 노력을 기울이지 않으면 불량인 서비스의 창출로 인한 서비스 품질비용의 급격한 증가가 기업의 수익성을 악화시키게 될 우려가 있다. 다음에서는 제조 부문에서 개발되어 사용되고 있는 통계적 프로세스 관리(SPC)의 기법을 활용하여 서비스 프로세스에서 발생하는 품질변동 패턴의 분석과 예측 방법에 대해서 살펴보기로 한다.

핵심용어

- 이상원인
- 규격하한
- 관리도
- 관리상태
- 계수형 관리도
- p-관리도
- 우연원인
- 프로세스 능력지수
- 관리상한
- 이상상태
- R-관리도
- c-관리도
- 규격상한
- SPC
- 관리하한
- 계량형 관리도
- $\bar{x}$-관리도
- u-관리도

I 서비스 품질의 변동성

1 품질변동의 원인

서비스 품질이 변화하게 되는 이유는 무엇일까? 서비스 프로세스에서 사용하는 기기나 장비의 불량이 원인일 수도 있고, 서비스를 창출하는 서비스 제공자의 실수가 원인일 수도 있다. 그러나 이러한 불량이나 실수가 발생하지 않더라도 서비스 제공자의 생리적인 혹은 심리적인 상태변화나 서비스가 이루어지는 물리적인 환경의 변화 때문에 서비스 품질이 변화할 수도 있다. 기기나 장비의 불량 혹은 서비스 작업 오류에 의한 변동은 서비스 프로세스에 대한 통제가 효과적으로 이루어지지 못했기 때문에 나타나는 것으로서 발생의 빈도는 낮으나 그 폭이 크며, 많은 품질비용을 유발시키게 된다. 반면, 서비스 제공자의 생리적 혹은 심리적 상태와 같이 통제하기 어려운 원인에 의한 변동은 만성적으로 발생하는 특징을 가지고 있으나 그 폭은 매우 작아 두드러지게 나타나지 않으며, 품질비용의 발생효과도 작다. 따라서 서비스 프로세스 관리에서는 불량이나 오류와 같이 커다란 품질변동을 유발시키는 원인에 대해 보다 중점을 두게 되는데 이를 이상원인(assignable causes)이라고 한다. 반면에 만성적으로 작은 변동을 일으키는 품질변동의 원인은 우연원인(random causes)이라고 하며 불가피하게 발생하는 자연적인 변동원인이라고 본다.

이상원인의 대표적인 유형은 불량인 자재의 사용, 작업의 오류, 설비 및 기기 등의 고장, 작업환경의 통제실패 등을 들 수 있다. 가령, 불량인 재료를 사용하여 음식을 만들었다거나(불량자재), 고객의 이름을 잘못 입력하여 좌석예약을 한 경우(작업오류), 차량의 고장으로 인해 운송서비스를 중단하거나(기기고장), 정보시스템의 불안전성으로 인해 고객정보를 누출시키는 일(환경통제 실패) 등은 바로 이상원인의 예가 될 수 있다.

우연원인은 구체적으로 지적하기 어려운 변동의 원인을 말한다. 이상원인은 원인을 지적할 수 있기("assignable") 때문에 이를 제거할 수 있지만 우연원인은 쉽게 드러나지 않으므로 이를 구체적으로 밝히기가 어렵고, 따라서 불가피한 것으로 받아들이게 되는 것이다. 서비스 설비의 점진적인 노후화로 인한 품질의 변동, 종업원의 생리적 혹은 심리적인 상태변화에 따른 품질의 변동 등은 점진적이고 만성적으로 나타나는 우연원인에 의한 품질변동이 된다.

2 품질변동의 형태

고객이 기대하는 욕구를 효과적으로 충족시키기 위해서는 서비스 프로세스의 안정적인 서비스 품질수준 유지능력이 필요하다. 즉, 설계단계에서 고객욕구 충족을 위해 설정한 서비스 규격에 잘 부합되는 서비스 창출이 무엇보다도 중요한 것이다. 서비스 프로세스에서 발생하는 품질변동의 원인을 적극적으로 규명하고, 이를 제거하는 노력은 바로 안정적인 서비스 품질수준의 유지를 위해 절대적으로 필요한 일이다.

서비스 품질변동의 유형은 〈그림 6.1〉에 나타낸 바와 같이 4가지로 나누어 살펴볼 수 있다. 그림(a)는 서비스의 규격상한(U; upper specification limit)과 규격하한(L; lower specification limit)의 범위 내에서 표적치(목표치: μ)를 중심으로 품질이 안정적으로 변동하는 모습을 나타낸다. 창출된 서비스 품질의 평균적인 수준($\bar{x}$)은 표적치(μ)와 일치하며, 변동의 최대치와 최소치가 규격상한과 하한을 벗어나지 않음으로써 고객기대에 부합되는 서비스가 안정적으로 창출되는 모습을 나타낸다.

반면에 그림(b)와 (c)의 경우 변동의 폭은 그림(a)와 같지만 창출된 서비스 품질의 평균적인 수준($\bar{x}$)이 표적치(μ)를 벗어남으로써 변동의 최대치 혹은 최소치가 규격상한 혹은 하한을 벗어나 있다. 따라서 규격을 초과(그림(b)) 혹은 미달(그림(c))하는 불량 서비스가 창출됨으로써 고객의 기대를 효과적으로 충족시켜주지 못하게 된다. 이러한 품질변동은 서비스 품질의 평균적인 수준을 표적치에 근접하도록 개선함으로써 안정적인 변동의 유형으로 전환될 수 있다.

그림(d)는 기본적으로 품질변동의 폭이 너무 커서 안정적인 수준의 서비스 품질을 유지할 수 없는 경우를 나타낸다. 평균적인 품질수준이 표적치와 일치하더라도 품질변동의 폭이 너무 커서 서비스 규격의 상한과 하한을 벗어나는 불량 서비스가 불가피하게 만들어진다. 이 경우는 서비스 품질이 크게 변동하게 만드는 이상원인이 무엇인지를 찾아내서 이를 제거시키는 적극적인 노력이 이루어져야 한다.

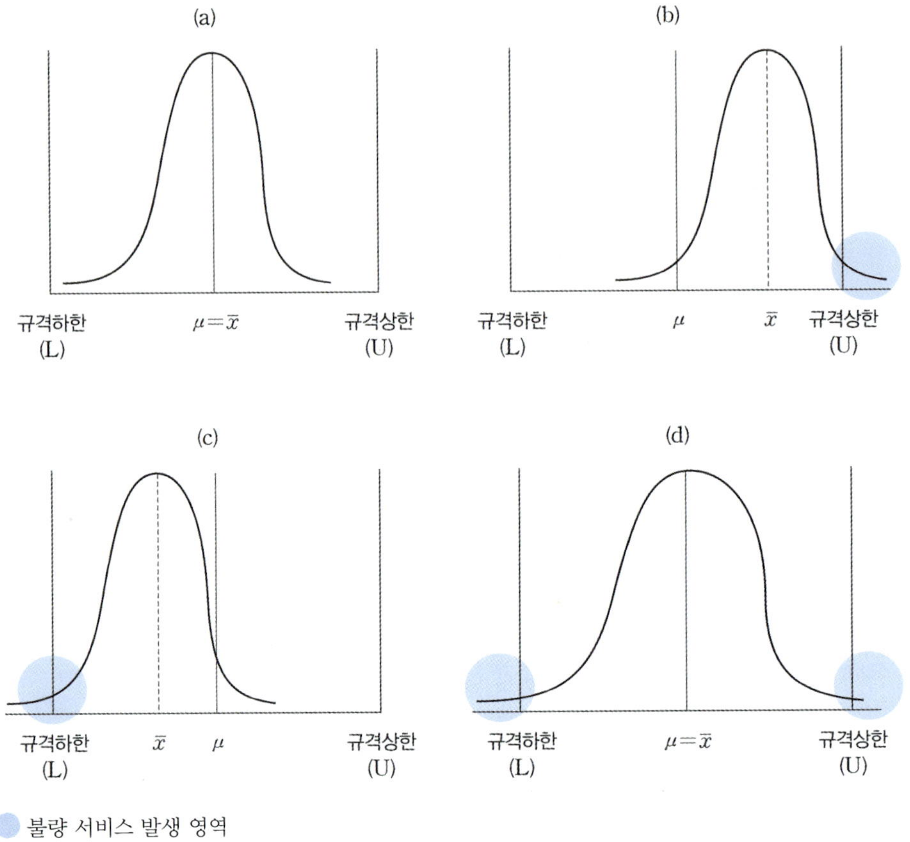

그림 6.1 규격상한(U), 규격하한(L) 및 품질변동의 유형

3 프로세스 능력 지수

품질변동의 폭이 작을수록 안정적인 품질수준을 유지할 수 있다. 품질변동의 폭은 보통 개별 품질 측정치가 평균적인 품질수준으로부터 떨어진 평균적인 거리의 의미를 나타내는 표준편차(σ)로 표시한다. 표준편차의 값이 작다는 것은 품질변동의 폭이 작음을 나타내게 된다. 품질변동의 폭이 작으면 작을수록 규격상한이나 하한을 벗어나게 될 가능성은 줄어들게 된다. 가령, 품질변동의 폭이 매우 작게 되면(즉, 평균을 중심으로 밀집된 변동모습을 보이는 경우) 〈그림 6.1〉의 (b)나 (c)에 나타낸 바와 같이 평균적인 품질수준의 위치가 표적치를 벗어나게 되더라도 규격을 벗어나는 일이 거의 발생하지 않게 된다. 따라서 품질변동의 폭 즉, 표준편차의 값이 작으면 작을수록 좋은 품질의

서비스를 창출하는 능력은 높아지게 되는 것이다.

품질변동의 크기를 중심으로 품질능력을 나타내는 대표적인 방법으로는 프로세스 능력지수(process capability index)를 들 수 있다. 규격 상한과 하한 사이의 폭에 대한 품질변동의 상대적인 크기로서 나타내는 프로세스 능력지수는 다음에 설명하는 바와 같이 C_p와 C_{pk}의 두 가지 측정치로 나타낼 수 있다(Wadsworth 등, 2002):

(1) C_p 측정치

C_p 측정치는 다음에 나타낸 바와 같이 품질변동의 폭($6\hat{\sigma}$)에 대한 규격 범위(U−L)의 상대적인 비율을 나타낸다:

$$C_p = \frac{U-L}{6\hat{\sigma}}$$

단, $\hat{\sigma}$ = 프로세스 품질특성의 표준편차에 대한 추정치

품질변동의 폭을 6배의 표준편차로 정의한 것은 품질변동의 모습이 정규분포를 따를 경우 "평균 ±3×표준편차" 범위 내에 전체의 99.74%에 해당하는 대부분의 품질측정치가 존재하게 된다는 것을 전제로 하고 있다. 여기서 표준편차의 추정치는 다음에 설명할 관리도의 작성을 위한 자료($\overline{R}$: 범위의 평균)와 적절한 전환요소의 값(d_2)을 사용하여 쉽게 구해볼 수 있다(즉, $\hat{\sigma} = \overline{R}/d_2$, 〈표 6.2〉 참조).

C_p값은 품질변동의 폭이 작을수록 커지게 된다. 따라서 C_p값이 클수록 프로세스의 품질능력은 높아지게 된다. C_p값이 1.0보다 작을 경우는 규격의 범위에 비해 품질변동의 폭이 더 크므로(예: 〈그림 6.1〉의 (d)) 양호한 품질수준의 서비스를 창출하는 것이 불가능하게 된다. 이론적으로는 C_p값이 1.0을 넘어서면 양호한 품질수준의 서비스 창출이 가능하지만 1.0에 가까울 경우 평균적인 품질수준이 표적치를 조금만 벗어나도 불량인 서비스가 만들어지게 된다. 따라서 보통 1.33 이상의 C_p값을 유지할 때 안정적인 수준의 품질능력을 가진 것으로 판단하게 된다. C_p값은 평균적인 품질수준의 위치와 상관없이 변동의 폭만을 가지고 품질능력을 평가하기 때문에 잠재적인 품질능력의 크기만을 나타내게 된다. 실제적인 품질능력은 프로세스의 평균적인 품질수준이 어디에 위치하는가에 따라서 달라지기 때문이다.

C_p값의 산출을 위한 예를 들어보자. 가령 어느 병원의 내과진료 부서에서는 환자에게 8.0분 ±4.0분 사이에 진료 서비스를 완료하도록 서비스 규격을 정하였다고 가정해 보자. 진료시간이 너무 짧거나 길면 진료 중인 환자나 대기 중인 환자가 불만족하게 될 것이기 때문이다. 진료 서비스 소요시간의 변동을 나타내는 표준편차의 추정치($\hat{\sigma}$)가 1.2분이라면, 진료 서비스 능력을 나타내는 C_p값은 다음과 같이 산출된다:

- 이 경우 규격상한(U)=12.0분, 규격하한(L)=4.0분이 된다.
- 따라서, $C_p = \dfrac{U-L}{6\hat{\sigma}} = \dfrac{12.0-4.0}{6\times1.2} = \dfrac{8.0}{7.2} = \mathbf{1.11}$이다.

(2) C_{pk} 측정치

C_{pk}측정치는 다음에 나타낸 바와 같이 프로세스가 가지는 실제적인 품질능력을 나타내는 지수이다:

$$C_{pk} = \text{Min}\left\{\frac{\text{U}-\bar{\text{x}}}{3\hat{\sigma}}, \frac{\bar{\text{x}}-\text{L}}{3\hat{\sigma}}\right\}$$

단, $\bar{x}$ =프로세스 품질특성의 평균에 대한 추정치,
$\hat{\sigma}$ =프로세스 품질특성의 표준편차에 대한 추정치.

다음의 〈그림 6.2〉에서 보는 바와 같이 동일한 품질변동의 수준(σ)을 가지는 프로세스라 하더라도 평균적인 프로세스의 품질수준($\bar{x}$)이 어디에 위치하는가에 따라서 실제적인 품질능력의 수준은 달라지게 된다. 즉, 그림의 (a)와 같이 프로세스의 평균적인 품질수준이 표적치와 일치할 때는 잠재적인 품질능력(C_p)과 실제적인 품질능력(C_{pk}) 사이에 차이가 없지만 그림의 (b)나 (c)와 같은 경우는 잠재적인 능력에 비해 실제적인 능력이 작아지게 된다. 평균적인 품질수준이 표적치를 벗어나게 됨에 따라서 품질변동이 규격의 상한이나 하한을 벗어나게 될 가능성이 커지기 때문이다.

앞서 C_p값의 산출을 위해 들었던 예를 참조로 C_{pk}값을 구해보자. 만일, 내과진료 서비스의 평균소요시간($\bar{x}$)이 8.8분으로 추정된다고 가정한다면, C_{pk}값은 다음과 같이 계산된다:

• $C_{pk} = \text{Min}\left\{\dfrac{\text{U} - \bar{\text{x}}}{3\hat{\sigma}},\ \dfrac{\bar{\text{x}} - \text{L}}{3\hat{\sigma}}\right\} = \text{Min}\left\{\dfrac{12.0-8.8}{3\times1.2},\ \dfrac{8.8-4.0}{3\times1.2}\right\}$

$= \text{Min}\ \{0.89, 1.33\}$. 따라서, $C_{pk} = \mathbf{0.89}$ 이다.

결과적으로 진료 서비스의 잠재적인 품질능력(C_p =1.11 〉 1.00)은 불량 서비스를 만들어 내지 않을 수 있을 정도로 비교적 높은 편이지만 평균적인 품질 측정값(즉, 대기시간)이 다소 높아서 실제적인 품질능력(C_{pk} =0.89 〈 1.00)은 불량인 서비스(이 경우는 지연된 서비스)가 발생하는 불충분한 상태에 놓여있음을 알 수 있다. 일반적으로 품질능력이 안정적이기 위해서는 C_{pk} 가 1.25 이상은 되어야 한다.

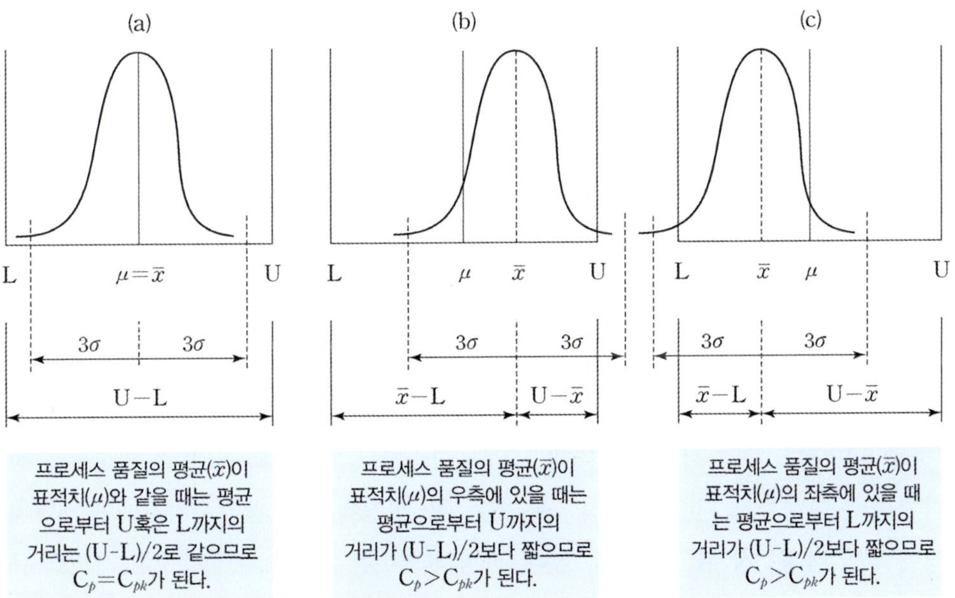

그림 6.2 프로세스 품질 평균의 위치에 따른 C_p와 C_{pk}의 크기 변화

II 통계적 프로세스 관리

통계적 프로세스 관리(SPC; statistical process control)란 통계적인 추론의 방법을 사용해서 프로세스에서 발생하는 품질변동의 수준을 예측하여 이상원인에 의한 품질변동 현상이 발생하는지를 감시하고, 발생의 원인을 신속히 제거함으로써 프로세스가 안정된 상태를 유지하도록 하는 것을 말한다. 품질변동의 수준을 효과적으로 감시하기 위해서는 관리도(control charts)를 사용하게 되는데, 관리하고자 하는 품질특성의 측정 형태에 따라서 계량형 관리도와 계수형 관리도로 나누어 사용하게 된다.

1 품질특성과 관리도

(1) 품질의 특성

서비스 품질특성의 측정은 기본적으로 두 가지 형태 즉, 계수치(attributes)와 계량치(variables)의 형태로 이루어지게 된다. 계수치는 특정 서비스 품질특성 혹은 속성의 존재 유무를 단순히 집계하거나 집계한 것을 비율로 전환시킨 품질측정치를 말한다. 가령, 특정 서비스에 대해 만족한 고객의 수나 전체 조사한 고객 중에서 만족한 고객의 비율 등은 계수치에 속하게 된다. 계량치는 특정 서비스 품질특성의 수준을 수치적으로 측정한 것을 의미한다. 특정 서비스에 대해 고객이 만족하고 있는 정도를 10점 척도로 측정하였다면 이는 계량치가 된다. 기본적으로 계수치는 판정에 의한 품질측정치라면 계량치는 측정에 의한 품질측정치라고 할 수 있다. 판정의 의미는 서비스 품질특성이 서비스 규격에 부합되는지의 여부에만 관심을 두는 반면, 측정의 의미는 실제로 얼마나 잘 혹은 덜 부합되는지, 부합의 실제적인 정도에 관심을 두게 된다.

(2) 관리도의 유형

품질변동의 수준을 예측하기 위해 사용하는 관리도의 종류는 크게 계량형관리도(variable control charts)와 계수형관리도(attribute control charts)로 나눌 수 있다. 계량형 관리도는 계량치로 측정된 품질의 변동을 예측하고 관리하기 위해 사용하며, 계수형 관리도는 계수치로 측정된 품질의 변동을 예측하고 관리하기 위해 사용한다.

표 6.1 관리도의 유형

<table>
<tr><th colspan="2">유형</th><th>관리도</th></tr>
<tr><td rowspan="2">계량형 관리도</td><td>중심화경향</td><td>$\overline{x}$ - 관리도(평균)
Median - 관리도(중위수)
Midrange - 관리도($(x_{\max}+x_{\min})/2$)
x - 관리도(개별 측정치)</td></tr>
<tr><td>산포도</td><td>R - 관리도(범위)
s - 관리도(표준편차)</td></tr>
<tr><td colspan="2">계수형 관리도</td><td>p - 관리도(불량비율)
np - 관리도(불량개수)
c - 관리도(결점수)
u - 관리도(결점비율)</td></tr>
</table>

〈표 6.1〉에서 보면 계량형 관리도는 품질변동의 평균적인 수준 즉, 중심화경향(central tendency)을 대상으로 하는 관리도와 산포도(dispersion)를 대상으로 하는 관리도로 나누어 살펴볼 수 있다. 중심화경향과 산포도는 각각 다른 품질변동의 특성을 나타내기 때문에 계량형 관리도를 사용할 때는 양자를 병행해서 사용하게 된다. 이 밖에도 계량형 관리도에는 표본의 수가 1개로 제한되는 x－관리도, 누적적인 품질의 측정치를 사용하는 누적합계(CUSUM; cumulative sum)관리도와 같은 특수한 형태의 관리도도 있다.

계수형 관리도는 표본에서 발견되는 규격부적합 즉, 불량(defectives)의 개수나 불량개수의 비율을 나타내는 관리도와 단일 표본에서 발견되는 결점(defects)의 수나 결점의 비율을 나타내는 관리도 등으로 구성되어 있다.

(3) 관리도의 구성

품질변동의 수준을 예측하고 관리하기 위해 사용하는 관리도는 〈그림 6.3〉에 나타낸 바와 같이 중심선(CL; central line), 관리상한(UCL; upper control limit), 관리하한(LCL; lower control limit)을 중심으로 구성되어 있다. 관리도의 수평(x)축은 관리도 작성을 위해 시간의 흐름에 따라서 추출한 표본의 번호를 나타내며, 수직(y)축은 표본의 품질특성치를 나타낸다. 즉, y축에는 관리도의 종류에 따라서 표본의 $\overline{x}$나 R과 같은 계량치가 표시되기도 하고 표본의 p나 c와 같은 계수치가 표시되기도 한다.

관리도의 중심선은 표본의 품질특성으로부터 산출한 평균의 추정치를 나타내고, 관리상한과 하한은 표본의 품질특성으로부터 추정한 표준편차의 ±3배의 범위를 나타낸다.

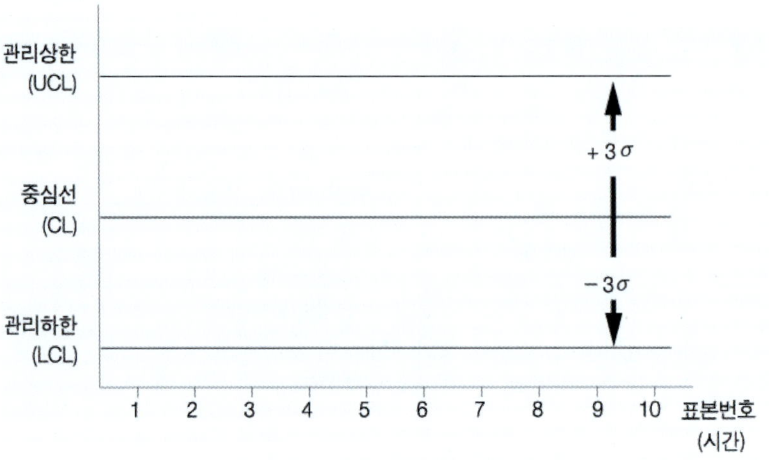

그림 6.3 관리도의 구성

여기서 말하는 표준편차는 프로세스 능력지수를 설명할 때 언급한 개별적인 품질특성 분포의 표준편차(σ)가 아니라 $\bar{x}$나 R과 같이 표본들의 특성들을 모아놓은 분포(sampling distribution)의 표준편차를 나타낸다. 가령 표본의 평균($\bar{x}$)들을 모아놓은 분포의 표준편차는 표준오차(standard error)라고 하며, $\sigma_{\bar{x}}$ 로 표시한다(단, $\sigma_{\bar{x}} = \frac{\sigma}{\sqrt{n}}$).

표준편차의 ±3배를 상한과 하한으로 정한 것은 표본특성들이 정규분포한다는 것을 가정하여 99.74%의 경우에 발생할 수 있는 변동의 범위를 나타낸다. 따라서 이 범위를 벗어날 가능성은 0.26%밖에 안 되며, 이렇게 낮은 발생 가능성을 가진 품질특성이 나타났을 경우는 이를 이상원인에 의한 변동으로 추정하게 되는 것이다.

(4) 관리상태와 이상상태

관리도에 대한 프로세스 품질변동의 예측은 기본적으로 관리한계를 중심으로 이루어진다. 어느 시점에서 추출한 표본의 품질특성이 관리한계를 벗어나게 되면 이는 이상원인에 의한 변동이 발생한 것으로 간주한다. 이상원인에 의한 변동은 바람직하지 않을 수도 있고 바람직할 수도 있다. 대개 관리상한을 벗어나는 이상변동은 바람직하지 않지만, 관리하한을 벗어나는 이상변동은 바람직한 경우도 많이 있다. 가령, 불량률이나 결점수와 같은 품질특성의 변동은 작을수록 바람직하기 때문이다.

그러나 이상변동의 내용이 바람직하든 안 하든 변동의 원인은 반드시 조사할 필요가 있다. 바람직하지 않은 이상변동은 그 원인을 밝혀 제거함으로써 품질의 안정성을 높이고, 바람직한 품질의 변동은 그 원인을 밝혀 유지시킴으로써 품질의 우수성을 지속시켜야 하기 때문이다.

일반적으로 관리한계를 벗어나는 품질변동이 발생하지 않을 때는 프로세스가 관리상태(in-control)에 있다고 하고, 관리한계를 벗어나는 품질변동이 발생할 때는 프로세스가 이상상태(out-of-control)에 있다고 한다. 그러나 〈그림 6.4〉에서 볼 수 있는 바와 같이 품질변동이 관리상한과 하한 사이에서 이루어진다고 하더라도 확률적으로 발생하기 어려운 예외적인 품질변동이 발생하는 경우는 관리상태에 있다고 보지 않고 이상상태에 있다고 보는 것이 타당하다. 우연원인에 의해서만 품질변동이 일어날 경우 품질특성의 분포는 정규분포의 모습 즉, 중심선을 중심으로 상하가 균형된 모습을 가져야 하며, 중심선 가까이에 대략 전체의 2/3가 몰려있어야 하기 때문이다. 그러나 그림에서 든 예를 보면 중심선의 위나 아래의 어느 한쪽으로 품질특성이 몰려있거나, 중심선보다는

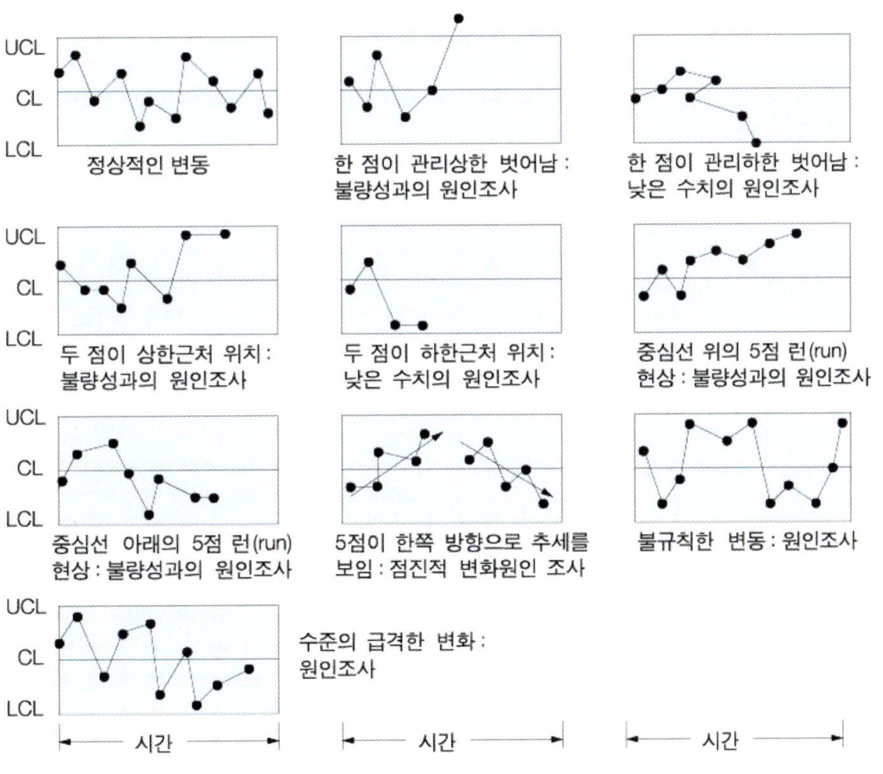

그림 6.4 관리도상의 품질변동 패턴

자료: Hansen, Bertrand L. (1963), *Quality Control : Theory & Applications*, Prentice-Hall, NJ., p.65.

상한 혹은 하한쪽에 많이 몰려있는 등의 이상변동의 모습을 보여주고 있다.

프로세스 품질변동이 안정적인 모습을 보이는 관리상태에 있다는 것이 우수한 프로세스 품질수준을 보증하는 것은 아니다. 가령 어느 병원의 응급센터를 방문하는 환자의 평균대기시간이 15분을 중심으로 관리상하한을 벗어나지 않는 안정된 변동의 모습을 가진다면 평균대기시간의 변동은 안정된 관리상태에 있다고 볼 수 있을 것이다. 즉, 환자가 평균 15분을 크게 벗어나서 대기하는 일이 발생하지 않는 안정된 대기상태가 유지되고 있음을 나타내는 것이다. 그러나 평균 15분의 안정된 대기시간이 바람직한지는 별개의 문제이다. 만일 전국 병원 응급센터의 평균 대기시간이 10분이라면 현재 이 병원의 대기시간은 너무 긴 것이라고 봐야 한다. 따라서 병원에서는 현재의 응급진료 서비스 프로세스로의 대기시간을 획기적으로 단축할 수 있는 새로운 응급진료 서비스 프로세스를 개발하여야 할 것이다. 기존의 응급진료 서비스 프로세스로는 아무리 대기시간의 변동을 줄이기 위한 노력, 즉 이상원인의 제거노력을 기울인다 해도 10분의 평균대기시간을 달성하기가 어렵기 때문이다.

2 계량형 관리도

계량형 관리도는 수치적으로 측정된 품질특성 즉, 계량치의 변동을 예측하기 위해서 사용한다. 〈표 6.1〉에서 본 바와 같이 계량형 관리도는 품질특성의 중심화경향과 산포도를 중심으로 작성하게 된다. 통계적으로 측정자료의 분포에 대한 기술적(descriptive)인 설명은 중심화경향, 산포도를 중심으로 편향성(skewedness), 첨도(kurtosis) 등을 사용하여 이루어지게 된다. 각 기술적인 분석치들은 각각 다른 측면에서 분포의 모습을 정확하게 설명하기 위해 사용한다. 일반적으로 관리도에서 사용하는 표본특성들은 정규분포를 가정하기 때문에 특히 중심화경향과 산포도가 분포의 모습을 잘 설명하기 위해 중요한 분석치가 된다. 따라서 계량형관리도의 초점은 중심화경향과 산포도에 초점을 맞추고 있다.

다음에서는 중심화경향을 관리하기 위한 대표적인 관리도로서 $\overline{x}$ −관리도, 산포도를 관리하기 위한 대표적인 관리도로서 R−관리도를 중심으로 계량형 관리도를 살펴보기로 한다. 한 가지 유의할 사항은 중심화경향과 산포도는 품질변동의 각기 다른 측면을 설명하는 분석치들이기 때문에 어느 하나만을 사용해서는 안 되고 양자를 병행해서 사용해야 한다는 것이다. 가령, $\overline{x}-R$ 관리도, $\overline{x}-s$ 관리도와 같이 중심화경향과 산포도를 병행하여 사용하는 것이 바람직하다.

(1) R-관리도

품질변동의 산포도를 관리하기 위해서 표본의 범위(range)를 측정하여 관리하는 관리도를 말한다. 일반적으로 계량형 관리도를 작성하기 위해 사용하는 표본의 크기(n)는 4-5개 정도로 작기 때문에 품질변동의 산포도를 나타내기 위해 품질특성치의 최댓값과 최솟값의 차이를 나타내는 범위를 사용하는 것이 효과적이고 편리한 방법이 될 수 있다. 그러나 표본의 크기가 커져서 15개를 넘으면 예외적으로 크거나 작은 값이 존재할 가능성이 높기 때문에 범위로써 산포도를 설명하는 것은 바람직하지 않다. 따라서 이러한 경우는 상대적으로 예외적인 값의 영향을 덜 받게 되는 표준편차(s)를 사용하여 관리도를 작성하는 것이 바람직하다.

R-관리도의 작성을 위해 필요한 중심선(CL), 관리상한(UCL) 및 관리하한(LCL)의 값은 다음과 같이 산출한다:

$$\mathrm{CL_R} = \overline{R}$$
$$\mathrm{UCL_R} = \mathrm{D_4}\overline{R}$$
$$\mathrm{LCL_R} = \mathrm{D_3}\overline{R}$$

여기서 $\overline{R}$는 각 표본의 범위(R_i)를 평균한 것을 말하고, $\mathrm{D_4}$와 $\mathrm{D_3}$는 $\overline{R}$와 표본의 크기(n)를 반영하여 R_i 분포가 가지는 표준편차의 ± 3배 크기를 결정하기 위해 사용하는 전환요소를 나타낸다(〈표 6.2〉 참조).

〈표 6.3〉에 제시된 자료를 참고로 R-관리도를 작성하여 보면 다음과 같다. 〈표 6.3〉의 자료는 가상적으로 어느 병원에서 환자가 MRI 촬영검사를 위해 대기하는 시간을 측정한 것이다. 총 8회에 걸쳐서 일정 시점에서 4명의 환자를 무작위로 관찰하여 조사한 결과를 나타내고 있다.

먼저 각 표본이 가지는 범위값(R_i)을 계산한다. 가령 4번째 표본의 범위값 R_4는 최대치인 12와 최소치인 2의 차이로 10이 된다. 각 R_i가 계산되면 R_i들의 평균값을 계산하여 중심선의 값을 정하고, 〈표 6.2〉에 나타나 있는 전환요소의 값을 사용하여 관리상한과 하한의 값을 결정한다(단, 이 경우 n =4이다).

표 6.2 관리도 작성을 위한 평균/분산 전환 요소값

n	A_2	D_3	D_4	d_2
2	1.880	0	3.269	1.128
3	1.023	0	2.574	1.693
4	0.729	0	2.282	2.059
5	0.577	0	2.114	2.326
6	0.483	0	2.004	2.534
7	0.419	0.076	1.924	2.704
8	0.373	0.136	1.864	2.847
9	0.337	0.184	1.816	2.970
10	0.308	0.223	1.777	3.078

표 6.3 검사 대기시간 자료의 R_i 및 $\overline{R}$의 산출 단위: 분

표본 번호	관찰 1	관찰 2	관찰 3	관찰 4	R_i(= 최대 − 최소)
1	5	7	6	6	$7-5=2$
2	10	8	9	12	$12-8=4$
3	5	4	9	3	$9-3=6$
4	6	2	8	12	$12-2=10$
5	2	3	5	4	$5-2=3$
6	10	10	15	12	$15-10=5$
7	5	7	5	4	$7-4=3$
8	3	2	5	6	$6-2=4$
					$\Sigma R_i = 37$
					$\overline{R} = 37/8 = 4.63$

$$CL_R = \overline{R} = 4.63$$

$$UCL_R = D_4\overline{R} = 2.282 \times 4.63 = 10.57$$

$$LCL_R = D_3\overline{R} = 0 \times 4.63 = 0.00$$

〈그림 6.5〉에는 위에서 구한 중심선, 관리상한 및 하한의 값을 가지고 R−관리도를 작성한 것이다. 그림에서 보면 8개의 표본 모두가 관리상한 혹은 하한을 넘는 범위값을 가지지 않는 것으로 나타나 있다. 따라서 범위의 품질특성 측면에서는 현재의 검사 프로세스가 관리상태에 있다고 볼 수 있다. 즉, 환자 간에 대기시간의 편차가 커서 검사 프로세스의 흐름을 조사해야 할 상황은 발생하지 않은 것으로 볼 수 있다는 의미이다.

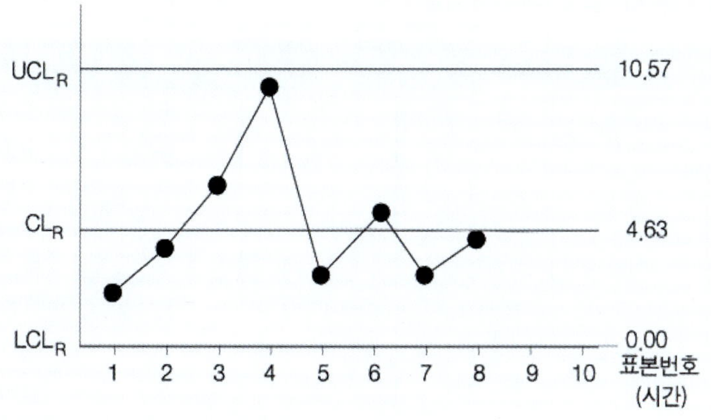

그림 6.5 검사 대기시간에 대한 R-관리도

(2) $\overline{x}$ – 관리도

품질변동의 중심화경향을 관리하기 위해서 표본의 평균(average) 즉, $\overline{x}_i$를 측정하여 관리하는 관리도를 말한다. $\overline{x}$ –관리도의 작성을 위해 필요한 중심선(CL), 관리상한(UCL) 및 관리하한(LCL)의 값은 다음과 같이 산출한다:

$$CL_{\overline{x}} = \overline{\overline{x}}$$
$$UCL_{\overline{x}} = \overline{\overline{x}} + A_2 \overline{R}$$
$$LCL_{\overline{x}} = \overline{\overline{x}} - A_2 \overline{R}$$

여기서 $\overline{\overline{x}}$는 각 표본의 평균($\overline{x}_i$)을 평균한 것을 말하고, A_2는 $\overline{R}$와 표본의 크기(n)를 반영하여 $\overline{x}_i$ 분포가 가지는 표준편차의 ±3배 크기를 결정하기 위해 사용하는 전환요소를 나타낸다(〈표 6.2〉 참조). 〈표 6.4〉에 제시된 자료를 참고로 $\overline{x}$ –관리도를 작성하여 보면 다음과 같다:

표 6.4 검사 대기시간 자료의 $\bar{x}_i$ 및 $\bar{\bar{x}}$의 산출 단위: 분

표본 번호	관찰 1	관찰 2	관찰 3	관찰 4	$\bar{x}_i$(= Σx / n)
1	5	7	6	6	24/4 = 6.00
2	10	8	9	12	39/4 = 9.75
3	5	4	9	3	21/4 = 5.25
4	6	2	8	12	28/4 = 7.00
5	2	3	5	4	14/4 = 3.50
6	10	10	15	12	47/4 = 11.75
7	5	7	5	4	21/4 = 5.25
8	3	2	5	6	16/4 = 4.00
					$\Sigma\ \bar{x}_i$ = 52.50
					$\bar{\bar{x}}$ = 52.50/8 = 6.56

$$CL_{\bar{x}} = \bar{\bar{x}} = \mathbf{6.56}$$

$$UCL_{\bar{x}} = \bar{\bar{x}} + A_2\bar{R} = 6.56 + 0.729 \times 4.63 = 6.56 + 3.38 = \mathbf{9.94}$$

$$LCL_{\bar{x}} = \bar{\bar{x}} - A_2\bar{R} = 6.56 - 0.729 \times 4.63 = 6.56 - 3.38 = \mathbf{3.18}$$

먼저 각 표본이 가지는 평균값($\bar{x}_i$)을 계산한다. 가령 4번째 표본의 평균값 $\bar{x}_4$는 4개의 관찰치의 합(6+2+8+12=28)을 관찰 혹은 표본의 수(n =4)로 나누어 계산한다(즉, 28/4=7.00). 각 $\bar{x}_i$가 계산되면 $\bar{x}_i$들의 평균값을 계산하여 중심선의 값을 정하고, 〈표 6.2〉에 나타나 있는 전환요소의 값을 사용하여 관리상한과 하한의 값을 결정한다.

〈그림 6.6〉에는 위에서 구한 중심선, 상한 및 하한의 값을 가지고 $\bar{x}$ −관리도를 작성한 것이다. 그림에서 6번째 표본의 평균값($\bar{x}_6$ =11.75)이 관리상한($UCL_{\bar{x}}$ = 9.94)을 넘는 예외적인 품질특성을 보여주고 있다. 따라서 이 표본을 조사한 시점에서는 이상원인에 의한 품질변동이 발생했을 가능성이 높다. 즉, 환자의 검사 대기시간이 예외적으로 길게 나타난 원인이 무엇인지를 밝혀 이를 제거할 필요성이 있음을 나타내는 것이다. 검사설비의 오류, 검사담당 종업원의 실수 혹은 검사재료의 부족 등 검사를 지연시키게 만드는 다양한 요인을 조사하여 구체적으로 어떤 이상원인이 작용했는지를 찾아내야 한다.

예외적인 품질변동의 원인을 찾아서 제거시키게 되면 예외적인 품질변동에 따른 자료(이 경우 6번째 표본)는 삭제하고 다시 중심선, 상한 및 하한의 값을 계산하여 관리도를

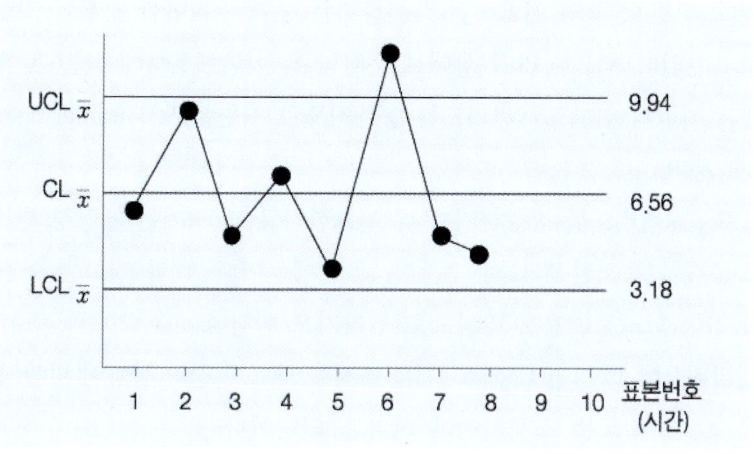

그림 6.6 검사 대기시간에 대한 $\bar{x}$-관리도

작성한다. 새롭게 작성된 관리도는 앞으로 검사 프로세스에서 발생하는 품질변동을 예측하고 관리하기 위해서 사용하게 된다.

3 계수형 관리도

계수형 관리도는 품질적합성에 대한 판단을 나타내는 계수치의 변동을 예측하기 위해서 사용한다. 〈표 6.1〉에서 본 바와 같이 계수형 관리도는 전반적인 품질이 규격에 적합하지 않은 상태 즉, 불량인 상태가 발생한 횟수, 비율 및 단위 서비스 상품에서 발견되는 결점의 수나 비율을 중심으로 작성하게 된다. 다음에서는 표본에서 발견되는 불량비율(p)을 관리하기 위해 사용되는 p −관리도와 단위 서비스 혹은 상품에서 발견되는 결점수(c)와 결점비율(u)을 관리하기 위해 각기 사용되는 c-관리도 및 u-관리도를 중심으로 계수형 관리도를 살펴보기로 한다.

(1) p −관리도

표본에서 발견되는 불량의 비율(p)을 중심으로 프로세스의 품질을 예측하고 관리하기 위해 사용된다. 실제 품질의 적합성을 검사하기 위해서 측정하게 되는 것은 불량개수이다. 따라서 불량비율을 구하기 위해서는 불량개수를 표본의 크기로 나누어야 한다. 만일 표본의 크기를 n, 불량비율을 p라고 한다면, 불량개수는 np로 표현할 수 있다(즉, $p = np/n$).

어느 서비스 혹은 상품의 전반적인 품질상태는 규격에 적합한 경우와 적합하지 않은 경우로 나눌 수 있다. 즉, 두 가지 상태로 품질의 특성을 표현하게 되는 것이다. 따라서 불량비율을 관리하기 위한 p − 관리도는 통계적으로 이항분포(binomial distribution)에 기반을 두게 된다.

일반적으로 p − 관리도를 작성하기 위해 필요한 표본의 크기는 계량형 관리도의 경우보다 크다. 품질을 측정한 자료의 수준이 낮기 때문이다. 대략 필요한 표본의 크기는 불량개수가 2개 정도는 발견될 만큼으로 정하기도 한다(Chase, 2001). 즉, 평균적으로 기대되는 불량비율이 1%라면 대개 100개를 조사할 때 1개 정도 불량이 발견되므로 2개가 발견되려면 200개 정도는 조사하여야 한다는 의미이다.

p − 관리도의 작성을 위해 필요한 중심선(CL), 관리상한(UCL) 및 관리하한(LCL)의 값은 다음과 같이 산출한다:

$$\mathrm{CL_p} = \bar{p}$$
$$\mathrm{UCL_p} = \bar{p} + 3\sqrt{\bar{p}(1-\bar{p})/n}$$
$$\mathrm{LCL_p} = \bar{p} - 3\sqrt{\bar{p}(1-\bar{p})/n}$$

여기서 $\bar{p}$는 각 표본의 불량률(p_i)을 평균한 것을 말하고, 관리상한 혹은 하한의 값은 p_i 분포가 가지는 표준편차 $\left(\sqrt{\bar{p}(1-\bar{p})/n}\right)$의 ±3배 크기를 반영하여 결정한 것이다.

〈표 6.5〉에 제시된 자료를 참고로 p − 관리도를 작성하여 보면 다음과 같다. 〈표 6.5〉의

표 6.5 검사 서비스 불만족 환자 수에 대한 p_i 및 $\bar{p}$의 산출

표본 번호	조사대상자 수(n)	불만족 환자 수(np_i)	불만족 환자 비율(p_i)
1	100	3	3/100 = 0.03
2	100	4	4/100 = 0.04
3	100	7	7/100 = 0.07
4	100	2	2/100 = 0.02
5	100	5	5/100 = 0.05
6	100	10	10/100 = 0.10
7	100	6	6/100 = 0.06
8	100	2	2/100 = 0.02
			$\Sigma\ p_i = 0.39$
			$\bar{p} = 0.39/8 = 0.049$

자료는 가상적으로 MRI 촬영검사에 대한 환자의 만족여부를 조사한 것이다. 총 8회에 걸쳐서 일정 시점에서 100명의 환자를 무작위로 관찰하여 검사에 대한 만족여부를 조사한 결과를 나타내고 있다.

먼저 각 표본이 가지는 불만족 환자의 비율(p_i)을 계산한다. 가령 3번째 표본의 불만족 환자의 비율 p_3는 불만족환자의 수($np_3 = 7$)를 표본의 수($n = 100$)로 나누어 구한다. 각 p_i가 계산되면 p_i들의 평균값($\bar{p}$)을 계산하고, 이를 바탕으로 표준편차의 값을 구하여 중심선과 관리상한 및 하한의 값을 정하게 된다. 단, 관리하한의 경우는 "중심선 − 3배의 표준편차"의 값이 음(−)이 나올 경우 이를 0.0으로 한다. 음(−)의 불량률을 가정할 수 없기 때문이다. 따라서 이러한 경우는 중심선의 상하폭이 균형을 이루지 않게 된다.

$$CL_p = \bar{p} = \mathbf{0.049}$$

$$UCL_p = \bar{p} + 3\sqrt{\bar{p}(1-\bar{p})/n} = 0.049 + 3\sqrt{0.049(1-0.049)/100}$$
$$= 0.049 + 3 \times 0.0216 = 0.049 + 0.065 = \mathbf{0.114}$$

$$LCL_p = \bar{p} - 3\sqrt{\bar{p}(1-\bar{p})/n} = 0.049 - 3\sqrt{0.049(1-0.049)/100}$$
$$= 0.049 - 3 \times 0.0216 = 0.049 - 0.065 = -0.016 = \mathbf{0.000}$$

〈그림 6.7〉에는 위에서 구한 중심선, 상한 및 하한의 값을 가지고 p－관리도를 작성한 것이다. 그림에서 보면 8개의 표본 모두가 관리상한 혹은 하한을 넘는 불만족 환자의 비율(불량률)을 가지지 않는 것으로 나타나 있다. 따라서 불만족 환자 비율의 품질특성

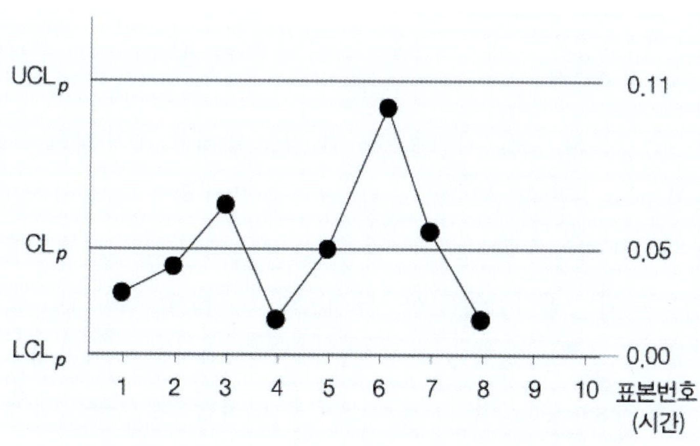

그림 6.7 검사 서비스 불만족 환자 비율에 대한 p−관리도

측면에서는 현재의 검사 프로세스가 관리상태에 있다고 볼 수 있을 것이다. 즉, 예외적으로 불만족 환자의 비율이 높거나 낮은 이상변동이 발생하고 있지 않은 것으로 볼 수 있다는 의미이다.

(2) c-관리도

단위 상품 혹은 서비스 프로세스에서 발견되는 결점의 수(c)를 중심으로 프로세스의 품질을 예측하고 관리하기 위해 사용된다. 가령 헤어숍에서 고객이 원하는 헤어스타일링 서비스를 할 경우 서비스 종료 전에 고객의 확인을 받게 된다. 이 경우 고객이 마음에 들지 않는 스타일링에 대해서 수정을 요구할 수도 있는데, 이는 바로 단위 서비스가 가지는 결점의 발생을 의미하게 된다. 일반적으로 결점 수를 관리하기 위한 c-관리도는 통계적으로 포아송 분포(poisson distribution)에 기반을 두게 된다. 포아송 분포는 이항 분포의 특수한 경우 즉, n이 매우 크고, p가 매우 작은 특성을 가지는 확률분포로서 평균과 분산이 같은 특징을 가지고 있다. 헤어스타일링의 경우 스타일링이 잘못될 수 있는 헤어의 영역(n)은 크지만, 각 단위 헤어 면적에서 실제로 잘못된 스타일링이 발생할 가능성(p)은 매우 작다고 할 수 있다.

c-관리도의 작성을 위해 필요한 중심선(CL), 관리상한(UCL) 및 관리하한(LCL)의 값은 다음과 같이 산출한다:

$$\mathrm{CL}_c = \bar{c}$$
$$\mathrm{UCL}_c = \bar{c} + 3\sqrt{\bar{c}}$$
$$\mathrm{LCL}_c = \bar{c} - 3\sqrt{\bar{c}}$$

여기서 $\bar{c}$는 각 표본의 결점수(c_i)를 평균한 것을 말하고, 관리상한 혹은 하한의 값은 c_i 분포가 가지는 표준편차($\sqrt{\bar{c}}$)의 ±3배 크기를 반영하여 결정한 것이다.

〈표 6.6〉에 제시된 자료를 참고로 c-관리도를 작성하여 보면 다음과 같다. 〈표 6.6〉의 자료는 가상적으로 어느 백화점에서 하루에 발생한 고객불만 제기 건수를 조사한 것이다. 총 8일에 걸쳐서 그날에 발생했던 고객불만 건수를 조사하여 나타내고 있다. 이 경우 하루에 백화점을 이용하는 고객의 수(n)는 매우 많지만, 각 이용고객이 실제로 불만을 제기할 가능성(p)은 매우 작기 때문에 포아송 분포를 가정하는 c-관리도를 사용하여

표 6.6 고객의 불만제기 건수 및 $\bar{c}$의 산출

표본 번호	고객의 불만제기 건수(c_i)
1	3
2	5
3	1
4	2
5	8
6	4
7	7
8	1
	$\Sigma c = 31 \quad \bar{c} = 31/8 = 3.88$

품질변동을 관리할 수 있다.

먼저 각 표본에서 발견된 결점의 수(c_i = 불만제기 건수)에 대한 평균값($\bar{c}$)을 구하여 중심선을 정한다. 이 경우 $\bar{c} = 3.88$이 된다. 관리상한과 하한은 "중심선 ±3배의 표준편차"로서 정한다. 다만, 관리하한의 경우 음(−)의 값이 산출되므로 이를 0.0으로 정해 준다.

$$
\begin{aligned}
\mathrm{CL_c} &= \bar{c} = \mathbf{3.88} \\
\mathrm{UCL_c} &= \bar{c} + 3\sqrt{\bar{c}} = 3.88 + 3\sqrt{3.88} = 3.88 + 3 \times 1.970 \\
&= 3.88 + 5.91 = \mathbf{9.79} \\
\mathrm{LCL_c} &= \bar{c} - 3\sqrt{\bar{c}} = 3.88 - 3\sqrt{3.88} = 3.88 - 3 \times 1.970 \\
&= 3.88 - 5.91 = -2.03 = \mathbf{0.00}
\end{aligned}
$$

〈그림 6.8〉에는 위에서 구한 중심선, 관리상한 및 하한의 값을 가지고 c−관리도를 작성한 것이다. 그림에서 8개의 표본 모두가 관리상한 혹은 하한을 넘는 불만제기 건수(결점 수)를 가지지 않는 것으로 나타나 있다. 따라서 불만제기 건수의 품질특성 측면에서는 현재의 전반적인 백화점의 서비스 프로세스가 관리상태에 놓여있다고 볼 수 있다. 즉, 예외적으로 불만제기 건수가 높거나 낮은 이상변동이 발생하고 있지 않다는 의미이다.

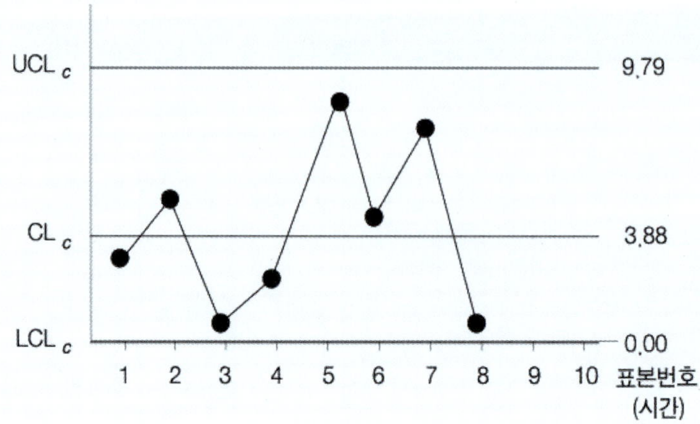

그림 6.8 고객의 불만제기 건수에 대한 c-관리도

(3) u -관리도

단위 상품 혹은 서비스 프로세스에서 발견되는 결점비율(u)을 중심으로 프로세스의 품질을 예측하고 관리하기 위해 사용된다. 단위 상품 혹은 서비스에서 발견되는 결점의 수가 매우 작을 때에는 여러 개의 표본을 조사해야 결점을 발견할 수 있기 때문에 c-관리도를 사용하는 것이 부적절하다. 따라서 이 경우는 여러 표본에서 발견되는 총 결점의 수를 표본의 크기로 나누어 산출한 결점비율을 중심으로 관리도를 작성하게 된다.

u-관리도의 작성을 위해 필요한 중심선(CL), 관리상한(UCL) 및 관리하한(LCL)의 값은 다음과 같이 산출한다:

$$\mathrm{CL_u} = \bar{u}$$
$$\mathrm{UCL_u} = \bar{u} + 3\sqrt{\bar{u}/n}$$
$$\mathrm{LCL_u} = \bar{u} - 3\sqrt{\bar{u}/n}$$

여기서 $\bar{u}$는 각 표본의 결점비율(u_i)를 평균한 것을 말하고, 관리상한 혹은 하한의 값은 u_i 분포가 가지는 표준편차($\sqrt{\bar{u}/n}$)의 ±3배 크기를 반영하여 결정한 것이다.

〈표 6.7〉에 제시된 자료를 참고로 u-관리도를 작성하여 보면 다음과 같다. 〈표 6.7〉의 자료는 가상적으로 어느 보험회사에서 가지고 있는 고객별 정보입력자료를 조사하여

표 6.7 고객정보 기록에서 발생하는 오타 수에 대한 u_i 및 $\bar{u}$의 산출

표본 번호	조사대상 건수(n)	오타 수	u_i(= 오타 수/n)
1	20	1	1/20 = 0.05
2	20	4	4/20 = 0.20
3	20	1	1/20 = 0.05
4	20	7	7/20 = 0.35
5	20	2	2/20 = 0.10
6	20	3	3/20 = 0.15
7	20	1	1/20 = 0.05
8	20	2	2/20 = 0.10
			Σu = 1.05
			$\bar{u}$ = 1.05/8 = 0.131

발견한 오타의 수를 나타낸 것이다. 총 8회에 걸쳐서 각각 20건(n)씩의 고객입력자료를 무작위로 검사한 후 발견된 총 오타의 수를 표시하고 있다.

먼저 각 표본에서 발견된 결점비율(u_i)을 산출한 후, u_i의 평균을 산출하여 중심선을 정한다. 가령, 5번째 표본의 경우 20개의 입력자료에서 발견된 총 오타의 수(결점 수)는 2개이므로 오타비율 즉 결점비율(u_2)은 2/20 = 0.10이 된다. 모두 8개의 u_i의 합은 1.05이므로 u_i의 평균($\bar{u}$)은 1.05/8 = 0.131이 된다. $\bar{u}$가 구해지면 다음과 같이 중심선과 관리상한 및 하한의 값이 정해진다:

$$\mathrm{CL_u} = \bar{u} = \mathbf{0.131}$$

$$\begin{aligned}\mathrm{UCL_u} &= \bar{u} + 3\sqrt{\bar{u}/n} = 0.131 + 3\sqrt{0.131/20} = 0.131 + 3 \times 0.081 \\ &= 0.131 + 0.243 = \mathbf{0.374}\end{aligned}$$

$$\begin{aligned}\mathrm{LCL_u} &= \bar{u} - 3\sqrt{\bar{u}/n} = 0.131 - 3\sqrt{0.131/20} = 0.131 - 3 \times 0.081 \\ &= 0.131 - 0.243 = -0.112 = \mathbf{0.000}\end{aligned}$$

〈그림 6.9〉에는 위에서 구한 중심선, 상한 및 하한의 값을 가지고 u –관리도를 작성한 것이다. 그림에서 보면 8개의 표본 모두가 관리상한 혹은 하한을 벗어나는 오타비율(결점비율)을 가지지 않는 것으로 나타나 있다. 따라서 결점비율의 품질특성 측면에서는 현재의 고객정보 입력 프로세스가 관리상태에 놓여있다고 볼 수 있다. 즉, 예외적으로 오타 발생비율이 높거나 낮은 이상변동이 발생하고 있지 않다는 의미이다.

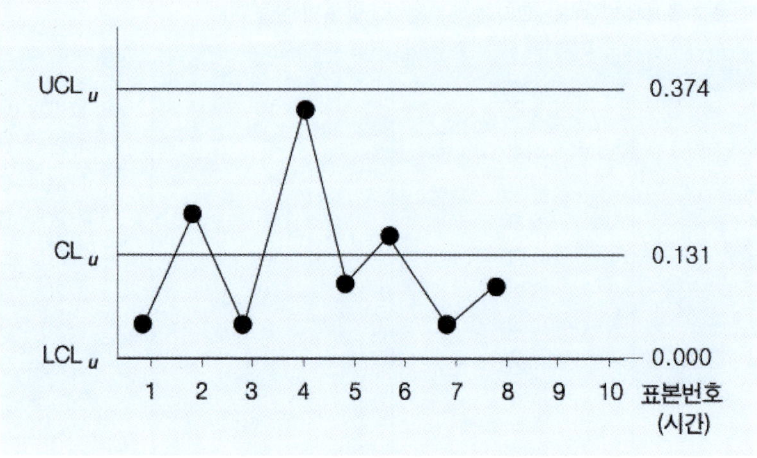

그림 6.9 오타비율에 대한 u-관리도

참고문헌

Burney, F.A. and Al-Darrab I. (1998), "Performance Evaluation Using Statistical Quality Control Techniques," *Work Study*, Vol. 47, No. 6, pp. 204-212.

Chase, R.B., Aquilano, N.J. and Jacobs, F. R. (2001), *Operations Management for Competitive Advantage*, 9th ed., McGraw-Hill, New York. NY.

Hansen, Bertrand L. (1963), *Quality Control : Theory & Applications*, Prentice-Hall, NJ.

Richardson, T.L. (1997), *Total Quality Management*, Delmar Publishers, N.Y.

Wadsworth, H.M., et al. (2002), *Modern Method for Quality Control and Improvement*, John Wiley & Sons, N.Y.

7장

서비스 프로세스 개선 기법

서비스 프로세스의 품질개선을 위해서는 다양한 활동들이 요구된다. Huffman(1997)은 다양한 서비스 프로세스 개선 활동의 성격을 '4 Re-활동'으로 표현한 바 있다. 즉, 신속한 문제해결 혹은 문제원인의 제거를 나타내는 Repair(수리), 일상적인 프로세스의 지속적 개선 활동을 나타내는 Refinement(정련), 기존 프로세스 흐름의 범주 내에서의 획기적인 개선을 나타내는 Renovation(쇄신), 그리고 새로운 혁신적 프로세스의 도입을 나타내는 Reinvention(개혁)을 말한다. 여기에서 수리나 정련과 같은 개선 활동은 종업원에 의한 일상적 현장개선 활동이라면 쇄신이나 개혁은 경영자의 책임하에 이루어지는 장기적인 프로세스 혁신 활동이라고 할 수 있다. 장기적인 혁신 활동은 바람직한 서비스 설계, 창출 프로세스 구축, 공급업체 파트너십 구축, 고객기대 관리 등과 같이 전략적인 접근을 필요로 하는 경영자의 과업이 된다(본서의 주요 장별 구성내용 참조). 단기적이고 일상적인 개선 활동은 지속적이고 점진적인 개선 활동의 성격을 가지며, 서비스 제공을 담당하는 종업원의 과업이 된다. 본 장에서는 주로 현장 서비스 제공자에 의해 이루어질 수 있는 일상적인 서비스 프로세스 품질개선 활동에 초점을 맞추어 살펴보기로 한다. 아울러 서비스 프로세스의 품질관리 체계에 대해 요구되는 국제적인 인증제도에 대해서도 살펴보기로 한다.

핵심용어

- 4 Re-활동
- PDCA 싸이클
- 플로우 차트
- 관리도
- 5S
- ISO 26000
- 지속적 개선(CI)
- 체크 시트
- 히스토그램
- 원인-결과 다이어그램
- ISO 9000
- ISO 18091
- 5W2H
- 파레토 차트
- 산포도
- TPM
- ISO 14000
- ESG이니셔티브

I 서비스 프로세스 품질개선 시스템

1 지속적 개선(CI)

지속적 개선(CI; continuous improvement)이란 상품 혹은 서비스와 이를 창출하는 프로세스를 끊임없이 개선하려는 노력의 과정을 나타내는 경영철학을 말한다. 주요 기술적인 혹은 이론적인 혁신에 의존해서 "커다란 성과"를 거두려고 노력하는 전통적인 개선의 접근방식에 비해 지속적 개선은 팀 구성원의 아이디어와 제안을 바탕으로 설비나 재료, 인력 활용 혹은 작업 방법 등에 있어서 "작은 성과"를 "영속적으로" 개선해 나가려는 것에 목적을 두고 있다. 본래 지속적 개선의 개발과 실행은 제조산업을 중심으로 이루어져 왔지만, 다음에 소개하는 FedEx의 사례에서 볼 수 있는 바와 같이 서비스 부문의 경쟁력 향상을 위한 효과적인 도구로서도 널리 활용되고 있다(Dumaine, 1990):

> FedEx의 백 오피스(back-office) 부서에서 근무하는 한 종업원 팀과 점심을 한 적이 있었다. 대부분은 고등학교 졸업 정도의 학력을 가진 초급 근무자들이었지만 치킨을 먹으면서 쏟아내는 이들의 말속에는 일본의 지속적 개선 기법을 의미하는 카이젠(Kaizen)이나, 단계별로 논리적인 접근을 필요로 하는 문제해결 기법인 파레토(Pareto) 등과 같은 용어가 들어있는 것을 보고 깊은 인상을 받았다. 이 팀에서는 언젠가 주별 회의에서 한 품질관리 부서의 직원이 발견하였던 요금청구 문제의 개선사례를 다음과 같이 소개해 주었다:
>
> "일반적으로 고객이 배달하려는 포장 물품이 무거울수록 높은 요금을 청구해야 한다. 그러나 배달 요원이 바쁘다 보면 고객이 체크한 무게가 맞는지를 제대로 확인하지 못하고 배달하는 경우가 종종 발생하게 된다. 이는 바로 FedEx에게 이익의 상실로 돌아오게 되는 것이다. 우리 팀에서는 곧 문제해결에 착수하였다. 한 요금청구 서비스담당 직원은 전체 30,000여 명의 배달 요원으로 구성된 네트워크를 조사하여 무게를 제대로 확인하지 않고 있는 현장 오피스들을 찾아낸 후 해당 오피스에 근무하는 배달요원들에게 무게 확인을 소홀히 함으로써 발생하는 문제를 인식시켜 주었다. 또 다른 직원은 요금청구서를 확인하는 시스템을 구축하여 해결 방안이 제대로 수행되고 있는지를 확인할 수 있도록 하였다. 그 결과 FedEx는 작년 한 해만도 우리 팀의 아이디어 실행을 통해 210만 달러의 이익을 얻을 수 있었다."

지속적 개선을 위해 사용하는 접근방식은 단순한 종업원 제안제도의 수준에서부터 SPC를 활용하는 구조화된 프로그램에 이르기까지 다양하다. 〈표 7.1〉에 나타낸 5W2H 방법도 프로세스에서 수행되고 있는 과업 활동에 대해 끊임없이 개선의 기회를 모색하는

표 7.1 5W2H 방법을 활용한 지속적 개선

유형	5W2H	내용	대응책
주제	What?	무엇이 행해지고 있는가? 이 과업이 제거될 수 있는가?	불필요한 과업을 제거하라.
목적	Why?	이 과업이 왜 필요한가? 목적은 명확한가?	
위치	Where?	그것이 어디에서 행해지고 있는가? 그것은 반드시 그곳에서 행해져야 하는가?	순서나 조합의 내용을 변경하라.
순서	When?	그것을 행하기 위한 최적의 시간은 언제인가? 그것은 반드시 그때 행해져야 하는가?	
사람	Who?	누가 그것을 하고 있는가? 다른 누군가가 그것을 해야 하는가? 왜 내가 해야 하는가?	
방법	How?	그것이 어떻게 행해지고 있는가? 이것이 최선의 방법인가? 다른 방법도 존재하는가?	과업을 단순화하라.
비용	How much?	현재 얼마의 비용이 들고 있는가? 개선 후에는 비용이 얼마나 되겠는가?	개선방법을 선택하라.

자료: Chase, R.B., Aquilano, N.J. and Jacobs, F. R.(2001), *Operations Management for Competitive Advantage*, 9th ed., McGraw-Hill, New York. NY., p.273.

지속적 개선의 한 방법이다. 일반적으로 널리 사용되는 지속적 개선을 위한 대표적인 도구에 대해서는 다음의 'II. 서비스 프로세스 품질개선 도구'에서 자세히 살펴보기로 한다.

2 PDCA 싸이클

PDCA 싸이클이란 〈그림 7.1〉에 나타낸 바와 같이 Plan(계획수립) − Do(실행) − Check(평가)−Act(수정활동)로 이어지는 연속적인 문제해결 절차를 말한다. 본래 Walter Shewhart에 의해 창안된 개념이기 때문에 Shewhart 싸이클이라고도 하나, Deming에 의해 널리 전파되고 알려지게 되었기 때문에 일반적으로는 Deming 싸이클이라고 한다. 경우에 따라서는 Check 대신에 Study를 넣어서 PDSA 싸이클이라고 하기도 한다. Deming은 품질개선의 활동이 지속적인 프로세스가 되어야 함을 강조하기 위해서 그 실행적인 도구로서 PDCA 싸이클 개념을 역설하였다.

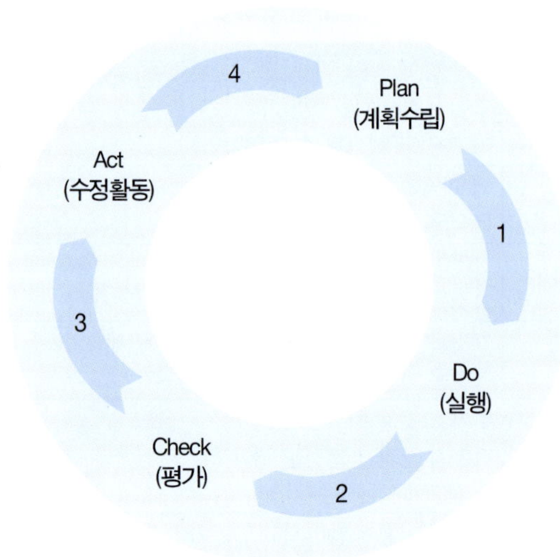

그림 7.1 PDCA 싸이클

(1) Plan(계획수립)

PDCA 싸이클의 첫 단계는 개선을 위한 계획을 수립하는 것이다. 계획이란 일반적으로 달성하고자 하는 목표를 설정하고 이를 달성하기 위한 방안을 마련하는 것을 나타낸다. 따라서 이 경우는 해결이나 개선하고자 하는 서비스 품질의 영역이 무엇인지를 명확히 하고, 이를 실행하기 위해 필요한 활동이 무엇인지를 규명하는 노력이 뒤따르게 된다. 문제의 성격을 명확히 하고, 수집해야 할 자료가 무엇인지 결정하며, 브레인스토밍 등을 사용한 문제해결 아이디어를 개발하는 일들이 이루어져야 한다.

(2) Do(실행)

계획한 것을 실행하는 단계이다. 제안된 개선 방안은 처음에는 가급적 통제된 환경하에서 소규모로 시도된다. 이 과정에서 주의를 기울여서 필요한 자료를 수집하게 되며, 수집된 자료의 개략적인 검토를 통해 원래의 개선계획에 대한 조정이 이루어지게 된다.

(3) Check(평가)

계획의 실행 효과를 평가하는 단계이다. 앞서 실행단계에서 수집한 자료를 면밀히 분석하여 제안된 개선 방안이 고객만족도를 증가시키는 결과를 가져왔는지를 확인하게 된다. 성과자료를 경쟁기업의 자료와 벤치마크하거나 문제해결 팀 구성원의 지식을 바탕으로 평가하게 되며, 실제적인 관찰을 통해 합치된 의견을 도출하게 된다. 결과가 기대했던 것과 다른지 혹은 오히려 바람직하지 않게 나타나지 않았는지를 확인하는 것은 필수적인 일이다. 자료의 중요성을 절대 간과해서는 안 된다. 자료는 프로세스 개선노력을 고객만족과 이어주는 중요한 역할을 하기 때문이다. 일반적으로 실행의 전과 후를 비교하는 자료보다는 추세나 상관성을 나타내는 정보가 보다 중요한 의미를 가진다.

(4) Act(수정활동)

최종단계는 결과에 따라 행동을 취하는 단계이다. 결과에 대한 연구를 거쳐서 정책을 수정, 실행, 공식화할 것인지 혹은 변화의 내용을 조직에 통합할 것인지를 결정하게 된다. 계획된 변화노력을 통해 개선이 이루어졌는지를 확인하기 위해 새로운 싸이클을 다시 시작하게 된다.

다음의 〈표 7.2〉는 이러한 PDCA 싸이클 접근방식을 활용하여 최근에 주목받고 있는 지속가능경영을 실현하기 위한 서비스프로세스 개선 방안을 모색해 본 것이다. 즉, PDCA 싸이클을 기반으로 지속가능경영 ESG 경영 전반에 필요한 서비스 프로세스에 대한 개선 및 관련 법률 리스크(규제 등)에 대응하기 위한 방안을 구체화한 것이다.

표 7.2 PDCA를 활용한 ESG 프로세스 개선사례

1단계	2단계	3단계	4단계
Plan(계획)	Do(실행)	Check(확인)	Act(개선)
• ESG 및 지속가능경영 관련 규제 관리 • 유해 · 위험요인 식별 • 세부내용 개발 및 추적관리	• 각 부서 업무관리 • 세부활동 증빙자료 마련 • 사고 · 재해 보고 체계 마련 등	• 내부 자체 심사 • 외부 기관 심사 • 규제 준수 사항 증명 등 (협력사 업무협약, 행동강령 공표 등)	• 평가에 따른 개선 방안 수립 • 사고 · 재해 재발 방지 조치 • 피드백

자료: Compli · Law (2024), https://www.complilaw.com참조하여 작성함.

Ⅱ 서비스 프로세스 품질개선 도구

1 서비스 품질개선 도구

프로세스에서 발생하는 품질변동과 문제를 설명하기 위해서 사용되는 많은 데이터와 용어들은 설명하기가 어렵거나 너무 복잡해서 이해하기가 어려운 경우가 많다. 그러나 단순히 기록된 측정 데이터를 들여다본다고 해서 문제점이나 해결책을 찾아낸다는 것은 불가능하다. 그러므로 다양한 형태의 기술적인 품질관리 도구들을 활용하여 데이터를 구조화하고 그래프로 나타내는 일이 필요하게 된다. 이러한 도구들은 단순히 문제 그 자체를 해결하기보다는 문제의 근본적인 원인을 규명하고, 차별화하며, 분석하고, 해결하거나 감시하기 위해서 사용된다. 서비스 품질개선을 위해 사용될 수 있는 도구는 다양하지만, 다음에서는 소위 Ishikawa가 말하는 7가지 품질개선 도구 즉, 체크시트(check sheet), 파레토 차트(Pareto chart), 플로우 차트(flow chart), 히스토그램(histogram), 산포도(scatter diagram), 관리도(control chart), 원인-결과 다이어그램(cause-and-effect diagram)을 중심으로 살펴보기로 한다. 한 가지 유의할 점은 각각의 도구가 고유의 기능을 가지고 있지만 효과적인 서비스 프로세스 품질개선을 위해서는 다양한 도구들이 가지고 있는 상호보완적인 기능들을 적절하게 혼합하여 사용해야 한다는 것이다.

1.1 체크 시트

체크 시트는 관찰된 자료나 측정된 자료를 수집하기 위해 사용되는 도구로서 대부분의 프로세스 관리 혹은 문제해결 노력을 수행하기 위한 초보적인 수단으로 널리 사용된다. 체크 시트를 사용하여 수집된 자료는 히스토그램이나 파레토 차트 등을 작성하기 위해 사용되기도 하며, 문제 영역을 규명해 내기 위해서 주로 사용된다. 주로 발생 횟수를 추적하거나, 정보의 수집 혹은 반복적으로 발생하는 문제의 심각성을 파악하기 위해 사용된다. 체크 시트는 다음과 같이 계수형(attribute) 체크 시트, 계량형(variable) 체크 시트 및 결함 위치(defect location) 체크 시트 등의 3가지 종류로 나누어 볼 수 있다:

- **계수형(attribute) 체크 시트:** 일정 기간에 걸쳐서 발생하는 불량에 관한 데이터를 수집하기 위해 설계된 체크 시트를 말한다. 불완전한 품질현상, 흠집, 색상 이상 혹은 불충분한 서비스 제공과 같은 계수치 특성을 수직 열에 표기한 후 일정 기간동안(시간당 혹은 교대조당) 발생한 건수를 집계하는 것이다. 서비스 종업원은 수집된 데이터를 바탕으로 프로세스 개선을 시도하게 된다. 다음의 〈표 7.2〉는 환자를 위한 배식 과정에서 발생하는 서비스 오류의 발생건수를 집계한 계수형 체크 시트를 나타내고 있다.
- **계량형(variable) 체크 시트:** 크기나 직경, 무게 혹은 시간 등과 같이 계량치 특성을 측정한 데이터를 수집하기 위해서 사용되는 체크 시트를 말한다. 특정 계량치의 세부적인 측정 가능 값들을 수직 열에 표기한 후 해당 측정치가 관찰된 건수를 집계하게 된다.

표 7.3 환자 배식 서비스 품질개선을 위한 체크 시트

날자: 2004년 8/16 −8/22 병동: 4층 동관 근무조: 7−3					환자 배식 서비스			
CHECK SHEET	월	화	수	목	금	토	일	합계
부실한 식판				/	/	/		3
부정확한 배식 준비량 요구	/		/			/		3
부정확한 메뉴	/		/		//		/	5
제한 식이 내용 변경	/				/		/	3
식이 처방전 오류	/		/		/	/		4
환자 수면중	///	/	卌	/	//	///	/	16
환자 부재중	卌	///	//	/	/	//	//	16
의사 순환 진료 중		//	////	/	/	/	/	11
환자 식욕 못느낌	/	/	//	/	///	/	卌	14
배식 카트 불량					/	/	/	3
식기 보온기 고장	//	//	///	//	////	/	//	16
가열장치 고장	/	/			/		/	4
온도측정 오류	/					/		2
간병인 부재	///	//	///	////	//	///	///	20
배식 카트 부족	//	///	//		//		//	11
엘리베이터 고장			//	///		/		6
합계	22	16	25	13	21	17	20	134

자료: Vanderbilt University (2006), http://mot.vuse.vanderbilt.edu/mt322/Check.HTM 참조하여 작성함.

- **결함 위치(defect location) 체크 시트**: 결함 혹은 불량의 발생 위치와 성격을 규명하기 위해 사용되는 체크 시트이다. 서비스 프로세스의 단계적 과정을 그림으로 나타낸 후 서비스 오류가 발생할 때마다 발생한 위치에 표시하도록 함으로써 서비스 불량이 집중적으로 발생하는 위치를 손쉽게 파악할 수 있도록 하는 것이다.

1.2 파레토 차트

파레토 차트는 품질불량의 발생원인 혹은 발생영역의 중요성을 차별화하기 위해 사용하는 바 차트(bar chart)를 말한다. 기본적으로 대부분(80%)의 결과는 소수 핵심(20%) 원인에 의해 야기된다는 파레토 원칙에 근거하여 작성하는 차트로서 차트의 수평(x)축에는 불량영역 혹은 원인을 발생빈도가 높은 것으로부터 차례로 배열하게 된다. 본래 파레토 원칙은 19세기 사회경제학자였던 Vilfredo Pareto가 특정 사회가 가지는 부의 대부분은 소수의 사람(20%)에게 집중되어 있으며, 대부분(80%)의 사람은 가난에 처해있다는 사실을 발견한 것으로부터 비롯되었다.

파레토 차트로 작성하게 되면 대부분의 불량 결과를 야기시키는 소수 핵심(vital few) 원인이 무엇인지를 쉽게 구분할 수 있고, 이러한 핵심 원인의 개선에 주력함으로써 상당한(80%) 부분의 불량현상을 제거시킬 수 있게 되는 것이다. 가령 〈그림 7.2〉에 나타낸 레스토랑의 고객불만 원인에 대한 파레토 차트를 보면 전체 불만 건수의 대부분(이 경우는 약 74%)은 3가지 핵심 원인, 즉 "서비스 지연", "식은 음식", "연기"에 의해서 발생하고 있으며 나머지 5개 원인은 26%의 불만 건수만을 야기시키는 다수 사소한(trivial many) 원인에 불과함을 알 수 있다.

1.3 플로우 차트

플로우 차트는 형상화된 심볼과 이를 연결하는 선을 사용하여 활동이나 작업, 정보, 자재, 작업자 이동 등의 연결 흐름을 나타내는 그림을 말한다. "제5장 고객기대의 설계규격화"에서 설명한 바 있는 서비스 블루프린트는 서비스 프로세스에서 이루어지는 활동의 흐름을 나타내는 대표적인 플로우 차트의 예가 된다.

서비스 프로세스 품질개선을 위해 활용될 수 있는 단순한 형태의 플로우 차트로는 프로세스 플로우 차트(process flow chart)를 들 수 있다. 프로세스 플로우 차트는 투입을

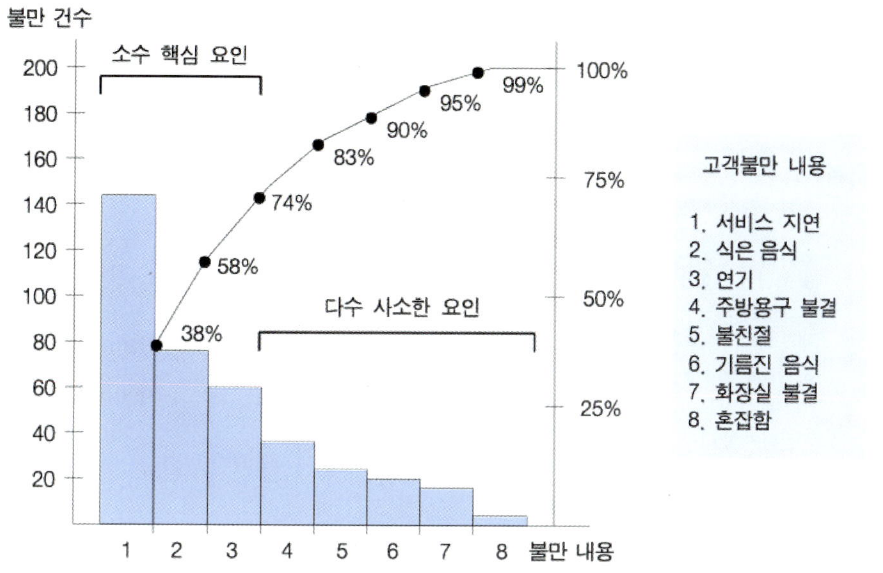

그림 7.2 레스토랑 불만내용에 대한 파레토 차트
자료: Richardson, T.L. (1997), *Total Quality Management*, Delmar Publishers, N.Y., p. 292.

상품과 서비스로 전환시키는 시스템을 개발하고 설명하기 위한 주요 도구로 사용되고 있다. 이는 2가지 핵심적인 정보, 즉 (1) 서비스를 제공함에 있어서 재료나 정보 혹은 사람에게 수행되는 활동에 대한 정보와 (2) 서비스 창출 프로세스 간의 연관성에 대한 정보를 제공하게 된다. 연관성에 관한 정보란 활동의 진행 순서, 프로세스의 선후관계 혹은 병렬 수행 가능성 등을 말한다.

프로세스 플로우 차트를 작성하기 위해서는 각기 고유의 프로세스 활동을 나타내는 5가지 표준 심볼을 사용하게 된다. 〈그림 7.3〉에 나타낸 바와 같이 각 심볼은 작업(operations), 운송(transportation), 검사(inspection), 저장(storage), 지연(delay)의 고유 활동을 나타낸다. 기본적으로 작업을 제외한 나머지 프로세스 구성 활동은 비가치부가적인 활동들이라 할 수 있다. 따라서 서비스 프로세스의 품질개선을 위해서는 비가치부가적 서비스 활동들의 단축, 제거 혹은 결합에 우선적인 관심을 두어야 한다. 경우에 따라서는 활동에 소요되는 이동 거리, 시간 혹은 비용에 관한 데이터를 포함시켜서 프로세스 활동의 수행 순서 혹은 수행 방법의 산출 성과를 보다 효과적으로 분석할 수 있도록 하기도 한다. 〈그림 7.3〉에 나타낸 플로우 차트는 근저당(mortgage) 대출 신청 및 승인 서비스 프로세스에서 발생하는 정보와 서류처리 업무의 흐름을 나타내고 있다.

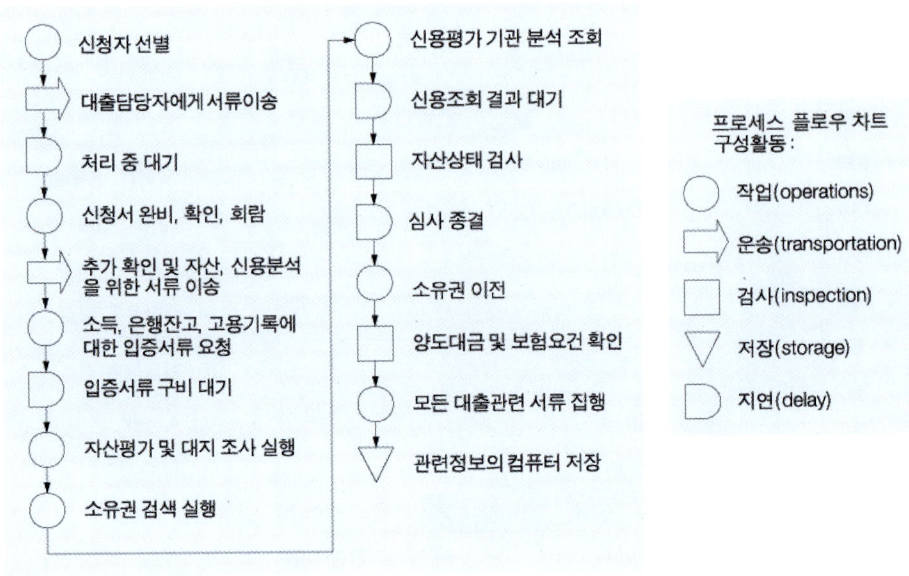

그림 7.3 근저당(mortgage) 대출 신청 및 승인 프로세스 플로우 차트

자료: Haksever, C. et al. (2000), *Service Management and Operations*, 2nd ed., Prentice-Hall, N.J., p. 359.

1.4 히스토그램

히스토그램은 항목별 데이터의 빈도수와 분포를 보여주는 막대그래프를 말한다. 품질특성의 측정은 계량치와 계수치로 이루어질 수 있다. 품질특성의 측정이 계량치로 이루어졌을 경우는 품질변화에 대한 분포특성 즉, 중심화 경향, 분산정도, 편향정도 등을 쉽게

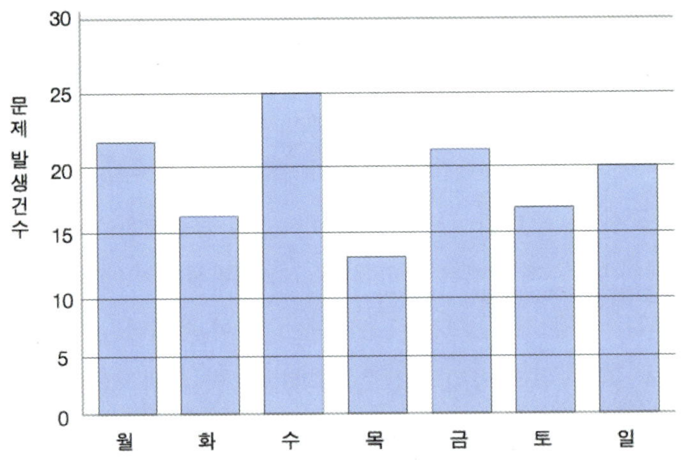

그림 7.4 요일별 배식문제 발생건수

파악할 수 있다. 품질특성을 다음의 〈그림 7.4〉와 같이 항목별로 측정한 경우는 상대적으로 두드러지게 영향을 미치는 원인항목 혹은 품질문제를 쉽게 파악할 수 있다. 〈그림 7.4〉에는 앞서 〈표 7.3〉에 나타낸 바 있는 '환자 배식 서비스 품질개선을 위한 체크시트' 데이터를 히스토그램으로 보여주고 있다. 그림에서 보면 수요일, 월요일, 금요일 순으로 배식 서비스 관련 문제가 많이 발생하고 있음을 쉽게 파악할 수 있다.

1.5 산포도

산포도는 두 계량치 간에 인과관계가 존재하는지를 파악하기 위해서 사용하게 된다. 품질성과와 품질변동 요인에 대한 측정치를 바탕으로 각각 대응하는 점을 좌표평면상에 표시한 것이 산포도이다. 보다 분석적인 방법으로는 상관관계분석(correlation analysis)이나 회귀분석(regression analysis)을 사용하여 두 계량치 간의 연관성의 정도를 구체적으로 나타낼 수도 있지만, 서비스 종업원들이 두 계량치 간의 연관 정도를 신속하게 파악하고, 쉽게 이해하기 위해서는 산포도를 활용하는 것이 보다 효과적일 수 있다.

산포도는 PDCA 싸이클의 단계 중에서 "Check(평가)" 단계에서 여러 가지 품질문제의 근본적인 원인을 분석하기 위해서 유용하게 활용될 수 있다. 일반적으로 품질성과와 같은 결과 측정치를 y축에 표시하며, 품질변동요인과 같은 원인 측정치를 x축에 표시하

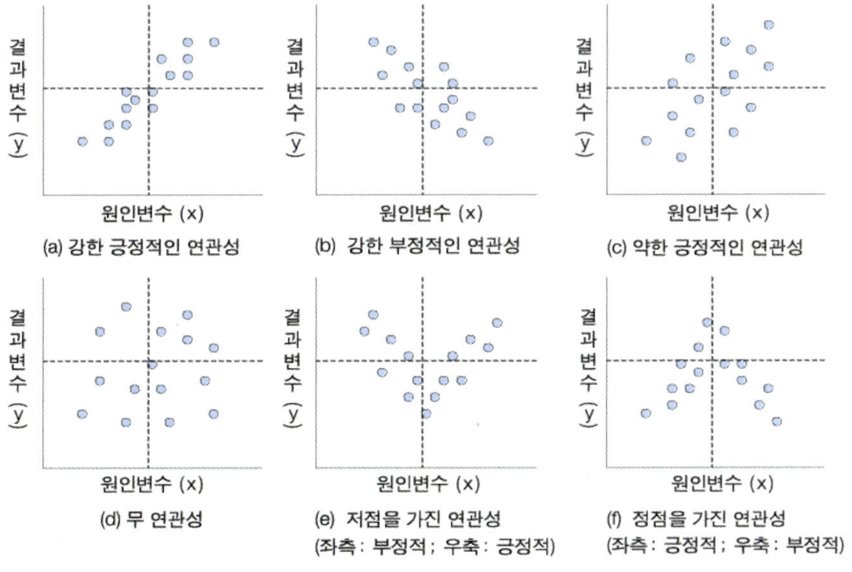

그림 7.5 원인(x축)과 결과(y축)의 관계를 나타내는 산포도

게 된다. 〈그림 7.5〉에 나타낸 바와 같이 산포도에 표시된 점들의 패턴을 보면 두 측정치 간의 관계의 방향(긍정적 혹은 부정적)과 강한 정도를 쉽게 파악할 수 있다.

1.6 관리도

서비스 프로세스에서 발생하는 품질변동의 수준을 예측하기 위해 사용하는 관리도에 대해서는 제 6장에서 자세하게 살펴본 바 있다. 관리도는 크게 계량형 관리도(variable control charts)와 계수형 관리도(attribute control charts)로 나눌 수 있으며, 계량형 관리도는 대기시간, 서비스 소요시간 등과 같이 연속적인 수치로 측정 가능한(계량치) 품질의 변동을 예측하고 관리하기 위해 사용하며, 계수형 관리도는 서비스 만족여부, 서비스 약속시간 준수여부 등과 같이 적합성 여부로 측정 가능한(계수치) 품질의 변동을 예측하고 관리하기 위해 사용한다(자세한 설명은 "제6장" 참조).

〈그림 7.6〉은 진료검사 서비스에서 발생하는 평균 대기시간에 대한 계량형 관리도를 나타내고 있다. 그림에서 보는 바와 같이 관리도는 중심선(CL; central line), 관리상한(UCL; upper control limit), 관리하한(LCL; lower control limit)으로 구성되어 있다.

관리도의 수평(x)축은 관리도 작성을 위해 시간의 흐름에 따라서 추출한 표본의 번호를 나타내며, 수직(y)축은 표본의 품질 특성치를 나타낸다. 그림에서 보면 정상적인 진료 서비스의 변동 범위는 2.3분에서 4.7분이며, 표본들의 평균 대기시간이 이 범위에서 변동하는 경우는 진료 서비스가 정상적으로 이루어지고 있다고 예측한다. 그러나 6번째 표본

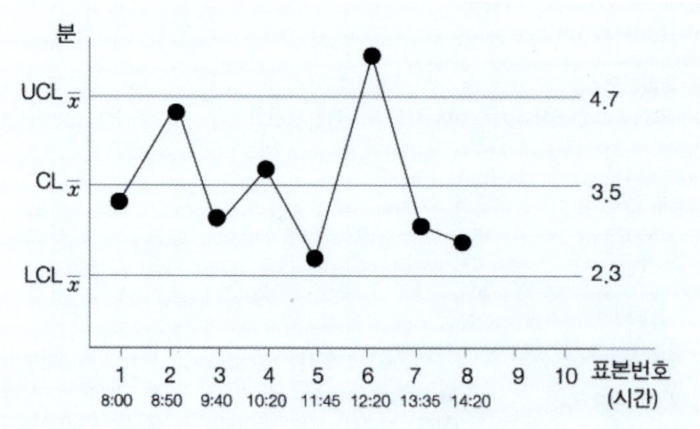

그림 7.6 진료검사 평균($\bar{x}$) 대기시간에 대한 관리도

과 같이 관리한계를 벗어날 경우는 정상적이지 않은 대기시간이 발생하는 것으로 예측하게 되고, 그 원인을 찾아서 이를 제거하는 노력을 기울이게 된다. 관리도는 이와 같이 표본 검사를 통한 전체 서비스 프로세스 품질변동의 적절성을 예측하고, 관리하기 위해서 사용되는 도구이다.

1.7 원인 - 결과 다이어그램

Kaoru Ishikawa에 의해 품질문제의 발생원인을 체계적으로 규명하기 위해 개발된 원인-결과 다이어그램은 〈그림 7.7〉에서 보는 바와 같이 다이어그램의 모습이 물고기의 뼈대와 같이 생겼다고 해서 'fishbone diagram'이라고도 한다. 다이어그램의 구조는 등뼈 모양의 중심선과 이로부터 분기한 가시모양의 품질문제 발생원인(causes)들, 그리고 발생원인들에 의해 나타나는 결과(effect)로써 머리 부분에 위치한 품질문제로 이루어져 있다. 중심선으로부터 일차적으로 분기하게 되는 굵은 가시부분에는 일반적인 발생원인으로 작용하게 되는 주요 원인들을 표시하게 된다. 즉, 인적자원, 장비, 방법, 자재, 프로세스, 환경 등의 원인이 이에 속한다. 대개 일반적인 원인의 영역이 정해지면 브레인스토밍

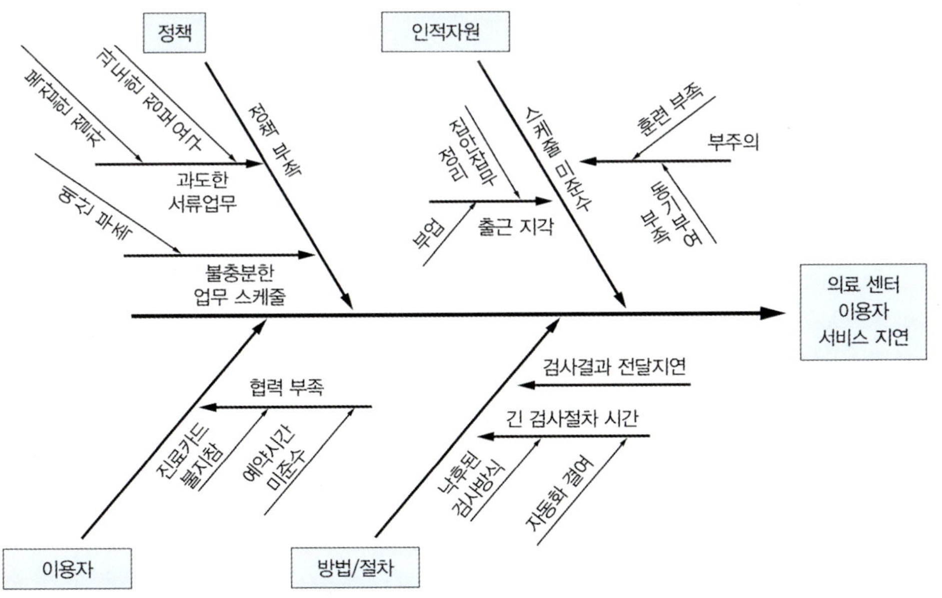

그림 7.7 의료센터 서비스 지연 원인-결과 다이어그램

자료: The Manager's Electronic Resource Center (1998), *The Guide to Managing for Quality* (http://erc.msh.org/quality/) 참조

등을 통해 각 일반적 원인에 대한 세부적인 원인들을 구체적으로 규명하게 된다. 세부적인 원인들은 상호 간의 인과관계를 분석하여 보다 세분화된 계층으로 구분하게 된다. 품질문제에 대한 다이어그램이 완성되면 결과에 가장 중요한 영향을 미치는 핵심 소수 원인을 찾아서 이를 제거시키는 노력을 수행하게 된다.

〈그림 7.7〉은 의료센터에서 발생하는 서비스 지연문제에 대한 원인–결과 다이어그램을 나타내고 있다. 그림에서 서비스 지연문제의 일반적인 주요 발생원인으로 정책, 인적자원, 이용자, 방법 및 절차를 들고 있다. 각 일반적인 주요 원인에 대해서는 다시 1차적인 세부원인들을 규정하고 있고, 각 세부원인에 대해서는 필요한 경우 2차적인 세부원인들을 다시 규정하고 있음을 볼 수 있다.

2 서비스 시설 및 현장 개선

2.1 TPM

1950년대 말에 미국인 엔지니어였던 George Smith는 일본의 제조기업에게 예방보전(PM; preventive maintenance) 개념을 소개하였다. 예방보전의 개념은 일본에서 품질관리 기법과 우수한 설비신뢰성 구축을 위한 새로운 방법들과 통합되면서 더욱더 강력한 설비보전의 기법으로 발전하게 되었다. 이러한 일본의 강력한 설비보전 방식은 GE에 의해 TPM(total productive maintenance)이라는 용어로 불리기 시작했으며, Smith는 이러한 일본식의 TPM 기법을 미국으로 역수입하여 소개하게 되었다(Bureau of Business Practice, 2000).

TPM은 전체 조직구성원의 참여를 통해 조직 내의 설비유지 기능을 근본적으로 개선하기 위한 프로그램이다. 즉, TPM은 치밀한 계획을 바탕으로 소규모 종업원 그룹 단위로 이루어지는 설비의 생산적 유지(productive maintenance) 활동을 말한다. 설비를 사용하는 종업원 스스로가 설비에 대한 유지책임을 동시에 수행함으로써 작업수행의 중단 사태를 줄이고, 불량작업의 발생을 억제하는 효과를 거두는 것이다. 이는 바로 설비활용의 생산성을 향상시킴으로써 비용감축을 통한 수익성 향상을 가져오게 된다. 이러한 TPM의 비용감축 효과는 설비의존도가 높은 운영 시스템일수록, 특히 자동화의 정도가 높은 운영 시스템일수록 더욱 커지게 된다(Nakajim, 1988).

TPM은 제조 부문에 뿌리를 두고 있지만 호텔이나 교육, 금융, 의료기관 등을 포함하는

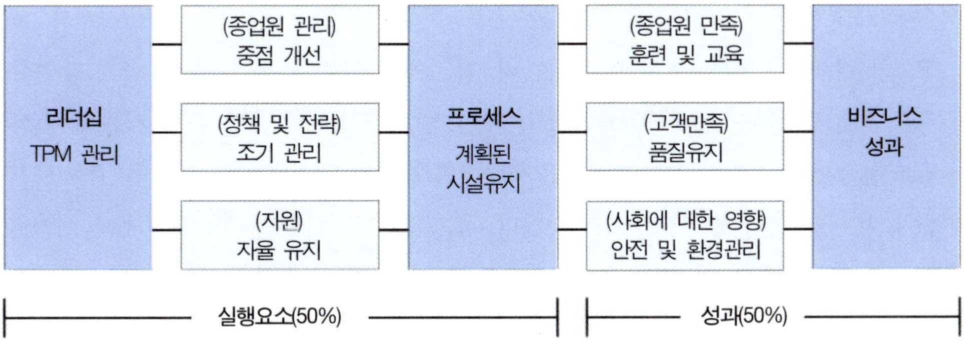

그림 7.8 TPM을 반영한 EFQM 우수성 모델

자료: Al-Hassan, K. et al. (2000), "The Role of Total Productive Maintenance in Business Excellence", *Total Quality Management*, Vol. 11, Nos. 4-6, pp.s596-s601.

서비스 부문에서도 그 가치를 크게 나타내고 있다. 서비스 부문의 가장 대표적인 적용분야로서는 컴퓨터 네트워크, 항공기 및 운송장비, 통신 시스템, 의료검사 및 진료설비 등과 같이 서비스 활동에 직접적으로 사용되는 장비를 유지하고 관리하는 영역을 들 수 있다. 그 밖에도 업무환경을 쾌적하게 만들기 위한 업무시설유지도 근무의욕의 향상을 통한 내외부 고객 만족제고를 가져올 수 있는 효과적인 TPM 활동이 될 수 있을 것이다.

TPM의 실행을 통한 비즈니스 성과의 향상을 이루려면 〈그림 7.8〉에 나타낸 바와 같이 8가지 기본적 활동의 연계가 잘 이루어져야 한다(Al-Hassan 등, 2000). 이 모델은 기본적으로 EFQM(European Foundation for Quality Management) 우수성 모델(Excellence Model)에 포함된 8개의 우수성 기본개념(Fundamental Concepts of Excellence)을 TPM에 응용하여 제안된 것이라 할 수 있다. 다음에서는 8가지 활동을 세부적으로 살펴보기로 한다.

(1) 리더십과 TPM 관리

서비스 창출 및 설비유지 종업원이 현장에서 TPM을 수행하는 동안 관리적인 기능을 담당하는 지원부서는 관련 정보를 수집하고, 처리하고, 유통시키는 일련의 '정보 공장(information factories)'의 역할을 수행해야 한다. 또한 TPM이 성공적으로 실행되기 위해서는 최고경영자의 의지와 리더십을 바탕으로 한 도입과 전개가 이루어져야 한다.

(2) 종업원 관리와 중점개선

TPM의 실행을 위해서는 설계, 유지관리, 작업에 참여하는 종업원들이 함께 참여하는 다부문 연계 팀(cross-functional team)의 구성이 필요하다. TPM은 유지관리 부서와 서비스 창출부서 간의 커뮤니케이션을 촉진시킴으로써 품질불량과 비용을 감축시키기 위해 두 부서가 협력하도록 만드는 것이다. 유지관리 부서에서는 서비스 제공 종업원에 대한 유지기능 훈련을 실시함으로써 서비스 제공 종업원 스스로가 기본적인 유지활동을 수행할 수 있도록 도와주게 된다. 결과적으로 유지관리 부서에서는 보다 복잡하고 특수한 유지관리 업무에 많은 자원을 집중할 수 있게 된다.

(3) 정책과 전략 및 조기관리

이 활동은 서비스 상품과 설비에 대한 조기관리(early management)를 통해서 서비스를 보다 창출하기 쉽게 만들고, 설비를 보다 유지하고 사용하기 쉽게 만드는 것을 목적으로 한다. TPM을 실행하는 기업은 최대의 효율성을 산출하는 신뢰성 높은 설비를 보유하기 때문에 정확한 상품창출 소요시간의 예측이 가능하다. 이는 필요한 시간에 고객이 필요로 하는 서비스를 정확하게 제공하기 위한 기업의 계획과 전략을 마련할 수 있도록 도와준다.

(4) 자원과 자율유지(AM; autonomous maintenance)

서비스 제공 종업원 스스로가 일상적인 유지업무를 수행함과 동시에 설비의 노후화를 억제하고, 오염을 방지하며, 최상의 상태를 유지하기 위한 개선 활동에도 참여하게 된다. TPM에서는 자율적 유지(AM) 기능을 통해 서비스 제공 종업원이 주도적으로 자신이 사용하는 장비의 상태와 효능을 감독하게 함으로써 예기치 못한 시설의 고장을 억제시키게 되고, 결과적으로 자원을 가장 효율적으로 사용할 수 있게 만들어 준다.

(5) 프로세스와 계획된 시설유지(PM; planned maintenance)

계획된 시설유지(PM)는 3가지 형태를 취하게 되는데 고장수리, 예방유지 및 예측유지 등이 이에 속한다. PM 활동은 시설의 평균고장시격(MTBF; mean time between failures)에 대한 지속적인 감시를 통하여 기간별 즉, 년, 월, 주별로 요구되는 유지계획을 마련하게 된다. TPM의 출발점은 바로 계획된 유지 프로그램을 설계하여 기업이 가진 프로세스를 관리하는 데 있다.

(6) 종업원 만족, 교육 및 훈련

TPM은 하나의 지속적인 학습 프로세스이다. 특히 서비스 종업원과 유지관리 종업원은 장비와 관련된 기술과 지식을 높이기 위해 훈련을 필수적으로 받아야 한다. TPM의 실행을 통해서 생산성과 품질이 향상되고, 설비와 시스템의 환경이 개선되며, 비용과 낭비가 줄어들게 되면, 이 모든 것이 종업원의 만족에도 강한 영향을 미치게 된다. 아울러 부서와 종업원들 간의 커뮤니케이션의 향상은 종업원의 사기와 만족에도 간접적인 영향을 미치게 될 것이다.

(7) 고객 만족과 품질 유지

TPM을 통해서 상품이나 서비스의 품질특성 변동에 영향을 미치는 설비 부분을 파악하고, 통제하는 것이 가능하게 된다. 이는 결과적으로 상품과 서비스의 품질을 높이고, 비용을 감축시키며, 목표한 가치를 잘 제공할 수 있도록 만들게 됨으로써 고객만족을 높일 수 있게 되는 것이다.

(8) 사회에 대한 영향과 안전 및 환경관리

시설의 안전성을 확보하고 환경에 대한 부정적인 영향을 방지하는 것은 모든 TPM 노력에 있어서 중요한 우선순위를 가지게 된다. TPM의 실행은 프로세스의 낭비를 줄이고, 조직 내의 보건 및 안전환경을 개선시킴으로써 궁극적으로 사회에 이익을 주게 된다.

2.2 5S

5S란 조직 내에 물리적인 환경을 개선하기 위한 노력을 말하며, 상품이나 서비스 창출 프로세스의 품질능력 향상을 위해 기본적으로 강조되는 활동이라고 할 수 있다. 5S는 바로 이러한 목적으로 수행되는 5가지 활동의 일본어의 발음을 영문으로 표기할 때 첫 글자가 모두 S로 표시되기 때문에 붙여진 이름이다(Osada, 1991). 즉, 다음의 〈표 7.4〉에서 보는 바와 같이 5S는 Seiri(정리), Seiton(정돈), Seiso(청소), Seketsu(청결), Shitsuke(습관화)를 의미한다.

표 7.4 5S 개선 활동의 요약

활동	일본식 표현	영어 표현	활동 사례
정리	Seiri	Structurize	쓰레기 치우기
정돈	Seiton	Systematize	30초 이내에 서류 찾아내기
청소	Seiso	Sanitize	개인별 청소 책임
청결	Seiketsu	Standardize	투명하게 물품 보관하기
습관화	Shitsuke	Self-discipline	5S의 일상생활화

자료: Ho, S.K (1999), "5-S Practices : The First Step towards Total Quality Management", *Total Quality Management*, Vol. 10, No. 3, pp. 345.

(1) Seiri(정리)

정리란 직무수행에 필요한 것과 필요하지 않은 것을 구분하고, 필요로 하는 것의 수량을 최소화하여, 편리한 장소에 두는 것을 말한다. 물건을 버리지 않고 모아두는 것만큼 물건을 잘 치워버리는 것도 중요하다. 따라서 무엇을 버려야 하고, 무엇을 남겨두어야 하는 것인지, 그리고 나중에 사용하기 위해서는 어떻게 저장해야 하는지를 숙지하는 것은 매우 중요한 일이다. 소위 층별관리(stratification management)라고 하는 사용 빈도에 따른 효과적인 저장 방법의 선택이 합리적으로 수행되어야 한다(〈표 7.5〉 참조).

(2) Seiton(정돈)

정돈은 "필요한 것을 얼마나 빠르게 집어들 수 있고, 사용 후에 얼마나 빠르게 치워둘 수 있는가"의 문제이다. 효과적인 정돈을 위해서는 다음의 단계적 접근이 필요하다.

- **단계 1: 현재의 상태를 분석하라** - 종업원들이 어떠한 방식으로 자재나 도구 등을 집어들고, 사용 후에 치워두는지 그리고 그러기 위해서 긴 시간을 사용하게 되는 이유가 무엇인지를 분석한다.

표 7.5 사용 정도에 따른 정리 방식

사용 정도	필요 정도(사용 빈도)	저장 방법(층별화)
낮음	• 지난 1년간 사용해 본 적이 없음 • 지난 6~12개월간 한 번 정도 사용한 적이 있음	• 없애버림 • 원격장소에 저장함
중간	• 지난 2~6개월간 한 번 정도 사용한 적이 있음 • 한 달에 한 번 이상 사용한 적이 있음.	• 작업장의 중앙에 저장함
높음	• 일주일에 한 번 사용함 • 매일 사용함 • 매시간 사용함	• 작업수행 위치에 저장하거나 작업자가 직접 휴대함

자료: Ho, S.K and Cicmil, S. (1996), "Japanese 5-S Practices," *The TQM Magazine*, Vol. 8, No. 1, pp. 46.

- **단계 2: 자재나 도구가 어디에 귀속되어야 하는지를 결정하라** - 종업원들이 각각에 대해 어디에 있어야 한다고 생각하는지를 파악하는 것이다.
- **단계 3: 어떤 방식으로 치워둘 것인지를 결정하라** - 파일이나 도구들을 찾기 쉽고, 접하기 쉽도록 치워두는 방식을 생각해야 할 것이고, 저장할 경우는 나중에 인출할 것을 염두에 두고 저장 방식을 생각해야 한다. 모든 물품에는 이름을 붙이고, 위치시킬 장소를 정해주어서 모든 것이 제 위치에 놓여있는지를 확인할 수 있도록 한다.

(3) Seiso(청소)

청소는 관리자로부터 청소 담당자에 이르기까지 모든 조직구성원에 의해 이루어져야 한다. 서비스 작업장이나 사무공간마다 구역을 정하여 청소의 책임을 명확하게 도표로 표시하는 것도 필요하다. 작업장의 환경을 깨끗하게 유지하면 서비스 프로세스상에서 품질을 저하시킬 수 있는 원인들도 쉽게 찾아낼 수 있다. 가령, 현장에 떨어져 있는 자재나 도구들을 쉽게 발견한다든지, 오염된 환경으로 인해 발생할 수 있는 불량상품의 생산이 방지된다는 것 등을 들 수 있다.

(4) Seiketsu(청결)

청결은 표준화의 의미로서 조직을 깨끗하고, 정돈된 상태로 지속적으로 유지하는 것을 말한다. 이를 위해서는 다음의 기법들을 활용할 수 있다.

- **시각적 관리(visual management)**: 5S 활동과 관련한 커뮤니케이션을 쉽고 효과적으로 만들기 위해 시각적인 도구(게시판, 슬로건, 표시등(indication light))를 활용하는 것이다.
- **투명화(transparency)**: 모든 파일이나 도구 혹은 자재들을 투명하게 볼 수 있도록 저장하는 방식을 말한다. 은폐되어 보이지 않게 저장하게 되면 필연적으로 정돈과 정리가 잘 이루어질 수 없기 때문이다.
- **문제표시도(trouble map)**: 문제가 발생한 위치를 출구나 소화기의 위 서비스 현장의 그림 위에 표시하는 것이다. 문제의 표시뿐만 아니라 비상구 등과 같이 다른 중요한 것의 위치를 표시할 수도 있다.
- **계량화(quantification)**: 실행의 정도를 지속적으로 측정하고 분석하여 문제가 심각해지기 전에 필요한 조치를 취할 수 있도록 하는 것이다.

(5) Shitsuke(습관화)

습관화란 종업원으로 하여금 규율을 통해서 수행해야 할 바람직한 일(5S)을 습관적으로 수행하도록 만드는 것이다. 이러한 습관화는 스스로 규칙을 만들고 이를 따르도록 유도하게 된다. 습관화는 반복적으로 실행하게 만드는 것이다. 레스토랑의 주방에 근무하는 종업원은 "습관적으로 위생모를 착용하고, 손을 항상 깨끗하게 씻어야 하는 것"이 필요한 일이며, 호텔의 프론트 데스크에서 손님을 안내하는 종업원은 "습관적으로 복장과 용모를 단정하게 유지하는 것"이 필요한 일일 것이다.

2.3 지속가능경영을 위한 개선

최근 지속가능경영에 대한 관심이 높아지면서 해당 이슈에 대응하기 위한 경영 환경 및 현장 개선 사항에 대한 구체적 방안 마련의 필요성이 높아지고 있다. 기업 경영환경에서 지속가능경영을 위한 개선이 필요한 이유는 다양한 이해관계자 기대의 충족과 동시에 법적 준수 및 리스크 관리, 비용절감 및 효율성 향상, 혁신과 경쟁 우위, 투자자와의 상호 작용, 자원 보호와 환경보전, 사회적 책임 강화 등의 필요성이 강조되기 때문이다.

표 7.6 중소기업 지속가능경영 개선 방안을 실현하기 위한 현장개선 모니터링 체크리스트

환경적 측면	사회적 책임 측면	윤리경영 측면
• 온실가스 줄이기 • 에너지 절약하기 • 물 아껴쓰기 • 폐기물 줄이기	• 근로계약 바로하기 • 지역사회와 함께하기 • 공정거래 교육하기 • 산업재해 예방하기	• 윤리경영 의지 발표하기 • 비윤리적 이슈 관리하기 • 법규 준수하기 • 지속가능을 위한 인증받기
1. 온실가스 및 대기오염 물질 감소를 위한 매뉴얼을 작성하고 측정하기 2. 냉각수를 그냥 버리지 말고 재처리하여 보일러나 화장실에 사용할 수 있는 방법 생각해 보기 3. 플라스틱 포장을 종이 포장으로 바꿔서 폐기물을 줄여보기 4. 형광등을 LED 조명으로 바꿔 전력 사용량을 줄여보기 5. 친환경을 실천할 수 있는 제품을 사용하거나 만들어 보기	1. 표준 취업규칙과 표준 근로계약서를 도입하기 2. 예산과 인력 여건에 맞는 지역사회 공헌프로그램 개발하기 3. 공정거래 관련 규정 및 우수사례를 통해 내부직원 교육하기 4. 위험설비 노출로 인한 사고 예방을 위해 주기적 작업환경 점검실시하기 5. 중소기업을 위한 안전관리 지원 정책 적극 신청 및 반영하기	1. CEO는 깨끗한 기업문화가 정착될 수 있도록 윤리경영에 대한 의지 발표하기 2. 반부패, 인권, 윤리, 경영 투명성 등의 교육 실시하기 3. 법규 위반 대응을 위한 영역별 관련 법규 파악하고 준수하기 4. 주요 지속가능경영 활동 및 성과에 대한 정보 공개 체계를 마련하기 5. 기업 여건과 특성에 맞는 지속가능을 위한 인증을 취득하기 위해 시도하기

자료: 중소벤처기업부(2021), *ESG경영안내서*

기업은 지속가능경영을 실천함으로써 장기적인 관점에서 기업의 경쟁력 강화와 사회적 가치창출에 대한 기업의 책임을 다할 수 있는 것이다(임현정 등, 2021).

앞서 제시된 〈표 7.6〉은 지속가능경영을 위한 개선 방안으로 ESG 관점에서 기업이 현장에서 실행할 수 있는 내용을 정리해 본 것이다. 환경적 측면, 사회책임경영 측면, 윤리경영 측면 등의 3가지 부분으로 나누어 부문별로 구체적으로 할 수 있는 계획 및 목표, 현장관리, 예방 방안 등의 예가 기술되어 있다.

Ⅲ 서비스 프로세스 품질 인증

1 ISO 9000

ISO는 스위스 제네바에 위치한 국제표준화기구(International Organization for Standardization)를 나타낸다. ISO 9000시리즈는 회원국의 표준 간에 통일성을 기하기 위한 노력으로 개발된 것이다. 유럽 국가들이 EU(European Union)로 통합되면서 세계적으로 통일된 표준의 채택이 가속화되었다. 통일된 표준의 사용은 국가나 기업 간의 표준차이로 인해 발생하는 국제무역의 비관세 장벽을 제거시키게 되며, ISO 9000은 바로 이러한 역할을 수행하고 있다.

ISO 9000은 상품을 설계, 생산, 인도 및 지원하기 위해서 조직이 필요로 하는 경영시스템을 정의하고, 실행하기 위해 개발되었다. 궁극적으로 품질이 우수한 상품이나 서비스를 생산하는 경영시스템을 구축하기 위한 표준을 제공하는 것이 목적이며, 특정 상품이나 기술의 규격과 관련된 표준을 담은 것은 아니다.

1.1 ISO 9000과 ISO 9000 : 2000

ISO 9000은 조직이 만족스러운 상품과 서비스를 제공할 능력을 가진 경영시스템을 보유하고 있다는 증거를 고객에게 제공하기 위해 채택하는 표준이라고 볼 수 있다. 초기 ISO 9000의 인증은 표준을 채택하고 있는 경영시스템의 범위에 따라서 다음의 3가지 형태로 주어졌었다:

- ISO 9001: 가장 포괄적인 범위에 주어지는 인증으로서 상품의 설계, 개발, 생산, 설치 및 서비스의 전 과정에 종사하는 조직을 대상으로 하며, 서비스 부문의 경우는 주로 건설, 건축 및 엔지니어링 부문이 이에 속하게 된다.
- ISO 9002: ISO 9001이 대상으로 하는 범위 중에서 설계 부분만을 제외한다.
- ISO 9003: 가장 제한된 범위만을 대상으로 하는 인증의 형태로써 주로 상품 혹은 서비스의 품질이 검사와 테스트에 의해서 이루어지는 조직에게 적합한 인증이다.

그러나 초기에 9001, 9002, 9003으로 세분화되어 있던 ISO 9000 인증은 2000년 12월 15일에 ISO 9000 : 2000시리즈로 대폭 개정되면서 인증의 내용도 ISO 9001 : 2000이라는 단일 인증의 형태로 바뀌었다. 2003년 12월 15일 이후는 기존의 ISO 9000시리즈에 의한 인증은 기준을 상실하였고, 현재는 ISO 9000 : 2000시리즈를 바탕으로 개정 · 보완을 시행한 인증 기준을 사용하고 있다(현재는 ISO 9001:2015). 한편, ISO 9001 : 2000 표준의 채택 후에 개별 품질경영 시스템으로 하여금 보다 효과적으로 비즈니스 목표를 달성할 수 있도록 도움을 주는 표준으로써 ISO 9004 : 2018이 제공되고 있다.

1.2 ISO 9000 품질경영 원칙

ISO 9000이 지향하는 품질경영의 원칙은 다음의 7가지로 제시되고 있다(ISO, 2015[a]):

- **원칙 1 – 고객 중시**(customer focus): 품질경영의 주요 초점은 고객의 요구사항을 충족시키는 것이며, 고객의 기대를 넘어설 수 있도록 노력해야 한다.
- **원칙 2 – 리더십**(leadership): 모든 계층의 리더는 통일된 조직의 목포와 방향을 설정해야 하며, 종업원으로 하여금 조직의 품질 목표 달성을 위해서 적극 참여하도록 내부 환경을 창출해야 한다.
- **원칙 3 – 종업원 참여**(engagement of people): 조직의 모든 계층에서 유능하고 권한을 가지고 참여하는 종업원들을 확보하는 것이 가치를 창출하고 서비스를 제공하는 역량을 강화시켜 줄 수 있다.
- **원칙 4 – 프로세스 접근**(process approach): 활동을 하나의 일관성 있는 시스템으로 기능하는 상호 연결된 하나의 프로세스로 이해하고 관리함으로써 보다 효과적이고 효율적으로 일관되고 예측 가능한 결과를 성취할 수 있다.

- **원칙 5 – 개선(improvement)**: 성공적인 조직은 항상 개선에 초점을 맞추어야 한다.
- **원칙 6 – 증거에 입각한 의사결정(evidence–baced decision making)**: 자료와 정보의 분석과 평가에 바탕을 둔 의사결정만이 바람직한 결과를 가져올 가능성이 높다.
- **원칙 7 – 관계관리(relationship management)**: 지속적인 성공을 위해서는 공급업체와 같은 이해관계자들과의 관계를 잘 관리해야 한다.

1.3 서비스 부문의 ISO 9000 인증 현황

제조 부문을 중심으로 채택이 되어 실행되었던 ISO 9000은 1990년대 중반에 들어서면서 서비스 부문에서도 실행되기 시작하였으며, 오늘날에는 전 서비스 부문에 확대되어 실행되는 추세에 있다.

전 세계적으로 볼 때, 2022년 12월 기준으로 우리나라 전체의 ISO 인증 수는 모두 27,155개로서 전 세계 인증 조직의 2.15%를 차지하고 있으며, 9번째로 인증조직의 수가 많은 것으로 나타나 있다(〈표 7.7〉). 그러나 우리나라의 경우 서비스 산업이 전체 산업에서 차지하는 경제적인 비중에 비해 ISO 9000 인증의 비중은 상대적으로 낮은 수준에 있다. 2022년 기준으로 볼 때, 농림, 어업, 광업과 제조업을 제외한 우리나라 서비스

표 7.7 ISO 9000 인증 상위 10개 국가

국가명	총 ISO 인증 조직의 수	세계 전체에 대한 비중(%)
중국	551,855	43.6
이탈리아	94,216	7.4
인도	61,653	4.8
독일	47,576	3.7
영국	43,765	3.4
일본	38,916	3.0
스페인	32,059	2.5
미국	29,579	2.3
한국	27,155	2.1
프랑스	21,880	1.7
상위 10개국 합계	948,645	75.0
기타 국가의 합계	316,562	25.0
총합계	1,265,216	100.0

자료: ISO (2024[a]), *CASCO_1.ISO Survey 2022 results - Number of certificates and sites per country and the number of sector overall*, https://www.iso.org/home.html.

산업의 GDP 규모는 1,254조 원으로서 전체 GDP 규모인 2,161조 원의 64%를 차지하고 있다(통계청, 2023).

그러나 다음의 〈표 7.8〉에서 보는 바와 같이 2022년 1월 현재 서비스 부문의 ISO 9000 인증 현황은 전체 인증기업의 4.79%인 1,302개에 불과하다(한국인정원, 2004). 이는 서비스 기업의 상당한 비중이 주로 소규모 영세기업에 치중되어 있고, 상대적으로 서비스 부문에서 ISO 9000 인증 필요성에 대한 인식이 부족한 것으로도 볼 수 있다.

표 7.8 주요 선진국의 서비스 부문 ISO 9000 인증 현황

인증심사 범위	인증 건수									
	중국	이탈리아	인도	독일	영국	일본	스페인	미국	한국	프랑스
25, 26, 27. 전기, 가스, 수도 공급	1,082	381	207	104	80	34	390	12	28	1
28. 건설	48,882	3,009	398	446	1,727	8,310	3,564	73	591	11
29. 도소매업, 자동차, 오토바이 수리, 개인 /가정용품 수리	69,059	1,938	781	2,533	2,180	2,123	3,254	892	122	117
30. 숙박 및 음식점	3,093	190	23	22	10	38	226	3	8	0
31. 운수, 창고, 통신	6,539	706	505	1,144	898	876	2,086	263	83	32
32. 금융, 보험, 부동산, 임대	4,563	199	192	121	172	282	426	55	6	4
33. 정보기술	38,250	761	652	645	529	916	742	453	125	7
34. 엔지니어링 서비스	28,217	834	557	1,290	1,928	1,888	1,864	533	170	29
35. 기타 서비스	24,252	2,543	863	9,552	1,958	1,114	2,534	726	141	51
36. 공공행정	562	40	49	46	89	9	159	21	9	1
37. 교육	589	889	532	2,123	264	45	1,972	33	5	4
38. 보건 및 사회복지	418	687	212	1,470	294	388	1,841	30	5	4
39. 기타 사회 서비스	3,234	514	44	113	86	371	644	19	9	1
서비스(건설 및 교육보건 등 포함) 부문 합계	228,740	12,691	5,015	19,069	10,215	16,394	19,702	3,113	1,302	262
전체산업 대비 비율(%)	41.6	68.5	12.8	39.5	20.4	35.3	53.8	10.6	11.1	1.2
전체 산업 합계	54,8662	18,521	38,883	48,228	49,841	46,400	36,565	29,241	11,655	21,802

자료: ISO (2024[b]), *CASCO_2.ISO Survey 2022 results - Number of sectors by country for each standard*, https://www.iso.org/home.html.

1.4 서비스부문 ISO 9000 실행 사례

다음은 ISO에서 제공하는 ISO 9000 적용 사례 중에서 몇 가지 서비스 부문에 관련된 사례들을 발췌하여 요약한 것이다(ISO, 2004[a]).

- **국제법무회사:** 국제적인 변호사들로 구성된 어느 법무회사에서는 고객경영 프로세스를 개선하고 ISO 9001 : 2000 인증을 받고자 하였다. 이 회사에서는 국제적인 세무계획 수립과 같은 새로운 서비스를 설계하고 개발하기 위해서, 그리고 새로운 혹은 개정된 법률이 요구하는 바에 따라 전통적인 서비스를 개편하기 위해서 내부 품질경영 시스템을 도입하였다. 아울러 품질경영 시스템에는 컴퓨터 소프트웨어와 하드웨어를 선택하거나 필요에 따라 전문 법률가의 서비스를 사용하기 위해서 구매관리 기능도 포함되었다. 이 회사는 현재 ISO 9001 : 2000을 성공적으로 실행한 후에 품질경영 시스템 개선의 정도를 모니터하기 위해 ISO 9004 : 2000이 제공하는 자율평가 가이드라인을 사용하고 있다.
- **컴퓨터 소프트웨어 회사:** 틈새시장을 겨냥하여 컴퓨터 소프트웨어를 개발하는 어느 회사에서는 소프트웨어 사용자의 기반이 늘어나면서 상품관리와 소프트웨어 구성관리 문제에 직면하게 되었다. 기본 상품이나 사용자의 하드웨어 및 규제사항에 변화가 발생하면 고객 서비스에 상당한 어려움이 뒤따르기 때문이었다. 이 회사에서는 프로세스 변화와 개선을 관리하기 위한 절차를 문서화하기 위해 ISO 9004 : 2000으로부터 필요한 지침을 구할 수 있었다. 아울러 ISO 10006 : 1997과 ISO 10007 : 1995를 통하여 프로젝트를 관리하고 소프트웨어 구성 통제절차를 마련하기 위한 추가적인 도움도 얻을 수 있었다. 후에 다른 소프트웨어 개발업체를 흡수하면서도 사내 품질경영 시스템의 활용을 통해 고객에 대한 불편을 최소화하면서 흡수과정을 성공적으로 마칠 수가 있었다.
- **은행:** 어느 은행에서는 온라인 인터넷 뱅킹 서비스를 위한 품질경영 시스템을 실행하고자 하였다. ISO 9001 : 2000의 요구사항을 채택하면서 ISO 9000 : 2000에 담겨져 있는 지침을 참조하여 표준의 적용에 필요한 단어와 용어를 숙지하였다. 또한 새로운 서비스 프로세스의 창출을 위해서는 "설계 및 개발"이 중요한 부분이 된다는 것을 인식하고 ISO 9001 : 2000이 규정하는 관련 부분의 요구사항을 모두 채택하여 적용하였다.

2 ISO 14000

ISO 14000시리즈는 〈그림 7.9〉에 나타낸 바와 같이 조직으로 하여금 포괄적인 환경경영 시스템(EMS; Environmental Management System)을 구축할 수 있도록 지원해 주는 지침이라고 할 수 있다. 기업이 효과적인 EMS를 구축하고 있는지를 가름하여 ISO 14001 인증제도가 시행되고 있으며(현재 제공되는 표준은 ISO 14001:2015), ISO 14001의 내용을 보완하고 확대된 지침을 제공하기 위해 ISO 14004를 제공하고 있다.

2001년 말 현재 전 세계적으로 112국에 걸쳐 37,000여 조직에서 ISO 14001이 규정하는 환경경영 표준을 시행하고 있다. ISO 14001은 조직의 규모와 성격(사기업 혹은 공공조직)에 맞추어 신축성 있게 적용될 수 있도록 제정되어 있다(ISO, 2015[b]).

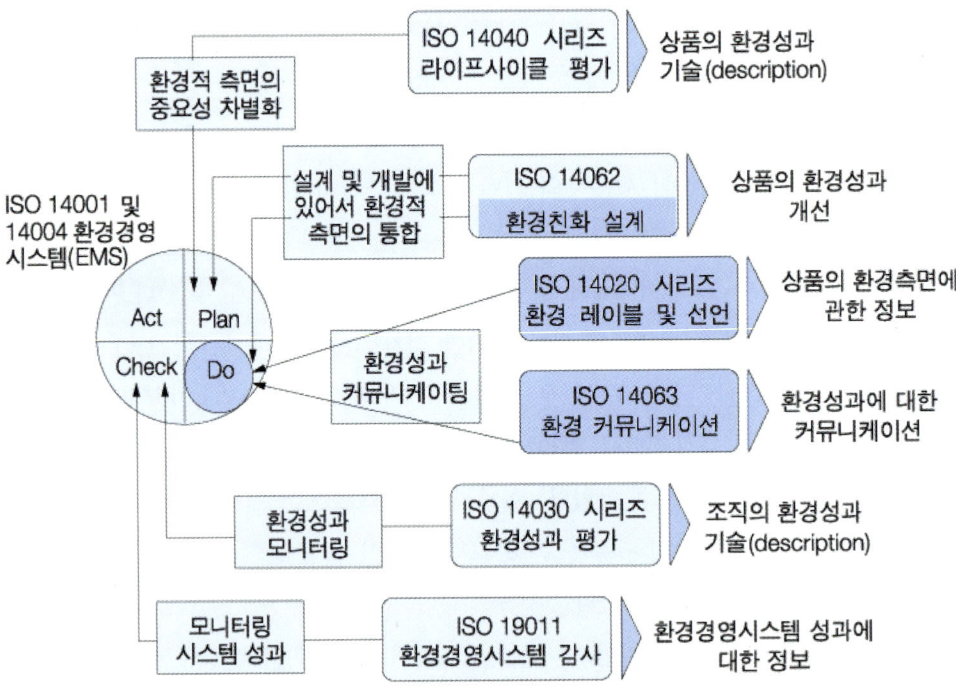

그림 7.9 ISO 14000 모델

자료: ISO (2000), *Environmental Management : The ISO 14000 Family of International Standards*, September, p.1.

3 ISO 26000 – ISO SR(Social Responsibility)

ISO는 최근 '사회적 책임에 대한 국제표준(ISO 26000)'의 시안을 발표한 바 있다. ISO 26000은 다른 ISO 9000이나 ISO 14000과는 달리 경영시스템의 표준으로 제정된 것은 아니다. 따라서 인증이나 규제 혹은 계약의 목적으로 사용되는 것은 적합하지 않다. 특별히 따라야 하는 요구사항을 명시하고 있지 않기 때문이다.

ISO 26000은 Enron의 회계부정 사건, Lehman Brothers 사태와 같은 비도덕적인 금융기업의 관행 등을 계기로 기업의 사회적 책임준수를 강조하기 위해 만들어진 지침이다. 따라서 준수해야 할 의무나 받아야 할 인증은 아닐지라도 이를 따르지 않는 기업들은 사회적 책임을 다하지 못하는 기업으로 인식되어 국제간의 거래에 많은 지장을 받을 수가 있다.

현재 제공되는 ISO 26000:2010은 모든 조직의 형태와 크기와 지리적 위치와 상관없이 다음에 관한 지침을 제공하고 있다(ISO, 2010):

- 사회적 책임(social responsibility)과 관련된 개념, 용어 및 정의
- 사회적 책임의 배경, 추세 및 특성
- 사회적 책임에 관한 원칙과 관행
- 사회적 책임의 핵심주제 및 이슈
- 조직의 영향범위 내에서 조직과 조직의 정책 및 관행을 통한 사회적 책임행동의 통합, 실행 및 촉진
- 이해관계자의 규명과 이들과의 조화
- 사회적 책임과 관련된 의지, 성과 및 기타 정보의 전달

ISO 26000은 조직의 지속가능능력(sustainability) 개발을 지원하기 위해 마련된 것이다. 법규에 따르는 것은 어느 조직이든 기본적인 의무이며, 사회적 책임의 본질적인 부분이 된다는 것을 인식하고 조직으로 하여금 법률준수 이상의 것을 지향하도록 유도하기 위해 제정된 것이다. 아울러 사회적 책임 분야에 대한 통상적인 이해를 증진시키고 다른 사회적 책임을 위한 도구나 노력을 대체하기보다는 보완하기 위한 목적으로 마련되었다.

이러한 ISO 26000을 적용할 때는 국제적인 행동규범을 준수하면서 경제적인 여건뿐만 아니라 사회, 환경, 법률, 문화, 정치 및 조직의 다양성 등도 고려하는 것이 바람직하다.

4 ISO 18091

ISO 18091 : 2019는 지방정부의 ISO 9001 적용 가이드라인을 제공하는 국제표준으로 지난 2019년에 발표되었다. 이 표준은 지방정부가 ISO 9001 : 2015의 요구사항과 시민 및 기타 관련 이해관계자의 요구와 기대에 부합하는 품질 경영시스템을 이해하고 이행하기 위한 지침을 제공한다. ISO 18091 : 2019는 ISO 9001과 다음과 같은 차이점이 있다.

- ISO 18091은 인증규격이 아닌 지방정부에서 ISO 9001을 도입하는 것을 지원하기 위한 가이드라인으로 제정되었다. 따라서 지방자치단체 등 기관에서 이 표준을 도입한다면 인증과 인증유지에 대한 부담이 상대적으로 적다고 할 수 있다.
- ISO 18091은 그 대상을 공공서비스 분야로 정의하고 용어의 정의는 물론, 공공서비스 분야에 특화된 품질경영시스템의 구성과 내용을 제시하고 있다.
- ISO 18091은 품질경영시스템과 함께 통합품질경영을 위한 평가도구를 부속서에서 제시하고 있다. 이 평가 기준은 ⓐ 좋은 정부를 위한 제도적 발전 ⓑ 지속가능 경제발전 ⓒ 포용사회 발전 ⓓ 지속가능 환경발전 등 4가지 주제에 대하여 39개의 평가지표를 제시한다.

이러한 평가도구는 ISO 18091이 품질경영시스템 운영을 통해 유엔의 지속가능발전목표(SDGs; sustainable development goals)와 공공서비스의 제공과 지속적인 혁신이 글로벌 아젠다(agenda) 달성에 기여하는 구체적인 방안을 제시하고 있다고 할 수 있다.

또한 최근 기업경영은 물론 공공서비스 분야의 새로운 패러다임으로 부상하고 있는 ESG 경영에 대응하여 국가기술표준원에서는 주요 국제표준을 환경(environmental), 사회(social), 지배구조(governance)의 경영활동 수행 및 평가 대응을 위한 방안으로 제시하고 있다. 이 중 ISO 18091은 지배구조(G)에 해당하며, 지배구조에서 윤리경영(G00), 조직구조(G01), 재무회계(G02), 이해관계(G03)로 세분화되고 이 중 이해관계 세부 영역에 해당된다.

5 ESG

ESG 이니셔티브는 환경(environment), 사회(social), 지배구조(governance)의 3가지

요소를 기반으로 한 비즈니스 및 투자에 대한 지속가능성을 강조하는 노력을 가리킨다. ESG는 기업이나 투자자가 환경적, 사회적, 지배구조적 측면에서 책임감 있는 비즈니스 및 투자를 추구하도록 유도하는 개념인 것이다.

(1) 환경(Environment)

기후 변화, 에너지 효율성, 환경 영향 등과 관련된 사안들을 다룬다. 기업이 환경적 영향을 최소화하고 자원을 효율적으로 사용하며 친환경적인 사업 운영을 추구하는 것이 중요하다.

(2) 사회(Social)

사회적 책임, 노동 조건, 사회적 다양성, 고객에 대한 책임, 사회적 가치 창출 등과 관련된 사안들을 다룬다. 기업은 사회적 이슈에 민감하게 대응하고 사회적 책임을 다하는 데 중점을 둬야 한다.

(3) 지배구조(Governance)

기업의 경영체제, 내부 통제, 이사회 구성, 감사 등과 관련된 사안들을 다룬다. 효과적이고 투명한 기업 지배구조는 기업의 지속가능성과 신뢰도를 향상시킬 수 있다. 즉, ESG 이니셔티브는 기업의 사회적 책임과 지속가능한 경영에 대한 중요성을 강조하고, 투자자들, 기업들, 금융 기관 간의 상호 작용에서 ESG 기준을 적용하도록 장려한다. 특히 최근 몇 년 동안 ESG에 대한 투자가 크게 증가하면서, 기업들은 이러한 지속가능성 측면을 강화하고 보다 투명하게 공개하려는 노력을 기울이고 있으며, ESG 이니셔티브는 비즈니스와 투자의 장기적 가치 창출을 촉진하고 사회적 책임을 강조하는 데 기여하고 있다(임현정 등, 2021). ESG 이니셔티브의 가장 활용도가 높은 GRI(Global Reporting Initiative)는 기업의 지속가능보고서를 작성하는 데 글로벌 표준 가이드라인(〈그림 7.9〉 참조)을 제시하고 있어 활용도가 매우 높다(kotra, 2017). GRI 가이드라인을 준수한 지속가능보고서를 살펴보면 다음과 같다:

- GRI는 엑손 발데즈 기름 유출 사고로 인한 환경 파괴에 대한 대중의 항의가 있고 난 뒤 1997년 보스턴에서 설립, 1999년 초안 발표, 2018년 6월 GRI 표준(standards)을 적용하고 있다(GRI, 2024).

- 기업이 책임 있는 환경 행동 원칙을 준수하도록 보장하기 위한 최초의 책임 메커니즘을 만드는 것이었고, 이는 사회, 경제, 거버넌스 등으로 확대되고 있다.
- '경제-환경-사회'에 관한 사업성과와 구체적 측정 결과를 기업이 적극적으로 기재하도록 한 지속가능보고서를 작성하는 것이 주요 목적으로 1999년 초안 발표, 2000년(G1), 2002년(G2), 2006년(G3), 2013년(G4) 발표하면서 대표적인 지속가능보고서 가이드라인으로서 역할을 하고 있다.
- 전 세계적으로 지속가능 보고서상 GRI 반영 기업이 90%를 상회하며, 한국기업들도 지속가능보고서 발간 시 GRI 가이드라인 반영률이 99%에 달한다.

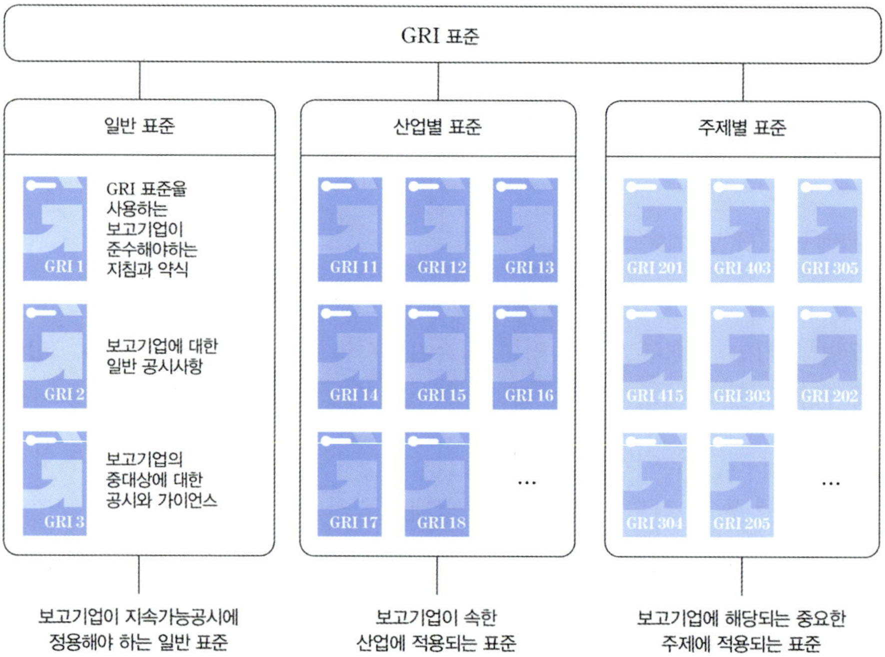

그림 7.10 GRI 표준체계
자료: GRI Standards, https://www.globalreporting.org/

참고문헌

김계수와 곽지영 (2023), "공공서비스 품질개선과 행정 만족도 증진을 위한 AI채봇 개발 -관광 AI챗봇을 중심으로-," 고객만족경영연구, Vol. 25, No. 1, pp. 796-96.

임현정 등 (2021), *2050 ESG혁명*, 라온북스.

중소벤처기업부 (2021), *ESG경영안내서*.

중소벤처기업부 (2022[a]), *중소벤처기업을 위한 ESG경영 안내서_이해편*.

중소벤처기업부 (2022[b]), *중소벤처기업을 위한 ESG경영 안내서_활용편*.

코트라(KOTRA) (2017), *주요국 CSR 정책 트렌드와 기업의 대응전략*.

편제범과 조지훈 (2021), "공공서비스 품질 수준 향상을 위한 프레임워크 구축 및 정책 로드맵의 제안," *한국품질경영학회 춘계학술발표논문집*, pp. 106-10.

Al-Hassan, K. et al. (2000), "The Role of Total Productive Maintenance in Business Excellence," *Total Quality Management*, Vol. 11, No. 4/5 &6, pp. s596-s601.

Chase, R.B., Aquilano, N.J. and Jacobs, F. R. (2001), *Operations Management for Competitive Advantage*, 9th ed., McGraw-Hill, New York. NY.

Bureau of Business Practice (2000), "Total Productive Maintenance : Your Facility's Road to World-Class Performance?" *Maintenance Management*, No. 2609, Aspen Publishers, MD.

Dumaine, B. (1990), "Who Needs a Boss?", *Fortune*, May 7, p.54.

Haksever, C. et al. (2000), *Service Management and Operations*, 2nd ed., Prentice-Hall, N.J.

Ho, S.K (1999), "5-S Practices : The First Step towards Total Quality Management" *Total Quality Management*, Vol. 10, No. 3, pp. 345-356.

Ho, S.K and Cicmil, S. (1996), "Japanese 5-S Practices," *The TQM Magazine*, Vol. 8, No. 1, pp. 45-53.

Huffman, J.L. (1997), "The Four Re's of Total Improvement," *Quality Progress*, Vol. 30, No. 1, pp. 83-88.

Nakajima, S. (1988), *Introduction to TPM : Total Productive Maintenance,* Productivity Press, Portland, OR.

Osada, T. (1991), *The 5－S : Five Keys to A Total Quality Environment*, Asian Productivity Organization, Tokyo.

Osborne and Plastrick(1997), *Banishing Bureaucracy: The Five Strategies for Reinventing Government*, ISBN-0-201-62632-2.

Richardson, T.L. (1997), *Total Quality Management*, Delmar Publishers, N.Y.

Shankar, N. K. (2002), “ISO 9000 for Small Planet”, *Quality*, Vol. 41, Issue 9, p. 27.

통계청 (2004), http://kosis.nso.go.kr/juro/index.html.

한국인정원 (2004), *ISO 9001 인증심사범위별 인증현황(2004.01.31 현재)*, http://kab.or.kr/.

Compli · Law (2024), https://www.complilaw.com.

GRI (2024), https://www.globalreporting.org/.

ISO (2004), http://www.iso.ch/iso/en/iso9000－14000/iso9000/selection_use/examples/.

ISO (2010), http://www.ISO.org.

ISO (2015[a]), *Quality Management Principles*, http://www.iso.org/publicatioon/pub100080.html.

ISO (2015[b]), *Environmental Management system*, http://www.iso.org/standard/60857.html.

ISO (2024[a]), *CASCO_1.ISO Survey 2022 results - Number of certificates and sites per country and the number of sector overall*, https://www.iso.org/home.html.

ISO (2024[b]), *CASCO_2.ISO Survey 2022 results - Number of sectors by country for each standard*, https://www.iso.org/home.html.

The Manager's Electronic Resource Center (2004), http://erc.msh.org/quality/example/exampl20. cfm.

Vanderbilt University (2006), http://mot.vuse.vanderbilt.edu/mt322/Check.HTM.

»» 8장

공급업체 파트너십 관리

고객이 기대하고 요구하는 서비스 제공을 위해서는 내부적인 서비스 프로세스의 통제와 관리뿐만 아니라 외부로부터 조달하는 상품과 서비스의 통제와 관리도 중요하다. 서비스가 설계규격에 적합하게 창출되기 위해서는 서비스 창출을 위해 프로세스에서 필요로 하는 품질 좋은 자재나 시설 혹은 외부 서비스가 필요한 때에, 필요한 만큼, 안정적으로 사용 가능해야 하기 때문이다. 오늘날 소위 소싱(sourcing)이라고 지칭되는 유형, 무형의 상품과 서비스의 구매 및 조달 과정은 특히 공급업체와의 파트너십 구축을 통한 경쟁력 있는 조달체계 구축을 중요시하고 있다. 서비스 프로세스에서 필요로 하는 상품과 서비스의 효과적인 조달을 위해서는 먼저 신뢰성 있고, 경쟁력이 우수한 공급업체를 개발하는 일이 중요하다. 다음은 개발된 공급업체와 장기적으로 상호 이익이 되는 파트너십 관계를 구축하는 일이 뒤따르게 된다. 소위 전략적인 파트너십의 구축과 전개를 위한 관리노력이 필요한 것이다. 다음에서는 이러한 과정에 초점을 맞추어 우수한 품질의 서비스 창출을 위해 필요로 하는 공급업체 관리노력에 대해 살펴보기로 한다.

핵심용어

- 소싱 프로세스
- ECR
- 공급업체 선정 기준
- 지속가능 공급망관리
- JIT－II
- 공동 구매관리
- 파트너십의 구축단계
- 사내 대리자
- 지속가능 구매
- 녹색구매

I 전략적 파트너십 구축

1 공급업체 소싱 프로세스(sourcing process)

구매(purchasing) 혹은 조달(procurement)이란 공급업체로부터 상품 혹은 서비스 창출 프로세스에서 필요로 하는 원재료, 부품, 상품, 서비스 혹은 기타 자원을 획득하는 과정을 말한다. 반면에 소싱(sourcing)이란 상품과 서비스의 구매를 위해 요구되는 전체 비즈니스 프로세스를 말한다. 〈그림 8.1〉에 나타낸 바와 같이 소싱 프로세스에는 공급업체 선정, 공급업체 계약의 설계, 상품설계 협력, 자재조달, 그리고 공급업체 성과 평가 등이 포함되게 된다(Chopra와 Meindl, 2004):

(1) 공급업체 평가

공급업체와 거래함으로써 발생하게 되는 총비용을 중심으로 공급업체 성과를 평가하는 과정이다. 가격뿐만 아니라 리드 타임(lead time), 신뢰성, 품질, 설계능력 등과 같이 공급업체를 이용하기 위한 총비용에 영향을 미치게 되는 모든 요소들을 규명하고 이를 평가에 반영하는 노력이 중요하게 된다.

(2) 공급업체 선정

공급업체 평가단계에서 얻어진 결과를 바탕으로 적합한 공급업체를 찾아내고, 공급에 따른 계약을 체결하는 과정이다. 계약은 공급성과에 영향을 미칠 수 있는 모든 요소들을 반영해야 하며, 공급업체와 구매업체 모두에게 도움이 되는 방향에서 공동의 이익을 증대시킬 수 있도록 설계되어야 한다.

(3) 설계협력

단위 상품 생산원가의 80%가 설계단계에서 결정된다는 측면에서 볼 때, 이 단계에서 공급업체가 적극적으로 참여하는 것은 매우 중요한 일이다. 설계협력을 통하여 공급업체는 구매업체의 최종 설계에 필요한 관련 상품 혹은 설비의 설계과정에 참여하게 되며, 설계변경 시에도 효율적으로 대응할 수 있게 된다.

(4) 조달

조달은 구매업체의 주문에 따라서 공급업체가 자재 혹은 서비스를 공급해 주는 과정을 말한다. 조달의 목표는 전체 비용이 최소화될 수 있도록 주문을 발송하고, 일정에 맞추어 납품이 이루어지도록 하는 데에 두어진다.

(5) 소싱 계획 및 분석

소싱 프로세스의 마지막 단계는 주기적으로 소싱의 결과를 평가하고 분석하여 다음 의사결정에 반영하도록 하는 것이다. 소싱에 수반되는 총비용을 감축할 수 있는 기회를 발견하기 위해서 여러 공급업체와 조달받은 품목들을 대상으로 지불한 비용을 분석하고, 다양한 측면에서 공급업체의 성과를 평가하는 노력에 중점을 두게 된다.

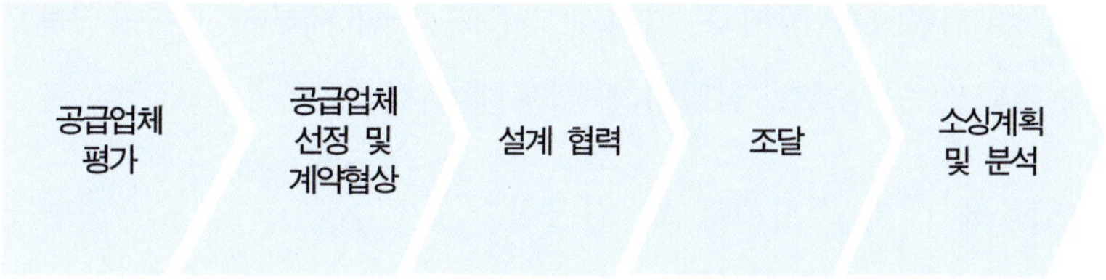

그림 8.1 핵심 소싱(sourcing) 관련 프로세스

2 공급업체 선정 기준

바람직한 공급업체는 무엇일까? 품질이 우수한 상품과 서비스를 저렴하게, 원하는 시간에 맞추어서, 정확한 수량으로 납품해 줄 수 있는 공급업체가 바람직한 공급업체일 것이다. 그러나 어느 기업이 어느 정도의 바람직한 상품 혹은 서비스의 공급능력을 가지고 있는가를 합리적으로 평가하기란 쉬운 일이 아니다. 가령 공급업체의 품질능력 수준을 단순히 특정 시점에서 창출된 최종상품의 품질수준으로만 평가하는 것은 바람직하지 않다. 그보다는 우수한 품질의 상품과 서비스를 설계하고, 창출하고, 안정적으로 공급해 줄 수 있는 시스템을 잘 갖추고 있는지를 총체적으로 평가하는 것이 필요하다. 이와 같은 측면에서 일반적으로 공급업체의 평가를 위해 제안되고 있는 항목들을 살펴보면 다음과 같다(Newman, 1992):

(1) 설비능력(equipment capability)

상품 혹은 서비스 창출 프로세스의 품질능력을 나타낸다. 공급업체가 고객이 요구하는 품질수준을 충족시킬 수 있는지를 평가하기 위해서는 프로세스 능력지수(process capability index)를 사용할 수 있다. 프로세스 능력지수는 "제 6 장"에서 설명한 바와 같이 설계상의 규격의 크기와 프로세스상의 품질변동 수준을 반영하여 평가하게 된다. 경우에 따라서는 품질변동의 수준을 나타내는 표준편차 즉, 시그마(σ)의 몇 배의 크기가 설계규격의 폭(중심과 상한 혹은 중심과 하한 사이의 범위)과 같아지게 되는 지를 나타내는 시그마 품질수준으로 품질능력을 나타내기도 한다(자세한 내용은 "제12장" 참조).

(2) 품질보증(quality assurance)

공급업체에서 설비와 프로세스 및 품질에 대한 통제가 적절하게 이루어지고 있는지를 평가하는 것은 매우 중요한 일이다. 따라서 다음과 같이 세부적인 공급업체의 품질통제 절차가 잘 수행되고 있는지를 면밀하게 검토해야 한다.

- 외부 수입품에 대한 검사여부 및 검사장소
- 공급업체가 가진 공급업체의 통계적 프로세스 관리(SPC) 사용여부
- 공급업체의 SPC 사용여부
- 재공품재고 검사방법
- 측정장치 및 기기
- 불합격된 원자재의 처리 절차
- 최종검사 및 포장 절차
- 포장, 검사 및 테스트 절차

(3) 재정적 능력(financial capability)

장기적인 사업 지속에 따른 위험을 측정하는 것으로서 다음과 같은 측정치를 사용하여 평가할 수 있다. 이 측정치들은 기업의 재정적 건전성을 나타내며, 영향률은 공급업체에 대한 구매업체의 잠재적 가치를 나타낸다.

- 영향률(clout ratio): 구매업체의 연간주문가치 / 공급업체의 매출액
- 유동비율(current ratio): 유동자산 / 유동부채
- 당좌비율(quick ratio): (유동자산－재고자산) / 유동부채
- 재고회전율(inventory turnover): 매출액 / 재고자산
- 매출채권회수기간(collection period): 매출채권 / 일일매출액

(4) 비용구조(cost structure)

장기적인 관계를 가지고자 할 때는 공급업체의 비용구조를 반드시 파악해야 한다. 즉, 재료비, 직접노동비, 제조간접비, 일반매출 및 관리비 및 이익의 구성비율을 파악해야 한다. 구매업체는 이와 같은 비용구조가 타당한지 그리고 장래의 비용구조는 어떠할 것인지를 알아야 한다. 이익이나 비용이 너무 낮을 경우는 장래에 문제가 될 수도 있는 것이다.

(5) 공급업체의 가치분석 노력(supplier value analysis effort)

구매업체와 공급업체는 지속적이고 장기적인 사업관계 유지를 목적으로 한다. 따라서 구매업체는 공급업체가 성과개선노력을 지속하도록 요구하는 것과 더불어 가치분석 프로그램에도 적극 참여하도록 유도해야 한다. 가치분석을 행한다는 것은 공급업체가 모든 상품의 규격이 가지는 필요성을 이해하고, 성과에 중요한 영향을 미치는 규격 조건은 무엇인가 혹은 장식용으로 필요한 규격 조건은 무엇인가를 파악하는 것을 의미한다.

(6) 생산일정계획(production scheduling)

공급업체의 생산일정계획 및 통제방식은 구매업체의 주문이 시스템에 투입되는 방식에 영향을 미칠 수 있다. 현재 가지고 있는 생산능력, 주문독촉의 방식, 사후관리 절차 등은 중요한 이슈가 된다. 또한 생산 일정을 공유하는 경우 구매업체와 공급업체가 동시에 계획을 수립할 수 있도록 호환성 있는 일정수립 기법을 사용하는 것이 바람직하다.

(7) 계약이행성과(contract performance)

공급업체의 성과는 어떻게 측정해야 할까? 물론 평가 과정이 구체적으로 명시되어야 하겠지만 평가보고서를 작성하는 것이 부담되어서는 안 된다. 계약이행 정도에 대한 평가는 특별히 관심을 두어야 할 예외적인 경우에 국한해서 이루어지는 것이 바람직하다.

3 공급업체 신뢰구축의 중요성

공급업체와 신뢰(trust) 관계를 구축한다는 것은 각기 상대방의 이익에 대해 관심을 가져주며, 상대방에게 미치는 영향에 대한 고려 없이 행동을 취하지 않는다는 것을 의미한다. 상호 간에 신뢰구축이 가져다주는 이익은 무엇일까? 〈표 8.1〉에는 400개의 소매유통업체를 대상으로 제조(공급)업체에 대한 신뢰가 가져오는 성과를 조사한 한 연구의 결과가 요약되어 있다(Kumar, 1996). 공급업체에 대한 신뢰정도가 높은 소매유통업체들의 경우는 상대적으로 대체 공급업체를 개발하려는 노력이 적고, 공급업체에 대한 신의를 지키려는 성향이 높으며, 납품받은 상품라인의 매출규모가 크고, 공급업체로부터 받는 평가가 높은 특징을 보여주고 있다.

공급업체와의 신뢰구축이 가져오는 긍정적인 성과는 다음과 같이 요약해 볼 수 있다(Chopra와 Meindl, 2004):

- **보다 자연스럽게 인센티브와 목표가 일치될 수 있다:** 상호 간에 신뢰가 구축되면 의사결정을 내릴 때 상대방의 목표를 반영하게 될 가능성이 커진다.
- **협조를 위해 사용하는 행동지향적인 측면의 관리적 수단이 보다 쉽게 실행될 수 있다:** 정보의 공유가 보다 자연스럽게 이루어지며, 운영 프로세스의 개선과 합리적인 가격책정 방안의 마련이 보다 용이해진다.
- **중복노력의 제거 혹은 적합한 당사자에 대한 노력집중을 통해 공급사슬 생산성의 증가가 이루어진다:** 가령, 신뢰할 수 있는 공급업체로부터 공급받는 자재에 대한 검사 과정 생략은 바로 검사에 투입되는 시간과 비용을 줄이는 효과를 가져오게 된다.
- **보다 상세한 판매와 생산 정보의 공유가 이루어진다:** 생산과 유통의 조정을 통한 수요적합도가 높아져서 보다 나은 협조 관계를 유지할 수 있게 된다.

표 8.1 신뢰수준에 따른 소매유통업체의 특징

특징	낮은 신뢰 집단	높은 신뢰 집단
대체할 수 있는 공급(제조)업체 개발	100	78
공급업체에 대한 신의	100	112
공급업체 상품라인의 매출	100	178
공급업체에 의한 평가	100	111

4 공급업체 파트너십 구축의 단계

앞에서 바람직한 공급업체를 선정하는 절차를 설명하였다. 이러한 선정 기준에 잘 부합되는 공급업체는 경쟁력 강화를 위해 중요한 도움을 줄 수 있을 것이다. 그러나 완벽한 또는 우수한 공급능력을 가진 업체가 우리 업체와만 거래해야 할 이유는 없다. 보다 나은 지불조건과 지원을 제공하는 구매업체가 있다면 언제든지 공급대상을 바꿀 수도 있을 것이다. 따라서 우수한 공급업체와의 거래관계를 지속적으로 유지하기 위해서는 상호 간에 신뢰를 구축하고 서로가 이익이 될 수 있는 파트너십 관계의 구축이 무엇보다도 필요한 일이다. 다음에서는 공급업체와 가지는 관계의 발전단계를 중심으로 파트너십 구축의 필요성을 살펴보기로 한다(Quigley, 1995).

(1) 단계 1 – 전통적인 대립 관계

실질적으로 공급업체와 아무런 관계를 가지지 않은 단계이다. 모든 구매주문은 입찰에 붙여지고 주로 가격 기준에 의해 공급업체를 선정한다. 그러나 싼 값에 주문받은 것을 보상받기 위해서 주문독촉료나 엉터리 비용 등을 계상하려 들거나 주문받은 상품이나 서비스를 제대로 공급하는 능력을 가지지 못하여 문제가 되는 경우가 종종 발생하게 된다. 그 밖에도 다음에 예시된 바와 같이 구매지원을 위해 필요한 활동 때문에 거래비용이 많이 발생하게 된다.

- 매번 별도의 구매요구서가 발행된다.
- 매번 별도의 견적서가 발행된다.
- 매번 구매주문서가 발송된다.
- 매 주문마다 자재의 수령과 검사가 이루어진다.
- 매 주문별로 대금결제가 이루어진다.

이러한 거래 활동들은 시간을 많이 소모할 뿐만 아니라 오류를 발생시킬 가능성도 매우 높은 것이 특징이다.

(2) 단계 2 – 관계의 구축

이 단계는 관계를 구축하는 전환기적 단계이다. 구매업체나 공급업체 모두에게 극적인 변화가 일어나게 된다. 이 단계의 핵심적인 활동은 장기적인 계약 및 구매협정을 개발하고 실행하는 것이다. 즉, 연간 총 소요량과 금액을 기준으로 계약을 체결하는 것을 의미한다. 가격조건이 중요하게 작용하지만 품질과 납품 관련 조항도 명시적으로 계약서에 삽입하게 된다. 계약서를 작성할 때는 다음의 사항들을 유의해야 한다.

- **각 부품에 대한 총 소요량을 명시한다**: 그러나 이 수량은 계획상의 수량이기 때문에 늘어날 수도 혹은 감소될 수도 있음을 설명해야 한다.
- **공급업체에게 사업거래의 금액규모를 약정해 준다**: 다만 이 경우도 금액이 많을 경우, 적을 경우, 평균적인 수준 등의 범위로 구분하여 약정한다.
- **계약서에는 납품일정과 관련한 요구사항을 명시한다**: 일일납품, 주별 혹은 월별납품을 요구할 수 있을 것이다. 또한 운송방식 등을 명시할 수도 있다.
- **주문발송의 구체적인 방법을 명시한다**: 전화나 팩스를 이용할 수도 있고 향후 수 주간의 수요와 예측치를 담은 컴퓨터 출력물을 사용할 수도 있다. 어느 것이든 편리한 방식을 사용하되 가급적 단순하게 만드는 것이 좋다.
- **이 단계에서도 검사는 필요하다**: 사내에서 수입품에 대한 검사를 실시할 수도 있고, 공급업체에 검사자를 파견해서 검사할 수도 있다. 그러나 계약서에는 반드시 품질상의 문제를 해결하거나 품질개선을 요구하는 조항을 명시해야 한다. 공급업체의 품질개선 의지와 능력을 평가함으로써 장기적인 관계 구축의 토대를 마련하게 되는 것이다.
- **계약서에 평가 방법과 절차를 명시한다**: 공급업체를 평가하기 위한 방법을 명시해야 하며 공급업체가 구매업체와 함께 평가 내용을 검토할 수 있는 절차도 마련해야 한다. 또한 공급업체가 구매업체를 평가하는 조항도 마련해야 한다. 가령 대금결제를 제대로 해주는지, 기술적인 문의에 신속하게 응해주는지를 평가할 수 있도록 해주어야 한다.

계약을 체결한 후에는 이를 실행하고 그 결과를 검토한다. 공급업체의 성과가 만족스러운 경우 다음의 단계로 발전해 가게 되지만 그렇지 못한 경우는 관계를 단절하게 된다. 이 단계는 다음의 공급업체 보증 단계로 이행해 가기 위한 중간단계로 삼아야 하며, 공급업체도 이를 알고 있어야 한다.

(3) 단계 3 – 보증 단계

이 단계의 특징은 품질, EDI(electronic data interchange), 설계의 측면으로 나누어 살펴볼 수 있다. 먼저 품질의 경우 공급업체의 품질성과가 높기 때문에 별도의 검사가 불필요하게 된다. 따라서 수입검사를 생략하게 된다. 보증을 주기 위한 핵심요소는 실질적인 성과에 있다. 품질 대상을 받았든 ISO 인증을 받았든 상관이 없다. 실질적인 성과를 바탕으로 이를 결정해야 한다. 이 단계에서 공급업체는 EDI를 사용하여 구매업체의 시스템으로부터 직접 주문과 수요예측에 대한 정보를 받게 된다. 전자적으로 대금을 청구하거나 대금결제를 받을 수도 있다. 또한 상품설계에 대해 공급업체의 의견을 적극 반영하게 된다. 일상적으로 제안을 내도록 할 수도 있고 시제품 설계 내용을 검토하도록 요청할 수도 있다. 물론 비용감축노력이나 기밀유지와 관련한 협정을 체결해야 할 것이다. 모든 공급업체는 이 단계를 목표로 삼아야 한다. 안정되어 있고 보증된 공급업체가 제공하는 품질과 사이클 타임 측면의 이점은 매우 큰 것이다.

(4) 단계 4 – 파트너십 단계

공급업체 관계의 최종단계이다. 그러나 모든 공급업체가 이 단계에 진입해야 하는 것은 아니다. 파트너십 단계의 특징은 설계책임(design responsibility), 비용자료의 공유(sharing of cost data) 및 자재소유(material ownership)의 측면에서 살펴볼 수 있다.

- **설계책임**: 공급업체가 신상품 개발 과정의 일부로서 부품설계에 대한 책임을 지게 된다. 상품설계 팀의 구성원으로 참여하여 회의에 참석하게 되며, 구매업체 내에 머무르기도 한다. 이러한 관계는 곧 공급업체가 부품설계 능력과 기밀유지 능력을 갖추고 있어야 한다는 것을 의미한다.
- **비용자료의 공유**: 공급업체가 구매업체의 상품 원가에 대한 이해와 함께 비용 절감을 위해 협력하려는 의지와 능력을 가지고 있는 것을 나타낸다.
- **자재소유**: 이 단계에서는 자재가 납품되어도 소비되기 전까지는 공급업체가 이를 소유하게 된다. 이것은 새로운 개념이고 논쟁의 소지도 다분히 있다. 공급업체는 자재가 납품될 때 대금을 결제받는 것이 아니라 자재가 상품 혹은 서비스 창출 프로세스에서 "소비"될 때 혹은 고객에게 판매될 때 대금을 결제받는 것을 의미한다.

파트너십 관계는 공급업체가 구매업체의 모든 비밀을 알게 되며, 구매업체의 신상품 개발 과정과 새로운 시장진입 노력을 지원하는 중요한 역할을 수행하게 됨을 의미한다. 공급업체의 수행능력이 바로 구매업체의 이익성과에 직접적인 영향을 미치게 되는 것이다.

5 파트너십의 관리와 전개

공급업체 관계를 효과적으로 관리하게 되면 상호 간의 협동과 신뢰가 증진되고, 결과적으로 구매 프로세스상의 협조가 잘 이루어지게 된다. 〈그림 8.2〉는 공급업체 관계가 전개되어 가는 프로세스를 나타내고 있다. 공급업체와의 계약에 따른 공급 관계의 내용 설계가 완료되면, 공급 관계가 운영되는 환경적 특성, 각각에게 요구되는 기술과 능력, 새롭게 나타나게 되는 목표 등에 대해 학습하는 과정이 뒤따르게 된다. 다음 단계에서는 수익성 개선과 동등성 혹은 공정성을 기준으로 각기 성과를 평가하게 된다. 따라서 이 단계에서보다 나은 파트너십의 가치평가가 가능해지게 되며, 이를 바탕으로 상호 간의 수익성과 공정성을 개선하기 위한 계약조건의 조정이 이루어지게 된다. 여기서 중요한 것은 이러한 조정이 용이할 수 있도록 초기 계약설계의 내용이 신축성 있게 작성되어

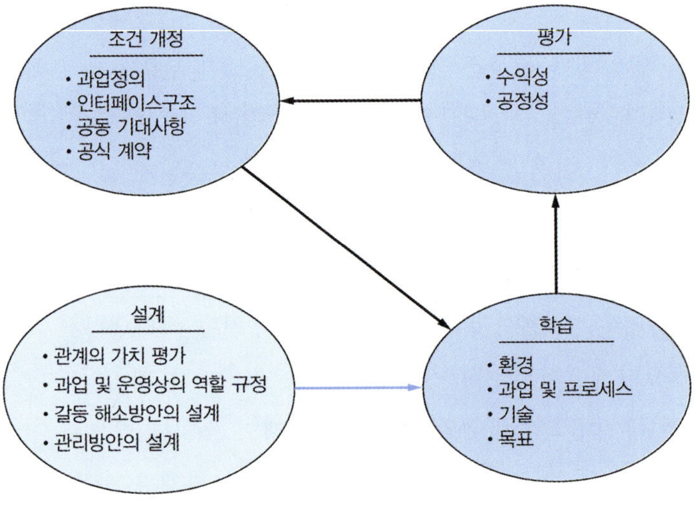

그림 8.2 파트너십의 전개 과정

자료: Doz, Y.L. and Hamel, G. (1998), *Alliance Advantage*, Harvard Business School Press, Boston.

있어야 한다는 점이다. 성공적인 파트너십 구축을 위해서는 이러한 학습−평가−조정으로 이어지는 파트너십 관계의 반복적인 전개 과정이 효율적으로 관리되어야 한다.

성공적인 파트너십의 구축을 위해 관리자가 관심을 가져야 할 요소들을 살펴보면 다음과 같다(Chopra와 Meindl, 2004):

- 상호 간에 신축성, 신뢰 및 신의에 바탕을 둔 관계 구축은 파트너십의 성공적인 유지에 도움을 준다. 특히 최고경영자의 신의 표시는 매우 중요하다. 파트너십에 대해 직접적인 책임을 지는 관리자를 둘 경우 각 당사자에 대한 파트너십의 가치를 명확하게 규정함으로써 관계 개발을 촉진시킬 수 있다.
- 정보공유 및 갈등 해소를 위한 조직적인 체계의 구축은 파트너십 성공의 가능성을 높여주게 된다. 정보공유의 결여와 갈등 해소 능력의 부재는 파트너십 관계를 파괴시키는 두 가지 주요 원인이기 때문이다.
- 각 당사자가 취하는 행동과 그 실행 결과를 가시적으로 볼 수 있는 체계를 구축하게 되면 보다 쉽게 갈등 발생을 피하고, 다툼을 해결할 수 있다. 이러한 체계가 구축되면 각 당사자가 기회주의적으로 행동하기 어렵게 만들 뿐만 아니라 구매 프로세스에서 발생하는 오류의 규명을 용이하게 해줌으로써 결과적으로 파트너십 관계의 가치를 높여주게 된다.
- 강한 파트너가 약한 파트너를 보다 공정하게 대우하면 할수록 파트너십의 관계는 보다 강력해진다.

6 지속가능 공급망 관리

최근 지속가능경영에 대한 관심이 증대되면서 공급업체 관리적 측면에서도 지속가능성에 대한 논의가 활발하게 이뤄지고 있다, 지속가능 공급망 관리는 기업이 제품 또는 서비스를 생산하고 공급하는 과정에서 환경, 사회, 경제적 측면에서의 영향을 고려하여 전략을 수립하고 실행하는 프로세스를 말한다(산업통상자원부, 2022). 즉, 공급업체 관리적 측면에서 지속가능성을 강조하고 비즈니스 활동에 미치는 영향을 최소화하면서 동시에 기업경영의 효율성과 투명성을 높이는 것에 초점을 두고 있다. 지속가능 공급망 관리의 주요 측면은 다음과 같이 4가지로 구분하여 정리할 수 있다(임현정, 2023).

(1) 환경적 측면

- **친환경 물질 및 에너지 사용**: 지속가능한 공급망은 환경에 미치는 영향을 최소화하기 위해 친환경 물질과 에너지를 사용한다. 에너지 효율성을 높이고 친환경적인 생산 방법을 도입하여 온실가스 배출을 줄이는 노력이 이에 해당한다.
- **재활용 및 재사용**: 자원의 효율적인 활용을 위해 재활용 및 재사용을 촉진하고, 재생 가능 에너지 소스를 적극적으로 도입한다.

(2) 사회적 측면

- **노동 조건 개선**: 지속가능한 공급망은 노동자의 권리를 보호하고 노동 조건을 개선하기 위해 노력한다. 안전한 작업환경을 제공하고 노동자의 교육 및 권리를 존중하는 것이 중요하다.
- **지역사회와 협력**: 현지 지역사회와의 협력을 통해 현지 사회에 긍정적인 영향을 미치도록 노력한다. 지역사회에 일자리를 창출하고 교육, 건강, 문화 등에 지원하는 활동이 여기에 포함된다.

(3) 경제적 측면

- **효율적 비용 관리**: 지속가능한 공급망은 비용을 효율적으로 관리하고, 경제적으로 지속가능한 비즈니스 모델을 유지하려 노력한다. 이는 재고 관리, 생산 프로세스 최적화, 운송 및 유통 최적화 등을 포함한다.
- **거래 파트너의 지속가능성 평가**: 거래 파트너 및 공급업체의 지속가능성을 평가하고, 함께 지속가능한 비즈니스 목표를 달성하기 위한 협력을 증진한다.

(4) 투명성 및 보고

- **정보의 투명성 강화**: 기업은 자사의 지속가능한 공급망 관리 활동에 대한 정보를 투명하게 공개하고, 이를 통해 이해관계자들에게 신뢰를 제공한다.
- **지속가능성 보고서 작성**: 기업은 정기적으로 지속가능성에 관한 보고서를 작성하여 내부 및 외부 이해관계자들과의 소통을 강화한다.

Ⅱ 혁신적 파트너십 관리

1 JIT-Ⅱ

JIT-Ⅱ란 1987년 당시 세계적으로 유명한 음향기기 제조업체인 Bose사의 구매 및 물류 담당 관리자였던 Lance Dixon에 의해서 창안된 혁신적인 공급업체 관리기법을 말한다. 전통적으로 구매업체의 종업원이 담당했던 공급업체에 대한 구매업무를 공급업체가 파견한 대리자(이를 사내 대리자(in-plant representative)라고 함)로 하여금 대행하도록 하는, 고도의 파트너십 관계에 바탕을 둔 관리기법이라고 할 수 있다. 이 공급업체 대리자는 Bose의 구매부서에 앉아서 자신의 회사에 대한 구매주문을 직접 담당하며, 자신의 회사에서 만드는 부품과 관련된 설계 회의에 모두 참석하여 CE(concurrent engineering)가 실현되도록 노력하게 된다. Bose는 JIT-Ⅱ를 통해 연간 100만 달러의 간접비용 감축과 더불어 구매자재 재고의 대폭적인 감축(예: 주요 공급업체인 G&F의 공급자재의 경우 1/7에서 1/9수준으로 감축됨) 효과를 거두었다. 또한 JIT-Ⅱ 실행에 적합한 파트너로 선정된 공급업체는 장기적이고 지속적인 공급계약을 유지할 수 있게 됨으로써 판매기회의 확대와 마케팅 비용의 감축 등의 효과를 거둘 수 있었다. Bose에 따르면 대개 선정된 공급업체들은 연평균 35-45%의 거래 증가 효과를 실현하고 있다고 한다(Dixon, 1992).

그 밖에 JIT-Ⅱ를 효과적으로 활용하고 있는 기업으로는 Honeywell, AT&T, Jorgensen Steel, Castle Metals, Roadway Express, Ingersoll-Rand 등을 들 수 있다. 특히 Minnesota주의 Golden Valley에 위치한 Honeywell의 H&BC(Home and Building Control) 운영사업부에는 Aspen Lab, Banta, Motorola, Xerox 등의 공급업체에서 파견한 23명의 공급업체 대리자(즉, 사내 대리자)가 JIT-Ⅱ 활동을 수행하고 있다. 이들은 연구 및 개발업무로부터 실제적인 상품과 서비스의 배달에 이르기까지 모든 측면의 공급관련 활동에 참여하고 있다. H&BC에서는 공급업체 대리자의 활동을 지원하기 위해 이들로 하여금 전략적 계획, 예산, 생산계획 및 판매예측 등을 포함한 많은 회사고유의 정보들을 조회할 수 있도록 허용하고 있다. 공급업체 대리자들은 계획수립 프로세스에 적극적으로 참여하고 있으며, 주문 요구사항을 결정하고, H&BC의 주문서를 작성할 수 있는 권한을 부여받고 있다.

JIT−II 실행을 통해서 얻을 수 있는 구체적인 효과는 구매업체와 공급업체의 측면으로 나누어 살펴볼 수 있다. Porter(1991)가 주로 제조 부문를 중심으로 설명한 바 있는 JIT−II의 효과를 서비스 부문에 비추어 담겨진 의미를 살펴보면 다음과 같다:

(1) 구매업체에 주는 이익

- 구매부서 직원들이 행정적인 업무에서 벗어나 다른 업무능력을 배양할 수 있다.
- 커뮤니케이션과 구매주문체계가 극적으로 개선된다.
- 상품 및 서비스 구매비용의 감축이 즉각적으로 실현된다.
- 상품 및 서비스 구매비용의 감축이 일상적으로 이루어지며 공급업체 대리자가 새로운 상품 혹은 서비스 개발을 위한 CE 프로세스에 참여할 수 있게 된다. 초기비용 수준이 수년간 고정된다.
- 공급업체 표준을 만들어 내게 된다. 우수한 공급업체는 공급하는 상품 혹은 서비스에 필요한 설계를 직접 담당한다.
- EDI와 효과적인 서류처리 및 행정비용 개선의 실현을 위한 토대를 마련하게 된다.

(2) 공급업체에 주는 이익

- 구매업체에 상근종업원을 파견하는 대신 판매노력을 없애준다.
- 커뮤니케이션과 구매주문체계가 극적으로 개선된다.
- JIT−II 프로그램의 시작과 함께 거래규모가 증가하게 된다.
- 영속적인 계약이 보장된다. 계약의 종료나 재입찰의 필요성이 없어진다.
- 공급업체가 공급하는 상품 혹은 서비스를 직접 설계하게 되므로 사업규모의 증가가 상시적으로 이루어지게 된다.
- 공급업체가 직접 구매업체의 상품기획 혹은 설계부서를 대상으로 판매 활동을 벌일 수 있다.
- 대금청구와 결제업무가 효율화된다.
- 공급업체가 파견한 대리자는 공급업체 내에서 승진할 수도 있고 경우에 따라서는 구매업체에서도 자리를 구할 수 있는 두 가지 승진경로를 추구할 수 있다.

그러나 이상과 같은 다양한 구매업체와 공급업체에 주는 이익에도 불구하고 공급업체와의 관계가 가지는 성격에 따라서는 JIT–II의 실행이 적합할 수도 있고 적합하지 않을 수도 있다. JIT–II의 실행은 고도화된 단계의 파트너십 관계를 기반으로 하는 관리방식이기 때문에 공급업체가 납품하는 상품과 서비스의 규모와 성격에 따라서, 그리고 공급업체의 공급 성과에 따라서 선별적으로 적용할 필요가 있다. 일반적으로 JIT–II 실행을 위한 파트너로서 적합한 공급업체는 다음과 같은 요건을 잘 갖출 필요가 있다(Dixon, 1992):

- 전반적인 능력이 탁월한 공급업체(관련 공급업체로서는 최고 수준이어야 한다)
- 거래규모가 일정 규모 이상일 때(Bose의 경우 최소 100만 달러 이상)
- 높은 품질수준이 이미 입증되었을 때
- 우수한 배달 성과를 보인 업체
- 구매주문 거래의 비중이 높은 업체
- "발전 과정에 있는" 기술을 지닌 업체(단, "혁신적인" 변화 속도에 있지 않은)
- 바람직한 원가 수준이 이미 입증된 업체
- 구매업체의 핵심적인 거래 기밀사항이나 민감한 기술과 직접 관련되지 않는 사업영역을 가진 업체
- 상품 혹은 서비스의 설계 측면에서 이미 지원을 잘 해주고 있는 업체

2 ECR

공급업체와의 파트너십 구축을 통한 효과적 고객욕구 대응방식으로서 서비스 부문에서 사용되는 대표적인 시스템으로는 ECR(Efficient Consumer Response)을 들 수 있다. ECR은 고객의 만족을 극대화하고 공급사슬 전체의 비용을 최소화할 수 있는 고객중심의 공급시스템을 갖추기 위해 소매유통 서비스 업체가 공급업체와 파트너십 관계를 가지고 공동 대응하는 방식을 말한다. 보다 구체적으로는 소비자가 원하는 상품과 서비스를 제공하고, 재고를 최소화하며, 서류 없는 거래(paperless transaction)를 실현하고, 유연하고 신속한 상품흐름을 구축하고자 하는 것에 목표를 두고 있다(배종덕, 1998). ECR이 제공하는 핵심적인 기능은 다음과 같이 4가지 측면에서 살펴볼 수 있다:

(1) 효율적인 상품 선정/진열(efficient store assortments)

점포재고와 진열면적의 효율성을 극대화시키면서 동시에 소비자 욕구에 맞는 상품종류를 구비하는 것에 초점을 맞추는 것이다.

(2) 효율적인 상품 보충(efficient replenishment)

생산라인에서부터 판매시점까지 완전히 통합된 시스템을 구축함으로써 비용과 재고를 최소화함과 동시에 유연하고 신속한 상품의 흐름과 결품률의 개선을 달성하는 것이다.

(3) 효율적인 판매촉진(efficient promotion)

전체 시스템에 불필요한 비용을 유발시키지 않으면서 소비자에게 구매유인을 제공하는 것에 초점을 맞추며, 유통업체에 대한 제조업체의 복잡한 판매촉진 거래를 단순화시키는 것이다.

(4) 효율적인 상품개발/도입(efficient product introduction)

전체 공급사슬에 걸쳐 신상품의 개발과 시장도입 과정의 효율성을 극대화시키는 것에 초점을 두며 보다 정확하고 적시성 있는 판매 데이터가 유통업체와 제조업체 사이에 공유될 수 있도록 하는 것이다.

유통서비스 부문에 활발하게 도입되고 있는 ECR의 구성내용의 실제적인 사례는 1996년에 Austria에서 식품점을 중심으로 설립된 ECR－Austria 모델에서 잘 살펴볼 수 있다(ECRA, 1997). 유통서비스의 공급사슬에 관여하는 제조 부문과 유통 부문 및 운송 부문의 총 70여개 회원기업과 150명의 관리자들이 참여한 ECR－Austria는 〈그림 8.3〉에 나타낸 바와 같이 EUL, EDI, ER 및 CM 등 모두 4가지 ECR 영역으로 구성되어 있다.

이 4가지 영역은 다시 개념적으로 공급측면, 수요측면, 프로세스 및 표준의 4가지 항목으로 구분되어 진다. 공급측면(supply－side)과 수요측면(demand－side)은 유통업체와 제조업체의 관련부서(예: 구매조달, 물류, 마케팅 및 판매)들을 포함하게 된다. 프로세스(processes)와 표준(standards)은 공급사슬 프로세스에서 비즈니스가 수행되어야 하는 방식을 나타낸다. 제안되는 표준의 내용은 ECR 참여기업들이 일치되어 채택하고자 하는 가치(values)를 담게 되며, 주로 공급사슬 파트너들 사이에 수행되는 여러 가지 물류

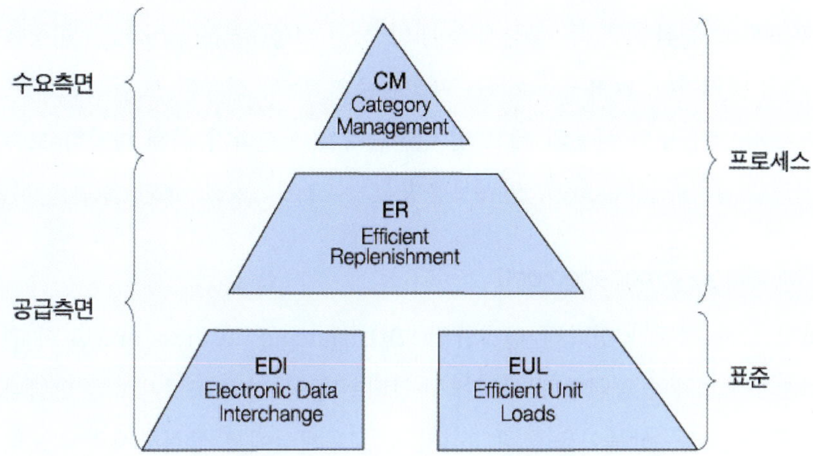

그림 8.3 ECR의 개념적 구성
자료: ECRA (1997), ECR-Handbuch I, Efficient Consumer Response Austria, Vienna.

및 마케팅 활동들에 관심을 두게 된다. ECR－Austria의 4가지 구성 영역을 간략하게 살펴보면 다음과 같다(Kozab과 Teller, 2003):

(1) EUL(efficient unit load)

전체 식품 공급사슬 내에서 발생하는 상품의 안정적인 흐름을 지원하기 위해서 물류포장의 표준을 설정한 것이다. 유닛 레이블링(예: EAN－128 팔레트 레이블(pallet label))의 사용이나 일반적으로 채택되는 기준과 규격(예: ISO master 모듈)의 적용, 주문수량의 최적화, 재공급 사태의 억제, 개선된 물류운영 활동 등에 있어서 소매유통업체와 공급업체 간의 협력을 필요로 하게 된다.

(2) EDI(electronic data interchange)

공급사슬 내의 여러 다양한 파트너들 사이에 표준화된 구조를 가진 데이터의 전송을 가능하게 하는 전자적 자료교환의 실행을 나타낸다. 참여기업들은 주문관리, 주문처리, 대금청구, 수입물류, 활동자료의 관리와 관련된 오류를 최소화하기 위해서 특정 EDI 표준(예: ORDERS, DESADV, INVOIC)의 사용을 제안하고 있다.

(3) ER(efficient replenishment)

물류 프로세스의 심장부 즉, 공급사슬 내의 상품 보충(replenishment) 활동을 표적으로 하는 ECR 영역이다. ECR-Austria는 재고수준의 감축, 신속한 보충 프로세스, 신속한 수요변동 대처, 운송능력 사용의 제고 및 반품감축을 실현하기 위해 다양한 보충기법(예: 크로스-도킹(cross-docking), 연속보충방식, 수요예측자료 교환)을 제안하고 있다.

(4) CM(category management)

고객화된 상품 세트가 전략적 사업단위(SBU; strategic business unit)로서 관리될 수 있도록 소매유통업체와 공급업체 사이에 운영되는 공동 기획 프로세스를 말한다. ECR-Austria의 경우 CM은 상품이윤을 증대시키고, 유통센터에서 상점까지의 리드타임을 감축시키며, 재고의 회전을 증대시키기 위해서 소매유통업체와 공급업체 사이의 협의구조를 재설계해 줄 것으로 기대되고 있다.

3 공동 구매관리

구매할 상품이나 서비스의 종류가 매우 다양하고, 단위 구매주문의 크기가 작을 경우 상대적으로 요구되는 공급업체의 관리노력은 매우 어렵고, 복잡해지게 된다. 경우에 따라서는 비록 경쟁 관계에 있다고 하더라도 효과적인 공급업체 관리와 파트너십 구축을 위해 구매업체들이 공동으로 대응하는 방식을 취할 수도 있다. 이러한 공동대응 노력은 주로 운송 서비스의 효율적인 이용을 위해 폭넓게 활용되어 왔으나 최근에는 다른 상품과 서비스의 구매를 위해서도 적극적으로 도입되고 있다. 호텔에서 필요한 상품과 서비스의 공동구매를 위해 설립되어 운영되고 있는 Avendra의 사례는 그 대표적인 예라 할 수 있을 것이다(Lawlor와 Jayawardena, 2003).

2000년 초에 Hyatt Hotels Corporation, Marriott International, InterContinental Hotel Group, Fairmont Hotels and Resorts, CubCorp, USA 등이 공동으로 설립한 독립적 회사인 Avendra는 현재 미국과 캐나다에 있는 4,000여 개의 호텔에서 필요로 하는 상품과 서비스를 구매하여 고객업체에게 배달하는 비즈니스를 담당하고 있다. 개별적인 호텔에서 대응하기 어려운 공급업체 관리 업무를 통합적으로 대행해 줌으로써 고객만족의 실현을 위해 필요한 상품과 서비스의 효율적인 구매가 가능하도록 도와주고 있는 것이다.

매년 20억 달러 이상의 비즈니스 규모를 달성하고 있는 Avendra는 오늘날 고객서비스 산업(hospitality industry) 부문을 지원하는 세계 최대의 조달서비스 업체로 자리 잡고 있다.

4 지속가능 구매

지속가능 구매는 제품이나 서비스를 구매할 때 환경, 사회, 경제적 측면에서의 영향을 고려하여 선택하는 소비 행동을 의미한다. 이는 자원 소비, 환경오염, 노동 조건, 지역사회 발전 등에 대한 고려를 포함하며, 장기적으로 지속가능한 방향으로 소비자와 기업의 선택이 이끌어지는 것을 목표로 한다. 지속가능 구매의 주요 특징은 다음과 같다(Celinne 등, 2021).

- **환경적 영향 고려:** 지속가능 구매는 생산과 소비 과정에서 발생하는 환경적 영향을 최소화하려고 한다. 이는 친환경적인 제품을 선호하거나 재활용이 가능한 제품을 선택하는 등의 방식으로 구현될 수 있다.
- **사회적 책임:** 소비자들은 생산자가 공정한 노동 조건을 유지하고 사회적 책임을 다하는 기업을 선호하는 경향이 있다. 노동자의 권리를 존중하고 지역사회에 긍정적인 영향을 미치는 기업들의 제품이나 서비스를 선택하는 것이 이에 해당한다.
- **지역 발전 지원:** 소비자들은 지역사회의 지속가능한 발전을 지원하기 위해 지역에서 생산된 제품을 선호하는 경우가 있으며, 이는 지역 경제를 지원하고 활성화시키는 측면에서 중요하다.
- **자원 절약:** 자원의 효율적인 사용과 낭비를 최소화하는 것이 지속가능 구매의 중요한 측면 중 하나이며, 이는 에너지, 물, 원자재 등의 자원을 절약하려는 노력을 포함한다.

지속가능 구매의 실행적 측면에서 활용되고 있는 두 가지 중요한 개념은 공정무역과 녹색구매라 할 수 있다.

(1) 공정무역

세계 무역시장의 발전은 많은 국가들의 경제성장에 상당한 기여를 해왔지만, 그 이익은 고르게 분배되지 않았다. 세계 무역시장은 소수의 글로벌 기업들의 지배하에 움직이고 있으며, 일부 글로벌 기업들은 더 많은 이익을 추구하기 위해 생산자들에게 생산비용

보다도 낮은 가격으로 공급하기를 강요한다. 이로 인해 영세한 생산자와 노동자들은 낮은 임금과 노동착취 등의 문제로 더욱 어려움을 겪고 있다(한국공정무역협의회, 2023).

이에 따라 공정무역은 세계무역시장에서 공정치 못한 무역 관행을 개선하고자 하는 노력에서 시작되었다. 정의(justice), 공정성(equity), 지속가능한 발전(sustainable development)은 공정무역의 핵심이며, 이를 통해 모든 사람들이 생계를 유지하고 더 나아가 각자의 잠재력을 최대한 개발할 수 있도록 하는 것이 공정무역의 목표이다(김동호, 2017).

공정무역은 특히 경제발전의 혜택으로부터 소외된 남반구 저개발국가의 생산자와 노동자들에게 조건을 제공하고 그들의 권리를 보호함으로써 지속가능한 발전에 기여하는 것이다. 공정무역단체들은 저개발국 생산자를 지원하고, 공정무역을 홍보하며, 기존 국제무역의 문제들을 개선시키기 위하여 다양한 활동에 적극적으로 나서고 있다(WFTO, 2022).

(2) 녹색구매

녹색구매는 환경 보호 및 지속가능성을 고려한 소비 행동을 나타낸다(Boobalan, K., 2020). 이는 제품 또는 서비스를 구매할 때 환경적, 사회적, 경제적 영향을 최소화하려는 노력을

표 8.2 공공기관 의무구매 대상 녹색제품 비교

구분	환경표시	저탄소	우수재활용(GR)
표시	친환경 환경부	CO2 저탄소	Good Recycled
운영 목적	환경성 개선 정보를 제공하고 소비자의 환경 표지제품 선호에 부응해 기업이 친환경제품을 개발 · 생산하도록 유도	제품의 탄소 배출량 정보를 공개하여 시장주도의 저탄소 소비문화 확산에 기여	재활용 제품의 품질과 환경성을 정부가 인증함으로써 소비자의 재활용 제품에 대한 불신 해소 및 신뢰성 확보
대상 품목	사무기기, 가전제품, 생활용품 등 160개 제품군	의료기기, 의약품, 1차 농수축산물 및 임산물을 제외한 모든 제품	폐지, 폐고무, 폐플라스틱 등 17개 분야
인증 제품 수	4,592개 업체 / 19,881(기본)개 제품 ('23년 7월 기준)	176개 업체 / 605개 제품 ('23년 7월 기준)	281개 업체 / 342개 품목 ('23년 7월 기준)
인증 기관	환경부/ 한국환경산업기술원	환경부/ 한국환경산업기술원	국가기술표준원/ (사)자원순환산업인증원
홈페이지	el.keiti.re.kr	edp.or.kr	buygr.or.kr

자료: 환경부 (2023), *2022년도 녹색제품 구매 우수 공공기관 선정 보도자료.*의 내용을 재구성하였음.

의미하며, 녹색구매의 목표는 지구 환경을 보호하고 자원 소비를 최소화하여 지속가능한 생활 방식을 촉진하는 것이다(Ibrahim, 2018). 환경친화적 제품을 선택하거나 지역생산품의 구매, 에너지 효율적 제품의 구매, 재활용할 수 있는 제품의 선택, 지속가능한 회사 브랜드의 지원 등 녹색구매는 다양한 방식으로 이루어질 수 있다. 또한 공공기관의 경우 의무적으로 구매대상 제품을 규정짓고, 매년 녹색구매 우수 공공기관을 선정하는 등 녹색구매 활성화를 위해 적극 노력하고 있다(환경부, 2023).

참고문헌

김동호 (2017), “공정무역의 한계와 그 원인에 대한 연구,” *한국무역상무학회*, Vol. 73, pp. 91−110.

배종덕 (1998), “식품산업 Supply Chain Management의 Best Practice,” *한국생산관리학회 추계학술연구발표회 논문집*, 11월 13−14일, 창원대학교.

산업통상자원부 (2022), *공급망 대응 K-ESG가이드라인*.

임현정 (2023), *2023 인천국제공항공사 협력기업 행동강령 평가대응*.

환경부 (2023), *2022년도 녹색제품 구매 우수 공공기관 선정 보도자료*.

Boobalan, K. and Nachimuthu, G. S. (2020), “Organic consumerism: A comparison between Indi a and the USA,” *Journal of Retailing and Consumer Services*, Vol. 53, pp. 1−8.

Celine, C.-B., Gustav, E., Ben, l. and Peter, S. (2021), *Buying into more sustainable vale chain*, MaKinsey&Company report.

Chopra, S. and Meindl, P. (2004), *Supply Chain Management : Strategy, Planning, and Operation*, 2nd ed., Pearson Prentice Hall, NJ.

Doz, Y.L. and Hamel, G. (1998), *Alliance Advantage*, Harvard Business School Press, Boston.

Dixon, L. (1992), “JIT−II : A New Approach to Supply Management”, *Center for Quality of Management Journal*, Vol. 1, No. 1, pp. 15−18.

ECRA (1997), *ECR−Handbuch I*, Efficient Consumer Response Austria, Vienna.

Ibrahim, H. and Al-Ajlouni, M. M. Q. (2018), “Sustainable consumption: Insights from the protection motivation (PMT), deontic justice (DJT) and construal level (CLT) theories,” *Management Decision*, Vol. 56, No. 3, pp. 610−633.

Kozab, H. and Teller, C. (2003), “Value−adding Partnerships and Co−opetition Models in the Grocery Industry,” *International J. of Distribution & Logistics Management*, Vol. 33, No. 3, pp. 268−281.

Kumar, N. (1996), "The Power of Trust in Manufacturer—Retailer Relationships," *Harvard Business Review*, November—December, pp. 92—106.

Lawlor, F. and Jayawardena, C. (2003), "Purchasing for 4,000 Hotels : The Case of Avendra," *International J. of Contemporary Hospitality Management*, Vol. 15, No. 6, pp. 346—348.

Newman, R.G. (1992), *Supplier Price Analysis : A Guide for Purchasing, Accounting, and Financial Analysis*, Quorum Book, New York.

Porter, A.M. (1991), " 'JIT II' is Here," *Purchasing*, September 12, pp. 61—65.

Quigley, P.E. (1995), "Managing Your Suppliers : A Common Sense Approach," *APICS : The Performance Advantage*, November, pp. 40—43.

Robeson, J.F. and Copacino, W.C. (1994), *The Logistics Handbook*, The Free Press, New York.

(사)한국공정무역협의회 (2023), https://kfto.org/what-is-fair-trade.

World Fair Trade Organization (2023), https://wfto.com/.

4부

고객관리 및 유지

고객의 서비스에 대한 충성도를 높이는 것은 안정적인 고객기반 창출을 통한 효과적 수익증대의 수단이 될 수 있다. 고객의 서비스에 대한 충성도는 고객의 서비스에 대한 만족을 전제로 할 때 얻어질 수 있다. 따라서 고객만족을 위한 고객기대의 효과적인 충족노력은 궁극적으로 고객충성도를 높이기 위한 중요한 활동이 된다. 서비스 품질의 Gap 모델은 바로 이러한 고객기대의 중요성을 잘 나타내주고 있다. 특히 Gap 모델에서 나타내고 있는 Gap 4 즉, 외부 커뮤니케이션 등을 통해 형성된 서비스에 대한 기대와 실제 제공받은 서비스의 차이는 궁극적으로 고객의 기대와 지각의 차이를 결정하는 주요 요인이 되고 있다. 서비스에 대해 과도한 기대감을 가지게 하거나 실제보다 낮은 기대감을 가지게 하는 것은 고객기대의 충족을 어렵게 만드는 요인이 된다. 따라서 서비스를 제공하기 전이나, 서비스 프로세스 진행 중에 적절한 기대감을 가지도록 유도하는 것은 고객만족 실현을 위해 매우 중요하게 된다. 아울러 다양한 고객기대와 서비스 품질의 관리노력에도 불구하고 제공된 서비스가 고객기대에 미치지 못한 경우는 이를 신속하게 회복시켜 주는 노력이 뒤따라야 한다. 신속한 서비스 회복은 고객이 고객으로서 남게 만들 수 있는 중요한 수단이기 때문이다. 제4부에서는 이와 같이 고객을 지속적으로 유지하기 위해서 필요한 고객기대 관리와 서비스 실패의 신속한 회복 방안들에 대해 살펴보기로 한다.

9장 고객기대 관리

10장 서비스 회복

9장

고객기대 관리

고객이 필요로 하는 서비스를 설계하고, 서비스를 창출하기 위한 프로세스를 효과적으로 관리하며, 프로세스의 품질능력을 지속적으로 개선하는 일련의 노력들은 궁극적으로 서비스 배달 능력을 향상시키는 것에 초점을 맞추고 있다. 그러나 고객이 지각하게 되는 궁극적인 품질수준은 서비스 배달능력과 함께 고객의 인식 속에 형성되어 있는 서비스에 대한 기대감이 중요한 역할을 하게 된다. 따라서 고객이 제공된 서비스에 대해 합리적인 기대를 형성하도록 노력하는 것은 서비스 품질의 지각 수준을 향상시키기 위해 매우 중요하다. 과장되었거나 부적절한 광고 혹은 커뮤니케이션 활동으로 인해 고객의 기대가 잘못 형성될 경우 우수한 서비스 배달능력에도 불구하고 궁극적으로 지각하는 고객의 서비스 수준은 낮아지게 될 위험성이 있기 때문이다. 다음에서는 합리적인 고객기대의 형성을 위해 사용될 수 있는 서비스 시스템 내・외부의 커뮤니케이션 및 외부 촉진 노력과 서비스 시스템 내부에서 수행될 수 있는 다양한 고객기대 관리노력들을 살펴보기로 한다.

핵심용어

- 고객 커뮤니케이션
- 기업 디자인
- 고객기대 관리 모델
- 단서
- 고객기대 조절요인
- 내부 커뮤니케이션
- 서비스 풍경
- 기대
- 개입
- 서비스 대기
- 고객 심리
- 인적 커뮤니케이션
- 허용 마케팅
- 욕망
- 고객욕망 관리
- e-커뮤니케이션

I 외부 촉진 및 커뮤니케이션 노력

1 고객 커뮤니케이션과 내부 커뮤니케이션

서비스가 제공하는 것이 무엇인지를 고객에게 효과적으로 알리는 노력은 합리적인 고객기대의 형성을 통한 서비스 품질의 지각 수준을 높이기 위해 매우 중요한 일이다. 그러나 서비스의 내용을 고객에게 올바르게 전달하기 위해서는 직접적인 외부 고객에 대한 커뮤니케이션 노력뿐만 아니라 고객을 직접 상대하고 접촉하게 되는 내부 조직구성원에 대한 커뮤니케이션 노력도 중요하다. 구성원으로 하여금 조직이 고객에게 제공해야 하는 서비스의 내용과 가치가 무엇이고, 이를 효과적으로 전달하는 노력이 왜 중요한지를 인식시키는 것은 조직의 통합된 고객욕구 충족노력을 유도하기 위해서 반드시 필요한 일이다(Lovelock과 Wright, 2002).

(1) 고객 커뮤니케이션

커뮤니케이션 노력은 새로운 고객의 유인뿐만 아니라 기존 고객과의 접촉과 관계를 유지하기 위해서도 필요하다. 고객과의 관계를 강화하기 위해서는 최근의 자료를 담은 종합적인 고객 데이터베이스를 구축하고 이를 개별화된 방식으로 활용할 수 있는 체계를 갖추어야 한다.

고객과의 접촉을 유지하고 기업에 대한 충성도를 구축하기 위한 기법으로는 직접우편(direct mail)과 전화나 팩스, e-mail, 웹 사이트, SNS(social network service) 등을 포함한 기타 텔레커뮤니케이션 방식을 통한 접촉을 들 수 있다. 치과병원이나 차량정비 회사 등에서 정기적인 검사 서비스가 필요하다는 것을 알려주는 메시지를 보낸다거나, 호텔이나 백화점에서 단골고객에게 생일 혹은 결혼기념일 등을 축하하는 카드를 보내주는 것 등은 바로 이러한 고객 커뮤니케이션(customer communication)의 대표적인 예가 된다.

(2) 내부 커뮤니케이션

내부 커뮤니케이션(internal communication)이란 경영자로부터 종업원에게 전달되는 모든 형태의 커뮤니케이션을 말한다. 이러한 내부 커뮤니케이션은 특정한 서비스 가치에 바탕을 둔 기업문화를 유지하고 육성함에 있어서 핵심적인 역할을 수행하게 된다. 서비스 조직의 규모가 커서 지리적으로 분산되어 있는 경우에는 내부 커뮤니케이션 노력을 계획하는 일에 보다 중점을 두어야 한다. 본사로부터 멀리 떨어진 지역에 위치한 종업원이라 하더라도 새로운 정책이나 서비스 특성의 변경 또는 새로운 품질개선 노력 등에 대한 정보를 지속적으로 제공받음으로써 일관성 있는 서비스를 유지할 수 있도록 해야 하기 때문이다. 특히 McDonald's나 KFC 등과 같이 전 세계적으로 흩어져 있는 서비스 조직의 경우는 각기 다른 언어로 상이한 문화적 환경 속에서 근무하는 종업원들로 하여금 기업이 지향하는 공통의 목표를 달성하도록 유도하기 위해서도 내부 커뮤니케이션의 역할이 매우 중요하다.

효과적인 내부 커뮤니케이션은 효율적이고 만족스러운 서비스 배달을 실현하고, 생산적이며 조화로운 작업환경을 구축하여, 고객의 신뢰와 존경 및 충성심을 창출할 수 있도록 도와준다. 내부 커뮤니케이션을 위해 사용하는 방법으로는 사내 뉴스레터나 사보, 비디오테이프, 사내 TV 방송, 내부 전용 웹 기반 네트워크인 인트라넷(intranet), 강연 또는 전시, 시상 등을 포함하는 촉진 캠페인 등을 들 수 있다.

2 인적 커뮤니케이션

인적 커뮤니케이션(personal communications)이란 다음에 제시하는 바와 같이 대면에 의한 대화나 전화통화 혹은 e-mail 등을 통해 마케팅 담당자와 개별 고객 사이에 이루어지는 직접적인 쌍방(two-way) 커뮤니케이션을 의미한다(Lovelock과 Wright, 2002). 이러한 점에서 광고, 촉진활동, PR 등과 같이 표적고객을 대상으로 하며, 일방적(one-way)으로 이루어지는 커뮤니케이션을 나타내는 비인적 커뮤니케이션(impersonal communications)과 구별된다.

(1) 인적판매

개인적인 접촉을 통해 고객을 교육하고 특정 상품에 대한 호감도를 높이기 위해 수행되는 노력을 인적판매(personal selling)라 한다. 자산관리, 보험, 예식 서비스 등과 같이 구매빈도가 낮은 서비스에 대해서는 회사의 직원이 고객의 구매결정을 도와주는 컨설턴트의 역할을 해줄 수도 있을 것이다. 직접 대면에 의한 판매 활동은 비용이 많이 소요되기 때문에 주로 기업 간 거래(business－to business)에 많이 사용된다. 개인에 대한 저비용 인적판매 수단으로서는 전화를 사용하는 텔레마케팅을 들 수 있다.

비교적 복잡한 내용의 서비스를 판매하는 기업대상 혹은 전문 서비스 판매 기업의 경우에는 서비스에 대한 지속적인 자문, 교육 및 지원의 필요성 때문에 계정관리(account management) 프로그램을 널리 사용하고 있다. 특별히 지정된 계정관리자에게 고객을 할당해서 고객과 서비스 회사 사이의 가교역할을 하도록 하는 것으로서 개인고객을 대상으로 한 계정관리 방식은 보험, 투자관리, 의료 서비스 등에서 찾아볼 수 있다.

(2) 고객 서비스

고객 서비스를 담당하는 종업원은 종종 정보제공, 예약접수, 대금수령 및 문제해결 등을 포함하는 다양한 보완적 서비스의 배달에 대한 책임을 지게 된다. 특히 새로운 고객의 경우 서비스를 효과적으로 이용하는 방법이나 문제의 해결 방법을 학습함에 있어서 고객 서비스 담당자의 도움에 많이 의존하게 된다.

여러 가지 상품을 동시에 판매하는 회사의 경우는 고객 서비스 담당자들로 하여금 고객에게 다른 상품에 대한 판매와 소개를 병행하도록 요구하기도 한다. 이는 고객 서비스를 위한 접촉을 판매 기회로 활용하려는 목적 때문이다. 그러나 고객 서비스 담당자들은 판매담당자들이 하는 것처럼 효과적으로 판매 활동을 수행하기가 어려운 점이 있고, 결과적으로 고객에게 바람직하지 않은 인상을 심어주게 될 위험성도 있기 때문에 이를 신중하게 계획하고 실행할 필요가 있다.

(3) 고객 훈련

회사에 따라서는 특히, 기업을 대상으로 하는 복잡한 서비스를 판매하는 회사의 경우에는 고객으로 하여금 서비스 상품에 대해 보다 익숙해지고, 이를 최대로 활용할 수 있도록 교육하기 위해서 공식적인 훈련 코스를 제공하기도 한다. 이러한 고객 훈련은 서비스 상품에 대한 부정확한 기대를 보다 현실적이고 명확하게 만들어 줄 수 있는 기회를 제공하게 된다.

(4) 구전(word-of-mouth)

사람들이 서비스 사용여부를 결정할 때 다른 고객의 추천이 매우 큰 영향을 미치게 되지만, 기업의 입장에서 구전 활동은 통제하기 어려운 형태의 커뮤니케이션이라 할 수 있다. 구전 활동에 긍정적인 영향을 미치기 위해서 때로는 광고나 안내문 등에 서비스에 만족한 고객의 경험이나 평을 게재하는 경우도 있다. 한 연구 결과에 따르면 구전 활동의 정도와 내용이 만족 수준과 연관성을 가지고 있는 것으로 보고되고 있다. 즉, 서비스에 대해 보다 강한 인식을 가지고 있는 고객이 자신의 경험을 보다 많은 다른 사람에게 전달할 가능성이 높으며, 심히 불만족한 고객이 매우 만족한 고객보다 더 많은 다른 사람에게 자신의 경험을 전달하는 것으로 나타나고 있다(Anderson, 1998; Soderlund, 1998).

3 광고

광고(advertising)는 가장 널리 활용되는 커뮤니케이션 형태로서 종종 서비스 마케터와 고객이 최초로 접촉하게 되는 매개체가 되기도 한다. 광고를 통해서 서비스에 대한 실제적인 정보를 제공하며, 고객에게 상품의 특성과 성능에 대한 교육을 실시하게 된다.

Grove 등(1995)의 연구 결과에 따르면 서비스에 대한 광고가 상품에 대한 광고에 비해 더 사실적인 정보를 담고 있는 것으로 나타났다. 즉, 가격이나 보증/보장, 기능의 설명, 입수 가능성(언제, 어디서 어떻게 구매할 수 있는지)에 대해 보다 실제적인 내용을 전달하고 있다는 것이다. 상품과 달리 서비스의 경우는 비가시적인 가치제공의 성격이 크기 때문에 보다 실제적이고 사실적인 정보의 제공을 통해 고객이 구체적으로 무엇을 기대할 수 있는지를 알려주는 노력이 중요하기 때문일 것이다.

광고를 위해 사용할 수 있는 매체는 매우 다양해서 TV와 라디오 같은 방송이나, 잡지나 신문 같은 인쇄물, 영화관, 기타 다양한 형태의 옥외 매체(포스터, 게시판, 전자 광고판, 버스 광고판)들이 이용될 수 있다. 많은 경우에 대중매체를 통한 광고 메시지는 우편이나 텔레마케팅, e-mail 등을 사용하는 직접마케팅 활동을 통해 강화될 수 있다. 특히 고객 정보에 대한 상세한 데이터베이스를 가졌을 경우 표적고객을 대상으로 개별화된 메시지를 전달하는 직접 마케팅이 매우 성공적인 커뮤니케이션 수단이 될 수 있다.

4 판매촉진

판매촉진(sales promotion)은 인센티브를 결합한 커뮤니케이션 형태로 볼 수 있다. 주로 시간에 제한을 두거나 대상 고객그룹에 제한을 두는 형태 혹은 특정한 가격을 제시하는 형태로(세 가지를 모두 병행할 수도 있음) 이루어지게 된다. 판매촉진의 일반적인 목적은 고객의 구매 결정을 부추기거나 고객으로 하여금 특정한 서비스를 빠른 시간 내에 가급적 자주, 그리고 많이 사용하도록 동기부여하는 데에 있다.

서비스 기업들이 사용하는 판매촉진의 형태는 샘플, 쿠폰, 기타 할인, 선물, 경품 등을 제공하는 것이다. 이러한 판매촉진 활동은 가치부가, 경쟁력 제고, 비수기의 수요 활성화, 새로운 서비스의 도입과 수용의 가속화를 가져오며, 이를 사용하지 않을 때 비해 일반적으로 고객으로 하여금 보다 빠르게 행동하게 만든다.

5 PR 및 퍼블리시티

PR(public relations)은 뉴스 보도, 기자회견, 특별 행사 개최 혹은 보도가치가 있는 제3자 활동의 지원 등을 통해 기업과 기업의 상품에 대해 긍정적인 관심을 불러일으키게 하기 위한 노력들을 말한다(Lovelock과 Wright, 2002). PR 전략의 기본적인 요소는 회사와 회사의 상품 및 종업원에 대한 이야기를 담은 보도자료(사진/비디오를 포함한)를 작성해서 배포하는 것이다. PR 담당 최고 관리자는 회사에 관한 소식이 특별히 뉴스거리가 된다고 생각하면 기자회견을 준비해서 보도자료를 제공하게 된다.

그 밖에 널리 사용되는 PR의 기법으로는 유명인사의 추천서를 받거나, 지역사회 활동에 참여하고 지원하는 것, 기금모금, 특별행사와 자선활동을 통해 회사에 대한 긍정적인 퍼블리시티(publicity)를 얻는 것 등을 들 수 있다. 이러한 기법들은 서비스 기업으로 하여금 명성과 신뢰를 구축하고, 종업원과 고객 및 지역사회와 긴밀한 유대관계를 형성하며, 비즈니스의 성공을 유도하는 이미지를 확고하게 만들 수 있도록 도와주게 된다.

무역 전시회는 기업 간 거래를 위주로 하는 서비스 시장의 경우에 널리 사용되는 퍼블리시티의 형태가 된다. 서비스 판매기업들은 전시회를 통해서 전시물, 샘플, 시연 등의 형태로 물적인 증거를 제공하게 되며, 잠재고객을 교육하고, 이들에게 인상을 심어주기 위해서 브로슈어를 제공하기도 한다.

퍼블리시티는 언론 매체를 통한 대중 노출을 의미한다면, 이제는 SNS(social network service)의 발달로 인하여 인플루언서(Influencer)가 주목받고 있다. 소셜 미디어(social media)의 개인을 중심으로 개인 간 연결된 관계가 누적됨으로써 더 큰 네트워크를 형성하는 특징에 기반한 인플루언서는 SNS를 통해 개인적인 영향력을 가진 사람을 의미한다(장종욱, 2012).

디지털 환경의 확대는 해외의 경우 Facebook, Instagram, Youtube, Tiktok 등, 국내의 경우 Naver Blog와 같은 다양한 SNS를 파생시켰다. 이를 기반으로 채널을 개설해 나만의 콘텐츠를 만들고, 좋은 콘텐츠, 꾸준한 활동으로 광고수익을 발생시키며, 더 나아가 한 가지 주제의 전문성을 바탕으로 더욱 큰 광고수익을 기대할 수 있는 것이다(Naver Influencer Center, 2023). 이러한 높은 영향력을 통해 고객의 신뢰와 관심을 유도하며, 기업은 이를 활용한 마케팅으로 브랜드 인지도를 강화하고 매출 증대를 도모하고 있다.

앞서 언급된 퍼블리시티와 인플루언서 두 가지 모두 브랜드 또는 제품의 홍보와 마케팅에 활용된다는 공통점이 있으며, 특히 인플루언서를 통한 서비스 전달은 고객들에게 개인화된 접근을 가능하게 하여 서비스 및 제품, 브랜드의 가시성을 향상시키고 서비스의 특징과 가치를 효과적으로 전달하여 효과적인 서비스 품질 향상 전략으로 활용되고 있다.

6 사용 지침서

촉진 활동과 교육활동은 잘 어우러져 이루어지기도 한다. 고객이 새로운 서비스가 주는 이점에 대한 확신을 가지지 못하거나 서비스를 진행하는 방법을 모르면 새로운 서비스 혹은 서비스의 특징을 홍보하는 것이 매우 어렵다. 서비스 종업원이 서비스 사용법을 가르치는 역할을 수행하기도 하지만, 고객이 필요로 할 때마다 항상 도와줄 수 있는 장소에 머물러 있을 수는 없다. 이러한 문제를 해결하기 위해서 기업에 따라서는 전문가의 지원을 받을 수 있는 무료 전화상담 서비스를 제공하거나 인쇄물, 비디오 혹은 오디오 지침서, 정보제공용 웹 사이트를 제공하기도 한다.

오늘날에는 정보기술을 바탕으로 서비스 사용 지침서(instructional materials)나 안내서를 다양하게 제공하고 있다. 호텔의 객실이나 부대시설의 안내를 위해서 웹 사이트에 가상 구경(virtual tour) 시스템을 구축해 놓은 경우도 있고, 건물 내의 사무실 위치 혹은 백화점 내 매장 위치를 안내하기 위해서 터치-스크린(touch-screen) 시스템을 설치해 놓은 경우도 있다. 소프트웨어 상품의 경우는 프로그램 내에 튜토리얼(tutorial) 기능을 구축하여 소프트웨어의 사용법을 쉽게 익힐 수 있도록 해주기도 한다.

7 기업 디자인 및 물적 증거

고객으로 하여금 바람직한 기업의 이미지를 인식하고, 기억하게 만들기 위해서 모든 기업의 물적인 요소들에 독특하고, 통일된 모습을 심어놓으려는 서비스 기업들의 노력이 많이 나타나고 있다. 기업 디자인(corporate design)이란 기업을 쉽게 구별할 수 있도록 독특한 색깔과 심벌, 글자체를 일관성 있게 적용하는 것을 말한다.

〈그림 9.1〉에서 보는 바와 같이 친숙한 기업 디자인들을 보면 고객이 쉽게 해당 기업을 구별해 낼 수 있을 것이다. 그림의 상단에는 기업의 로고(logo)와 명칭이 함께 표시되어 있는 형태의 기업 디자인이기 때문에 기업의 명칭을 보다 쉽게 알아볼 수 있다. 그러나 기업의 명칭이 표시되어 있지 않은 하단 부분의 기업 디자인들도 이것이 어느 기업을 상징적으로 나타내는지(즉, 쉘 정유회사, 맥도날드 햄버거, 나이키 스포츠 용품)는 쉽게 기억해 낼 수 있을 것이다. 이러한 기업 디자인을 사용하는 목적은 전략적인 물적 증거(로고, 심벌 등)의 사용을 통해 브랜드를 가진 서비스의 모든 운영 활동이 통일된 주제로 연결되어 있음을 인지하게 만드는 데에 있다. 기업 디자인은 특히 경쟁이 치열해서 여러 기업들 가운데에서 두드러지게 인식될 필요가 있는 기업들의 경우에 중요하게 된다.

고객이 주문하러 오고, 서비스 배달을 받게 되는 물리적인 장소를 설계해 놓은 것을 의미하는 서비스 풍경(servicescape)도 서비스의 물적 증거를 나타내는 중요한 요소가 될 수 있다. 서비스 풍경을 구성하는 요소로는 물리적인 시설, 장소, 주위 환경(온도,

그림 9.1 기업 디자인의 사례

채광 등) 및 인적 구성원을 들 수 있다. 서비스 풍경을 구성하는 서비스 시설과 인적 구성원의 외모는 고객의 서비스 품질에 대한 지각에 직접적인 영향을 미치기 때문에 특히 중요하다. 서비스 풍경은 서비스 드라마가 연출되는 무대와도 같은 것이다. 연극 자체가 형편없는데 무대 장치가 잘 되었다고 연극이 재미있지는 않겠지만, 좋은 연극 내용에 멋진 무대 장치가 갖춰진다면 금상첨화가 될 수 있을 것이다.

8 e-커뮤니케이션

인터넷은 다양한 커뮤니케이션 과업을 수행하기 위해 사용될 수 있다. 즉, 고객의 인식과 관심을 증진시키고, 정보와 전문적 지원을 제공하며, e-mail과 채팅(chatting) 공간을 통해 쌍방 커뮤니케이션을 촉진시키고, 상품의 시험구매를 유도하며, 고객으로 하여금 주문할 수 있도록 해주고, 특정 광고나 촉진 캠페인의 효과성을 측정하기 위해 사용된다(Gurley, 1998). 웹을 통한 광고는 비교적 저렴한 비용으로 기존의 커뮤니케이션 채널을 보완해 줄 수 있다.

예전의 웹 사이트는 그래픽으로만 꾸며진 전자 브로슈어에 지나지 않았지만, 오늘날의 인터렉티브(interactive) 웹 사이트는 고객이 데이터베이스와 직접 접속하여 개별적으로 필요한 정보를 얻어낼 수 있다. 가령, 항공사의 웹 사이트를 접속하면 개인적으로 필요한 여행 일정과 장소에 맞추어 항공 일정과 요금 등을 조회해 볼 수 있다. 미국의 경우 Expedia.com이나 Hotel.com같은 웹 서비스 회사에서는 항공사와 호텔 및 카 렌탈 회사 등과 연계해서 여행에 필요한 숙박 및 교통예약 서비스를 대행해 주고 있다. 고객이 원하는 호텔의 수준 혹은 여행 일정에 맞추어 저렴한 비용의 예약 가능한 대안을 제시해 줌으로써 고객에게 적은 비용의 서비스 이용을 가능하게 해주는 것이다.

마케터가 직접 개별 고객과 의사소통하고 긴밀한 관계를 구축할 수 있다는 것은 웹이 가지는 가장 큰 장점 중 하나이다. 광고와 같은 전통적인 커뮤니케이션 방식은 고객의 주의를 끌기 위해 일방적으로 TV나 라디오 프로그램을 중단시키는 방식을 사용함으로써 경우에 따라 부정적인 인식을 심어줄 수 있는 위험성을 가지고 있다. 그러나 웹은 속성상 고객 스스로 정보를 얻기 위해 찾아오는 커뮤니케이션 방식을 사용하기 때문에 소위 '허용 마케팅(permission marketing)'의 전략을 채용할 수 있게 해준다. 허용 마케팅이란 고객이 필요한 정보나 그 밖의 가치제공을 기대하여 자발적으로 기업의 상품에 대해 학습하도록 유도하는 마케팅 커뮤니케이션 전략을 말한다. 따라서 스스로 웹을 찾는 고객에게 기대한 정보나 가치를 제공할 수 있도록 웹 커뮤니케이션 능력을 갖추는 것은 서비스에 대해 긍정적인 기대감을 가지게 함과 아울러 서비스 판매 기회를 증진시키는 효과를 가져올 수 있다. 최근의 허용 마케팅은 AI의 발전에 힘입어 SNS를 통해 고객이 관심을 갖는 콘텐츠, 포털에서 검색하는 단어 등과 같은 고객에게 파생될 수 있는 다양한 콘텐츠 소비패턴을 분석하여 더욱 정교화된 고객 맞춤 마케팅 전략을 제공하고 있다. 추천 알고리즘에 기반 한 고객 맞춤 서비스 기술의 발전에 따라 이를 기반으로 다양한 고객층을 타켓팅한 서비스 전략들이 파생될 전망이다.

이러한 e-커뮤니케이션은 전자 상거래에도 영향을 미치고 있는데 모바일 환경의 확장으로 인하여 라이브 커머스(live commerce)가 새롭게 등장하고 있다. 라이브 커머스는 라이브 스트리밍(live streaming)과 전자 상거래(e-Commerce)의 합성어로 웹 및 애플리케이션 등의 플랫폼을 통해 실시간 스트리밍으로 상품을 소개하고 판매하는 온라인 채널을 의미한다(최세정, 2020). 이러한 채널을 통해 고객은 상품을 판매하는 판매자와 실시간 및 양방향 소통을 통해 더욱 적극적으로 판매채널에 개입하여 고객 만족을 극대화시킬 수 있는 것이다.

또한 고객 서비스(CS; customer service) 분야에서도 e-커뮤니케이션을 적극적으로 활용하고 있으며, 대표적인 예로 카카오톡 채널 또는 네이버 톡톡과 같은 서비스를 통해 효율적인 고객관리를 가능하게 하고 있다. 기존의 고객이 이용하고 있는 서비스 채널을 이용함으로써 기업은 별도의 전화 또는 웹 채널 구축 없이 비용을 줄이고 마케팅과 연계하여 확장된 고객관리를 할 수 있다.

II 서비스 배달 프로세스상의 노력

1 고객기대 관리 모델

여러 고객기대에 대한 연구의 초점은 안정적인 기대의 내용과 배달된 서비스에 대한 지각의 관계를 설명하는 것에 두어져 왔다. 그러나 실제 서비스에 대한 고객의 기대는 서비스가 이루어지는 과정에서 변화하게 된다는 기대의 변동성을 강조하는 연구도 새롭게 보고 된 바 있다(Hamer 등, 1999). 이 연구는 실시간으로 기대의 내용이 바뀌는 모델을 제안하고 이에 대한 증거를 제시함으로써 고객이 서비스를 접하는 동안에 적극적인 정보 처리자의 역할을 수행한다는 것과 아울러 서비스를 접하는 프로세스 중에 기대가 변화하게 되고, 이것이 서비스 품질에 대한 평가에 영향을 미치게 된다는 것을 시사해 주고 있다.

〈그림 9.2〉에 제시하고 있는 고객만족에 대한 고객기대의 역할모형은 이러한 기대의 변동성을 반영하여 서비스 배달 프로세스에서보다 나은 만족도 성취를 위해 개입의 필요성을 강조하고 있다(Coye, 2004). 이 모델은 서비스 배달 중에 서비스에 대한 기대가 변할 수 있음을 제시하고 있는 서비스의 불일치/만족(disconfirmation/satisfaction) 관계 모델과 부합되는 것이라 할 수 있다(단, 불일치란 구매 전에 기대한 바와 다르게 서비스가 제공되는 것을 나타냄).

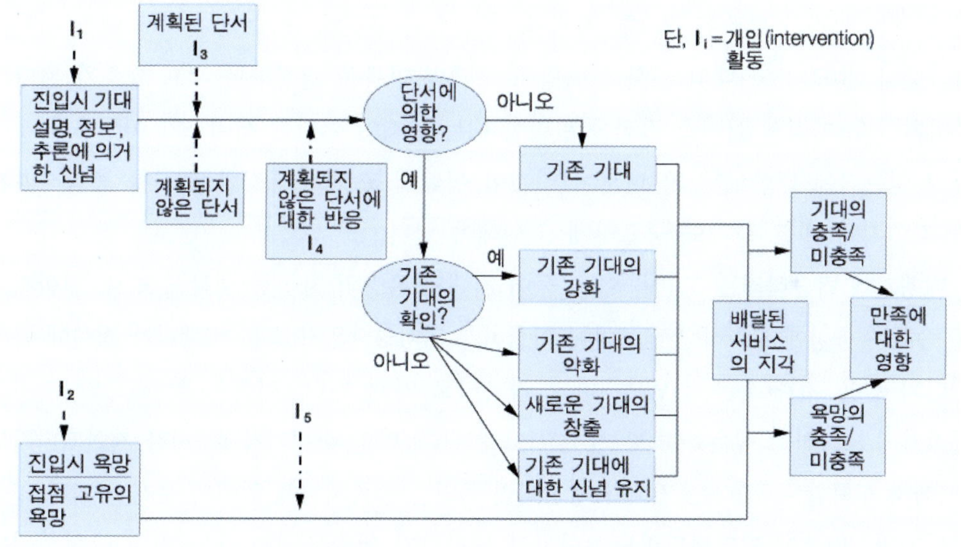

그림 9.2 서비스 배달에 대한 기대(expectations)와 개입(interventions)

자료: Coye, R.W. (2004), "Managing Customer Expectations in the Service Encounter," *International Journal of Service Industry Management*, Vol. 15, No. 1, pp. 54-71.

(1) 기대와 욕망

처음 시작 단계에서 고객이 서비스 배달 시스템에 진입할 때는 여러 가지 정보나 추론 혹은 설명에 의거한 믿음을 담은 일련의 기대(expectations)를 하고 오게 된다. 고객의 기대는 기업의 촉진활동 자료(promotion materials)나 과거 경험, 구전 커뮤니케이션 및 기타 정보원천을 통해 형성된 것이며, Smith와 Houston(1983)에 따르면 서비스 배달이 이루어지는 무대에서 고객이 사용하게 될 각본(script)을 구성하게 된다. 이 각본은 고객이 서비스 배달 시스템에 진입하게 되면서 효력을 발생시키게 되는 일련의 기대 내용을 말하며, 바로 닥치게 될 서비스에 대해 '어떠할 것이라는' 그리고 '어떠해야 한다'는 기대(will and should expectations) 내용으로 구성된다.

고객만족을 결정하는 또 다른 요소로서 욕망(desires)을 들 수 있다. Spreng 등(1996)에 따르면 기대와 욕망은 다음과 같은 차이를 가지고 있다: "기대란 상품이 가지고 있는 속성과 혜택 혹은 성과가 어떠할 것이라는 신념을 나타내는 반면, 욕망이란 이러한 속성, 혜택 혹은 성과가 고객이 필요한 가치를 어느 정도 구현해 줄 수 있는지에 대한 평가를 나타낸다." 이들은 기대와 더불어 욕망도 고객의 만족을 결정하는 주요 요소가 된다고 주장하였다. 따라서 서비스 접점을 관리할 때는 고객이 어떠한 서비스가 이루어질 것이라고 믿는지에 대한 평가와 더불어 이것이 어떻게 고객의 특정한 욕구를 충족시키게 될 것인지에 대한 평가도 중요하게 고려해야 한다.

비행기에 탑승하려는 고객을 예로 들어 기대와 욕망의 차이를 생각해 보자. 일반적으로 승객은 공항에 도착하면서 예약이 확실하게 되어있다든지 혹은 비행기가 정시에 출발한다와 같은 기대(혹은 신념)를 하고 카운터로 가게 된다. 더불어 늦어도 8시까지는 목적지에 도착하고 싶은 욕망도 가지고 가게 된다. 만일 비행기가 한 시간 지연되더라도 8시까지 도착할 수 있다는 기대가 형성되면 욕망을 충족시킴에 있어서 문제가 되지 않을 것이지만, 30분이 지연되더라도 8시까지 도착하기 어려울 것이라는 기대가 형성되면 욕망충족이 어려워지게 되고, 결과적으로 불만족을 발생시킬 가능성이 높아지는 것이다.

(2) 단서

어느 서비스 배달 시스템에 진입하든지 고객은 자신의 진행 중인 서비스 프로세스에 대한 평가에 영향을 미치게 될 다양한 단서(clues)에 직면하게 된다. 단서란 핵심 서비스를 구성하는 부수적인 요소들이나 서비스의 과정을 거치고 있는 다른 고객에 대한 관찰 혹은 초기 핵심 서비스에 대한 경험 등과 같은 일들을 말한다. 단서에 따라서는 고객의 기대 형성에 영향을 주기 위해 조직에 의해 계획적으로 이루어지는 것(즉, 개입(intervention))도 있고, 서비스 배달 시스템과 상호작용하는 과정에서 계획되지 않은 형태로 이루어지는 것도 있다(〈그림 9.2〉 참조). 단서를 접하게 되면 고객의 서비스에 대한 기대는 영향을 받게 될 수도 있다. 그림에서 보는 바와 같이 기존의 기대(즉, 특정한 서비스 결과가 발생하리라는 주관적인 가능성 평가)를 유지할 수도 있고, 이를 강화(가능성의 증대)시킬 수도 있으며, 약화(가능성의 감소)시킬 수도 있고, 전혀 새로운 기대를 창출할 수도 있다. 이러한 기대의 변화는 계속해서 진행되는 서비스에 대한 평가 기준으로써 사용되는 것이다.

앞서 비행기 탑승 승객의 예를 들어 단서에 대해 살펴보면, 비행기가 지연될 것이라는 안내방송이나 모니터 게시 등은 계획된 단서가 된다. 반면에 카운터에 대기 중인 고객의 줄이 길다거나, 고객들이 웅성거리는 소리와 같은 것은 계획되지 않은 단서가 된다. 이러한 단서를 접하게 되면 과거 항공사의 서비스 정확성에 비추어 볼 때, 지연 출발에도 불구하고 정시에 도착할 것이라는 기대를 할 수도 있고, 일반적인 사례에 비추어 볼 때 다소 늦게 도착할 것이라는 기대를 할 수도 있을 것이다.

(3) 개입

고객이 서비스에 대해 가지는 기대와 제공된 서비스에 대한 지각의 차이가 품질의 수준을 결정한다는 Gap 모델의 내용은 결과적으로 Gap을 줄이기 위한 서비스 조직의 노력을 강조하게 된다. 전략적인 Gap의 감소노력들은 앞에서 서비스 설계 측면, 서비스 창출 프로세스 관리 측면 등을 통해 살펴본 바 있다. 그러나 운영적인 측면에서 서비스가 이루어지는 프로세스 즉, 배달 프로세스상에서 Gap을 줄이기 위해 다양하게 이루어지는 세부적인 노력들도 중요한 역할을 수행하게 되는데 이를 개입이라고 한다.

개입은 고객의 기대와 욕망이 영향을 받을 잠재적인 가능성이 있는 특정 서비스 배달 프로세스의 지점(〈그림 9.2〉의 I_1부터 I_5 참조)에서 이루어지게 된다. 가령 일반적으로 서비스 기업들은 광고와 촉진활동 등을 통해서 서비스가 이루어지기 전에 고객이 가지는 기대와 욕망에 영향을 주려고 시도하게 되는데(〈그림 9.2〉의 I_1과 I_2 참조) 이는 바로 대표적인 개입의 예가 되는 것이다. 여기서 유의해야 할 점은 개입을 통해 서비스에 대한 욕구를 창출하는 것도 중요하지만 조직이 제공하는 서비스에 대해 명확한 기대를 하도록 하는 것도 중요하다. 이는 서비스 품질 모델이 규정하는 Gap 4의 크기를 결정하는 핵심적인 요소로 작용하기 때문이다.

그림의 I_3에서 이루어지는 개입은 고객이 서비스 배달 시스템에 진입한 이후에 고객의 기대에 영향을 미치기 위해 수행되는 계획된 활동에 초점을 맞추고 있다. 고객이 일단 배달 프로세스에 들어가게 되면 고객기대에 영향을 미칠 수 있는 계획되지 않은 단서도 받게 되기 때문에 I_4에서는 이러한 잠재적인 영향에 대응한 개입이 이루어지게 된다. I_5에서는 서비스 배달 시점에서 고객이 서비스 배달 시스템에 대해 가지는 욕망을 변화시키기 위한 개입이 이루어진다.

2 고객기대 관리

I_3에서 이루어지는 개입은 초기의 기대를 필요에 따라서 높이거나 낮추는 것 혹은 돌출하도록 만드는 것을 목적으로 한 단서들을 나타낸다. 보다 넓은 의미에서 이러한 단서들은 설비의 설계, 종업원의 행동, 부수적인 서비스의 배달, 고객 간 상호작용의 관리 등과 관련한 계획수립을 포괄하게 된다. 초기 고객의 기대가 비현실적으로 높을 경우는 제공할 수 있는 서비스의 수준에 적합하게끔 이를 변화시키는 노력을 해야 한다. 가령 은행의 경우 ARS 등에 의한 사전 안내를 통해 피크 타임의 시기를 알려줌으로써 고객의 서비스 대기시간에 대한 기대를 낮추게끔 유도하는 것은 이러한 개입의 예가 될 것이다. 서비스 종업원이 고객과의 개별적인 초기 접촉 과정에서 비현실적으로 높은 기대를 인지했을 경우는 서비스에 대한 기대를 현실적인 수준으로 낮추기 위해서 적절하게 대응하는 노력을 기울여야 할 것이다. ARS와 같이 표준화될 수 있는 개입 활동과 달리, 개별적인 고객에 국한된 개입 활동을 위해서는 종업원의 판단 능력을 개발하는 노력이 필요하게 된다.

경우에 따라서는 고객의 기대가 비현실적으로 낮을 수도 있다. 가령, 민원처리 서비스를 받기 위해 관공서에 갈 경우 이러한 현상이 종종 나타날 수 있다. 고객의 기대가 매우 낮으면, 쉽게 충족시킬 수 있기 때문에 그대로 놓아두는 것이 나을 것이라는 유혹을 받기가 쉽다. 그러나 고객은 자신이 기대하는 바를 그대로 지각하려는 경향이 있기 때문에 서비스 조직이 서비스 개선을 위해 기울이는 노력에 상관없이 품질을 낮게 인식하게 될 위험성이 있다. 고객은 자신의 기대와 부합하는 정보만을 찾고, 지각하려는 경향이 있다는 사실(Hogan, 1987)에서도 이러한 위험성을 찾아볼 수 있다. 고객의 전반적인 서비스 품질에 대한 지각을 향상시키려면 고객의 기대를 긍정적인 방향으로 유도해야 한다는 연구 결과(Boulding 등, 1993)도 주목할 필요가 있을 것이다.

I_4에서 이루어지는 개입은 서비스 배달시스템에서 발생하는 계획되지 않은 단서 때문에 필요하게 된다. 오버부킹(overbooking) 상황에 직면한 비행기 탑승고객을 예로 든다면, 우선순위가 낮아서 좌석을 받지 못하는 고객을 목격하거나, 특별 보상을 받고 자발적으로 좌석을 양보하는 고객을 목격하게 되면 자신이 좌석을 받을 수 있으리라는 기대가 높아지게 될 것이다.

계획되지 않은 단서가 주어질 때는 이것이 기대에 미치게 될 영향을 평가하여 이를 보다 명확하게 하거나 이에 대해 필요한 설명을 제공하도록 해야 한다(개입). 고객 대기시간에 대한 기대와 관련해서 Houston 등(1998)은 "대기시간에 대한 정보를 제공하게 되면 고객으로 하여금 합리적인 기대를 설정하게 만들 수 있다. 즉, 대기시간 재평가를 위한 기초자료를 제공함으로써 고객의 긴장을 완화시키도록 도와줄 수 있다"고 주장한 바 있다(서비스 대기에 대한 고객 심리 특성에 대해서는 다음의 "II.-4." 참조).

I_4에서 이루어지는 개입의 목표는 고객으로 하여금 현실적이고 긍정적인 기대를 유지하도록 만드는 데에 있다. 따라서 서비스 제공자는 고객의 반응을 유도하게 되는 단서의 유형과 고객반응의 발생가능성에 대해 충분한 인식을 가지고 있어야 한다.

3 고객욕망 관리

I_3과 I_4에서 이루어지는 개입은 고객의 기대에 초점을 맞추고 있는 데 비해 I_5에서 이루어지는 개입은 고객의 서비스에 대한 욕망을 다루는 것에 중점을 두고 있다. 고객의 욕망을 변화시키려면 먼저 고객의 욕망이 무엇인지를 이해해야 한다. 일반적인 시장조사 활동이나 서비스 시스템 진입 전 고객별 자료수집 활동(예: 서비스 주문자 정보 수집)의 결과는 서비스 배달 시점에서 고객의 욕망을 평가하는 체계에 반영되어야 한다.

서비스 제공자의 역할은 고객으로 하여금 자신이 필요하다고 생각하는 서비스 내용이 실제로는 필요하지 않다고 믿게끔 유도하는 것(욕망 관련 이슈)에 있다. 고객이 서비스를 통해 받을 것이라고 생각하는 바를 받지 않게 되거나 받을 수 없게 될 것이라고 믿게끔 만드는 것(기대 이슈)과는 차이가 있다. 오버부킹 상황에서 항공사 직원이 승객에게 자발적인 좌석 양보를 효과적으로 유도하려면 고객이 반드시 오늘 내로 목적지로 가길 원하는지 아니면 좌석 양보 대신에 무료 탑승권을 가지길 원하는지를 파악해야 할 것이다. 무료 탑승권의 제공(개입)이 고객으로 하여금 "오늘 꼭 갈 필요가 있을까?(욕망)"라고 생각하게 만든다면 이는 효과적인 욕망 변경 활동이 될 수 있는 것이다. 서비스 제공자는 고객 욕망에 대해 수집한 정보를 바탕으로 고객의 욕망 수준을 증가시키거나 감소시킴으로써 혹은 명확하게 함으로써 결과적으로 제공할 수 있는 서비스와 고객 욕망이 부합될 가능성을 높이도록 해야 하는 것이다.

4 고객기대 조절요인

기대-불일치 모델(expectancy-disconfirmation)은 고객만족을 설명하고 서비스 품질을 평가하기 위하여 폭넓게 사용되고 있다. 이 모델이 시사하는 바는 불일치/일치(disconfirmation/confirmation)란 고객이 서비스에 대한 기대와 서비스 성과에 대한 지각을 비교한 결과로 나타나게 되며, 이 결과가 고객만족의 수준을 결정하게 된다는 것이다. 즉, 기대에 비해 지각수준이 높은 불일치 혹은 기대에 일치되는 지각 수준은 고객만족을 가져오게 되는 반면 기대에 비해 지각수준이 낮은 불일치는 고객 불만족을 가져오게 된다는 것이다.

그러나 기대가 만족 평가에 미치는 영향은 연구에 따라서 차이를 보이고 있다. 이러한 차이는 연구마다 기대의 의미를 다르게 개념화하고 조작적으로 정의하는 데에 따른 것으로 보여 진다. 기대의 충족 정도를 결정하기 위해서는 기대가 염두에 두는 비교 수준이 있어야 한다. 이를 기대표준(expectation standards)이라고 하는 데 대표적인 기대표준으로는 예상기대(predictive expectation) 개념을 들 수 있다. 예상기대란 제품이나 서비스에 대해서 예상하는 성과 수준을 나타낸다. 예상기대의 수준이 고객의 구매결정을 이끌게 되고, 서비스 사용 중 혹은 사용 후의 서비스 성과를 평가하게 된다고 보는 것이다. 다른 기대표준의 개념으로는 고객이 이상적으로 받기를 희망하는 성과 수준을 나타내는 이상적 표준(ideal standards)과 고객이 서비스 비용을 감안할 때 반드시 받아야 한다고 생각하는 성과 수준을 나타내는 합당한 표준(deserved standards)이 있다. 아울러 고객이 받아들일 수 있는 최저성과수준을 나타내는 최소인내표준(minimum tolerance standards) 등의 개념도 있다(Tam, 2007). 따라서 사용하는 기대표준에 따라서 기대가 만족에 미치는 영향은 다르게 나타날 수 있는 것이다.

그러나 기대가 고객만족에 미치는 영향의 크기는 기대표준에 따라서 달라지기도 하지만, 기대가 만족에 미치는 영향을 강화하거나 약화시키는 역할을 하는 다른 형태의 조절요인도 존재한다. 다음에 설명하는 고객의 참여 수준과 고객의 전문성 그리고 서비스 상품의 유형 등이 기대가 고객만족에 미치는 영향을 변화시키는 대표적인 조절요인이라고 할 수 있다(Tam, 2007).

(1) 고객 참여

고객이 서비스 프로세스에 참여하는 정도는 서비스 상품의 유형에 따라서 달라진다. 금융 서비스를 예로 들면, 위험성이 큰 주식상품에 대한 투자를 결정할 경우는 안전한 채권투자를 결정하는 경우에 비해서 고객의 참여도가 높아진다. 참여도가 높은 고객은 서비스를 학습하고 이해하려는 욕망이 훨씬 크다. 즉, 서비스에 대한 정보에 보다 관심을 기울이고 이해하려고 하며, 서비스와 연관된 의미나 추론을 정리해 보고자 하려는 성향이 높아지게 된다. 따라서 참여도가 높은 고객은 서비스 경험에 따른 품질 차이에 대해 보다 민감하게 되며, 보다 쉽게 기대불일치를 느끼게 될 가능성이 높은 것이다.

(2) 고객 전문성

금융 서비스와 같이 전문성이 요구되는 복잡한 서비스의 경우 서비스에 대한 지식이 낮은 고객은 서비스 만족평가에 있어서 기대에 의존하는 경향이 커지게 된다. 즉, 사전에 기대했던 방향으로 성과에 대한 지각 수준을 동화시키려는 경향이 나타나는 것이다. 반면에 서비스에 대한 지식이 높은 경우는 고객이 서비스 성과에 대한 판단에 보다 확신을 가지기 때문에 기대가 만족에 미치는 영향은 사라지게 된다. 가령, 펀드 상품에 대한 지식이 없는 고객은 단순히 펀드상품 구매를 위해 가졌던 기대감(즉, 펀드 상품의 연간 10% 수익률)에 바탕을 두고 펀드의 수익성과를 평가하게 된다. 그러나 펀드 상품의 위험성, 수익성, 투자성향 등에 대한 지식이 높은 고객은 사전에 가졌던 기대감보다는 펀드 상품의 특성에 비추어 그보다 높은 혹은 낮은 수준의 성과가 있을 것이라는 나름대로의 판단에 비추어 성과의 만족여부를 판단하게 될 것이다.

(3) 상품 유형

서비스의 실체가 분명하지 않을 경우는 기대가 만족에 미치는 영향을 변화시키게 된다. 고객이 서비스의 성과를 판단하기 위해 사용할 수 있는 명확한 증거가 없을 경우에는 광고 등에 의해서 형성된 신념(beliefs)이 성과평가에 보다 큰 영향을 미치게 된다. 따라서 서비스 경험이 분명하게 확인되기 어려운 서비스 상품의 경우에는 판매 기회와 만족 수준을 높이기 위해서 촉진 활동을 통해 기대를 긍정적인 방향으로 변화시키려는 노력을 시도해 볼 수도 있다. 그러나 이러한 시도는 고객이 부정적인 기대불일치를 경험하지 않도록 유의해야 한다. 만일 추후에라도 기대불일치를 경험하게 되면 고객이 실망감을 느껴서 이탈하게 되고, 부정적인 구전 커뮤니케이션을 전개할 우려가 있기 때문이다.

5 서비스 대기와 고객 심리

서비스 프로세스에 진입하는 고객은 많은 경우에 서비스 배달이 이루어지기에 앞서 대기하는 시간을 가지게 된다. 이러한 대기 과정에서 발생하는 고객의 심리는 서비스에 대한 고객의 기대를 형성하는 데에 중요한 영향을 미칠 수 있다. 실제 서비스의 배달 내용은 일정하다 하더라도 고객이 대기 중에 가지는 심리적인 상태는 서비스에 대해 긍정적으로 혹은 부정적으로 기대하게 만드는 결과를 가져올 수 있기 때문이다. 따라서 고객이 대기 중에 가지는 심리상태를 긍정적으로 유도하는 노력은 궁극적으로 서비스의 품질에 대한 지각 수준을 향상시키는 효과를 가져올 수 있을 것이다.

다음의 8가지 고객심리 특성은 대기 중인 고객에게 합리적인 기대를 형성해 주기 위한 계획적 개입의 개발을 위해 효과적으로 활용될 수 있을 것이다(Maister, 1984):

(1) 하는 일 없이 대기하는 시간이 무엇인가 일을 하면서 대기하는 시간보다 길게 느껴진다.

따라서 곧 받게 될 서비스 프로세스의 진행을 촉진시켜 줄 무엇인가를 고객이 기다리면서 수행하게끔 하는 것이 필요하다. 가령 통화대기 중에 신용카드 번호나 주민등록번호 등을 입력하게 하면 고객의 정보를 신속하게 출력해서 신속한 서비스가 이어지도록 할 수 있을 것이다.

(2) 서비스받기 전의 대기시간이 서비스받는 과정 중의 대기시간보다 길게 느껴진다.

병원의 대기 장소에서 환자의 혈압이나 체온 등을 측정하는 것은 심리적으로 서비스가 시작되었다는 느낌을 주게 되어 환자로 하여금 덜 지루하게 만든다.

(3) 서비스에 대한 두려움은 대기시간을 길게 느끼게 만든다.

두려움을 완화시키기 위한 정보를 제공하거나 음악이나 잡지 등과 같이 정신을 흩뜨릴 수 있는 방법들을 사용하는 것이 필요하다.

(4) 무작정 대기하는 시간이 알려진 혹은 정해져 있는 대기시간보다 길게 느껴진다.

서비스가 언제 시작될 것인지 혹은 완료될 것인지(특히, 서비스의 성격이 고통을 수반할 경우에)를 알려주기 위해 필요한 단서를 제공하거나 직접적인 통고를 해주도록 한다.

(5) 모르고 대기하는 시간이 이유를 알고 대기하는 시간보다 길게 느껴진다.

서비스가 지연되는 이유와 서비스가 시작되기까지 얼마나 기다려야 하는지를 고객에게 계속해서 알려주도록 한다.

(6) 불공평하다고 느끼는 대기시간이 공평하다고 느끼는 대기시간보다 길게 느껴진다.

우대고객 혹은 긴급한 고객을 처리할 때는 다른 고객들에게 공정하게 보일 수 있는 방식으로 처리하며, 가능하다면 고객들이 볼 수 없도록 처리하는 것이 바람직하다.

(7) 혼자 기다리는 대기시간이 그룹과 함께 기다리는 대기시간보다 길게 느껴진다.

이는 부분적으로 특성 (1)(즉, 이야기할 다른 누군가가 있다는 점에서), 특성 (3)(즉, 다른 사람을 만나서 이야기하게 되면 걱정이 줄어들 수도 있다는 점에서) 혹은 특성 (5)(즉, 다른 기다리는 고객이 대기하는 이유를 설명해 줄 수도 있다는 점에서) 를 반영한 심리특성이라고 볼 수 있으며, 함께 있으면 보다 안전감을 느끼게 되는 일반적인 심리특성을 나타낸다고도 볼 수 있을 것이다.

(8) 서비스의 가치가 높다고 인식할수록 보다 오래 대기할 가치가 있다고 느낀다.

마케팅이나 기타 관련 활동을 통해서 고객이 서비스의 가치를 올바르게 인식할 수 있도록 만드는 것이 대기시간을 참지 못하게 만드는 일을 줄여주게 될 것이다.

참고문헌

장종욱(2012), *SNS로 통하는 시대*, KDI 경제정보센터.

최세정(2020), *라이브 커머스: 커머스에 재미와 신뢰를 더하다*, Vol. 23, 한국콘텐츠 진흥원 방송트렌드&인사이트.

Anderson, E.W. (1998), "Customer Satisfaction and Word of Mouth", *Journal of Service Research*, Vol. 1, pp. 5－17.

Boulding, W. et al. (1993), "A Dynamic Process Model of Service Quality : from Expectations to Behavioral Intentions", *Journal of Marketing Research*, Vol. 30, pp. 7－27.

Coye, R.W. (2004), "Managing Customer Expectations in The Service Encounter," *International Journal of Service Industry Management*, Vol. 15, No. 1, pp. 54－71.

Grove, S.J. et al. (1995), "An Empirical Examination of Factual Information Content among Service Advertisements", *The Service Industries Journal*, Vol. 15, pp. 216－233.

Gurley, J.W. (1998), "How The Web Will Wrap Advertising", *Fortune*, 9, pp.119－120.

Hamer, L.O. et al. (1999), "The Effects of Intra－encounter Changes in Expectations of Perceived Service Quality Models," *Journal of Service Research*, Vol. 1, No. 3, pp. 275－89.

Hogan, E.A. (1987), "Effects of Prior Expectations on Performance Ratings : A Longitudinal Study", *Academy of Management Journal*, Vol. 30, No. 2, pp. 354－368.

Lovelock, C. and Wright, L. (2002), *Principles of Service Marketing and Management*, 2nd ed., Prentice－Hall, NJ.

Maister, D.H. (1984), "The Psychology of Waiting Lines," *Harvard Reprint*, No. 9－684－064.

Smith, R. and Houston, M. (1983), "Script－based Evaluation of Satisfaction with Services", in Berry, L. et al. eds, *Emerging Perspectives in Service Marketing*,

AMA, Chicago, IL.

Soderlund, M. (1998), "Customer Satisfaction and Its Consequences on Customer Behavior Revisited : The Impact of Different Levels of Satisfaction on Word of Mouth, Feedback to the Supplier, and Loyalty", *International Journal of Service Industry Management*, Vol. 9, No. 2, pp. 169–188.

Spreng, R.A. et al. (1996), "A Re–examination of the Determinants of Consumer Satisfaction", *Journal of Marketing*, Vol. 60, No. 3, pp. 15–32.

Tam, J.L. (2007), "Managing Customer Expectations in Financial Services: Opportunities and Challenges," *Journal of Financial Services Marketing*, Vol. 11, No. 4, pp. 281–289.

Naver Influencer Center (2023), https://influencercenter.naver.com/intro/infapply.

»» 10장

서비스 회복

서비스는 본질적으로 변동성이 크기 때문에 제조에 비해 문제가 발생할 가능성이 상대적으로 높다. 서비스 품질의 향상을 위한 다양한 노력에도 불구하고 궁극적으로 기대에 부합하지 못한 서비스를 제공받은 고객은 불만족하게 된다. 서비스가 고객이 기대하는 수준을 충족시키지 못한 것은 서비스로서 충족시켜야 할 규격을 만족시키는 일에 실패한 것과 같다. 이런 의미로 서비스가 고객의 기대를 충족시키지 못한 것을 "서비스 실패(service failure)"라고 한다. 고객이 서비스 실패를 경험하게 되면 직접 불만을 제기할 수도 있고, 말없이 지나칠 수도 있다. 서비스를 제공하는 기업의 입장에서 문제가 되는 것은 불만족 고객이 말없이 이탈해 버리는 것이다. 불만을 제기하는 고객은 서비스 회복(service recovery) 활동을 통해 불만의 내용을 신속하게 해결해 줌으로써 계속 고객으로 남게 할 가능성을 높일 수 있다. 그러나 불만을 제기하지 않는 고객은 무엇 때문에 불만이었는지를 알려주지 않기 때문에 불만을 해결할 기회를 가질 수가 없고, 결과적으로 고객을 상실하게 될 위험성이 매우 크다. 따라서 서비스 기업의 입장에선 불만을 가진 고객들이 보다 적극적으로 불만을 제기하도록 유도할 필요가 있다. 다음에서는 이러한 서비스 실패로 인해 발생하는 불만족 고객의 특징과 이들이 기업에 미치는 영향, 그리고 불만족의 해결과 재발 방지를 위해 필요한 효과적 서비스 회복노력의 과제에 대해서 중점적으로 살펴보기로 한다.

핵심용어

- 서비스 실패
- 고객상실 비용
- 고객조사
- 해결규정
- 상습적인 불만고객
- 서비스 회복
- 서비스 회복 절차
- 고객불만 평가
- 회복경험 학습
- 서비스 보증
- 불만족 고객 특성
- 서비스 회복 시스템
- 프로세스 모니터링
- 공정성이론
- 서비스 회복 패러독스

I 서비스 실패와 영향

1 서비스 실패와 고객 행동

서비스 실패를 경험한 고객이 취하게 되는 행동은 무엇일까? 다음의 〈그림 10.1〉에 나타낸 바와 같이 고객이 취하게 되는 행동의 경로는 4가지로 나누어 볼 수 있다 (Lovelock과 Wright, 2002):

- 아무 행동도 취하지 않는다.
- 서비스 회사에게 불만을 제기한다.
- 제3의 기관(즉, 소비자보호 단체, 소비자보호 기관, 법률기관)을 통해 행동을 취한다.
- 서비스 업체를 바꾸고, 다른 사람들에게(부정적인 구전 활동(world–of–mouth)을 통해 기존 서비스 업체를 이용하지 말도록 권유한다.

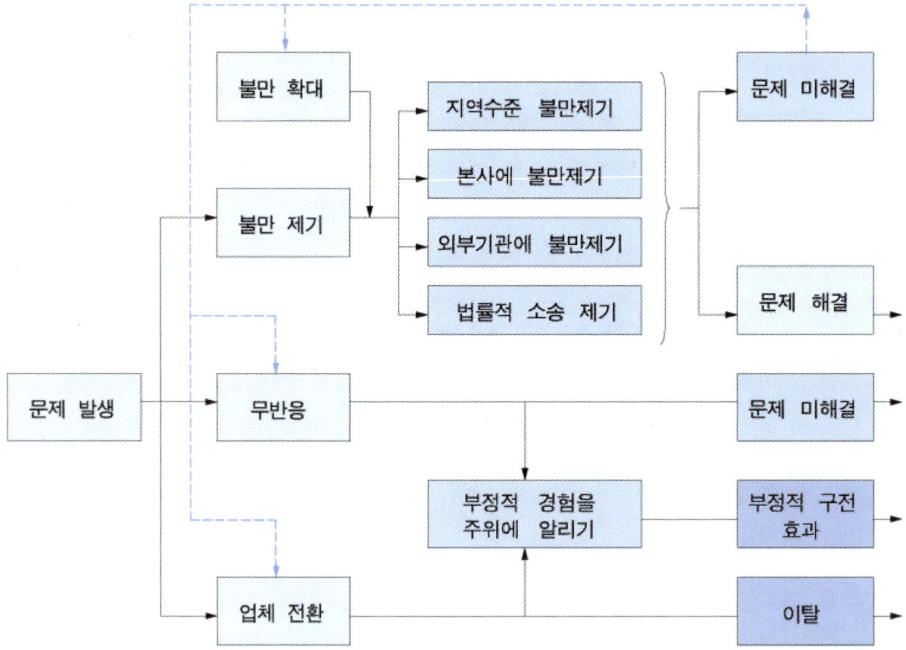

그림 10.1 불만족 고객이 취할 수 있는 행동 경로

자료: Lovelock, C. and Wright, L. (2002), *Principles of Service Marketing and Management*, 2nd ed., Prentice-Hall, NJ, p. 121.

여기서 특히 문제가 되는 것은 아무런 불만을 제기하지 않는 행동경로를 택할 때이다. 불만을 직접적으로 제기하지 않았기 때문에 문제가 해결되지 않은 채로 은폐되어 넘어가게 되고, 결과적으로 고객의 이탈 위험성뿐만 아니라 실패의 반복 가능성도 상존하게 되는 것이다. 수동적인 고객 불만의 접수뿐만 아니라 적극적인 고객불만의 조사와 발굴 노력이 필요한 이유가 여기에 있다. 물론 제기된 불만에 대해서는 효과적인 서비스 회복 노력을 통해 이를 적극 해결함으로써 고객의 반복구매 가능성을 높일 수 있어야 한다. 기업에 내재된 실패의 원인이 고객의 불만제기로 노출된 경우 이를 적극적인 서비스 품질개선의 기회로 활용하여야 한다. 이는 직접적인 고객의 유지효과뿐만 아니라 보다 많은 잠재적 고객의 이탈 가능성 제거효과를 가져올 수 있기 때문이다.

고객이 불만족한 경우, 특히 대체가능한 경쟁 서비스 기업이 많이 존재할 경우는 고객의 이탈 위험성이 높다. 고객의 서비스 기업 변경행동에 대한 한 연구결과에 따르면, 서비스 기업을 바꾸었다고 응답한 고객의 약 60%는 지각된 서비스 실패 때문에 바꾸었다고 한다. 이를 세부적으로 살펴보면, 25%는 핵심 서비스의 실패 때문에, 19%는 종업원의 불만족스러운 대응 때문에, 10%는 이전에 경험했던 서비스 실패 때문에, 그리고 4%는 서비스 제공자의 비윤리적인 행동 때문에 바꾸었다고 응답하였다(Keveaney, 1995).

이와 같은 실패의 원인은 〈그림 10.2〉와 〈그림 10.3〉에도 잘 나타나 있다. 영국의 고급호텔(4－star급)을 이용하는 고객들을 대상으로 조사한 서비스 실패의 유형과 심각한 정도를 정리하여 나타낸 것(Lewis와 McCann, 2004)으로서 그림에서 보는 바와 같이 대부분의 가장 심각하게 느끼는 실패의 유형은 핵심 서비스(객실의 청결성, 안전성, 예약 안정성)와 종업원의 대응 부족(친절성, 능률성, 도움 제공 의지)에 집중되어 있다(〈그림 10.2〉).

심각하게 느끼는 정도가 높은 핵심 서비스에 대한 실패는 고객을 이탈시킬 위험성이 상대적으로 높다. 그러나 실제로 고객이 빈번하게 경험하게 되는 실패의 유형은 상대적으로 비핵심적인 서비스 영역에서 보다 많이 발생하는 것으로 나타나고 있다(〈그림 10.3〉 참조). 이는 전반적으로 호텔이 핵심 서비스에 대한 개선과 관리노력에 보다 많은 관심을 기울이기 때문인 것으로 보인다. 그러나 〈그림 10.3〉에 짙은 색깔로 나타낸 4가지 실패의 유형은 고객이 심각하게 느끼면서 빈번하게 발생하는 것으로서 주로 서비스 인적자원과 관련한 실패유형에 집중되어 있다. 물리적인 측면의 실패에 비해 인적인 측면의 실패에 대한 관리노력이 상대적으로 불충분하게 이루어지고 있음을 보여주는 것이다.

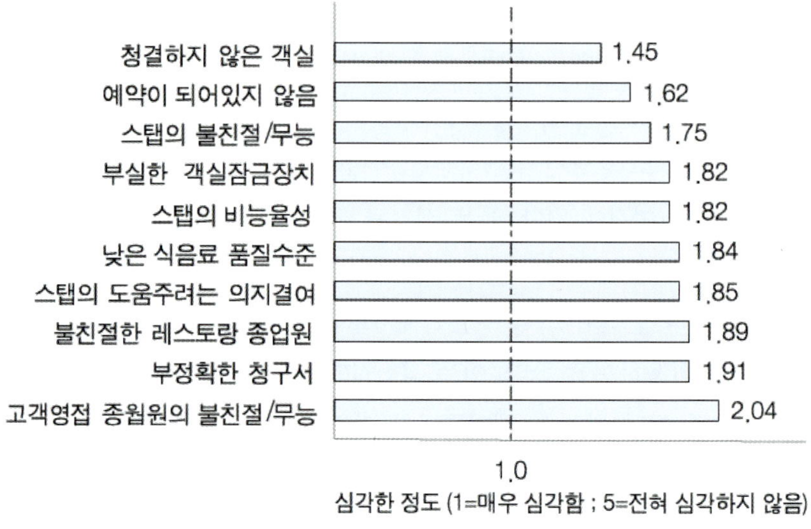

그림 10.2 호텔 고객이 경험한 서비스 실패의 심각한 정도

자료: Lewis. B.R. and McCann, P.(2004), "Service Failure and Recovery : Evidence from the Hotel Industry," *International J. of Contemporary Hospital Management*, Vol. 16. No. 1, pp. 6-17.

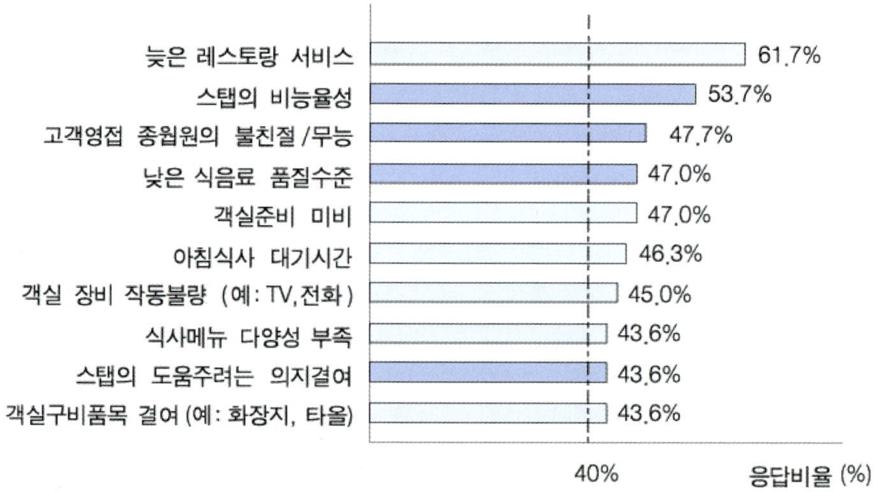

그림 10.3 호텔 고객이 경험한 서비스 실패의 유형

자료: Lewis. B.R. and McCann, P.(2004), "Service Failure and Recovery : Evidence from the Hotel Industry," *International J. of Contemporary Hospital Management*. Vol. 16. No. 1, 6-17.

2 불만족 고객의 특성

고객의 불만을 성공적으로 처리하게 되면 고객의 충성도를 견고하게 만들 수 있으며 수익성이 확보되는 반복적인 거래의 가능성을 높일 수 있다. 소비자 문제를 다루는 미국의 U.S. Office of Consumer Affairs에서 조사한 자료를 보면 몇 가지 흥미로운 사실을 발견할 수 있다(Timm, 2001):

- 4명 중 1명의 고객은 일상적인 거래의 일부분에 대해 불만족하게 된다.
- 불만족한 고객의 5%만이 회사에 불만을 제기한다. 대다수 침묵하는 고객들은 싸우기보다는 바꾸는 것을 택하게 된다. 이들은 다른 곳에서 거래를 행하게 된다.
- 불만족한 고객 한 사람은 평균적으로 12명의 다른 사람들에게 불량인 서비스를 제공한 회사에 대해 불평하게 된다.

따라서 만일 하루에 1명 불만을 제기한 고객이 발생했다면, 그 이면에는 평균 20명의 불만족한 고객이 발생했다는 것을 의미하게 되고, 이들이 전체로서 평균 240명에게 불만을 이야기하게 된다는 것을 의미하게 된다. 그러나 다른 사람에 대한 이러한 불만족 경험의 전달은 오늘날 인터넷상의 게시판을 통해 혹은 안티 사이트 등의 개설을 통해 훨씬 빠르고, 광범위하게 이루어지고 있다. 이러한 인터넷을 통한 빠른 전파는 경우에 따라서 수천, 수만의 잠재고객에게 부정적인 영향을 미쳐서 비즈니스의 존립을 위태롭게 만들 수도 있는 것이다(McManis, 1999).

한편 불만을 제기하지 않은 불만족 고객의 경우는 9% 내지 37%만이 동일한 회사와 계속 거래할 의향이 있는 것으로 조사된 반면에 불만족 사항이 완전히 해결된 경우는 불만족 고객의 50% 이상이 다시 구매할 의사가 있는 것으로 나타나고 있다(〈그림 10.4〉 참조). 특히 그림에서 보면 중요한 고객손실에 대해 신속하게 불만족 사항이 해결된 경우는 불만족 고객의 95%가 다시 구매하겠다는 높은 재구매 의도를 보여주고 있다. 실제로 한 연구 결과에 따르면 "전혀 문제를 경험하지 않은 고객보다도 불만을 제기한 후 만족스럽게 문제해결 서비스를 받은 고객이 재구매할 가능성이 높다"고 한다(Bell과 Zemke, 1987).

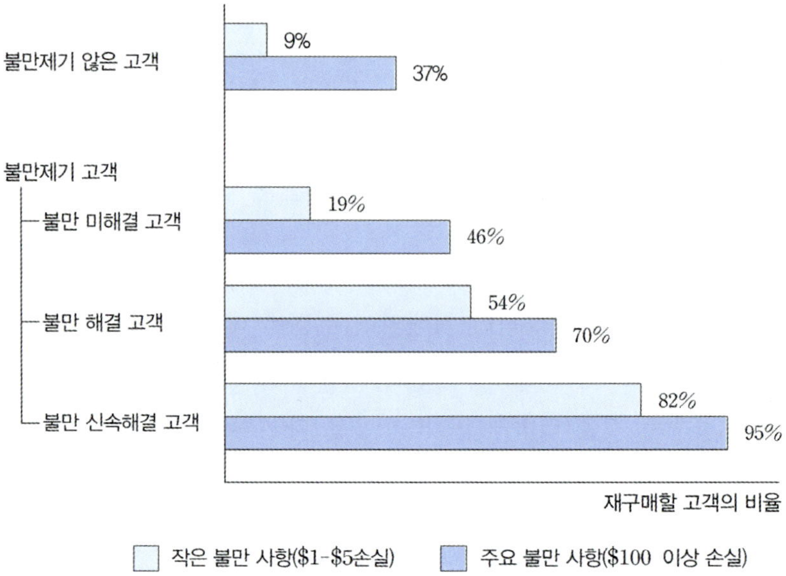

그림 10.4 불만족 고객의 재구매 의도

자료: Zemke, R. (1993), "The Art of Service Recovery : Fixing Broken Customers - and Keeping Them on Your Side," in Scheuing, E.E. and Christopher, W.F. eds., *The Service Quality Handbook*, AMACOM, NY., p. 464.

3 고객상실 비용

서비스 실패로 인해 고객이 이탈할 경우 발생하는 비용은 일반적으로 생각하는 것보다 크다. 앞에서 살펴본 불만족 고객의 특성을 감안하여 고객이탈에 따른 대략적인 비용을 추정해 보자. 가령 어느 식품점을 이용하는 고객의 평균 구매금액은 주당 5만 원이라고 가정해 보자. 어느 한 고객이 서비스에 불만족해서 이 식품점과의 거래를 중단하기로 했다면 이 식품점은 연간 5만 원 × 52주 = 260만 원의 판매손실을 보게 된다. 그러나 이것은 단순히 불만족해서 떠난 고객 한 사람만을 기준으로 한 손실에 불과하다. 이 고객으로 인한 판매손실 파급효과(ripple effect)는 이보다 훨씬 커지게 된다.

앞서 불만족한 고객은 평균적으로 12명의 다른 잠재고객에게 불만을 전달한다는 보고를 살펴본 바 있다. 불만을 들은 고객이 모두 거래를 중단하진 않겠지만, 이들 모두 간접적인 불만족 고객이 된다고 가정한다면 이 중에서 2/3 정도는 거래를 중단할 가능성이 있다고 가정할 수 있을 것이다(앞서 불만족 고객이 거래를 지속할 가능성은 최대

37%라는 점을 감안할 때). 즉, 8명의 잠재고객이 거래를 중단하게 될 것이고, 이는 결과적으로 연간 260만 원 × 8명 = 2,080만 원의 판매손실을 가져오는 것이다.

아울러 9명의 상실한 고객만큼 새로운 고객을 유치하려면 추가적인 마케팅 비용이 필요하게 된다. 미국의 한 보고 내용에 따르면 기존고객의 유지를 위해서는 19달러 정도가 소요되지만, 신규고객의 유치를 위해서는 평균 118달러를 지불한다고 한다(Timm, 2001). 이를 감안하여 기존고객 유지를 위해 2만 원, 신규고객 유치를 위해 10만 원의 비용이 발생한다고 가정하면 결과적으로 〈표 10.1〉에서 보는 바와 같이 한 사람의 고객을 상실함으로써 발생하는 연간 손실은 총 2,428만 원이 된다. 물론 이 금액은 단순 추정치에 불과하지만, 중요한 것은 서비스 실패에 따른 고객 상실 비용의 발생 규모가 생각하는 것 이상으로 매우 크다는 점을 인식해야 한다.

표 10.1 고객 상실에 따른 비용 추정

비용 항목	산출값
1) 연간 평균 거래 금액: 5만 원 × 52주	260만 원
2) 총 상실고객 수: 불만족 고객 본인 ········· 1명 구전에 의한 상실 고객: 불만족 고객(12명) × 이탈 비율(2/3) ········· 8명	9명
3) 년간 총 판매상실 비용: 1) × 2) = 260만 원 × 9명	2,340만 원
4) 고객유치비용 : 10만 원 × 9명	90만 원
5) 고객유지비용: 상실고객 1명	2만 원
6) 년간 총 고객 상실비용: 3) + 4) − 5)	2,428만 원

Ⅱ 서비스 회복 시스템

1 서비스 회복 절차

서비스가 실패했을 때 고객이 기대하는 바는 무엇일까? 81개의 포커스 그룹(focus group)을 대상으로 인터뷰했던 한 조사에 따르면 산업 간에 다소 차이는 있었지만 대체로 서비스가 잘못되었을 때 고객이 기대하는 핵심적인 대응노력은 서비스거래의 유형과 관계없이 높은 유사성을 보였다. 〈표 10.2〉에는 이 조사에서 밝혀진 고객이 기대하는 효과적인 서비스 회복노력의 유형을 정리한 것이다. 이러한 고객의 핵심 기대내용을 바탕으로 효과적인 서비스 회복을 위한 노력의 절차를 살펴보면 다음의 6가지 단계로 나누어 설명해 볼 수 있다(Zemke, 1993):

표 10.2 고객이 기대하는 효과적인 서비스 회복 활동의 주요 내용

포커스 그룹 구성원들이 기억하는 인상적인 대응 활동	관련활동을 언급했거나 인상적이었다고 응답한 포커스 그룹의 비율(%)
1. 고객 서비스 담당자가 화가 난 고객을 잘 상대하고, 생색을 내려 하지 않았다.	79.0
2. 고객 서비스 담당자가 사과하였다.	69.1
3. 고객 서비스 담당자는 변명하려 하지 않았고, 겸허하고 침착한 모습을 보였다.	62.9
4. 고객 서비스 담당자가 불만을 처리한 후에 사후확인을 하였다.	56.8
5. 고객 서비스 담당자가 문제해결을 능숙하게 처리하는 것 같았다.	53.0
6. 고객 서비스 담당자는 적절한 시점에서 조직의 실수를 적극적으로 인정하였고, 고객에게 비난을 전가하려고 하지 않았다.	44.4
7. 고객 서비스 담당자는 전적인 책임과 권한을 가지고 고객의 입장에서 행동해 주었다.	40.7
8. 고객 서비스 담당자는 훌륭한 대인관계 능력, 특히 경청하는 자세를 보여주었다.	40.7
9. 고객 서비스 담당자가 고객의 처지와(혹은) 불쾌감에 동감을 표시해 주었다.	38.3
10. 고객 서비스 담당자가 문제를 신속하게 해결해 주었고, 긴급한 처리자세를 보여주었다.	35.8
11. 고객 서비스 담당자가 고객에게 보다 나은 가치를 제공해 주었다.	32.1
12. 고객 서비스 담당자는 고객을 신뢰해 주었으며, 고객의 인식을 소중하게 생각하였다.	24.7

자료: Zemke, R. (1993), "The Art of Service Recovery : Fixing Broken Customers – And keeping Them on Your Side," in Scheuing, E.E. and Christopher, W.F. eds., *The Service Quality Handbook*, AMACOM, NY, p. 467.

(1) 단계 1: 고객이 불편을 겪고 있다는 사실에 대해 사과하거나 이를 인정하라.

〈표 10.2〉에서 본 바와 같이 책임을 회피하지 않고, 고객에게 비난을 전가함이 없이 사과하는 것은 고객이 기대하는 핵심적인 회복노력이다(표의 항목 2, 3, 6 참조). 사과를 전달하기 위해 드는 비용은 하나도 없지만, 고객이 상품이나 서비스에 대해 불만을 제기할 때 사과를 하는 회사의 비율은 48%를 넘지 않은 것으로 나타났다. 사과는 맨 처음 고객을 대하게 되는 종업원에 의해 이루어지는 것이 가장 효과적이다. 단순하게 "사과의 말씀"을 담은 편지를 보내는 것은 의례적이고, 진실성을 결여한 것으로 인식되기 쉽다. 가령 기장이나 승무원들이 진심으로 "도착 지연으로 인해 불편을 끼쳐서 죄송합니다"라고 말하는 것처럼 직접 언어적인 표현으로 사과하는 것이 보다 개인적으로 배려해 주는 효과적인 대응이 될 수 있다.

(2) 단계 2: 고객의 말을 경청하고, 고객의 상황을 이해(감정이입)하며, 의견을 구하는 질문을 하라.

포커스 그룹 참가자들은 감정이입(empathy) -즉, 고객의 감정상의 불쾌감을 인정하고 이해하는 것- 과 동정심(sympathy) -즉, 불쾌감을 공유하고, 고객을 위해 함께 화를 내주는 것- 의 차이를 명확하게 하고 있다. 고객은 서비스 담당자가 "저기 저 배송하는 친구 잘라버려야 해"라고 불쾌감을 표시하는 일에 동참하기를 바라는 것이 아니다. 그보다 고객은 실망감을 토로하도록 도와주고(항목 8), 불쾌한 마음을 이해해 주며(항목 1, 9), 귀 기울이는 자세를 통해 고객이 제기한 사태 혹은 오류를 암묵적으로 믿어준다는 증거를 보여줄 수 있는(항목 12) 훌륭한 경청자를 구하는 것이다.

(3) 단계 3: 문제에 대해 공정한 해결 방안을 제시하라.

서비스 실패에 대한 감정적인 측면의 인정을 받고 나면 고객은 잘못된 것이 시정되길 원하게 된다. 이 경우 개별적인 서비스 제공자는 고객에게 능숙하고, 권한을 가졌으며, 적시에 해결하려고 노력한다는 인식을 심어주는 것이 중요하다(항목 5, 7, 10). 서비스에 잘못이 발생했을 때 고객의 입장에서는 보통 서로 공정하게 상대해야 한다는 마음을 가지고 임하게 된다. 만일 서비스 제공자가 합리적으로 설명해 주고, 감성과 관심을 보여주게 되면, 고객도 존중하는 마음을 가지고 대하게 될 것이다. 어떻게 하면 문제를 공정하게 해결해 줄 수 있는지를 고객에게 물어보는 것은 너무 속 보이는 일이다. 전화 연결에 문제가 생겨서 항의할 경우도 주말에 발생한 것과 주중에 발생한 것 사이에는 차이가 있다. 주말에는 회사가 대응하는 것이 좀 느리더라도 주말이라는 상황을 감안해서 고객이 느끼는 불만감이 완화될 수 있다. 따라서 일률적으로 공정한 해결의 수준을 설정한다는 것은 바람직하지 않은 것이다.

(4) 단계 4: 고객의 불편 혹은 손상에 대해 가치부가적인 보상을 제공하라.

상징적인 보상을 의미한다. 비록 포커스 그룹의 32.1%가 보상에 대한 기억과 보상이 인상적이었다는 응답을 했지만(항목 11), 모든 서비스나 상품에 대해 보상이 요구되는 것은 아니다. 다만, 고객이 고통을 당했다거나, 커다란 불편을 겪었을 때, 혹은 어떠한 문제로 손해를 입었을 때와 같이 서비스 배달 프로세스에서 손상을 입었을 경우는 만족감을 결정함에 있어서 보상이 매우 중요한 영향을 미치게 된다. '상징적'이란 의미는 조그마한 보상 노력도 성실하게 행해지면 고객에게 큰 의미를 부여해 줄 수도 있음을 나타낸다. 실제로 동일한 서비스 실패 상황에 대해 서비스 제공자와 고객이 생각하는 보상의 수준을 비교해 보면 생각보다 고객이 기대하는 수준이 낮은 것으로 나타나고 있다. 물론 경우에 따라서는 고객을 지키고, 기대 이상의 만족감을 주기 위해서 고객에게 알맞은, 적극적인 보상 노력이 필요할 수도 있을 것이다.

(5) 단계 5: 약속한 바를 지켜라.

포커스 그룹 참가자들은 서비스 담당자가 약속한 바가 실제로 행해질지에 대해 회의적인 반응을 보였다. 고객에게 거짓말을 하기보다는 차라리 곤란한 상황을 알려주는 것이 낫다. 한 번에 비행기가 90분 늦을 것이라고 말하는 것이 15분 늦을 거라고 6번 말하는 것보다 나을 것이다. 고객은 '해결할 수 있다'는 자세와 능력을 보여주는 서비스 제공자를 높게 평가하며(항목 5, 7, 10), 약속만 하고 지키지 못하는 황당한 대응 방식에 대해 불평하게 된다.

(6) 단계 6: 사후관리를 시행하라.

포커스 그룹 참가자들은 초기 서비스 회복 노력이 실행된 후에 서비스 제공자나 회사의 관계자가 해결이 만족스러웠는지를 사후 확인할 때 긍정적인 인상을 받았다고 응답하였다(항목 4). 특히 고객이 불만 제기에 대해 불이익을 받을지 모른다는 불안감을 느끼는 경우는 더욱 사후관리가 필요하다. 병원을 대상으로 조사한 한 연구에 따르면 환자들의 경우 퇴원하기 이전에는 불이익에 대한 두려움 때문에 특히 간호 서비스에 대한 불만이나 불쾌감을 잘 토로하지 않는 것으로 보고 된 바 있다(Newbold와 Stover, 1991). 사후관리는 내부적으로도 필요한 일이다. 서비스 회복을 위한 문제해결 노력이 실제로 실행에 옮겨지도록 함과 아울러 서비스 배달 시스템에서 재차 발생하는 문제를 추적하고 제거하기 위해서는 내부적인 사후관리가 반드시 이루어져야 한다.

2 서비스 회복 시스템의 구성

서비스 회복이 단순히 소홀한 서비스나 불량인 상품제공에 따른 문제를 해결해 주는 것 이상의 프로세스가 되려면 상품과 서비스를 창출하는 주된 프로세스의 체계적인 개선을 위한 자원으로서의 역할을 해야 한다. 〈그림 10.5〉에 나타낸 바와 같이 효과적으로 운영되는 서비스 회복 시스템은 3가지 주요 성과를 산출하게 된다(Zemke와 Bell, 2000):

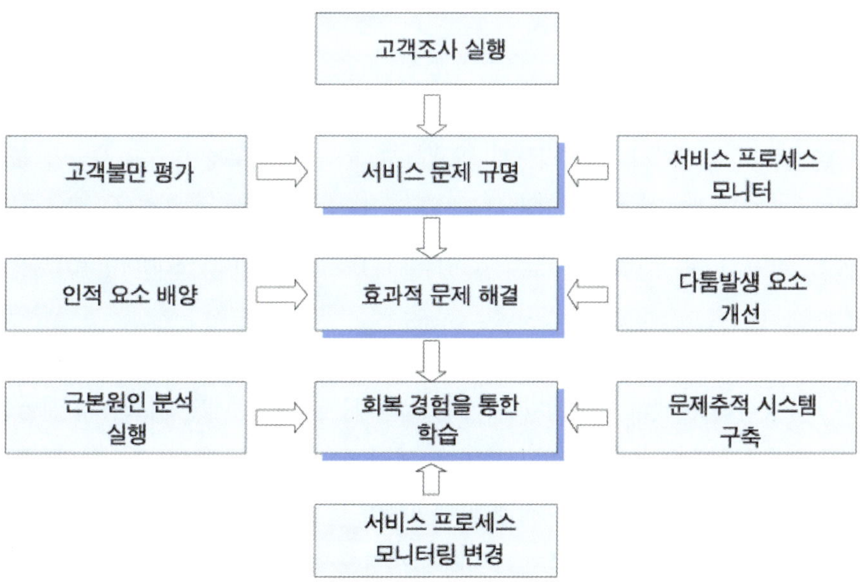

그림 10.5 효과적인 서비스 회복 시스템의 성과

자료: Berry, L. and Parasuraman, A. (1991), *Marketing Services : Competing Through Quality*, The Free Press, NY. 참조

- 서비스 문제를 규명해 준다.
- 서비스 문제를 효과적으로 해결해 준다.
- 서비스 회복의 경험을 통해 조직이 학습하게 된다.

2.1 서비스 문제 규명

서비스 문제 규명 프로세스의 목표는 고치거나 제거해야 할 조직의 오류와 문제에 대한 과거 및 현재의 정보를 수집함과 아울러 문제에 직면한 고객이 효과적으로 관리되고 있는지를 확인하는 데에 있다. 기본적으로 3가지 정보의 흐름 즉, 고객조사(customer research), 고객불만 평가(assessing customer complaints) 및 프로세스 모니터링(monitoring processes)이 필요하게 된다.

(1) 고객조사

조직이 제공하는 상품이나 서비스에 대해 불만을 가진 고객에 초점을 맞추어 적극적인 고객조사를 실행하는 것이다. 주로 일상적으로 보고되지 않은 불만사항과 이전에 파악되지 못한 회복의 기대에 대해서도 조사하게 된다. 회복에 대한 고객의 수용, 만족 혹은 불만족의 원인을 찾아내는 것에 초점을 맞추게 된다. 효과적인 고객 회복 조사활동의 핵심은 발견하지 못했거나, 예외적으로 발생하고, 기대하지 못했던 불만사항을 찾아내는 데에 있다. 고객문제의 조사를 위해 사용할 수 있는 효과적인 수단으로는 포커스 그룹, 전화 혹은 온라인 및 모바일 설문조사, 미스터리 쇼핑(mystery shopping) 등이 있다.

(2) 고객불만 평가

새로이 등장하는 문제의 경향이나 새롭게 나타나는 서비스 배달 시스템의 결함을 탐지해 내기 위해서는 유입되는 고객의 불만을 적시에 검토하는 것이 중요하다. 불만처리 시스템은 서비스 종업원이 가까운 장래에 대처해야 할 필요가 있는 새로운 상황을 탐지하고 심사숙고할 수 있도록 도와주게 된다. 실시간으로 고객 불만을 평가하기 위해서는 조기에 문제를 알리고, 행동계획을 수립하며, 사후관리 기회를 계획하는 일이 핵심이다.

(3) 프로세스 모니터링

고객에 대한 서비스와 불만처리 프로세스를 모니터링하는 것은 서비스 거래의 품질을 명확하고, 긍정적이며, 올바르게 만들기 위해서 중요하다. 이 활동의 목적은 고객에 대한 서비스와 잘못된 서비스의 회복을 위해 사용하는 시스템의 왜곡된 부분을 찾아내는 데에 있다. 즉, 실제적이거나 잠재적인 서비스 실패 발생점(fail points)을 찾아내서 수정하는 것에 있는 것이다. 미스터리 쇼핑, 고객관찰, 서비스 블루프린트(service blueprint) 등은 이러한 활동수행을 위해 좋은 도구가 될 수 있다.

2.2 효과적인 문제 해결

(1) 종업원 준비 및 적응성 제고

서비스 회복을 잘 수행하기 위해서는 적합한 종업원을 찾아내고, 훈련시켜, 보유하는 것이 필요하다. 불만스러운 고객의 가시 돋친 말을 참아낼 수 있는 힘과 고객의 면전에서 고객이 가진 문제의 해결방안을 찾아내는 침착성을 가진 종업원이 훌륭한 종업원이다. 훌륭한 종업원을 준비시켜 놓는 일은 고용으로부터 시작된다:

- 적합한 사람을 고용한다.
- 고객대응 기술을 잘 갖춘 사람을 선별한다.
- 고객심리, 문제해결, 고객처리, 상품기술에 관한 종업원 훈련을 실시한다.
- 고객문제에 대처하고, 즉각적인 문제해결이 가능하도록 종업원에 대한 권한부여를 실시한다. 직무수행에 필요한 시간과 수단을 제공하고, 기술적인 능력을 필수적으로 갖추게 한다.
- 탁월한 성과에 대해 보상하고 인정한다.

(2) 회복절차 및 해결규정 개발

회복 절차의 초점은 프론트 라인(front-line) 서비스 제공자들로 하여금 파괴된 고객 관계를 치유하여 고객을 유지할 수 있도록 도와주는 데에 있다. 사과, 경청, 감정이입, 신속한 해결, 가치부가, 대우, 보상 및 필요한 경우 고객교육의 실행 등을 강조하는 회복 절차를 마련할 필요가 있다. 특정한 서비스 실패 상황에서 따라야 하는 구체적인 규칙이나 모델을 해결규정이라고 한다. 가령, 대부분의 항공사에서는 오버부킹된 좌석에 대한 해결 규정을 마련해 놓고 있다. 이 규정에는 좌석이 취소된 승객에게 어떠한 보상과 대체 항공편 등을 제공할 것인지가 명확하게 명시되어 있다. 바람직한 해결 규정이 되려면 가치가 있고, 실질적인 보상을 제공하는 것이어야 한다. 해결 방안이 고객의 눈에 효과적인 것으로 비추어지려면 불편함에 대해 사과하고, 문제를 해결하며, 보상을 제공하는 일이 신중하게 이루어져야 한다.

2.3 회복경험을 통한 학습

서비스 회복을 통한 학습이 효과적으로 이루어지게 되면 상품과 서비스 문제에 관한 정보가 상품과 서비스를 창출하는 시스템으로 보내지게 된다. 유입된 정보는 문제추적 프로세스와 근본 원인 분석 프로세스에 투입되어 상품과 서비스 배달 창출 시스템의 기능이 올바르게 수행되는지를 확인하거나 이를 수정하기 위해 필요한 정보를 창출하게 된다.

이러한 조직 학습 시스템은 다음의 3가지 측면 즉, 문제추적 시스템(problem-tracking system), 근본 원인 분석 프로세스(root-cause analysis process), 유연한 서비스 프로세스 모니터링(flexible service process monitoring)에서 살펴볼 수 있다:

(1) 문제추적 시스템

서비스 회복을 위한 문제추적 시스템의 초점은 고객 유지능력과 서비스 배달 개선 노력을 측정하는 것에 있다. 따라서 다음과 같은 두 가지 문제에 대한 답을 제공할 수 있어야 한다:

- 문제해결 프로세스가 실제로 고객만족과 고객유지를 가져오고 있는가?
- 상품과 서비스 실패 정보를 생산 사이클에 피드백(feedback)시킴으로써 상품과 서비스 배달이 개선되고 있는가?

효과적인 문제추적 시스템을 구성하는 핵심 구성요소는 고객 접촉상황을 추적하고, 문제해결에 대한 만족도를 평가하며, 문제 발생의 추세를 분석하는 데에 있다.

(2) 근본 원인 분석 프로세스

서비스 회복 담당 부서 내에서 혹은 서비스 창출 프로세스 내에서 이루어지는 서비스 회복 프로세스에 대한 정보는 반드시 근본원인 분석 프로세스로 투입되어야 한다. 효과적인 근본원인 분석 시스템의 핵심요소는 분석적 기법의 훈련, 자료분석을 위한 시간할애, 프로세스 개선에 대한 제안권한 부여 등을 들 수 있다,

(3) 유연한 서비스 프로세스 모니터링

서비스 회복 시스템이 잘 실행될 경우 종종 사전에 규명하지 못했었기 때문에 모니터링이 이루어지지 않았던 서비스 배달 실패 발생점들이 발견되기도 한다. 따라서 서비스 회복 기능부서에서는 이러한 사전에 모니터하지 못했던 실패 발생점들에 대한 모니터링과 피드백 시스템을 구축할 수 있는 유연성과 권한을 가지고 있어야 한다. 서비스 프로세스 모니터링의 핵심요소는 회복 시스템 내에 그러한 시스템을 구축할 수 있는 기술을 갖추는 일과 필요성이 지각될 경우 새로운 모니터링 노력을 창출할 수 있는 권한을 부여받는 것에 있다.

3 서비스 회복노력에 대한 고객인식

다양한 서비스 노력에 대한 고객의 인식과 평가는 서비스의 종류나 유형 및 보상의 수준에 따라서 달라질 수 있지만 최근에 이루어진 공정성이론(theory of justice)에 따르면 종합적으로 다음과 같은 3가지 공정성의 상호작용에 의해서 평가가 달리지게 된다는 주장이 제기되고 있다(Tax 등, 1998; Mattila, 2001):

- **분배 공정성(distributive justice)**: 회복 결과(즉, 보상, 수리, 교환 등과 같은)에 대해 인식하는 공정성의 정도
- **상호작용 공정성(interactional justice)**: 고객을 대우하는 매너(즉, 사과에 대한 규정 등과 같은)에 대해 인식하는 공정성의 정도. 공손함, 관심, 정직성, 설명, 문제해결을 위한 노력을 보여주는 것이 중요함.
- **절차 공정성(procedural justice)**: 서비스 실패를 수정하기 위해 사용한 프로세스(즉, 대응 속도, 절차의 이용 편의성 및 유연성, 회사의 정책 등과 같은)에 대해 인식하는 공정성의 정도.

이 이론은 서비스 실패로부터 효과적인 회복이 이루어지려면 기업이 비난을 감수하고, 신속하게 대응하는 동시에 진실한 사과와 함께 공정한 서비스 결과를 제공해야 한다는 것을 시사하고 있다. 3가지 공정성 차원이 서로 상호작용한다는 사실은 어느 한 공정성 측면에서 실패할 경우 전체 회복노력이 실패하게 될 수 있음을 나타낸다.

그 밖에 서비스 회복노력에 대한 고객의 인식을 연구한 다른 연구들의 내용을 정리하여 보면, 서비스 회복노력의 유형과 효과성은 다음의 특성들에 의해 영향을 받는 것으로 보고되고 있다(Lewis와 McCann, 2004):

- 서비스
- 구매목적
- 실패
- 실패의 심각성
- 서비스 제공기업과의 과거 경험
- 서비스 회복에 대한 기대감

4 우수한 서비스 회복 기업의 특징

탁월한 고객 서비스를 창출하는 조직문화의 요소를 규명하기 위해 200여 개 기업에 걸쳐서 모두 40,000여 명의 관리자와 스텝 및 고객접촉 종업원을 조사한 한 연구에 따르면 다음의 4가지 특징들이 제시된 순서대로 바람직한 서비스 회복 능력과 밀접한 연관성을 가지고 있는 것으로 보고 된 바 있다(Zemke, 1993):

- **종업원 훈련 및 능력**: 종업원들은 고객 문제를 다루기 위해 필요한 사항의 훈련을 받았으며, 고객이 자주 경험하게 되는 공통적인 문제점들을 숙지하고 있고, 수용가능한 해결 방안을 찾아내는 과정에 고객을 참여시키는 능력을 가지고 있다.
- **공식적인 표준 및 규범**: 고객에게 최소한의 불편만이 따르도록 문제를 신속하게 해결하는 것이 최우선적이라는 메시지를 강화시켜주고, 고객을 위해 종업원들이 적극적으로 나서도록 유도하는 공식적인 표준이나 비공식적인 규범이 존재한다.
- **시스템, 정책 및 절차**: 고객이 문제와 불만을 제기하거나, 종업원이 이러한 문제와 불만에 대해 긍정적으로 대응하는 것이 용이하게 만든 시스템과 정책 및 절차가 존재한다.
- **종업원 확신감**: 프론트 라인 종업원들이 문제는 해결될 것이며, 조직 내의 다른 구성원들도 자신들과 마찬가지로 고객의 문제해결을 위해 열심히 노력할 것이라는 확신을 가지고 있다.

5 상습적인 불만고객의 처리법

상습적인 불만고객(chronic complainers)이란 비합리적인 요구를 하면서 시간을 소비하게 만드는 고객을 말한다. 그러나 합리적인 문제를 가지고 불만을 제기하는 고객을 상습적인 불만고객으로 간주하는 것은 매우 위험한 일이다. 따라서 이를 구분하는 데는 신중을 기하여야 한다. 상습적인 불만고객이 가지는 몇 가지 특징을 살펴보면 다음과 같다(Timm, 2001):

- **항상 누군가 비난을 퍼부을 대상을 찾는다**: 실수로 발생하는 문제란 없으며, 항상 누군가가 잘못해서 문제가 생긴다고 생각한다. 따라서 "그 누군가는 바로 당신이다"라고 주장한다.
- **조금이라도 자신의 실수나 책임을 인정하는 일은 절대 없다**: 자신은 흠잡을 데 없는 사람이며, 다른 사람의 무능력과 잘못 때문에 희생당하고 있다고 생각한다.
- **다른 사람이 무엇을 해야 하는지에 대해 확고한 생각을 가지고 있다**: 다른 사람이 해야 할 일을 정해놓는 것을 즐긴다. 어느 고객이 '항상', '절대', '반드시 해야 할', '해서는 안 되는' 등과 같은 단어를 강조하는 불만을 늘어놓는다면 상습적 불만고객일 가능성이 높다.
- **불만을 길게 늘어놓는다**: 정상적인 불만고객은 간간이 쉬면서 불만을 이야기하지만, 상습적 불만고객은 쉴 새 없이 다른 불만을 꺼내면서 연속적으로 불만을 이야기한다.

일단 상습적인 불만고객이라고 판단이 되면 어떻게 대처해야 할 것인지를 생각해야 한다. 실제로 상습적 불만고객이 발생하는 일은 매우 드물지만, 이들을 효과적으로 다루지 않으면 귀중한 서비스 인력과 시간을 비생산적인 일에 낭비하는 결과를 초래하게 된다. 상습적 불만고객을 다루기 위해 제안된 몇 가지 접근방법을 살펴보면 다음과 같다(Timm, 2001):

- 끊임없이 늘어놓는 불평 속에 합리적인 불만내용이 들어있는지를 찾아내기 위해 적극적으로 경청하라.
- 고객의 말을 중단시키는 일이 있더라도 고객이 주장하는 주된 불만내용을 서비스 제공자의 표현으로 재구성하라(예: "죄송합니다만, 결국 서비스가 정시에 완료되지

않아서 기분이 나쁘시다는 말씀인가요?").

- 고객이 과장하거나 확대해석하는 일을 줄이기 위해 사실적인 내용을 확보하라(예: 고객이 "하루 종일 전화했지만 아무도 안 받으려 하더라"고 주장한다면, 실제 몇 번이나 언제 전화했는지를 확인한다).
- 고객에게 사과하는 일이 자연스러운 일이라 하더라도 일단, 사과하고 싶은 욕망을 자제하라. 고객이 원하는 바는 문제를 해결하는 것이 아니라 책임을 덮어씌우려는 데에 있을 수 있기 때문에 사과하게 되면 또 다른 비난을 유도하는 일이 될 수도 있다.
- 특히 서비스 제공자의 아이디어에 대해 달갑게 생각하지 않는 것처럼 보일 때는 고객으로 하여금 직접 문제의 해결 방법을 제시하도록 유도하라. 또한 고객과의 대화를 위해 할애할 수 있는 시간을 제한하라(예: "10분 후에는 다른 사람과 약속이 되어 있습니다. 그때까지 어떤 방법이 있는지 함께 생각해 볼까요?"). 목표는 불평 늘어놓는 일을 중단시키고 문제해결을 위한 대화를 시작하게 만드는 데에 있다.

6 서비스 보증

서비스 보증(service guarantees)은 효과적인 서비스 회복 수단으로 사용될 수 있다. 보증이란 상품이나 서비스가 고객에게 약속한 결과를 제공하지 못한 경우 회사가 일정한 형태의 보상을 제공하겠다는 것을 확약하는 것이다. 문제가 발생할 경우 단순히 정상적인 것으로 교환해 줄 수 있는 제품과 달리 무형성이 큰 서비스는 제공한 서비스를 교환해 주거나 회수하기가 어렵기 때문에 서비스 기업에 있어서 보증에 대한 관심은 매우 제한적이었다. 그러나 효과적인 서비스 보증이 서비스 회복전략을 보완해 줄 수 있다는 사실이 점차 알려지면서 많은 기업들이 서비스 보증에 보다 관심을 가지게 되었다.

서비스 보증의 형태는 서비스 만족보증(satisfaction guarantees)과 서비스 속성보증(attribute guarantees)의 두 가지 형태로 제공된다(Zeithaml 등, 2009). 전자의 경우는 서비스 구매고객에게 무조건적인 고객만족을 보증하고, 만족스럽지 않다면 환불해 주는 방식의 서비스 보증을 말한다. 고객기업에게 서비스 스텝을 지원해 주는 Pros Staff는 만일 고객기업이 파견된 서비스 스텝에 불만족을 제기할 경우 대금을 청구하지 않는다. 무슨 이유로든 만족스럽지 못했다면 보상해 주겠다는 서비스 보증인 것이다. 서비스 속성보증은 FedEx가 특정일까지 배달을 약속하는 것과 같은 서비스 보증을 말한다.

고객이 중요하게 생각하는 배달 서비스 속성인 정시 배달에 대해 보증하는 것이기 때문이다. British Airways가 새롭게 설계한 일등석을 광고하면서 내건 슬로건은 "편안하게 해 드리겠습니다. 불편하셨다면 25,000마일의 마일리지 혜택을 드리겠습니다(Comfort guaranteed or you get 25,000 miles)"이었다. 일등석 고객이 중요시하는 편안함을 집중적으로 보증하고 있는 것이다.

(1) 효과적인 보증의 특성

서비스 보증이 효과적인 서비스 회복의 수단으로 활용되려면 어떠한 특성을 잘 갖추고 있어야 할까? Hart(1990)는 가장 효과적인 보증이 되려면 다음의 4가지 특성을 잘 갖추고 있어야 한다고 주장한 바 있다:

- **무조건적이어야 한다(unconditional)**: 효과적인 보증이 되려면 조건을 달지 말아야 한다. 법률사무소에서 작성한 것처럼 각종 제약조건, 입증자료 요구, 제한사항 등을 늘어놓은 보증서는 일반적으로 효과를 거두기 어렵다.
- **의미가 있어야 한다(meaningful)**: 효과적인 보증이 되려면 의미가 있는 것이어야 한다. 너무나 당연한 것 혹은 당연히 기대할 만한 것을 보증하는 것은 고객에게 아무런 의미도 주지 못한다. 어느 생수배달 업체나 주문 당일 생수를 배달해 주고 있는데 당일 배달을 못 하면 다음에 한 통을 공짜로 가져다준다고 약속하는 것은 아무런 의미도 없는 보증이 될 것이다. 문제가 발생할 때 지불하는 보상도 의미가 있어야 한다. 고객은 불만족과 들인 시간과 겪은 불편에 대해 완벽한 보상이 이뤄지길 기대하기 때문이다.
- **이해하기 쉬워야 한다(easy to understand)**: 보상의 내용은 고객에게나 종업원에게 모두 이해하기 쉽고, 내용전달이 용이해야 한다. 표현이 혼란스럽거나 보증 내용이 장황해서 혹은 과도한 제약이나 조건을 담고 있어서 고객이나 종업원 모두에게 무엇을 보증하고 있는 것인지 불분명하게 만드는 것은 피해야 한다.
- **요구하기 편해야 한다(easy to invoke)**: 보증이 효과적이려면 보증의 요구 절차가 간편해야 한다. British Airways에서는 서비스 보증을 요구하는 고객이 온라인상에서 간단히 양식을 작성하고 서비스가 고객기대에 못 미쳤다고 생각하는 이유를 설명만 하면 되도록 단순한 요구 절차를 만들었다. 고객에게 상세한 내용을 담은 편지와

함께 서비스 실패를 입증할 자료까지 요구하는 것은 고객으로 하여금 보증 요구 절차가 시간낭비적인 것이라거나, 특히 서비스의 금전적 가치가 낮은 경우에는 요구할 가치도 없다고 느끼게 만들 위험성이 있다.

(2) 서비스 보증의 효과

서비스 보증은 단순한 마케팅 수단으로서가 아니고 기업 내에 서비스 품질을 정립하고, 고양시키며, 유지시키기 위한 도구로서 활용될 수 있다. 효과적인 서비스 보증이 기업에 가져다줄 수 있는 혜택을 살펴보면 다음과 같다(Hart, 1990):

- **효과적인 보증은 기업으로 하여금 고객에게 초점을 맞추게 만든다**: 의미 있는 보증의 내용을 개발하려면 무엇이 고객에게 중요한지를 반드시 파악해야 한다. 고객에게 있어서 만족의 의미가 무엇인지를 명확하게 이해해야 효과적인 보증의 내용을 만들어 낼 수 있는 것이다.
- **효과적인 보증은 기업에 명확한 표준을 설정해 주게 된다**: 보증을 통해 기업이 종업원에게 기대하는 것이 무엇인지를 명확하게 규정하게 되며, 기대의 내용을 종업원에게 전달할 수 있게 된다. 보증은 종업원에게 자신의 행동을 고객전략과 일치시키도록 만들 수 있는 서비스 지향적인 목표를 부여하게 된다.
- **좋은 보증은 고객으로부터 즉각적이고 합당한 피드백을 창출해 준다**: 보증제도는 고객에게 불만을 제기하도록 인센티브를 부여하는 것이며, 고객에게 불만을 제기할 권한이 있음을 알려주는 것이다. 기업은 이를 통하여 보다 합당한 피드백을 얻을 수 있게 되는 것이다.
- **보증이 요구되면, 즉각적으로 실패를 회복시킬 기회를 가지게 된다**: 고객에 대한 즉각적인 회복노력이 이뤄지게 됨으로써 불만족 상황을 통제할 수 있게 되거나 적어도 불만족이 증폭되는 것은 막을 수 있게 된다. 신속한 회복은 고객을 만족시킬 수 있으며, 충성도를 유지할 수 있게 만들어 준다.
- **보증을 통해 얻은 정보는 추적이 가능하며, 지속적인 개선노력을 위해 통합될 수 있다**: 보증은 고객에게 귀 기울일 수 있는 구조화된 메커니즘을 제공함으로써 고객과의 거리감을 줄일 수 있게 만들어 준다. 보증을 통해 고객과 서비스 기업 사이의 피드백 연결을 보다 강화시켜줄 수 있는 것이다.

- **보증은 고객에게 위험에 대한 지각 수준을 완화시켜 주게 되며, 기업에 대한 신뢰감을 높여 주게 된다**: 서비스는 비가시적이면서 종종 매우 개인적이고 자기중심적이기 때문에 고객은 불확실한 느낌을 완화시켜 줄 정보와 단서를 적극적으로 찾아보게 된다. 보증은 바로 이러한 위험성의 인식을 완화시켜서 구매전의 서비스 평가를 긍정적으로 유도할 수 있게 되는 것이다.

(3) 보증이 적절하지 않은 상황

서비스 보증은 다양한 이점을 제공함에도 불구하고 모든 기업에게 모든 상황에서 보편타당하게 적용될 수 있는 개념은 아니다. 보증의 실행이 오히려 부정적인 결과를 초래할 위험성도 있기 때문이다. 즉, 보다 적합하고 적합하지 않은 상황이 존재한다는 것이다. 다음의 경우에는 특히 서비스 보증이 바람직한 전략이 될 수 없을 것이다(Zeithaml 등, 2009):

- **현재 서비스 품질이 나쁠 때**: 보증을 제도화하려면 먼저 사전에 주요 품질 문제를 해결해야 한다. 품질이 좋지 못할 때는 과도한 보증 비용 때문에 보증에 따른 이점이 무의미하게 될 우려가 있다.
- **보증이 기업의 이미지에 적합하지 않을 때**: 기업이 이미 높은 품질수준으로 명성이 있어서 묵시적으로 실제적인 서비스 보증을 해주고 있는 경우는 공식적인 보증이 불필요하게 된다. Four Seasons나 Ritz-Carlton 같은 최고급 호텔의 경우 등급이 낮은 호텔들에 비해 보증의 효과가 현저하게 낮아서 보증에 들인 비용보다 얻은 효과가 오히려 적은 것으로 보고되기도 하였다.
- **서비스 품질이 실제로 통제 불가능할 경우**: 서비스 품질이 통제 불가능할 경우는 보증을 제공할 수 없다. 겨울 시즌에 Chicago 공항에서 비행기 정시 출발을 보증하는 것은 전혀 예측 불가능하고 통제 불가능한 날씨 때문에 불가능 한 일일 것이다.
- **고객이 보증을 남용할 잠재성이 있을 때**: 속이거나 거짓으로 서비스 보증을 요구하는 등의 기회주의적인 고객에 대한 우려 때문에 보증의 제공을 주저하는 기업들도 있다. 한 연구에 따르면 대다수 고객이 정기적으로 혹은 반복적으로 찾는 고객이 아닌 상황에서 보증이 제공될 경우 보증이 남용될 가능성이 보다 높은 것으로 나타나고 있다(Wirtz와 Kum, 2004). 그러나 일반적으로 서비스 보증의 남용은 비교적 최소한의 수준으로 나타나고 있으며, 폭넓게 나타나지는 않는 것으로 보고되고 있다.

- **보증비용이 이익을 초과할 때:** 어느 품질 관련 투자와 마찬가지로 기대비용(실패보상비용과 개선비용)과 기대이익(고객충성도, 품질개선, 새로운 고객유치, 구전광고)을 주의 깊게 살펴보아야 한다.
- **고객이 인지하는 서비스 위험성이 적을 때:** 보증의 효과는 기업이나 서비스 품질에 대해 확신을 가지지 못할 경우에 가장 크게 나타난다. 고객이 지각하는 위험이 낮거나 비교적 저렴해서 다른 대체 서비스 제공자를 활용하기가 쉬울 경우, 혹은 품질의 변화가 거의 없는 경우 보증을 통해 기업에게 줄 수 있는 혜택이라고는 촉진을 위한 수단으로서의 가치 이외에는 별로 없을 것이다.
- **고객들이 경쟁업체와 비교해서 품질의 차이를 거의 지각하지 못할 때:** 산업에 따라서는 경쟁업체 간에 품질의 변화가 크게 나타나는 경우도 있다. 이런 경우에 보증은 매우 효과적일 수 있으며, 특히 처음 상품을 내어놓는 기업일 경우에 매우 효과적일 수 있다. 보증은 또한 전반적인 업계의 품질수준이 낮게 인식되고 있을 경우에도 효과적일 수 있다. 처음 보증을 제공하는 기업이 종종 다른 경쟁업체들과 차별화된 입지를 구축하게 되는 것이다.

7 서비스 회복 패러독스

서비스 회복 패러독스(service recovery paradox)란 "서비스 실패를 겪은 고객이 기업으로부터 뛰어난 서비스 회복 노력을 받게 되면 기업으로부터 실패 혹은 회복 경험을 받은 적이 없었을 때보다 나은 고객만족과 재구매 의도를 창출해 낼 수 있다(Smth와 Bolton, 1998; McCollough 등, 2000)"는 주장을 말한다. 이는 고객에게 보다 높은 만족을 주고 고객으로부터 높은 충성도를 이끌어 내려면 역설적으로 고객으로 하여금 서비스 실패를 경험할 기회를 제공해야 한다는 것을 의미한다.

만일 서비스 회복 패러독스가 존재한다면 회복에 대한 학습노력에 더 많은 초점을 맞추어야 할 것이다. Smith와 Bolton(1998)은 우수한 서비스 회복노력이 고객만족과 재구매 의도의 증대를 가져온다는 사실을 발견한 바 있다. 그러나 이러한 증대 효과는 회복노력에 대한 평가가 매우 높은 고객들에게서만 발견할 수 있었다. 따라서 기업의 입장에서는 회복노력을 고객만족 증대의 기회로 활용하기보다는 서비스 실패를 줄이는 것이 더 나을 것이라는 제안을 하였다.

McCollough 등(2000)은 공항에서 50편의 출발 항공기를 이용하는 승객을 대상으로 시나리오를 사용한 실험연구를 실행한 바 있다. 이 연구에서 연구자들은 서비스 회복 패러독스의 존재를 찾아볼 수 없었다. 뛰어난 회복 노력이 주어졌을 때도 오류가 없는 서비스를 제공했을 때보다 높은 고객만족 수준을 가져오지는 못하였다. 따라서 서비스 회복 패러독스의 존재에 대해서는 상충적인 견해가 존재하며, 학술가나 실무자들 간에도 이에 대해 일치된 견해를 보이고 있지 못한다. 다만, 실패가 없는 완벽한 서비스 제공을 통해서 고객에게 주는 만족감이 서비스 회복에 따라 결과적으로 고객에게 주는 만족감보다는 높을 것이라는 주장이 보다 설득력 있게 받아들여지고 있다(Sabharwal 등, 2010).

참고문헌

Bell, C.R. and Zemke, R. (1987), "Service Breakdown : The Road to Recovery," *Management Review*, p. 33.

Berry, L. and Parasuraman, A. (1991), *Marketing Services : Competing Through Quality*, The Free Press, NY.

Hart, C.W.L. (1990), "The Power of Unconditional Service Guarantees," *Harvard Business Review*, Vol. 68, pp. 54–62.

Keveaney, S.M. (1995), "Customer Switching Behavior in Service Indutries : An Exploratory Study," *Journal of Marketing*, Vol. 59, pp. 71–82.

Lewis, B.R. and McCann, P. (2004), "Service Failure and Recovery : Evidence from the Hotel Industry," *International J. of Contemporary Hospital Management*, Vol. 16, No. 1, pp. 6–17.

Lovelock, C. and Wright, L. (2002), *Principles of Service Marketing and Management*, 2nd ed., Prentice–Hall, NJ.

Mattila, A.S. (2001), "The Effectiveness of Service Recovery Strategies," *International J. of Contemporary Hospital Management*, Vol. 11, No. 1, pp. 6–15.

McCollough, M.A., Berry, L.L. and Yadav, M.S. (2000), "An Empirical Investigation of Customer Satisfaction after Service Failure and Recovery," *Journal of Service Research,* Vol. 3, No. 2, pp. 121–137.

McManis, S. (1999), "While Online : Web Sites Are Cropping Up to Do The Griping for You," *San Francisco Chronicle*, Vol. 14.

Newbold, P.A. and Stover, D.S. (1991), "Patient Satisfaction Pilot Reveals Gains and Limits," *Healthcare Forum Journal*, p. 51.

Sabharwal, N., Soch H. and Kaur, H. (2010), "Are We Satisfied with Incompetent Services? A Scale Development Approach for Service Recovery," *Journal of Service Research,* Vol. 10, No. 1, pp. 125–142.

Smith, A.K. and Bolton, R.N. (1998), "An Experimental Investigation of Customer

Reactions to Service Failure and Recovery Encounter: Paradox or Peril?," *Journal of Service Research,* Vol. 1, No. 1, pp. 65–81.

Tax, S.S., Brown, S.W. and Chandrashekaran, M. (1998), "Customer Evaluations of Service Complaint Experiences : Implications for Relationship Marketing," *Journal of Marketing,* Vol. 62, No. 2, pp. 60–67.

Timm, P. R. (2001), *Seven Power Strategies for Building Customer Loyalty*, AMACOM, NY.

Wirtz, J. and Kum, D. (2004), "Consumer Cheating on Service Guarantees," *Journal of the Academy of Marketing Science,* Vol. 32, pp. 159–175.

Zeithaml, V.A,, Bitner, M.J. and Gremler, D.D. (2009), *Services Marketing: Integrating Customer Focus Across the Firm*, 5th ed., McGraw-Hill International Edition, N.Y. pp. 235–290.

Zemke, R. (1993), "The Art of Service Recovery : Fixing Broken Customers - And Keeping Them on Your Side," in Scheuing, E.E. and Christopher, W.F. eds., *The Service Quality Handbook*, AMACOM, NY.

Zemke, R. and Bell, C.R. (2000), *Knock Your Socks Off : Service Recovery*, AMACOM, NY.

5부

서비스 품질 혁신

서비스 품질의 개선 노력은 기본적으로 고객의 욕구와 기대를 명확하게 이해하고, 이를 설계 내용에 반영시키며, 설계된 서비스 내용이 효과적으로 창출될 수 있도록 하는 것에 초점을 맞추고 있다. 이러한 서비스 품질의 개선노력은 지속적 개선(CI)이 지향하는 바와 같이 일상적이고 영속적인 활동이 되어야 한다. 그러나 시장환경이 급격하게 변화하는 경우에는 보다 혁신적인 품질개선 노력이 효과적일 수 있다. 인터넷에서 확장되어 모바일 등 e-service를 기반으로 하는 새로운 서비스 시장의 출현이나, 서비스 무역장벽의 제거를 통한 서비스 시장의 글로벌화 등은 이전과는 크게 다른 변혁된 시장환경을 조성하는 대표적인 예가 될 것이다. 다음에서는 먼저 기본적인 품질개선 활동의 효과적 지원을 위한 성과측정의 수단으로서 품질비용과 생산성에 대해 살펴보고 서비스 품질과 연관된 몇 가지 주요 이슈들을 살펴보기로 한다. 다음에는 혁신적인 품질개선노력의 대표적인 방법으로서 식스 시그마 개념과 서비스 디지털화에 대해 살펴보고, 아울러 e-service를 기반으로 하는 서비스 품질측정 문제를 살펴보기로 한다.

11장 서비스 품질비용과 생산성
12장 서비스 품질과 고객만족
13장 식스 시그마 서비스와 서비스 디지털화
14장 e-Service 품질

»» 11장

서비스 품질비용과 생산성

질적인 서비스 상품의 수준을 나타내는 서비스 품질과 양적인 서비스 상품의 수준을 나타내는 서비스 생산성은 서로 밀접한 연관성을 가지고 있다. 서비스 품질이 우수할 경우는 서비스 실패 혹은 오류에 따른 서비스 회복비용이 대폭 줄어들게 되며, 이는 곧 바람직한 서비스 산출의 양을 증가시켜 결과적으로 서비스 생산성의 향상을 가져오기 때문이다. 또한 서비스 상품은 제조 상품과 달리 상품이 제공되는 프로세스에서 발생하는 고객경험도 바람직한 산출의 수준을 결정하는 중요한 요소가 된다. 서비스가 가지는 질적인 측면의 요소 즉, 품질이 산출 자체의 바람직한 정도를 결정하는 역할을 하게 되는 것이다. 이는 서비스 생산성의 주요 결정요소가 서비스 품질에 있음을 나타낸다. 서비스 품질의 변화는 서비스 품질로 인해 발생하는 비용 즉, 서비스 품질비용의 수준을 결정하게 된다. 따라서 서비스 품질비용을 합리적으로 측정하고 통제하는 노력은 서비스 품질 변화의 특성을 분석하고 예측하기 위한 효과적인 수단이 될 수 있다. 본 장에서는 먼저 서비스 품질변화에 따라 발생하는 품질비용의 개념과 합리적인 측정방법에 대해 살펴보고, 서비스 품질에 영향을 받게 되는 서비스 생산성의 측정방법에 대해서도 살펴보기로 한다.

핵심용어

- COQ(cost of quality)
- 예방비용
- 평가비용
- 내부실패비용
- 외부실패비용
- PQC(poor-quality cost)
- 직접적 PQC
- 간접적 PQC
- 적정품질수준 모델
- 완전품질수준 모델
- ABC 기법
- ABM
- Moen의 측정 방법
- 서비스 생산성

I 서비스 품질비용 모델

서비스 품질비용의 개념도 제조 품질비용의 개념과 마찬가지로 품질수준 변화에 따라 발생하는 주로 가시적인 비용의 측면에 중점을 두는 품질비용(COQ; cost of quality)의 개념과 품질의 불량으로 인해 발생하는 다양한 가시적 및 비가시적인 비용에 중점을 두는 불량품질비용(PQC; Poor-Quality Cost)의 개념으로 나누어 살펴볼 수 있다. COQ 개념에서 말하는 품질비용의 항목은 품질의 관리를 위한 비용(cost of control)과 관리의 실패에 따른 비용(cost of failure of control)으로 나누어 주로 가시적이고 직접적으로 측정이 가능한 비용에 초점을 맞추고 있다. 품질불량의 발생을 줄이기 위해 지불하는 종업원 교육비용이나 바람직한 서비스 설계를 위해 투입하는 비용 등은 서비스 품질의 관리를 위한 비용이며, 서비스 오류에 따른 재서비스 혹은 불량 서비스 용품의 폐기 등은 서비스 품질의 관리 실패에 따른 비용이다. 반면에 PQC 개념에서 품질비용의 의미는 전적으로 품질이 완전하지 못하기 때문에 발생하는 비용들에 초점을 맞추고 있다. 여기에는 COQ 개념이 제안하는 직접적으로 측정 가능한 비용항목뿐만 아니라 고객에게 전가되는 비용이나 기업 명성 상실비용 등과 같이 결과적으로 기업에게 손실을 가져오게 되는 간접적인 혹은 비가시적인 비용항목들도 포함되어 있다. 다음에서는 이러한 두 가지 대표적인 품질비용의 개념에 대해서 그 내용과 특성을 살펴보기로 한다.

1 COQ 모델

일반적인 품질비용의 개념을 처음으로 정립한 것은 1943년 GE에서 근무하고 있던 Armand V. Feigenbaum에 의해서였다. 당시에 불량률 퍼센트, 단위결점 수, 평균고장시간의 간격 등과 같이 품질관리자들이 품질의 수준을 설명하기 위해서 사용하였던 기술적인 용어들은 다른 부문의 관리자들이나 최고 경영자에게는 난해한 개념이어서 이들에게 품질개선이 가져오는 효과를 이해시키기가 매우 어려운 상황이었다. Feigenbaum은 이를 해결하기 위해서 품질관리 시스템을 개발하고 상품을 검사하기 위해 투입하는 비용과 상품불량 때문에 발생하는 비용들을 모두 묶어서 "품질비용(cost of quality)"이라고 명명한 금액 단위의 보고 시스템을 개발하였다. 품질비용(COQ) 시스템은 다음 해에

Massachusetts 주에 위치한 GE의 제트 엔진 그룹에 도입되었으며, 1948년에 이르러서는 GE의 전체 사업 부문에 도입되게 되었다. Feigenbaum은 1945년 *American Institute of Electrical Engineers Magazine*에 처음 COQ 시스템에 대한 간략한 소개를 한 바 있으며, 1951년에는 그의 저서 *Total Quality Control*을 통하여도 이를 소개하였다. 1956년에 발간된 *Harvard Business Review*에는 이에 대해 처음으로 자세한 소개가 이루어졌다.

1.1 COQ 비용항목의 구성

Feigenbaum이 분류한 품질비용의 구성요소는 예방비용, 평가비용, 실패(내부 및 외부)비용으로 나누어져 있다. 예방비용과 평가비용은 품질의 관리를 위한 비용으로써 품질의 개선을 위해 지불되는 비용인 데 반하여 실패비용은 품질의 관리실패에 따라 발생하는 비용으로써 품질저하로 인해 발생하게 되는 비용이라 할 수 있다. 여기서 말하는 실패란 결과적으로 상품이나 서비스의 규격을 충족시키지 못한 것을 의미하며, 고객에게 전달된 후에 발견되는 실패를 외부실패, 전달되기 전에 검사 과정 등을 통해서 사내에서 발견되는 실패를 내부실패라고 한다. COQ의 비용항목 구성을 정리하면 〈표 11.1〉과 같으며, 다음에서는 이를 항목별로 간단히 살펴보기로 한다:

표 11.1 품질비용(Cost of Quality) 개념에 의한 비용구성 항목

품질의 관리 비용(cost of control):
예방비용(prevention cost)
평가비용(appraisal cost)
품질의 관리실패 비용(cost of failure of control):
내부실패비용(internal failure cost)
외부실패비용(external failure cost)

(1) 예방비용(prevention cost)

품질경영 시스템을 설계하고, 실행하며, 유지하기 위해 부담하는 비용을 말한다. 서비스에 대한 고객의 기대를 정확하게 파악하고, 이를 적합한 서비스 규격의 형태로 설계하기 위해 지불하는 비용은 모두 예방비용에 속한다고 볼 수 있다. 그 밖에 종업원에 대한

교육과 훈련을 위해 지불하는 비용이나 서비스 설비를 개선하기 위해 지불하는 비용과 같이 근본적으로 잘못된 서비스 제공의 발생을 억제하거나 보다 나은 서비스를 제공하기 위해서 지불하게 되는 비용들이 이에 속하게 된다.

(2) 평가비용(appraisal cost)

구매한 원재료나 만들어진 재공품, 완성품 등이 설계된 규격에 적합한지를 평가하기 위해서 지불하는 비용이다. 상품이나 서비스 창출을 위해 사용하는 설비나 장비 등이 적합하게 설정되어 있는지를 검사하는 비용도 이에 속한다. 외부에서 구매하는 식자재의 수량과 품질이 적합한지를 확인하는 음식점의 검사 활동이나 객실이 청결하고 물품 구비가 잘 되어있는지를 확인하는 호텔의 점검 활동은 평가비용을 발생시키게 되는 것이다.

(3) 내부실패비용(internal failure cost)

창출 과정에 있거나 창출이 완료된 상품 혹은 서비스가 품질 규격에 적합하지 못할 경우에 발생하는 비용을 실패비용이라고 한다. 다만, 실패의 발견이 상품 혹은 서비스가 고객에게 전달되기 이전에 이루어진 경우 즉, 사내에서 발견된 경우를 내부실패비용이라고 한다. 재작업, 폐기, 수정작업 등의 활동이 내부실패비용을 야기시키는 대표적인 비용 유발요인이다. 홈 쇼핑회사에서 고객주소의 입력이 잘못된 것을 발견하여 재입력하거나, 주문과 다른 상품을 포장한 것이 발견되어 재포장하는 일 등은 내부실패비용에 해당한다.

(4) 외부실패비용(external failure cost)

고객에게 제공된 상품이나 서비스가 품질 규격에 부적합하여 결과적으로 이를 정상적인 상태로 회복시켜주기 위해서 지불하는 비용을 외부실패비용이라고 한다. 리콜(recall), 보증수리 서비스, 반품, 기타 법률적인 책임에 따르는 비용 등이 이에 속한다. 가령, 결함이 있는 부품을 사용한 자동차에 대해 무상교체를 해주거나 불량식품 섭취에 따라 발생한 질환과 손해에 대해 배상금을 지불하는 것 등은 모두 외부실패비용이 된다. 최근에는 불량상품 혹은 서비스의 제공으로 인한 판매상실 혹은 고객에 대한 신용 상실과 같은 비가시적인 비용 등을 이에 포함시키기도 한다.

다음의 〈표 11.2〉는 각 품질비용 항목을 구성하는 구체적인 비용요소들과 소프트웨어 상품의 경우 가정할 수 있는 구체적 비용요소의 예를 나타내고 있다.

표 11.2 COQ모델의 비용항목과 소프트웨어 상품 비용요소

비용항목	비용요소	소프트웨어 상품 비용요소
예방	품질관리 및 프로세스 관리 설계 설계 및 개발관리 장비 품질계획수립 품질유지를 위한 생산장비의 보수 및 조정 테스트 및 검사장비의 보수 및 조정 공급업체 품질보증 관리, 감사 및 개선	스탭 훈련 / 요구사항 분석 초기 프로토타입 작성 결함 대응(fault-tolerant) 설계 방어(defensive) 프로그래밍 유용성 분석 / 명확한 설계규격 정확한 내부 설계문안 작성 (구매전) 개발도구의 신뢰성 평가 및 구매 상품의 다른 잠재적 구성요인에 대한 평가
평가	실험실 테스트 / 검사 및 테스트 프로세스상의 검사 검사 및 테스트를 위한 셋업 검사 및 테스트용 재료 상품품질 감사 테스트 및 검사자료의 검토 현장 성능 테스트 내부 테스트 및 사용 재료 및 예비부품 평가 자료처리, 검사 및 테스트 보고서	설계 검토 프로그램 코드 검사 glass-box 테스트[1)] black-box 테스트[2)] 검사자 훈련 / beta 테스트[3)] 테스트 자동화/ 유용성 테스트 고객 서비스 스탭에 의한 사전 테스트
내부실패	폐기 / 재작업 및 수리 고장수리, 결함분석 재검사, 재테스트 공급업체 실수에 의한 폐기 및 재작업 상품변경 허가 및 면허 / 품질등급 하락	결함수정 / regression 테스트[4)] 내부 사용시간 및 검사자 시간 낭비 프로그램 작성자 시간낭비 마케터 시간 및 광고낭비 지연 납품에 따른 직접 및 기회비용
외부실패	고객불만 상품서비스 및 책임 반품 혹은 리콜 반환자재 수리 보증수리 및 교체 고객신용 상실 판매상실	기술지원 요청처리 / update 상품 납품 문의사항 응답용 지원책자 발간 고객불만사항 조사 / 반환 및 리콜 임시 결함수정용 상품 코딩 및 검사 여러 버전의 상품지원을 위한 추가 비용 긍정적 평가유도를 위한 PR 비용 판매 및 고객신용 상실 판매촉진을 위한 거래점 할인 혜택부여 보증 및 책임 비용 / 정부기관 조사 및 벌과금 기타 법률에 의해 부과되는 모든 비용

자료: 일반적인 비용요소는 Tsai,W. (1998), "Quality Cost Measurement under Activity-Based Costing," *Int'l J. of Quality & Reliability Management*, Vol. 15, No. 7, pp. 719-752 에서 인용하였으며, 소프트웨어 상품관련 비용요소는 Kaner, C. (1996), "Quality Cost Analysis : Benefits and Risks," http://www.kaner.com/qualcost.htm.에서 인용하였음.

Note : 1) 프로그램 구조 검사 및 데스트 자료 도출을 위한 테스트
2) 프로그램 구조와는 상관없이 특정한 function의 요구사항으로부터 도출된 테스트 자료를 적용해 보는 것
3) 선정된 사용자를 대상으로 완결되지 않은 소프트웨어의 일부분을 테스트해 보도록 하는 것
4) 새로 추가된 모듈이 시스템에 장애를 가져오는지 확인하기 위해 기존의 소프트웨어 기능을 재검사하는 것

1.2 COQ 모델의 특징

COQ 모델이 제안하는 관리 비용은 품질을 변화시키는 원인 요소로서 이를 증가시키면 품질수준이 높아지게 된다. 반면에 관리실패 비용은 품질의 변화에 따른 결과 요소로서 품질수준이 저하되면 증가하게 되는 것이다.

그러나 이러한 COQ 모델의 비용항목 정의는 다소 혼동되는 부분도 없지 않다. 즉, COQ의 개념에 따르면 관리 비용을 무한히 늘려야 완벽한 품질 상태가 될 수 있겠지만, 이를 뒤집어 보면 완벽한 품질수준에 가까워지면 불필요하게 많은 관리비용이 필요하지 않을 수도 있기 때문이다. 이러한 개념적인 모호성은 COQ 모델이 가지는 한계로 작용하게 된다.

(1) 바람직한 COQ 비용구성

일반적으로 품질개선에 미치는 비용의 효과는 예방비용이 가장 크고, 그다음은 평가비용, 내부실패비용, 외부실패비용의 순으로 크다고 할 수 있다. 품질경영의 대가들이 공통적으로 주장하는 바에 따르면 예방비용에 지불한 단위비용은 7배의 실패(내부 및 외부) 비용 감축 효과가 있다고 한다. 실제로 한 실증적인 연구에 따르면 8센트의 예방비용 지출이 1달러의 실패비용 감축 효과를 가져온다고 한다(Superville과 Gupta, 2001). 따라서 서비스 품질비용의 총체적인 감축을 위해서 경영자가 관심을 두어야 하는 영역은 바로 불량서비스 발생의 예방 활동일 것이다.

예방 활동 다음으로 중요한 활동은 고객에게 상품이나 서비스가 전달되기 전에 불량의 상태를 감지하는 것이다. 불량상태의 감지는 조기에 이루어질수록 효과적이다. 일례로 Hewlett−Packard의 Richard Anderson은 이와 같은 불량상태의 조기 발견이 가지는 중요성을 다음과 같이 설명한 적이 있다:

> 불량인 레지스터를 사용하기 전에 발견하면 2센트밖에 손해보지 않지만, 모르고 이것을 컴퓨터 부품에 납땜한 후에 발견하면 10불의 수리비용이 든다. 만일 고객의 손에 넘어간 후에 문제를 발견하게 되면 수백 달러의 수리비용이 발생한다. 실제로 5,000불짜리 컴퓨터를 판매한 후에 문제가 있어서 고객을 방문하여 수리해 주려면 컴퓨터 제조비용보다도 많은 비용이 들 수도 있다(Roth와 Morse, 1983).

따라서 기업이 지불하는 바람직한 품질비용의 구성비율은 〈그림 11.1〉에서 보는 바와

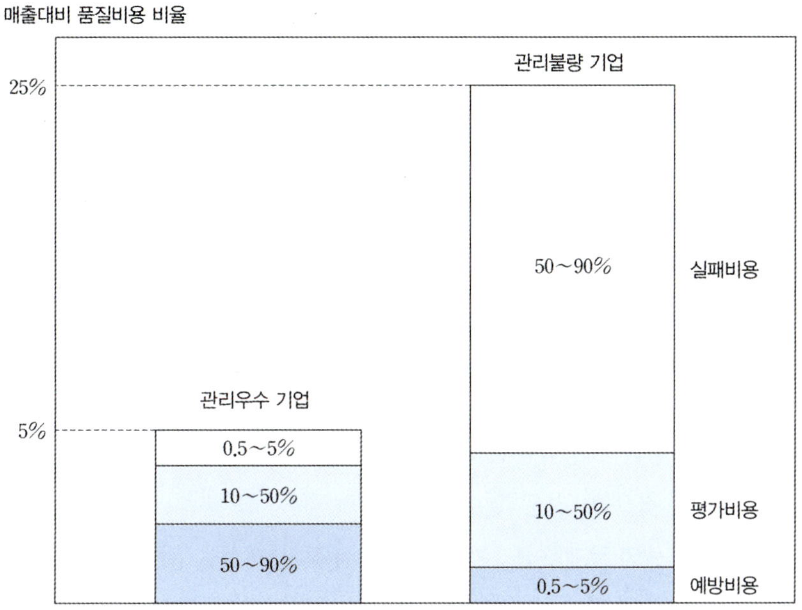

그림 11.1 품질관리 수준에 따른 비용 요소의 구성 비율 차이

자료: Superville, C.R. and Gupta, S. (2001), "Issues in Modeling, Monitoring and Managing Quality Costs," *The TQM Magazine*, Vol. 13, No. 6, pp. 419-423.

같이 예방비용(50−90%), 평가비용(10−50%), 실패비용(0.5−5%)의 순으로 이루어져야 한다. 품질관리가 잘 된 기업일수록 이러한 성향은 두드러지게 나타나며, 결과적으로 총 품질비용의 크기도 대폭 줄어들게 된다.

한 연구 결과에 따르면, 예방 활동이 잘 이루어지는 우수기업에서는 총 품질비용이 매출액의 5% 정도에 불과하지만, 대다수 기업에서는 이보다 5배나 많은 매출액의 25% 수준에 달한다고 한다(Shank와 Govindrajan, 1994). 실제로 Fortune 500의 기업 중에도 품질비용의 수준이 매출액의 10−30%에 달하는 경우가 많이 있다. 반면에 Xerox나 GE 혹은 Motorola 같은 경우는 성공적인 품질경영 프로그램의 실행을 통하여 기존에 매출액의 30%에 달하던 품질비용의 수준을 2% 수준으로 끌어내린 바 있다.

(2) COQ 모델의 한계

COQ 모델은 제조시스템의 상품 라인을 기반으로 작성된 비용개념이다. 따라서 제조부문의 경우 측정에 필요한 자료들이 회계시스템을 통해 대부분 사용 가능하고, 비교적 용이하게 실행될 수 있는 장점이 있다. 그러나 사무직 종사자나 서비스 창출 프로세스를 대상으로 필요한 자료를 수집한다는 것은 간단한 일이 아니다. 대부분 기업의 경우 이들을 대상으로 한 자료의 수집 활동이 거의 이루어지지 않기 때문이다. 또한 불량에 따라 결과적으로 발생하게 되는 비가시적인 비용의 측정도 미흡하다. 물론 최근의 COQ 모델이 사용하는 외부실패비용에는 이러한 비가시적 비용의 반영이 부분적으로 이루어지고 있지만 여전히 고객에게 전가되는 비용 부분이나 기업 내의 비가치부가적 활동에 따른 비용 부분에 대한 반영은 미진한 상태에 있다. 이러한 COQ 모델이 가지는 한계성을 정리하여 보면 다음과 같다(Tsai, 1998):

- **예방 활동 구분 문제:** 경영이 잘 이루어지고 있는 기업이 행하고 있는 모든 활동은 품질 문제의 발생을 예방하는 것과 관련되어 있기 때문에 어느 활동이 예방 활동인지를 결정하는 것은 어려운 일이다.
- **예방 활동 비용의 반영 문제:** 어느 기업이든지 품질의 개선을 위한 다양한 예방 활동을 수행하고 있지만 품질비용 보고서에는 전혀 반영되지 않는 경우도 있다.
- **예방비용의 중요성 비중 문제:** 실제적인 경험에 따르면 품질비용의 대폭적인 감축을 달성한 기업이라고 해서 반드시 예방비용을 대폭 증가시키지는 않았던 것으로 나타나고 있다.
- **비가시적 비용 문제:** 원래의 COQ 모델에는 "고객신용의 상실"이나 "판매상실"과 같은 비가시적인 품질비용의 반영이 이루어지지 않았다.
- **비용항목 분류 문제:** "설계검토" 비용과 같이 경우에 따라서는 적절하게 이를 특정한 비용항목으로 분류하는 것이 어려울 때가 있다(기능향상을 위한 검토는 예방 활동이지만 결함발견을 위한 검토는 평가활동이 된다).
- **비용감축 지향성 문제:** COQ 모델은 비용의 감축에 초점을 맞추기 때문에 개선된 품질이 가져오는 가격과 판매증대에 대한 긍정적인 기여 효과를 고려하지 못한다.
- **적정품질수준 개념 문제:** 관리 비용 증가가 가져오는 품질수준 향상 효과에 비해서 결과적으로 얻어지는 관리실패 비용의 감소 부분이 적을 경우가 발생할 수도 있기 때문에 총 품질비용은 적정한 품질수준에서 최적인 상태가 된다는 COQ 비용개념은 오늘날 품질경영의 개념에 적합하지 않다(구체적인 내용은 다음의 "3.1." 참조).
- **프로세스 비용 고려 문제** 오늘날 품질경영의 개념은 프로세스 개선에 초점을 맞추고 있으나 COQ의 비용항목은 프로세스 비용의 개념을 반영하지 못하고 있다.

2 PQC 모델

1950년대에 소개된 Feigenbaum의 COQ(품질비용)의 개념은 후에 몇몇 미국의 대기업들에도 도입이 되어 사용되기 시작하였다. 1960년대에 당시 IBM에서 Feigenbaum의 COQ 개념을 실행에 옮기는 일을 맡고 있던 H. James Harrington은 몇 가지 제약점을 발견하게 되었다. 즉, COQ 개념하에서는 지원 부서의 품질비용이나 외부에서 발생하는 고객의 품질비용을 직접적으로 다루지 못하게 되는 문제점을 발견한 것이다.

결국 IBM은 자신의 필요에 맞게 COQ의 개념을 확장해서 사용하게 되었으며, 이를 "Poor－Quality Cost"라고 명명하게 되었다. 당시에 IBM의 생각은 품질이 좋은 경우는 비용을 발생시키지 않기 때문에 "품질비용(cost of quality)"이라는 표현은 적절하지 못하다는 생각을 가지고 있었다. 따라서 품질이 "빈약(poor)"할 때만 회사에 비용을 발생시키게 된다는 의미로 PQC라는 용어를 사용하게 된 것이다. 이와 같이 초기의 PQC의 개념은 빈약한 품질 때문에 발생하는 산출의 오류를 찾아내고 이를 수정하는 비용에 주로 초점을 맞추었다.

1990년대에 들어서면서 BPI(business process improvement)와 ABC(activity based costing)의 방법론이 개발되면서 PQC의 초점도 상품이나 서비스를 창출하는 프로세스로 옮겨지게 되었고, 특히 비즈니스 프로세스에 내재된 비효과성이 가져오는 비용에 대해 관심을 가지게 되었다. 그 결과 오늘날에 사용하는 PQC의 개념은 초기의 IBM에서 정의한 개념을 보다 확대시켜서 비효율적인 비즈니스 프로세스나 판매기회의 상실로부터 야기되는 비용들까지도 포함시킨 포괄적인 의미로 사용되고 있다(Harrington, 1999).

2.1 PQC 비용항목의 구성

PQC는 종업원으로 하여금 직무를 올바르게 수행할 수 있도록 도와주기 위해 발생하는 모든 비용, 산출이 받아들여질 만한 것인지를 결정하는 비용, 마지막으로 산출이 상품규격이나 고객기대를 충족시키지 못했기 때문에 기업이나 고객에게 발생하게 되는 비용을 모두 포함하는 것으로 정의된다(Harrington, 1999). 일반적으로 PQC 개념에 따른 품질비용의 구성은 직접적인 PQC와 간접적인 PQC로 나누어진다. 빈약한 품질 때문에 기업에게 직접적이고 가시적으로 금전적 부담을 발생시키는 것을 직접적 PQC라고 하고, 빈약한 품질이 외부 고객에게 전달되어 고객에게 비용을 발생시킴과 동시에 기업에게 장기적으로 손실을 입히게 되는 비가시적인 비용을 간접적 PQC라고 한다. PQC의 비용항목 구성은 〈표 11.3〉과 같으며, 다음에서는 이를 항목별로 간단히 살펴보기로 한다:

표 11.3 PQC(Poor-Quality Cost) 개념에 의한 비용구성 항목

직접적 PQC(direct poor-quality cost):

A. 통제가능 PQC
- 예방비용
- 평가비용
- 비가치부가적 비용

B. 결과적 PQC
- 내부오류비용
- 외부오류비용

C. 장비 PQC

간접적 PQC(indirect poor-quality cost):

A. 고객귀속비용

B. 고객불만비용

C. 명성상실비용

D. 기회상실비용

(1) 직접적 PQC(direct poor-quality cost)

빈약한 품질 때문에 기업에서 부담하게 되는 직접적 비용항목들은 주로 COQ 개념에서 정의한 품질비용 항목들과 유사하다. 다만, 비용을 바라보는 기본적인 관점이 "빈약한 품질"로 인해 발생한다는 것에 두어지고 있다는 점이 다르다. 따라서 예방비용이나 평가비용 등도 소위 품질의 "관리를 위한 비용"이라는 긍정적인 의미의 비용으로서 인식하기보다는 품질이 우수하면 발생하지 않아도 될 부정적인 비용으로 인식하고 있다.

직접적 PQC 비용항목의 내용은 COQ의 내용과 유사하기 때문에 별도의 설명이 필요하지 않을 것으로 생각된다. 다만, 몇 가지 추가적인 내용 혹은 사용된 비용 명칭의 차이만을 중심으로 설명하면 다음과 같다:

- **결함(defects)이 아닌 오류(errors)의 사용**: COQ에서 사용하는 내부 혹은 외부실패는 주로 상품의 규격을 충족시키지 못하는 것 즉, 결함의 발생이 가져오는 비용의 개념을 의미한다. 그러나 사무직 종업원이나 서비스 산업 종업원의 작업 실패는 결함으

로써 정의되기보다는 오류로써 정의되는 것이 보다 적합할 것이다. 따라서 PQC의 비용항목에서는 주로 제조물의 결함을 의미하는 "실패"라는 용어 대신에 "오류"라는 용어를 사용하고 있다.

- **검사장비 비용의 구분**: COQ의 경우 검사장비 비용은 평가비용 항목의 세부 비용요소로서 사용되고 있으나 PQC의 경우는 이를 독립된 비용항목으로 구분하여 검사장비가 지원하는 전체 산출에 고르게 배분될 수 있도록 하였다.
- **비가치부가적 비용(non-value-added cost)의 사용**: 비즈니스 프로세스 중심의 품질비용의 개념을 사용한 것으로써 기업이 가진 핵심 프로세스를 중심으로 프로세스에 내재된 비효과성 유발활동으로 인한 비용발생 부분을 나타낸다. 즉, 상품이나 서비스의 가치를 창출하는 데에 전혀 기여하지 못하는 중복된 혹은 불필요한 활동들이 기업의 자원을 사용함으로써 발생하게 되는 비용 부분을 말하는 것이다.

(2) 간접적 PQC(indirect poor-quality cost)

간접적 PQC는 기업의 회계장부에 직접적으로 기록되진 않지만, 상품수명주기 동안 발생하는 비가시적인 비용의 개념으로 볼 수 있다. 간접적 PQC 비용항목들은 단기적인 수익성 지향성과 비용측정의 어려움 때문에 직접적인 비용항목들에 비하여 경영자가 관심하는 대상이 되지 못하였으나 품질이 가지는 전략적이고 장기적인 경쟁능력제고 효과를 인식하게 되면서 이에 대한 중요성 인식도 크게 높아지게 되었다.

- **고객귀속비용(customer-incurred cost)**: 품질의 불량으로 인해 고객에게 발생하는 비용을 말한다. 불량인 상품을 판매한 백화점이 가시적으로 부담하는 비용은 반환이나 반품 혹은 품질보증에 따른 외부실패비용이 될 것이다. 그러나 불량인 상품을 샀기 때문에 반품을 위해서 고객이 부담하게 되는 시간과 비용, 그리고 사용불가능 때문에 가지게 되는 불편함 등은 COQ에서 명시적으로 고려되지 못하는 중요한 비용요소일 것이다.
- **고객불만족비용(customer-dissatisfaction cost)**: 제공된 상품 혹은 서비스에 대해 고객이 불만족하기 때문에 발생하는 비용을 말한다. 불만족의 결과로 해당 상품이나 서비스에 대한 부정적인 태도를 가짐으로써 재구매하지 않거나 다른 고객의 선택에 부정적인 영향을 미치게 됨으로써 발생하는 비용이다.

• 명성상실비용(loss-of-reputation cost): 명성상실비용은 기업에 대한 불만족비용이라고 볼 수 있다. 고객불만족비용이 특정 상품 혹은 서비스 라인에 초점을 맞춘 고객의 부정적인 태도 때문에 발생하는 비용이라면 명성상실비용은 기업 자체에 대해 가지는 부정적인 태도로부터 발생하는 비용으로서 결과적으로 기업에서 제공하는 모든 상품 혹은 서비스 라인에 대해서 가지는 부정적인 태도 때문에 발생하는 비용을 말한다.
• 기회상실비용(lost-opportunity cost): 빈약한 품질로 인해 결과적으로 발생하는 판매기회상실 비용을 말한다. 고객이 경쟁기업으로 구매 대상을 바꿔버림에 따라서 발생하는 판매상실 부분을 의미하며 단기적인 혹은 일회성의 상실이 아닌 장기적인 상실의 부분을 나타낸다. 고객 한 명이 가지는 장기적인 수익성 가치에 초점을 맞춘 것으로써 가령 슈퍼마켓에서 고객을 한 명 잃으면 연간 12,000달러의 매출액과 400달러에 이르는 순이익을 상실한 것과 같다는 통계도 보고 된 바 있다(Harrington, 1999).

2.2 PQC 모델의 특징

여러 연구 결과에 따르면 사무직 종업원의 직접적 PQC의 수준은 사무직 종업원이 근무하는 부서에서 지출하는 전체 비용의 35-80%에 이르며, 간접적 PQC를 포함시킬 경우는 전체 PQC의 수준이 100%를 상회한다고 한다. 가령, Saab의 R&D 부서를 대상으로 실시한 한 연구에 따르면 전체 비용의 78%가 PQC에 해당하는 것으로 나타났으며, IBM의 경우도 회계기능 부서 비용의 63%는 PQC인 것으로 나타났다(Harrington, 1999).

이와 같이 비제조 업무 분야에서 발생하는 오류의 결과로 초래되는 막대한 비용과 손실을 명시적으로 고려한 것은 PQC 모델이 제공하는 가장 큰 특징이라고 볼 수 있다. 특히 장기적으로 기업에게 초래하게 되는 비가시적인 품질비용을 보다 명시적이고 포괄적으로 규정하고 있는 것은 품질의 전략적인 중요성을 강조하는 TQM의 측면에서도 바람직한 접근이라고 할 수 있다. 그러나 개념적인 합리성에도 불구하고 비가시적인 품질비용이 가지는 측정의 어려움은 PQC 모델의 일반적인 적용을 위해 여전히 개선해야 할 과제로 남아있다. 다만, 일부에서는 이를 해결하기 위해 다양한 시도를 하고 있으며, 이에 대해서는 다음의 "II. 서비스 품질비용의 측정"에서 살펴보기로 한다.

3 서비스 품질 수준과 비용의 변화

품질비용에 대한 개념적인 정의는 COQ 모델과 PQC 모델에 의해서 살펴본 바 있다. 각 개념이 가지는 품질비용에 대한 관점 차이는 품질수준의 변화에 따른 총 품질비용의 변화에 있어서도 유사하게 나타나고 있다. COQ 모델의 경우는 적절한 품질수준에서 총 품질비용이 최소화된다고 하는 적정품질수준의 존재를 전제로 하고 있으나, PQC 모델의 경우는 완벽한 품질수준이 달성되어야 총 품질비용의 수준이 최소화될 수 있다는 완전품질수준의 중요성을 강조하고 있다.

3.1 적정품질수준 모델

COQ 모델이 가정하는 비용항목은 품질이 실패하지 않도록 만들기 위한 비용과 품질의 실패로 나타나는 비용으로 구분해 볼 수 있다. 예방비용과 평가비용은 전자에 속하는 비용이고 내부실패비용과 외부실패비용은 후자에 속하는 비용이다. 앞서도 언급했던 바와 같이 실패란 상품 혹은 서비스의 규격을 충족시키지 못한 것을 나타내며, 이를 다른 표현으로는 규격에 적합하지 못한 상태, 즉 비적합성(nonconformance) 상태에 있다고도 한다. 따라서 실패비용을 비적합성비용이라고도 하는 것이다.

〈그림 11.2〉에서 볼 수 있는 바와 같이 비적합성비용은 품질수준이 높아지면 감소하게 되고, 품질수준이 낮아지면 증가하게 된다. 따라서 완벽한 품질수준(즉, 100% 적합성 품질수준)에 다다르게 되면 비적합성비용은 0이 된다.

반면에 상품과 서비스의 품질수준을 규격에 적합하게 유지하기 위해 기울이는 예방과 평가활동에 수반되는 비용은 적합성(conformance) 상태를 개선하기 위한 비용 즉, 적합성비용이라고 한다. 따라서 품질의 수준이 높아지기 위해서는 보다 많은 적합성비용이 지출이 요구되며, 그림에서 보는 바와 같이 완벽한 적합성 수준을 이루기 위해서는 급격하게 증가한 적합성비용의 지출이 요구된다.

따라서 비적합성비용과 적합성비용의 합으로 정의되는 총품질비용의 수준은 적정한 품질수준에서 최소화가 된다고 보는 것이 적정품질수준 모델의 개념이다. 즉, 적합성비용의 투입에 비해 적합성비용 투입의 품질개선 효과로 나타나는 비적합성비용의 감소부분이 작아질 경우는 오히려 총품질비용의 수준이 높아지기 때문에 바람직하지 않다고 보는 것이다.

그러나 적정품질수준의 개념은 다음과 같은 두 가지 중요한 문제점을 내포하고 있다:

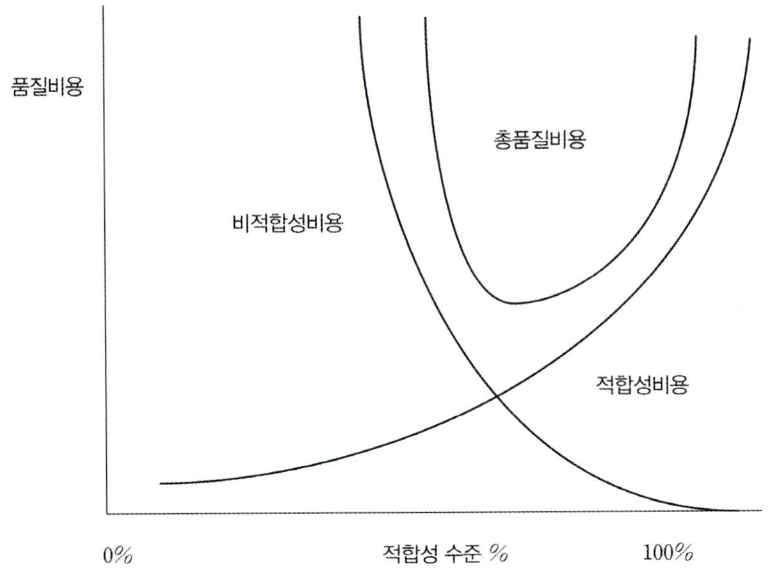

그림 11.2 적정품질수준 모델

자료: Juran, J.M. (1962), *Quality-Control Handbook*, 2nd ed., McGraw-Hill, New York, NY.

(1) 비가시적인 비적합성비용의 크기를 고려하지 못한다

품질의 비적합성이 가져오는 고객귀속비용, 고객불만족비용 등의 비가시적 비용들이 품질향상을 위한 예방노력이나 평가노력에 의해 급격하게 감소될 수 있음은 앞에서도 살펴본 바 있다. 따라서 단위 적합성비용 증가에 비해 비가시적비용 부분을 포함하는 단위비적합성비용의 감소 부분은 항상 크다고 보는 것이 타당할 것이다.

(2) 완벽한 품질달성을 위해서는 적합성비용의 급격한 증가가 요구된다고 가정한다

그러나 품질이 수준이 매우 높아지면 상대적으로 적합성 비용 특히 평가비용의 지출요구가 상대적으로 줄어들 수 있다. 적극적인 예방노력을 통해 우수한 자재를 공급하는 공급업체를 개발한 경우 구매하는 자재의 품질검사를 위해 별도의 노력을 기울이지 않아도 되는 것은 좋은 예가 될 것이다. 따라서 품질수준이 높아지기 위해 적합성비용이 급격히 증가하는 패턴을 보인다는 적정품질수준의 개념에는 제약성이 있는 것이다.

3.2 완전품질수준 모델

적정품질수준 모델이 가지는 제약성을 해결하기 위해서 Wolf와 Bechert(1994)는 〈그림 11.3〉과 같은 적합성품질 수준과 품질비용의 관계를 나타내는 모델을 제시하였다. 그림에서 보는 바와 같이 총품질비용은 완벽한 품질수준에 다다를 때 최소화되며, 완벽한 품질수준에 다다를지라도 적정품질수준 모델과 달리 비적합성비용이 0이 되지는 않는다고 하였다. 상품이나 서비스의 제공자가 생각하는 적합성과 고객이 지각하는 적합성이 차이가 있을 경우 이러한 결과를 가져올 수 있을 것이다.

그림에서 보면 적합성비용의 증가가 매우 완만하게 그려지고 있음을 알 수 있다. 예방활동의 증가로 인해 상품이나 서비스 품질수준을 변동시키는 요인들이 제거되면 적합성비용이 오른쪽 아래로 이동하는 현상을 보이기 때문이다. 이는 비적합성비용의 경우도 마찬가지다. 따라서 품질향상과 더불어 두 비용 발생의 수준이 대폭 둔화되는 현상(오른쪽 아래로 이동)이 일어나게 되며 결과적으로 총 품질비용이 최소화되는 최적품질 수준도 오른쪽으로 이동하게 된다. 따라서 총 품질비용의 수준은 완벽한 품질수준 즉, 100% 적합성품질을 달성할 때 이루어지게 된다. 이러한 Wolf와 Bechert 모델의 가정은 후에 Wasserman과 Lindland(1996－1997)의 연구에 의해서도 관찰된 바 있다.

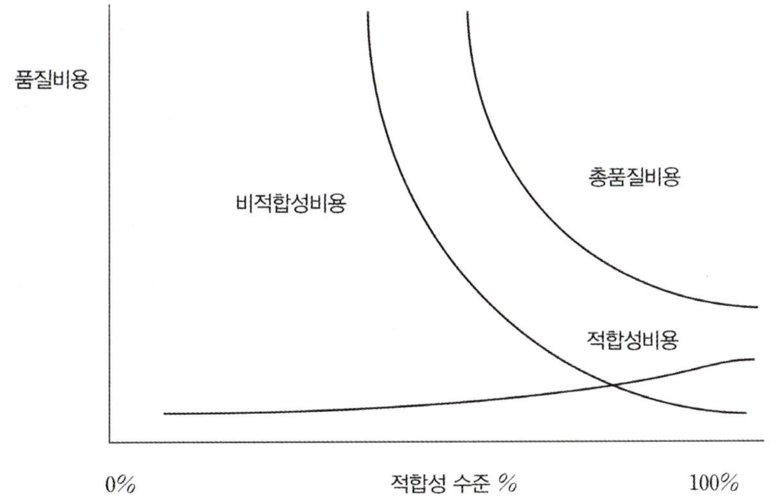

그림 11.3 완전품질수준 모델

자료: Wolf, C. and Bechert, J. (1994), "Justifying Prevention and Appraisal Quality Expenditures: A Benefit/Cost Decision Model," *Quality Engineering*, Vol. 7. No. 1, pp. 59-70.

완전품질수준 모델은 특히 비적합성비용에서 차지하는 비가시적인 품질비용의 중요성을 감안할 때 품질수준과 비용의 관계를 설명하는 보다 타당한 개념이라고 볼 수 있다. 특히 PQC에 의한 품질비용의 개념을 따를 경우 품질수준이 완벽할 때 결과적으로 빈약한 품질로 인해 발생하는 품질비용이 최소화될 수 있다. 따라서 완벽한 품질수준에서 총품질비용이 최소화된다는 완전품질수준 모델은 보다 현실적인 의미의 품질비용 개념에도 적합한 것이라고 볼 수 있을 것이다.

Ⅱ 서비스 품질비용의 측정

1 직접적 품질비용 측정

1.1 ABC 기법

직접적 품질비용의 합리적인 측정을 위해서는 활동기준원가계산(ABC; activity-based costing) 기법을 사용할 수 있다. 본래 ABC 기법은 상품별 제조원가의 합리적인 산출을 목적으로 개발된 기법이다. 전통적인 제조원가 산출기법은 상품별로 할당되는 제조간접비용의 수준을 상품별 생산수량에 따라 결정하고 있다. 즉, 많이 생산된 상품에 보다 많은 제조간접비를 배분하는 것이다. 물론 생산수량이 많으면 생산설비 사용시간이 많은 것이 사실이나 생산수량이 많다고 해서 설비 셋업의 횟수가 많다거나 생산계획 소요시간이 많이 드는 것은 아니다. 즉, 생산수량이 사용하는 제조간접비의 수준을 정확하게 반영하고 있지는 않다는 것이다.

예전의 생산시스템처럼 제조간접비의 비중이 크지 않을 경우는 이러한 부정확성이 별로 문제가 되지 않을 수도 있다. 그러나 자동화 생산 및 관리 시스템 등과 같이 고가의 설비투자를 필요로 하는 오늘날의 생산시스템의 경우는 제조간접비의 비중이 매우 크기 때문에 제조간접비의 비합리적인 배분은 상품의 수익성기여도를 왜곡시킬 위험성이 높다. 생산효율성이 높은 상품라인에 대해 단순히 생산수량이 높다는 이유만으로 제조간접비의 부담을 높이게 되면 결과적으로 수익성이 떨어지는 상품라인으로 만들 수 있기 때문이다. 초기의 ABC는 이러한 제조간접비 배분의 합리성을 높이기 위해 간접비용을 실제로 소비하는 생산활동들이 무엇인지 규명하고, 상품별로 이러한 활동의 사용 수준을 측정하여 합리적으로 비용을 배분하는 방식에 초점을 두었다.

ABC의 모델은 2가지 차원에서 살펴볼 수 있다(〈그림 11.4〉 참조). 첫 번째는 비용할당 차원의 모델(cost assignment view)로서 원가대상(cost objects)(즉, 상품, 상품라인, 고객 등의 원가계산의 대상)은 활동의 필요성을 만들어 내게 되고, 각 활동은 자원 사용의 필요성을 만들어 내게 된다는 관점에서 보는 것이다. 이 모델의 경우는 먼저 각 자원의 비용(노무비, 설비비 등)을 자원유발요인(resource drivers)의 크기에 따라서 활동에 배분한 후, 각 활동비용을 활동유발요인(activity drivers)의 크기에 따라서 원가대상에 배분하는 방식을 취하게 된다. 주로 합리적인 원가계산을 목적으로 사용되는 모델이다.

두 번째는 프로세스 차원의 모델(process view)로서 원가유발요인(cost drivers), 활동 및 성과측정치의 세 요소로 구성되어 있다. 원가유발요인은 활동 수행에 필요한 작업량과 노력의 크기를 결정하는 요소로서 활동의 비용을 결정하게 된다. 가령 설계 오류는 설계 활동비용을 결정하는 중요한 원가유발요인이 될 것이다. 성과측정치는 활동이 달성한 결과를 평가하기 위해 사용한다. 주로 관리적인 측면의 프로세스와 활동의 개선을 위해

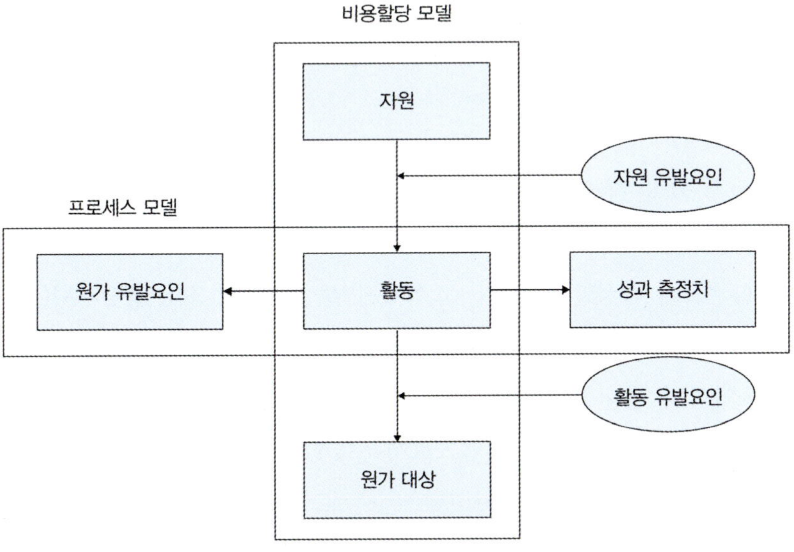

그림 11.4 ABC모델의 두 차원

자료: Turney, P.B.B. (1991), *Common Cents : The* ABC *Performance Breakthrough- How to Succeed with Activity-Based Costing*, Cost Technology, Hillsboro, Oregon.

사용하는 모델이다.

ABC를 사용한 직접적 품질비용의 측정과정은 본 장의 "보충" 부분에 자세하게 소개되어 있다.

1.2 ABM

ABC 기법을 특히 비즈니스 개선을 위해 사용하는 체계를 활동기준경영(ABM; Activity－Based Management)이라고 한다. ABM은 고객이 받게 되는 가치와 이러한 가치제공 통해 실현되는 이익을 향상시키기 위한 수단으로서 활동의 경영에 초점을 맞추고 있다. ABM은 다양한 분석을 통해 ABC로부터 얻어진 비용정보와 비재무적 혹은 운영 측면의 정보를 활용한다. 예를 들어 ABM은 ABC의 비용할당 모델이 제공하는 활동과 상품, 고객 및 기타 원가대상에 대한 비용정보를 사용하여 가격책정, 상품혼합, 고객수익성 분석 등과 같은 전략적 의사결정을 위한 분석을 행하게 된다. 아울러 이러한 비용정보들은 활동기준 예산계획수립, 라이프 사이클 원가계산, 목표원가계산을 위한 자료로도 활용된다. 또한 ABM은 ABC의 프로세스 모델이 제공하는 정보를 바탕으로 원가감축, 다운사이징, 프로세스/품질개선, 벤치마킹, 리엔지니어링 및 TQM의 활동들을 지원하게 된다.

2 간접적 품질비용 측정

주로 비가시적 품질비용을 나타내는 간접적 품질비용 구성항목 중에서 고객귀속비용은 자사에서 제공한 빈약한 품질의 상품 혹은 서비스로 인해 고객의 장소에서 발생하는 비용을 산출함으로써 측정할 수 있다. 고객에게 발생하는 비용의 상당 부분은 내부실패 혹은 오류비용과 유사한 비용요소로 구성되어 있기 때문에 다른 간접적 품질비용에 비해서 측정의 용이성이 상대적으로 높다고 할 수 있다.

간접적 품질비용에 대한 측정 방법으로서는 QFD 정보를 활용하여 제시한 Moen의 측정 방법을 소개해 볼 수 있다. Moen(1988)은 주로 고객불만족비용, 명성상실비용, 기회상실비용을 중심으로 간접적 PQC의 크기를 측정할 것을 제안하였다. Moen이 제안한 간접적 PQC의 측정 목적은 정확한 간접적 PQC의 크기를 산출하기보다는 간접적 PQC의 수준을 효과적으로 관리하기 위한 추정치 산출에 보다 의미를 두고 있다.

Moen의 간접적 품질비용의 측정 과정은 다음과 같이 5단계로 구성된다:

(1) 단계 1: 단위상품의 간접적 품질비용추정치(C_{tot})를 구한다.

C_{tot} =상품수익 상실비용 + 잠재수익 상실비용 + 기타 상품수익 상실비용

단, * **상품수익 상실비용**은 상품에 대한 불만족 때문에 고객을 상실함으로써 발생하는 비용으로서 고객의 재구매의도와 일정 기간동안의 평균구매 횟수를 반영하여 결정한다.

* **잠재수익 상실비용**은 불만족한 고객이 다른 잠재고객에게 구매하지 말 것을 권유함으로써 발생하는 수익상실 부분을 말한다.

* **기타 상품수익 상실비용**은 불만족한 상품 때문에 다른 상품까지도 구매하지 않게 됨에 따라서 발생하는 수익상실비용을 말한다. 주로 상품혼합의 구성이나 유사성에 따라 영향을 받게 된다.

(2) 단계 2: 성과지수(P_i)를 구한다.

성과지수는 QFD에서 사용하는 상품 혹은 서비스에 대한 고객의 요구사항별 주요 경쟁회사에 대한 평가치와 우리 회사의 평가치의 차이로 나타낸다. 다음의 〈표 11.4〉에 예시된 자료를 보면 고객의 요구사항에 대해 5점 척도(5점=매우 우수함)로 평가한 자료가 주어져 있다. 고객의 경쟁회사에 대한 평가치가 우리 회사보다 높을 경우는 P_i값이 (+)가 되고 낮을 경우는 (−)가 된다.

(3) 단계 3: 비용지수(CI_i)를 구한다.

$CI_i = I_i \times P_i$로 산출한다. 단, I_i =고객의 요구사항별 중요성 평가 정도를 나타낸다. 또한 P_i값이 음(−)일 경우는 해당 고객의 요구사항에 대한 우리 회사의 평가 수준이 더 높기 때문에 이로 인한 품질비용의 발생은 없는 것(즉, $CI_i = 0$)으로 가정한다.

(4) 단계 4: 손실요소(f_{loss})를 계산한다.

$$f_{loss} = \frac{C_{tot}}{CI_{\max}} = C$$

$CI_{i,\max} = I_i \times 5$(단, 고객 평가척도가 5.0일 경우)로 정의하며, 경쟁회사에 비해 요구사항 i에 대한 고객의 평가가 가장 나쁠 때(즉, 경쟁회사=5, 우리회사=0)의 비용지수를 나타낸다. 따라서 $CI_{i,\max}$의 합으로 정의되는 $CI_{\max}$는 최악의 경우에 발생하는 최대비용지수의 크기를 나타낸다. 결과적으로 손실요소(f_{loss})는 단위 비용지수가 발생시키는 간접적 PQC의 크기를 나타낸다고 볼 수 있다.

(5) 단계 5: 단위상품의 기대손실($E(L)$)을 산출한다.

$$E(L) = f_{loss} \times \sum_{i=1}^{n} CI_i$$

만일 C_{tot} =40,000원으로 추정될 경우 다음의 〈표 11.4〉에 제시된 자료를 바탕으로 $E(L)$를 계산해 보면 다음과 같다:

$$f_{loss} = \frac{40,000}{5 \times 27.8} = 288$$

따라서 $E(L)$ =288×20.15=5,803원이 된다. 즉, 현재 품질수준의 상품 한 단위로부터 예상되는 연간 간접적 품질비용의 크기는 5,803원이라는 의미이다.

표 11.4 QFD에 의한 고객평가 자료

고객의 요구사항	중요성 I_i	고객의 평가 0 1 2 3 4 5	성과 P_i =경쟁회사 −우리회사	비용지수1) $CI_i = I_j \times P_i$
신속한 배달	3.3	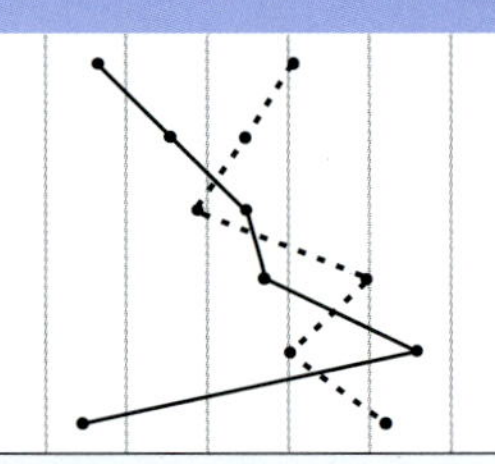	2.1	6.93
저렴한 가격	5.2		1.1	5.72
신뢰성	7.8		−0.5	0.00
멋진 색상	2.0		1.5	3.00
사용편의성	8.0		−1.5	0.00
작은 크기	1.5		3.0	4.50
합계	ΣI_i =27.8	우리회사 ——— 경쟁회사 ·········		ΣCI_i =20.15

1) 단, CI_i 값이 음(−)일 경우 CI_i =0으로 처리함.

Ⅲ 서비스 생산성

1 서비스 생산성의 정의

생산성(productivity)이란 대량생산을 위주로 하는 제조 프로세스의 성과측정을 위한 개념으로써 개발된 것이기 때문에 그 중요성에도 불구하고 서비스 경영 프로세스의 성과를 측정하는 목적으로는 활발하게 사용되지 못하였다. 또한 서비스가 가지는 비가시성, 생산과 소비의 동시성이라는 특징은 제조와 달리 보다 통합적인 측면의 생산성 개념을 사용할 수밖에 없는 한계를 낳고 있다.

제조의 경우는 규격에 적합하게 만들어진 상품의 수량이 산출 수량을 결정하는 주요 요소가 된다. 최종적으로 만들어진 상품의 규격이 적합하면 고객에게 전달되는 품질의 수준이 높은 것으로 평가될 수 있기 때문이다. 그러나 서비스의 경우는 결과적으로 제공된 서비스 내용이 규격에 적합하다고 해서 고객에게 전달된 서비스 품질수준이 높다고 할 수는 없다. 서비스 전달 프로세스에서 이루어지는 고객의 경험도 서비스 품질수준을 결정하는 중요한 요소로 작용하기 때문이다. 따라서 서비스 산출의 합리적인 측정을 위해서는 서비스의 품질특성도 고려할 필요가 있다. 그런 점에서 단순히 서비스 매출 규모나 서비스 제공회수 등과 같이 계량화가 가능한 산출만을 사용하여 평가한 서비스 측정치는 고객이 실제로 지각하는 서비스 산출의 수준을 효과적으로 반영하지 못한다고 볼 수 있다.

제조 부문과 달리 서비스 부문의 생산성과 관련해서는 구체적으로 어떠한 측정 절차와 방법을 사용해야 하는지에 대한 통일적인 의견이 존재하지 않는다. 이는 본질적으로 서비스가 가지는 비가시성으로부터 기인한다고 볼 수 있다. 즉, 비가시적인 서비스의 산출을 어떻게 정의하고 측정할 것인지에 대해서 학자마다 다른 주관적인 생각을 가질 수 있기 때문이다. 한편 Vuorinen 등(1988)은 서비스 생산성의 구체적인 측정 방안에 대해 정의를 내리고, 사례로써 Finland의 대형 보험회사인 Pohjola Insurance Group을 대상으로 서비스 생산성 측정 방안을 제시한 바 있다. 이들의 정의에 따르면, 서비스 생산성이란 "서비스 조직이 고객의 기대를 충족시켜 줄 수 있는 품질수준의 서비스를 제공할 수 있도록 조직이 가진 투입물을 사용하는 능력"을 말한다.

즉, 서비스 부문 생산성에 대해 단순히 산출 수량만을 위주로 정의하는 제조 부문 생산성과 달리 서비스가 가지는 수량 특성과 품질특성의 불가분성을 반영하여 정의하고 있는 것이다. 이는 서비스 프로세스가 가지는 서비스 품질과 전통적인 생산성에 미치는 동시적인 영향을 반영하여 정의하고 있는 것으로 이해할 수도 있다. 서비스 생산성의 개념을 수식으로 표현하면 다음과 같다:

$$\text{서비스 생산성} = \frac{\text{산출 수량} + \text{산출 품질}}{\text{투입 수량} + \text{투입 품질}}$$

2 서비스 생산성의 구성요소

서비스 생산성은 제조 부문에서 전통적으로 사용하고 있는 수량적인 구성요소와 더불어 품질측면의 구성요소를 함께 가지고 있다. 〈그림 11.5〉에서 보는 바와 같이 서비스 생산성의 수량적인 투입 측면의 구성요소는 소위 생산 자원이라고 부르는 노동력과 원재료 및 자본의 투입량을 나타내며, 본질적으로 제조 부문에서 사용하는 투입 자원의 개념과 크게 다르지 않다. 수량적인 산출 측면의 구성요소도 제조 부문의 경우와 마찬가지로 서비스의 제공 수량으로 나타낼 수 있다.

제조 부문과 달리 추가적으로 고려되는 구성요소는 품질측면의 투입과 산출 구성요소

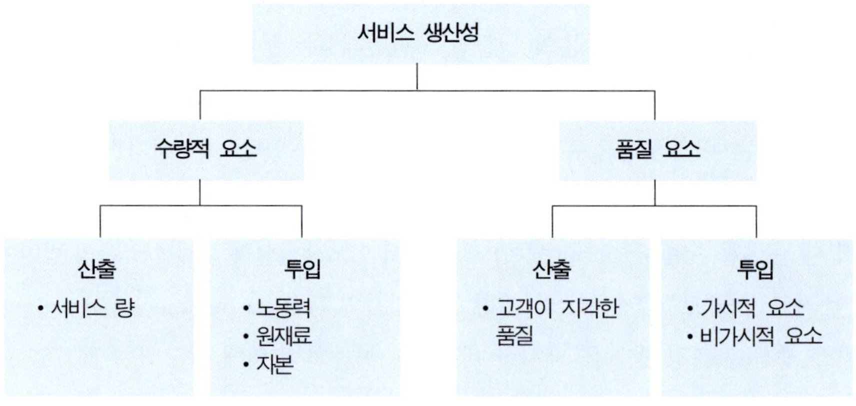

그림 11.5 서비스 생산성 구성요소

이다. 이는 서비스가 가지는 생산과 소비의 동시성을 반영한 요소라 할 수 있다. 산출 측면의 품질요소는 고객이 지각하는 서비스의 질적 수준을 나타낸다. 투입 측면의 품질 요소는 가시적인 요소와 비가시적인 요소로 구분할 수 있다. 가시적인 요소는 서비스 제공 환경을 구성하는 물리적인 속성을 주로 나타내며, 비가시적인 요소는 서비스 제공자에 의해서 구현되는 감각적인 속성들을 주로 나타내게 된다.

2.1 수량측면의 생산성 구성요소

(1) 수량적 투입요소

투입 측면의 수량적인 생산성 구성요소는 제조 부문의 투입요소와 같고 주로 재료와 노동력 및 자본의 투입량을 의미한다. 대부분의 서비스 부문 노동생산성은 상대적으로 높은 노동집약도 때문에 제조 부문에 비해 낮은 수준에 머무르게 된다. 따라서 자동입출금기나 자동세차기 등과 같이 노동력을 절약하기 위한 새로운 자동화 기술의 도입에 매우 적극적인 자세를 보이게 된다. 그러나 이러한 노동력의 절약은 자동화 기술 도입에 투입한 막대한 자본으로 이루어진 것이라 할 수 있다. 따라서 수량측면의 서비스 생산성의 평가는 노동생산성과 같은 부분적인 투입요소들의 생산성에 의존하기보다는 모든 투입요소의 생산성을 의미하는 총 생산성(total productivity) 측면에 초점을 맞추는 것이 바람직할 것이다.

(2) 수량적 산출요소

산출 측면의 수량적인 생산성 구성요소도 투입과 마찬가지로 단순한 것처럼 보여질 수도 있다. 즉, 제공된 서비스의 횟수나 양으로 측정하면 될 것으로 보여지기 때문이다. 물론 서비스의 내용이 표준화 되어있고, 단일한 경우는 쉽게 제공된 서비스의 수량적 크기를 계산할 수 있다. 그러나 본질적으로 고객이 요구하는 서비스란 고객 개인의 특성에 맞게 제공되어야 하는 것이 일반적이다. 즉, 고객화의 요구 정도가 매우 높은 것이다. 특히 서비스가 가지는 비가시적인 산출구성요소의 측면은 단순하게 제공된 서비스의 수량을 획일적으로 계산하기가 더욱 어렵게 만든다.

(3) 시간적 변동성

수량적인 특성만을 고려하여 측정하는 서비스 생산성의 개념에 초점을 맞추어 볼 때도 제조 부문의 경우와는 다른 측정의 어려움이 있다. 그것은 서비스의 저장불가능성에서 기인하는 것이다. 제조 부문과 달리 변화하는 재고를 가지고 변화하는 수요에 대응하기가 불가능한 서비스 부문의 특성은 시간에 따라 생산성의 크기가 크게 변동하는 불안정한 모습을 나타내게 된다. 동일한 노동력과 재료 및 자본을 가진 서비스 시스템이라 하더라도 상대적으로 수요가 많은 시간 혹은 기간에는 산출의 증가로 생산성의 수준이 높아지지만 수요가 적은 경우에는 산출의 감소로 생산성의 수준이 낮아지게 된다.

다음의 〈표 11.5〉는 Vuorinen등(1988)이 Pohjola 보험회사의 사례연구에서 제시한 수량적 측면의 생산성 구성요소를 나타내고 있다. 보험회사의 주요 수량적 산출은 보험서비스 판매량과 다양한 보험서비스 제공 능력에 의해 결정된다. 다양한 보험서비스의 개발 능력은 기존 혹은 새로운 고객을 끌어들여 보험 판매량을 확대시키는 결과를 가져온다.

노동력 투입은 보험회사 운영비용의 상당 부분을 차지하는 중요한 투입 요소이다. 따라서 노동력의 합리적 관리를 위해 투입되는 유능한 종업원 선발노력, 직무능력 개발을 위한 직무순환 및 직무기술서 개선노력, 작업 프로세스 리엔지니어링 노력, 초과근무 유발요인 분석노력 등도 중요한 노동력 투입 요소로 고려될 필요가 있다.

자본 투입의 주요 구성요소는 주로 서비스 창출의 신속화와 자동화에 투입되는 노력들로 구성된다. 다양한 보험서비스 및 고객관리를 위해 사용되는 하드웨어 및 소프트웨어 투자비용이나 웹 사이트를 활용한 고객서비스 제공노력은 대표적인 자본 투입 요소이다.

표 11.5 보험회사의 수량측면 서비스 생산성 구성요소

수량적 서비스 생산성 구성요소		
서비스 산출 수량	노동력 투입	자본 투입
서비스 규모 서비스 종류 시장점유율 고객 세분화 정도	노동력 투입량 선발 직무순환 직무명세 서비스 프로세스 리엔지니어링 오류 방지 초과근무	정보기술 전자정보처리 채널 자동 보험증서 발행기 본사와 사무소 간 네트워크 원격근무 시설

2.2 품질측면의 생산성 구성요소

(1) 품질측면 산출요소

기본적인 제조 부문의 품질 개념은 설계규격에 대한 적합성이라는 객관적인 품질 속성으로 측정이 가능하다. 그러나 서비스 부문의 품질은 고객이 지각하는 바에 따르는 다분히 주관적인 품질 속성에 의해 측정이 이루어지게 된다. 따라서 품질측면의 서비스 산출은 "고객이 지각하는 서비스 품질수준"으로 측정해 볼 수 있다.

(2) 품질측면 투입요소

고객들이 서비스를 구매할 때 일부 가시적인 투입요소에 의해 좌우되는 경우도 많이 있다. 현대식 빌딩의 구조나 화려한 인테리어 디자인, 최신의 서비스 시설 등의 물적인 요소들이 고객의 서비스에 대한 신념이나 태도 혹은 만족감에 영향을 미치며, 고객으로 하여금 서비스에 대해 "좋은 평"을 내리게 만들기 때문이다(Zeithaml과 Bitner, 1996).

비가시적인 투입요소의 핵심은 서비스 제공자로부터 발생한다. 고객의 눈에 비치는 서비스 제공자는 그 자체로 서비스이면서, 서비스 회사이기도 하고, 서비스 마케터이기도 한 것이다. 서비스 제공자가 수행하는 서비스 방식으로부터 나타나는 결과 그 자체가 본질적으로 고객에게 제공되는 서비스 품질을 나타낸다. 따라서 올바른 서비스 종업원을 선발하고, 교육하고, 훈련시키며, 동기부여하는 일은 비가시적 측면의 주요 투입 요소들이 되는 것이다. 또한 종업원의 만족수준도 고객만족 수준을 결정하는 중요한 요소가 된다. 경우에 따라서는 셀프-서비스 점과 같이 고객을 서비스 프로세스에 참여시켜서 서비스 생산성을 향상시키기도 한다. 아울러 서비스 문화도 중요한 비가시적 투입 요소에 속한다. 고객이 생각하는 서비스 기업의 명성이나 이미지 등은 중요한 비가시적 투입요소이다.

〈표 11.6〉은 Pohjola 보험회사의 품질측면 생산성 구성요소를 나타낸다. Pohjola 보험회사의 경우 서비스 품질은 곧 고객만족에 의해 결정된다고 인식한다. 보험 서비스의 표준화 정도나 비표준화된 서비스의 고객 요구사항 처리 수준도 품질측면의 산출 요소가 된다. 웹 등을 통한 고객의 직접적인 보험기록 유지 가능성도 주요 산출 구성요소가 된다.

품질측면의 비가시적인 투입요소는 고객에게 만족스러운 서비스를 제공할 수 있는

표 11.6 보험회사의 품질측면 서비스 생산성 구성요소

품질측면의 서비스 생산성 구성요소		
서비스 산출 품질	비가시적 투입	가시적 투입
고객만족 고객대면 및 서비스 서비스 표준화 서비스 접근소요시간 고객의 서비스 공동창출 정확한 보험등록 기업의 이미지	종업원만족 전문성 및 기술 성과평가 기준 종업원 선발 및 재훈련 종업원 개발 프로그램 팀웍 조직구조 기업문화 IT백업, 고장 및 시스템 오류	사무실 위치 사무실 인테리어

종업원 능력개발 노력에 치중되어 있다. 종업원의 개발과 훈련, 동기부여, 만족감 부여, 팀워크 구축 등을 위한 노력이 중요한 투입요소이다. 아울러 정보기술(IT)의 지원을 통한 서비스 품질개선노력도 중요한 투입요소가 된다. 중요한 고객자료에 대한 백업노력, 시스템의 안전한 운영노력 등이 구체적인 투입요소이다. 가시적인 투입요소로는 보험지점 사무실의 위치와 사무실 내의 인테리어 디자인이 중요한 요소가 된다.

참고문헌

Harrington, H.J. (1999), "Performance Improvement : A Total Poor−Quality Cost System," *The TQM Magazine*, Vol. 11, No. 4, pp. 221−230.

Juran, J.M. (1962), *Quality−Control Handbook*, 2nd ed., McGraw−Hill, New York, N.Y.

Kaner, C. (1996), "Quality Cost Analysis : Benefits and Risks," http://www.kaner.com/qualcost.*htm*.

Moen, R.M. (1998), "New Quality Cost Model Used as A Top Management Tool," *The TQM Magazine*, Vol. 10, No. 5, pp. 334−341.

Roth, P.H. and Morse, W.J. (1983), "Let's Help Measure and Report Quality Costs," *Management Accounting*, April, pp. 226−229.

Shank, J.K. and Govindrajan, V. (1994), "Measuring The Cost of Quality : A Strategic Cost Management Perspective," *Journal of Cost Management*, Summer, pp. 5−17.

Superville, C.R. and Gupta, S. (2001), "Issues in Modeling, Monitoring and Managing Quality Costs," *The TQM Magazine*, Vol. 13, No. 6, pp. 419−423.

Tsai, W. (1998), "Quality Cost Measurement under Activity−Based Costing," *Int'l J. of Quality & Reliability Management*, Vol. 15, No. 7, pp. 719−752.

Turney, P.B.B. (1991), *Common Cents : The ABC Performance Breakthrough-How to Succeed with Activity−Based Costing*, Cost Technology, Hillsboro, Oregon.

Vuorinen, I., Järvinen, R., and Lehtinen, U.(1998), "Content and measurement of productivity in the service sector: a conceptual analysis with an illustrative case from the insurance business," *International Journal of Service Industry Management*, Vol. 9, No. 4, pp. 377−396.

Wasserman, G.S. and Lindland, J.L. (1996−1997), "A Case Study Illustrating The Existance of Dynamics in Traditional Cost−of−Quality Models," *Quality Engineering*, Vol. 9. No. 1, pp. 119−128.

Wolf, C. and Bechert, J. (1994), "Justifying Prevention and Appraisal Quality

Expenditures : A Benefit/Cost Decision Model," *Quality Engineering*, Vol. 7. No. 1, pp. 59−70.

Zeithal, V.A. and Bitner, M.J. (1996), *Service Marketing*, Singapore.

보충

ABC에 의한 직접적 품질비용 측정

다음에서는 ABC의 비용할당 모델을 중심으로 직접적 품질비용의 산출 방법을 살펴보기로 한다. 산출 방법을 설명하기 위해서 먼저 다음의 〈표－A〉와 같은 가상적인 서비스 시스템을 사례로 사용하기로 한다. 다음의 가상 헤어숍은 3명의 헤어 디자이너와 1명의 보조 디자이너를 고용하여 헤어 컷과 파마의 2가지 서비스 상품을 제공하고 있다. 헤어숍에서 이루어지는 서비스 활동은 고객영접/요금수납, 헤어스타일링 등 모두 8가지이다. 각 활동이 가지는 세부적인 특성과 활동 유발요인에 관한 정보는 〈표－B〉에 제시되어 있다.

표에서 보는 바와 같이 품질비용과 직접적으로 관련되는 활동은 스타일 검사, 스타일 조정, 스타일 재조정, 헤어 설비보수/유지 등이다. 스타일 검사는 헤어스타일이 잘 만들어졌는지를 확인하는 활동으로서 평가비용 항목에 속하게 된다. 헤어 디자이너가 고객의 헤어스타일을 적합하게 다시 다듬는 스타일 조정은 내부실패비용을 유발하는 활동이며, 고객이 불만족해서 추후에 이뤄지는 재조정은 외부실패비용이라고 할 수 있다. 마지막으로 헤어 설비보수 및 유지는 헤어 서비스의 안정적인 제공을 위해 이루어지는 예방비용 유발활동으로 볼 수 있다.

표－A ABC품질비용 산출을 위한 가상 헤어숍의 현황

서비스 상품 종류	: 헤어컷, 파마
서비스 종업원 수	: 헤어 디자이너 － 3명, 보조 디자이너－ 1명
시간당 임금	: 헤어 디자이너 － 12,000원/시간 보조 디자이너 － 5,000원 /시간
근무시간	: 8시간/일, 25일/월 (총 200시간/월)
서비스 제공회수	: 헤어컷 － 1,200명/월, 파마 － 200명/월
서비스 활동	: 고객영접/요금수납, 헤어스타일링, 스타일 검사, 스타일 조정, 스타일 재조정, 샴푸/드라잉, 헤어 설비보수/유지, 헤어용품 관리
헤어 설비 대수	: 3대
헤어 설비사용비용	: 15,000원/시간

표－B 가상 헤어숍의 서비스 활동관련 정보

활동	요구자원	품질비용 항목	가치부가(VA)/비가치부가(NVA)	활동유발요인
고객영접/요금수납	사람, 수납장비	–	VA	고객의 수
헤어 스타일링	사람, 설비, 도구	–	VA	스타일링 시간
스타일 검사	사람, 검사도구	평가	NVA	검사회수
스타일 조정	사람, 설비, 도구	내부실패	NVA	조정회수
스타일 재조정	사람, 설비, 도구	외부실패	NVA	재조정회수
샴푸/드라잉	사람, 재료, 도구	–	VA	작업시간
헤어 설비보수/유지	사람, 보수용품	예방	VA	설비사용시간
헤어 용품관리	사람, 정리도구	–	NVA	용품수량

- 단계 1: 자원비용 할당

ABC 기법을 활용한 첫 번째 단계는 서비스 창출을 위해 사용하게 되는 자원을 활동별로 배분하는 것이다. 노동력 자원의 경우 활동별로 자원을 배분하기 위해 사용되는 자원유발요인은 작업시간이 된다. 〈표－C〉에서 보는 바와 같이 8개 서비스 창출 활동별로 작업시간을 사용해서 배분한 비용의 크기를 보면 헤어스타일링에 가장 많은 비용(402.0만 원)이 사용되고 있음을 볼 수 있다. 즉, 3명의 헤어 디자이너가 모두 335.0 작업시간을 헤어스타일링 활동에 사용하고 있으며, 시간당 1.2만 원의 비용을 이에 곱하면 총 402.0만 원의 노무비를 발생기키고 있는 것이다.

마찬가지로 설비 자원을 소모하게 되는 3가지 활동들의 자원사용 정도를 살펴보면 〈표－D〉와 같다. 설비사용시간을 자원유발요인으로 사용하여 각 활동별로 배분한 결과

표－C 서비스 활동에 대한 노동력 자원비용의 할당 기간: 월

활동	헤어 디자이너				총작업		총노무비
	#1	#2	#3	#4(보조)	시간	만원/시간	(만원)
고객영접/요금수납				50.0	50.0	0.5	25.0
헤어 스타일링	110.0	105.0	120.0		335.0	1.2	402.0
스타일 검사	10.0	15.0	15.0		40.0	1.2	48.0
스타일 조정	35.0	30.0	25.0		90.0	1.2	108.0
스타일 재조정	25.0	35.0	25.0		85.0	1.2	102.0
샴푸/드라잉				125.0	125.0	0.5	62.5
헤어 설비보수/유지				5.0	5.0	0.5	2.5
헤어 용품관리				10.0	10.0	0.5	5.0
유휴시간－디자이너	20.0	15.0	15.0		50.0	1.2	60.0
유휴시간－보조				10.0	10.0	0.5	5.0
합계	200.0	200.0	200.0	200.0	800.0		820.0

표-D 서비스 활동에 대한 설비 자원비용의 할당

활동	헤어 설비			총설비		총설비사용
	#1	#2	#3	사용시간	만원/시간	비(만원)
헤어 스타일링	105.0	125.0	105.0	335.0	1.5	502.5
스타일 조정	35.0	30.0	25.0	90.0	1.5	135.0
스타일 재조정	25.0	35.0	25.0	85.0	1.5	127.5
유휴시간	35.0	15.0	40.0	90.0	1.5	135.0
합계	200.0	200.0	200.0	600.0		900.0

를 보면 헤어스타일링에 가장 많은 502.0만 원(=총 설비사용시간(335.0) × 단위설비사용비용(1.5만 원))이 사용되고 있음을 알 수 있다.

- 단계 2: 활동비용 할당

ABC 기법을 활용한 두 번째 단계는 원가 대상 즉, 이 경우는 서비스 상품별로 서비스 창출을 위해 사용한 활동의 수준을 측정하여 활동비용을 배분하는 것이다. 원가 대상별로 활동의 사용 수준을 측정하기 위해서는 먼저 적절한 활동 유발요인을 규명해야 한다. 〈표-B〉 혹은 〈표-E〉에서 보면 각 활동별로 활동 유발요인을 결정하여 사용하고 있다. 가령 헤어스타일링 활동의 사용 수준은 스타일링에 사용한 시간을 활동 유발요인으로 사용하고 있다. 원가대상 별로 측정한 헤어스타일링 시간을 보면 헤어 컷은 220시간, 파마는 115시간을 사용하는 것으로 나타나 있다. 따라서 각 단위 활동 유발요인이 소모하는 자원비용의 크기는 다음과 같이 계산할 수 있다:

$$\text{단위 활동 유발요인 비용} = \frac{\text{활동별 총자원사용비용}}{\text{총 활동 유발요인의 크기}}$$

가령 헤어스타일링 활동을 기준으로 살펴보면, 이 활동의 총자원비용은 904.5만 원(= 노무비(402.0) + 설비비(502.5))이고, 총활동 유발요인의 크기는 335시간(= 헤어컷(220) + 파마(115))이므로,

단위 스타일링 시간의 비용 = 904.5 / 335 = 2.7만 원/시간이 된다.

원가 대상별 활동비용의 할당은 사용한 활동 유발요인의 크기와 단위 활동 유발요인 비용을 곱하여 산출하게 된다. 가령 헤어컷에 배분되는 헤어스타일링 활동의 비용은,

헤어 스타일링 시간(220) × 단위 활동 유발요인 비용(2.7만 원/시간)
= 594.0만 원이다.

마찬가지로 파마에 할당되는 헤어용품 관리비용은,

용품수량(180개) × 단위 활동 유발요인 비용(0.019만 원/개)
= 3.4만 원이 된다.

〈표－E〉에서 보면 결과적으로 헤어컷에 배분된 8개 서비스 창출활동의 총비용은 1,023.5만 원이며, 직접재료비 (22.0만 원)를 합친 총 상품비용은 1,045.5만 원이다. 월간 제공된 헤어컷의 수가 1,200회이므로 단위 헤어컷의 창출비용은 0.871(=1,045.5/1,200)만 원이 된다. 마찬가지로 파마에 배분된 총 활동비용은 516.0만 원이며, 직접재료비(65.0만 원)를 합친 총 상품비용은 581.0만 원이다. 총제공된 파마의 수는 200회이므로 단위 파마의 창출비용은 2.905(=581.0/200)만 원이 된다.

• 단계 3: 직접적 품질비용 산출

ABC 기법을 사용한 품질비용 측정의 마지막 단계는 품질비용과 관련한 서비스 활동의 비용을 분석함으로써 이루어지게 된다. 다음의 〈표－F〉는 8가지 서비스 창출 활동 중에서 품질비용과 관련 있는 4가지 활동에 대한 비용자료를 정리한 것이다.

〈표－F〉에서 보면 가상 헤어숍에서 발생하는 직접적 품질비용은 총 528.0만 원이다. 대부분의 품질비용은 내부실패(46.0%)와 외부실패(43.5%)로부터 발생하고 있으며, 상대적으로 예방비용의 크기는 매우 작다(1.42%). 서비스 상품별로 보면, 전체 품질비용의 65.8%는 헤어컷에서 발생하고 있으며, 헤어컷의 경우 특히 스타일 조정 활동으로부터 발생하는 내부실패비용의 비중이 매우 높다(51.4%). 파마의 경우는 전체 품질비용의 57.8%가 외부실패비용(스타일 재조정)에서 발생하고 있어서 상대적으로 헤어숍을 떠나기 전 고객에 대한 헤어스타일 조정 노력이 강화되어야 할 필요성이 높다. 전반적으로 가상 헤어숍의 품질경영 개선노력은 보다 예방 활동에 치중해야 할 필요성이 있음을 알 수 있다. 가령 스타일링을 실행하기 전에 고객과 충분한 대화를 통해 고객이 원하는 스타일이 무엇인지를 정확하게 파악하는 것은 효과적인 예방 노력일 수 있을 것이다.

표-E 헤어용품에 대한 서비스 활동비용의 할당

활동	활동비용(만원)				활동	활동유발요인 수량			단위활동 유발요인 비용	활동비용 할당	
	노무비	설비비	기타	합계		헤어컷	파마	합계		헤어컷	파마
	(1)	(2)	(3)	(4)	유발요인	(5)	(6)	(7)	(8)	(9)	(10)
고객영접/요금수납	25.0			25.0	고객의 수	1200	200	1400	0.018	21.4	3.6
헤어 스타일링	402.0	502.5		904.5	스타일링 시간	220	115	335	2.700	594.0	310.5
스타일 검사	48.0			48.0	검사회수	420	100	520	0.092	38.8	9.2
스타일 조정	108.0	135.0		243.0	조정회수	250	90	340	0.715	178.7	64.3
스타일 재조정	102.0	127.5		229.5	재조정회수	30	25	55	4.173	125.2	104.3
샴푸/드라잉	62.5		12.0	74.5	작업시간	95	30	125	0.596	56.6	17.9
헤어 설비 보수/유지	2.5		5.0	7.5	설비사용 시간	320	190	510	0.015	4.7	2.8
헤어용품 관리	5.0		2.5	7.5	용품수량	220	180	400	0.019	4.1	3.4
유휴시간	65.0	135.0		200.0							
합계	820.0	900.0	19.5	1739.5				총서비스활동비용		1023.5	516.0
								직접재료비용		22.0	65.0
								총서비스상품비용		1045.5	581.0
								서비스상품 제공회수		1200	200
								단위서비스상품비용		0.871	2.905

참고: (4)=(1)+(2)+(3); (7)=(5)+(6); (8)=(4)/(7); (9)=(5)×(8); (10)=(6)×(8)
* 총서비스활동비용에는 유휴시간비용을 산입하지 않음

표-F 헤어 서비스 품질비용 분석

활동	품질비용 항목	서비스 상품		
		헤어컷	퍼머	합계
스타일 검사	평가비용	38.8 *11.2%*	9.2 *5.1%*	48.0 *9.1%*
스타일 조정	내부실패비용	178.7 *51.4%*	64.3 *35.6%*	243.0 *46.0%*
스타일 재조정	외부실패비용	125.2 *36.0%*	104.3 *57.8%*	229.5 *43.5%*
헤어 설비보수/유지	예방비용	4.7 *1.35%*	2.8 *1.55%*	7.5 *1.42%*
합계		347.4 *65.8%*	180.6 *34.2%*	528.0 *100.0%*

»» 12장

서비스 품질과 고객만족

본 장에서는 서비스 품질과 밀접한 연관성을 가지는 2가지 이슈를 중심으로 논의하고 있다. 먼저 서비스 품질과 고객만족의 연관성을 살펴본다. 높은 수준의 고객만족은 고객의 서비스에 대한 반복구매가능성을 높여서 서비스 기업에 보다 나은 수익성을 가져다 줄 수 있다. 이러한 서비스 품질, 고객만족, 고객유지 및 수익성 사이의 관계에 대한 연구는 다양한 형태로 이뤄진 바 있다. 본 장에서는 서비스 품질과 고객만족 및 수익성의 관계를 설명하는 대표적인 모델로 서비스-수익 사슬(service-profit chain) 개념과 고객만족지수 모델(customer satisfaction index)을 중심으로 서비스 품질과 고객만족의 연관성을 살펴보기로 한다.

다음으로 서비스품질 향상을 위한 경영자 측면의 노력 즉 품질 리더십(quality leadership)을 살펴본다. 서비스 품질의 개선과 혁신을 통한 기업 수익성 향상을 위해 경영자가 발휘해야 할 품질 리더십의 단계적 과정을 중심으로 살펴보기로 한다.

핵심용어

- 서비스-수익 사슬
- 서비스 가치
- 고객충성도
- 품질 리더십
- 고객가치 방정식
- 고객만족
- 품질 가치
- 고객만족지수 모델
- 고객불평
- 서비스 품질지수

I 서비스 품질 관련 모델

1 서비스-수익 사슬

우수한 서비스 품질이 궁극적으로 높은 수익성을 가져다줄 것이라는 생각은 Heskett 등(1997)이 주장하는 서비스-수익 사슬 개념에 잘 나타나 있다. 다음의 〈그림 12.1〉은 서비스-수익 사슬을 구성하는 요소와 이들 간의 연결 모습을 보여주고 있다. 서비스-수익 사슬의 개념은 종업원 요소, 서비스 가치 요소 및 고객 요소의 3가지 측면에서 살펴볼 수 있다.

먼저 그림의 맨 좌측 부분에는 종업원 측면의 요소를 나타내고 있다. 서비스 종업원의 역량과 만족의 증대는 조직에 대한 충성심을 높여주게 되며, 이는 높은 서비스 생산성과 서비스 품질을 가진 산출을 만들어 낸다고 보는 것이다. 높은 생산성과 품질을 가진 서비스 산출은 다음에 이어지는 서비스 가치요소를 향상시키게 된다.

그림의 중간에는 서비스 가치측면의 요소를 담은 고객가치 방정식을 나타내고 있다. 고객이 인식하는 서비스 가치는 제공된 서비스 결과와 서비스 제공 프로세스 품질의 합으로 나타내는 분자의 크기와 서비스를 이용하기 위해 지불한 가격과 서비스를 이용하기 위한 접근노력 비용의 합으로 나타내는 분모의 크기에 대한 비율로 정의된다. 높은 서비스 생산성은 서비스 가격과 접근비용을 낮출 수 있게 되고, 높은 품질 수준은 서비스 결과와 프로세스 품질의 향상을 가져와 결과적으로 높은 서비스 가치를 창출해 내게

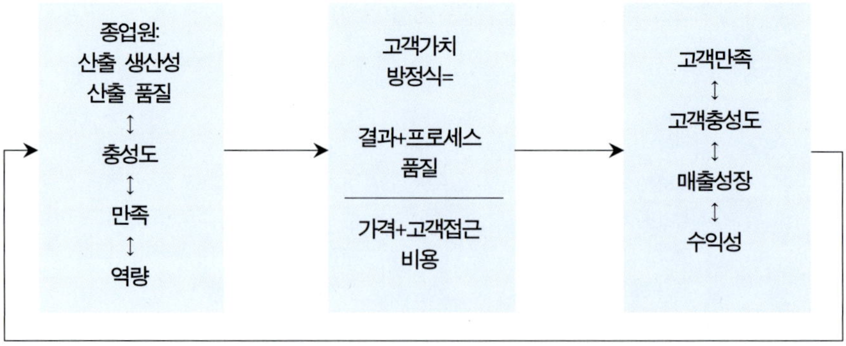

그림 12.1 서비스-수익 사슬 구성요소

된다. 이러한 높은 서비스 가치는 바로 다음에 이어지는 고객요소를 향상시키게 된다.

〈그림 12.1〉의 맨 오른쪽에는 고객 측면의 요소를 나타내고 있다. 가치가 높은 서비스는 고객의 만족감을 높여주게 되고, 이는 높은 고객충성도를 가져와 고객유지, 반복구매, 주위권유 등의 가능성을 높여주어 매출성장을 유도하게 된다. 높은 매출성장은 결과적으로 높은 수익성을 가져오게 되는 것이다. 고객요소의 향상은 다시 종업원 요소의 향상으로 이어지게 된다. 높은 수익성의 달성은 곧 종업원에 대한 관심과 투자에 필요한 재정적 자원을 보다 많이 가져다줄 것이기 때문이다.

서비스-수익 사슬 모델은 운영, 인사, 마케팅, 서비스 재무 등 다양한 분야의 연구들이 함께 반영되어 발전된 통합모델이다(이상기와 구자원, 2020). 산업별로 각각의 특수성이 있고, 시장과 운영 방식의 다양성이 변수로 작용하므로 통합된 단일 모델 성과 경로를 설명하는 데에는 어려움과 문제점이 있지만(Silvestro와 Cross, 2000), 서비스-수익 사슬 모델에 기반을 두고 특정한 서비스 분야를 중심으로 유용한 사슬의 연결경로를 조사하고, 이를 바탕으로 경영자를 위한 경쟁력 강화전략의 시사점을 제공하기 위한 실증적인 연구가 다양하게 진행되고 있다.

다양한 서비스 산업에서 서비스-수익 사슬 모델을 기반한 연구를 살펴보면 Heskett 등(1994)은 사우스웨스트 항공의 사례를 통해 서비스 생산성과 품질이 고객의 가치를 증대시켜 고객을 만족하게 하고 고객의 충성도를 향상한다고 설명하였다. 이상기와 구자원(2020)은 전문지식 서비스인 법률 서비스를 제공하는 법률 전문가와 법무지원 전문가들을 대상으로 서비스-수익 사슬 모델을 이용하여 실증연구를 진행하였다. 이 연구에서 법률 서비스 같이 서비스 제공자의 전문성 즉, 법률 전문가의 전문지식과 경력에 의존도가 높은 서비스의 경우 고객만족과 충성도는 내부품질이 아닌 전문가의 역량에 따라 결정되는 서비스 가치에 의해 영향을 받는 것으로 나타났다. 법률 서비스 혹은 서비스제공자의 특수성에 따라서는 모델과 다소 상이한 결과가 도출될 수 있음을 나타냈다.

이외에도 최근 몇 년 동안 K-Pop 음악이 세계적으로 주목을 받고 있는 상황에서 엔터테인먼트 산업 분야의 성장 동력을 확인하기 위하여 서비스-수익 사슬 모델을 적용한 실증연구도 진행된 바 있다(강하은과 김승철, 2023). 국내 K-Pop 팬들을 대상으로 K-Pop 그룹의 가치창출 과정을 서비스-수익 사슬과 만족 거울 이론에 근거하여 실증 분석하였다. 연구 결과를 요약하면 내부 서비스 품질의 팀워크와 서비스 트레이닝이 그룹 멤버들의 만족도에 유의한 영향을 미쳤으며, 이는 팬들에게 전달되는 서비스 가치에 긍정적 영향을 미치고, 궁극적으로 팬들의 만족도를 거쳐 충성도를 이끌어내는 것으로 파악되었다. 팬들은 K-Pop 산업의 고객들로서 이들의 충성도는 서비스-수익 사슬 모델에 따라 서비스 제공기업 즉, 엔터테인먼트 기업의 성과를 높이기 위한 중요한 요인으로 작용하고 있는 것을 알 수 있으며, 해당 연구를 통해 K-Pop 산업의 서비스 수익 창출 과정도 다른 서비스 산업과 같이 서비스-수익 사슬 모델의 흐름이 존재하고 있음을 확인하였다.

2 고객만족지수 모델

서비스-수익 사슬과 같이 서비스 품질이 수익성까지 이어지는 사슬의 개념으로 설명된 것은 아니지만 Fornell 등(1996)이 제안한 고객만족지수 모델은 서비스 품질과 고객만족 및 고객충성도의 연결을 잘 설명해주고 있다(〈그림 12.2〉 참조).

〈그림 12.2〉에서 보면 고객이 지각하는 서비스의 가치는 고객이 지각한 서비스 품질과 고객이 서비스에 대해서 가지는 기대에 의해서 영향을 받게 된다. 또한 이러한 지각된 품질과 고객기대는 다시 지각된 가치와 더불어 고객의 서비스에 대한 만족 수준에 영향을 미치게 된다. 고객만족은 서비스에 대한 고객의 불평과 충성도에 영향을 미치게 되며, 궁극적으로 고객불평의 수준도 고객의 충성도에 영향을 미치게 된다.

고객만족지수 모델이 서비스-수익 사슬과 다르게 설명하는 부분은 고객만족이 직접적으로 서비스 가치에 의해서만 결정되기보다는 지각된 품질과 고객기대에 의해서도 결정된다고 보는 것이다. 물론 고객기대가 지각된 서비스 품질에 영향을 미친다는 부분이나 고객만족이 고객불평에 영향을 미친다는 것도 다른 점이긴 하지만 SERVQUAL에

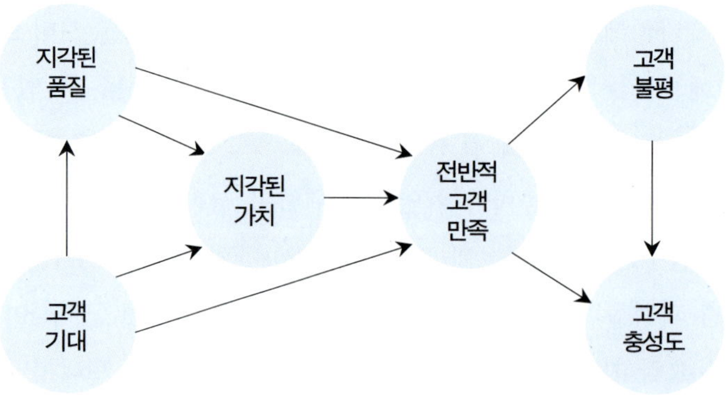

그림 12.2 고객만족지수 모델

표 12.1 고객만족지수 모델 구성요소 및 측정 문항(Lexus 고객 사례)

모델 구성요소	세부 측정문항
지각된 품질	• Lexus 품질과 관련한 경험에 따른 전반적 평가 • Lexus의 고객화와 관련한 경험에 대한 평가 • Lexus의 신뢰성과 관련한 경험에 대한 평가
지각된 가치	• Lexus의 가격대비 품질수준에 대한 평가 • Lexus의 품질대비 가격수준에 대한 평가
전반적 고객만족	• Lexus와 관련한 모든 경험을 바탕으로 평가한 전반적인 만족수준 • Lexus에 대해 가졌던 기대와의 차이 정도 • 이상적인 상품 혹은 서비스 수준에 비교한 Lexus의 성과평가
고객불평	• Lexus에 대해 불평을 한 경험유무와 불평한 건수 • 친구에게 Lexus 구매를 권유할 의도가 있는가?
고객충성도	• 장래에 Lexus를 재구매할 의사가 있는가? • 재구매 의사가 있다면, 가격요소의 중요성은? 혹은 재구매 의사가 없다면, 이 결정에 가격요소가 미친 영향은? • 재구매가 가능할 수 있을 허용 가능한 가격 인상의 한계는? 혹은 재구매를 유도하기 위해 필요한 가격 인하의 한계는?
고객기대	• 구매 전에 Lexus에 대해 가졌던 전반적인 기대 • 구매 전에 고객화와 관련하여 Lexus에 대해 가졌던 전반적인 기대 • 구매 전에 신뢰성과 관련하여 Lexus에 대해 가졌던 전반적인 기대

따른 서비스 품질의 개념에는 기대 수준이 이미 반영되어 있다는 것이나 고객불평도 고객충성도를 가름하는 내적 요인으로 포함시킬 수 있다는 것에서 크게 차이 나는 점은 아니라고 할 수 있다.

참고로 다음의 〈표 12.1〉은 Lexus 승용차 구매고객을 대상으로 고객만족지수 모델의 타당성을 검토하기 위해 사용했던 각 모델 구성요소의 구체적인 측정 문항들을 나타내고 있다(Yu 등, 2005).

고객만족지수 모델은 국가 및 공공기관에서도 적용될 수 있는데 국가 고객만족지수 및 공공기관 고객만족지수 모델이 그 예이며, 고객만족지수 모델의 이론적 기반을 확장하여 다양한 산업 분야에서 적용되고 있다.

먼저 국가 고객만족지수(NCSI; National Customer Satisfaction Index) 모델은 기업, 산업, 국가의 품질경쟁력 향상과 국민의 삶이 질 향상을 목적의 고객만족 측정 지표이며, 공익적 목적으로 기업 경쟁력 제고를 위하여 직접 제품과 서비스를 경험한 고객을 대상으로 조사되고 이를 근거로 기업의 노력을 통해 고객만족도를 향상시켜 궁극적으로 국가 전반의 품질경쟁력 향상에 기여하고자 하는 것이다(NCSI, 2024). 다음 〈그림 12.3〉은

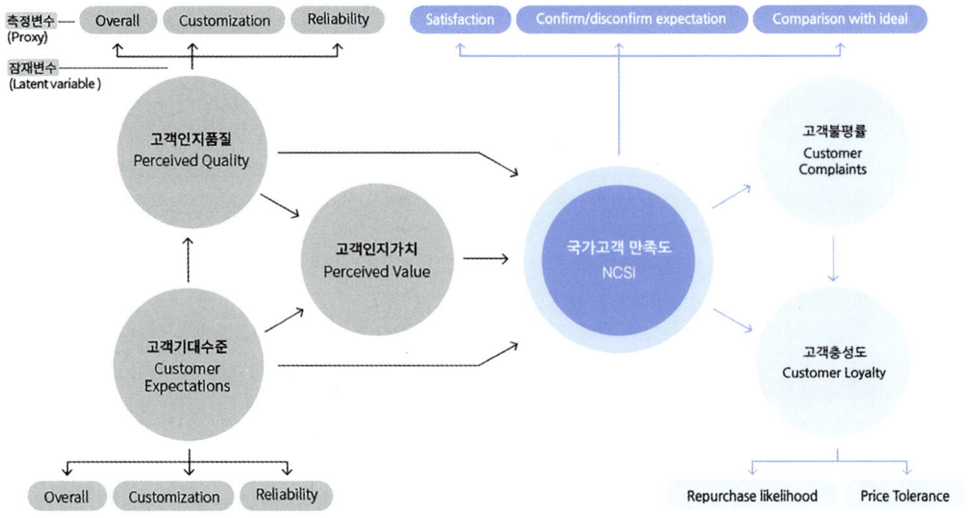

그림 12.3 국가 고객만족지수 모델
자료원: NCSI(2024), https://www.ncsi.or.kr/index.asp

NCSI의 평가모델을 나타내며, 측정 단위는 기업이 제공하는 제품 및 서비스로서 특정 제품과 브랜드에 대한 만족도를 측정하기보다는 기업이 생산, 판매하는 전 제품과 서비스에 대한 기업 차원의 만족도를 측정한다(NCSI, 2024). NCSI 모델은 총 6가지의 잠재변수로 구성되어 있고 크게 고객만족도에 영향을 미치는 선행변수인 고객기대수준, (지각된) 고객인지품질, (지각된) 고객인지가치와 고객만족도 수준에 의해 결정되는 성과변수인 고객불평률과 고객충성도로 구성되어 있다.

다음으로 공공기관 고객만족지수(PCSI; Public-service Customer Satisfaction Index)는 공공기관의 공공성이라는 특수성을 반영된 모델로 NCSI를 활용하여 공공기관에서 서비스 만족도를 측정하고 만족도를 향상시킬 수 있는 방법을 찾고자 고안된 모델이다(박제우와 윤유라, 2019). 고객만족지수 모델과 PCSI 모델은 성과에서 차이를 보인다. 고객만족지수 모델에서는 고객의 충성도를 성과로 평가하는 반면, PCSI 모델에서는 고객의 행복과 사회적 기여를 성과의 결과로 본다는 것이다. 공공기관은 국민을 대상으로 연 1회 이상의 고객만족도 조사를 실시해야 한다는 「공공기관의 운영에 관한 법률」이 개정됨에 따라 초기 모델을 개편한 PCSI 모델이 공공기관 고객만족도 평가를 위한 모델로 채택되어 현재까지 활용되고 있으며(이청림과 이유재 등, 2012), 한국과학기술정보연구원, 한국환경산업기술원, 국회도서관 등 다양한 공공기관에 적용되고 있다. 다음 〈그림

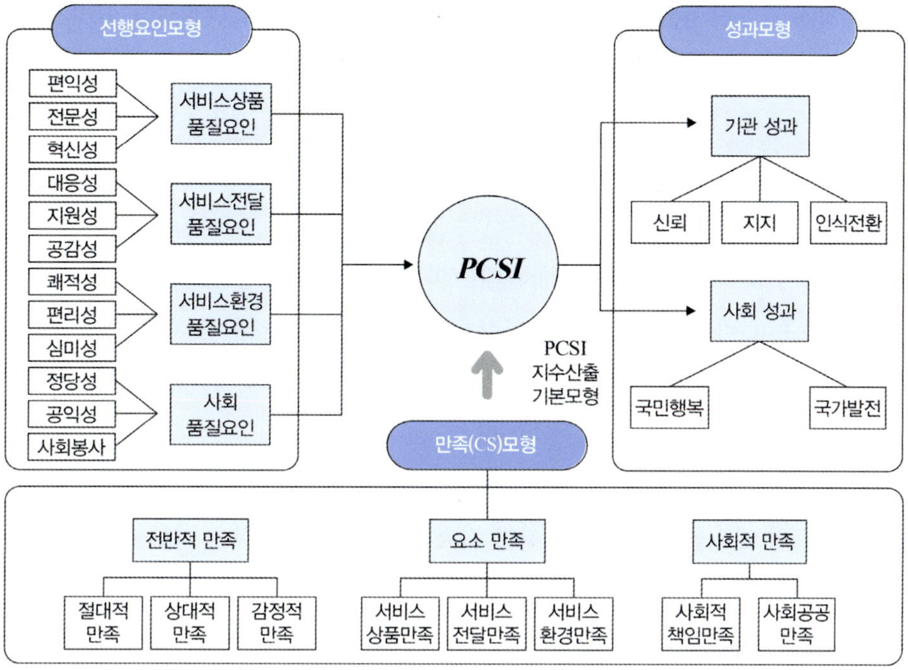

그림 12.4 공공기관 고객만족지수 모델

자료원: 학국행정학회(2014), *행정학전자사전*, https://www.kapa21.or.kr/bbs/dictionary/7091

12.4〉는 PCSI 평가모델로 이용자의 만족이 서비스의 품질에서 비롯되며 이러한 만족은 공공기관의 성과로 이어진다는 인과관계 개념이 도입되었다. 공공기관의 품질 즉 선행요인에 의해 고객은 만족 및 불만족을 느끼게 되며 이는 실질적인 기관의 성과 결과에 영향을 미치게 된다는 의미이다. 이처럼 PCSI 모델은 단순히 만족지수를 평가하기 위한 모델이라기보다는 각 기관의 서비스 품질의 강점요소와 약점요소를 파악하여 개선을 유도하는 현장 개선형 모델이라 할 수 있다(박제우와 윤유라, 2019).

II 서비스 품질, 서비스 가치 및 고객만족

1 서비스 품질과 서비스 가치

서비스 품질과 서비스 가치의 연결부분은 서비스–수익 사슬 내의 고객가치 방정식을 통하여 중점적으로 살펴볼 수 있다. 먼저 서비스 가치를 높이기 위해서는 서비스 결과품질과 프로세스 품질을 향상시켜야 한다. 이는 SERVQUAL이 강조하는 5가지 서비스 품질요소의 개념으로 통합하여 생각해볼 수도 있을 것이다. 5가지 서비스 품질요소의 개념은 서비스 결과와 프로세스의 측면에서 요구되는 품질의 속성을 포괄적으로 잘 담고 있기 때문이다. '같은 값이면 다홍치마'라고 하는 말은 바로 같은 가격을 지불한다면 결과가 나은 것 즉, 가치가 높은 것을 구매하게 된다는 인간의 속성을 잘 나타내는 말이다. 또한 진료 수준이 비슷하다면 좀 더 친절하고, 상냥하게 쾌적한 진료 공간을 제공하는 병원을 찾게 되는 것은 바로 서비스 프로세스 품질 측면에서보다 나은 가치를 추구하려는 인간의 속성을 잘 나타내고 있는 것이다.

서비스 가치향상의 또 다른 고려사항은 서비스 가격과 접근비용을 낮추는 일이다. 동일한 브랜드의 제품을 인터넷을 통하여 값싸게 사려고 하는 것은 바로 서비스 구매가격을 낮추어 서비스 구매가치를 높이고자 하는 고객의 심리를 잘 나타내는 것이다. 또한 가격이 다소 비싸더라도 편의점에서 상품을 구매하게 되는 것은 서비스 접근비용이 적게 소요되기 때문이다. 즉, 동일한 상품에 대해 가격을 더 지불한 것보다는 편리한 장소에서 상품을 구매함으로써 발생하는 접근비용 혹은 노력의 크기의 절약이 더 크다고 인식하기 때문에 편의점을 이용하게 되는 것이다.

고객만족지수 모델에서의 서비스 품질은 지각된 품질(perceived quality)을 나타낸다. 지각된 품질은 "서비스의 전반적인 우수성 혹은 우위성 수준에 대한 고객의 평가"를 담게 된다(Zeithaml, 1988). 또한 서비스 가치도 지각된 서비스 가치(perceived value)를 나타낸다. 지각된 가치란 "상품 가격에 대한 상품 품질의 지각된 수준"을 말한다(Fornell, 1996). 고객만족지수 모델의 가치개념과 서비스-수익 사슬의 가치개념은 본질적으로 큰 차이가 없다. 모두 서비스 비용에 대한 서비스 품질의 수준을 나타내고 있기 때문이다.

고객만족지수 모델의 지각된 서비스 품질은 직접적으로 지각된 가치와 고객만족에 영향을 미치며, 고객기대에 의해 직접적인 영향을 받는 것으로 제시되고 있다. 그러나 최근 한 실증적인 연구에서는 지각된 품질과 고객기대가 지각된 가치에 직접적인 영향을 미치지 않는 것으로 보고된 바도 있다(Yu 등, 2005). 고객이 서비스 품질에 대해 평가를 내릴 때는 무의식적으로 서비스 가치에 대한 부분도 반영하여 평가하기 때문이라는 것이다. 따라서 이들은 지각된 가치와 연결된 고객만족지수 모델의 부분을 제거한 수정된 모델을 제시하고 있다.

2 서비스 품질과 고객만족

품질의 개념과 만족의 개념이 가지는 차이는 무엇일까? 서비스 만족과 품질을 구분하고자 하는 연구노력이 다양하게 시도되어 왔지만, 두 개념을 정의하는 문제에 있어서 대부분의 연구자들은 일치된 견해를 보이고 있지 않다. 이러한 불일치는 결국 고객만족과 서비스 품질 사이의 관계를 설명함에 있어서도 다양한 견해를 보여주게 된다.

개략적인 만족의 개념과 품질의 개념에 대한 구분을 위해서는 Oliver(1993)의 견해를 살펴볼 수 있다. Oliver는 다음의 4가지 측면에서 두 개념의 차이를 설명하고 있다:

- 만족은 여러 가지 원인에 의해서 나타나는 결과이지 반드시 높은 품질의 상품이나 서비스를 경험할 때만 직접적인 결과로 나타나는 것은 아니다. 반면에 품질은 특정한 속성을 잘 충족시킴으로써 얻어지는 상태를 지칭하는 개념이다.
- 만족은 주로 고객욕구와 서비스 공평성과 같이 품질과 관련되지 않은 요소들에 의해 결정되지만, 품질에 대한 기대는 이상적인 서비스 수준을 바탕으로 형성된다.
- 만족이나 불만족은 반드시 상품이나 서비스에 대한 경험을 통해 느껴지지만, 품질에 대한 지각은 실제 경험을 필요로 하지는 않는다.
- 만족에 대한 느낌은 서비스 공평성, 속성, 감성과 같은 여러 가지 요소에 의해 영향을 받지만, 품질에 영향을 미치는 요소는 매우 제한적이다.

서비스-수익 사슬 개념에서는 서비스 품질과 고객만족의 직접적인 관계를 명시하고 있지 않다. 서비스 가치제고 요소로서 서비스 생산성을 보다 명시적으로 강조하고 있는 것이 서비스-수익 사슬 모델의 특징이다. 그러나 서비스 가치를 결정하는 요소를 설명하는 고객가치 방정식을 살펴보면 서비스 결과와 서비스 프로세스 품질의 향상이 직접적인 서비스 가치제고 요소로서 명시되어 있다. 즉, 서비스 품질이 가치제고를 위한 직접적인 요소로 사용되고 있는 것이다.

고객만족지수 모델의 경우도 명시적으로 서비스 품질을 다루고 있지는 않다. 다만, 고객만족의 영향요소로서 고객기대와 지각된 품질 및 지각된 가치를 사용하고 있을 뿐이다. 그러나 지각된 품질과 고객기대는 결과적으로 SERVQUAL의 정의하는 서비스 품질의 개념 즉 '지각된 수준과 기대한 수준의 차이'에 반영되어 있다고 볼 수 있다. 따라서 고객만족지수 모델은 결과적으로 서비스 품질이 고객만족에 대한 선행요소의 하나로서 인식하고 있다고 할 수 있다. 물론 서비스 품질 이외에 서비스에 대해 지각된 가치도 고객만족을 결정하는 선행요소로 제시되고 있다. 이는 앞서 Oliver가 설명한 만족과 서비스의 중요한 차이 즉 만족을 결정하는 요소는 품질 이외에 다양하게 존재할 수 있음을 보여주고 있는 것이다.

3 서비스 가치와 고객만족

오늘날의 고객은 매우 가치지향적인 특성을 가지고 있다. 서비스를 이용하기 위해 지불한 가격과 접근비용보다 훨씬 높은 수준의 서비스 결과와 프로세스 품질을 얻기 위해서 노력하고 있는 것이다(Heskett 등, 1997). Southwest Airlines에 대한 고객의 가치 인식은 매우 높다. Southwest Airlines의 경쟁 항공사들처럼 정성을 다하는 서비스를 제공하지는 않지만 Southwest Airlines 고객이 가치를 부여하는 항공서비스 요소, 즉 편리한 운항 스케줄, 정시 서비스, 친절한 종업원, 저렴한 항공료에 있어서는 남보다 뛰어나기 때문이다. 따라서 가치 있는 서비스의 창출은 곧 고객에게 만족스러운 서비스 경험을 제공할 수 있게 되는 것이다.

서비스 가치의 개념은 주관적이고 상대적인 속성도 가지고 있다. 서비스-수익 사슬의 고객가치 방정식에 따르면, 서비스를 얻기 위해 지불한 비용이 적을수록 서비스 가치평가는 높아지게 된다. 그러나 객관적으로 지불한 서비스 가격이 아닌 서비스를 얻기 위해 지불한 노력 혹은 시간비용에 대한 평가는 주관적일 수밖에 없다. 서비스를 구매하기 위해 30분을 이동하는 것이 별것 아니라고 느껴질 수도 있지만 사람에 따라서는 큰 비용과 노력의 의미로 받아들여질 수도 있을 것이기 때문이다. 이러한 주관성과 상대성의 개입은 프로세스 품질에 대한 평가도 마찬가지일 것이다. 동일한 서비스 제공자의 행동에 대해서 매우 흡족할 수도, 별로 마음에 들지 않을 수도 있을 것이기 때문이다. 따라서 고객에게 바람직하게 여겨지는 서비스의 가치 수준을 가늠해 볼 때는 표적고객의 인식을 염두에 두어야 한다. 접근노력이나 프로세스 품질에 대한 표적고객 집단의 인식의 특성이 어떠한지를 파악하는 일이 중요할 것이기 때문이다.

고객만족이 높은 서비스 가치로부터 인식된다는 것을 전제로 하면 시장환경 변화에 대응하기 위한 다양한 서비스 가치제고 노력을 시도해 볼 수 있다. 고객가치 방정식이 규정하는 4가지 요소의 합리적인 배합을 통해서 변화하는 환경에 효과적으로 대응할 수 있을 것이기 때문이다. 가령, 식자재 원가상승에 대응하는 외식산업 업체들의 전형적인 대응 방식은 가격을 올리지 않는 대신 음식의 양을 줄이는 것이다. 고객의 가격인상에 대한 저항을 우려하여 가격인상보다는 제공하는 음식량을 줄여서 대응하겠다는 뜻이다. 물론 이러한 대응은 서비스 결과(음식의 양)를 악화시켜서 고객이 인식하는 서비스 가치를 떨어트리게 되고, 결과적으로 고객만족 저하와 매출감소로 이어지게 될 것이다. 바람직한 대응노력은 결과적으로 고객이 인식하는 가치를 현재와 같이 유지하거나 보다 나은 수준으로 향상시킬 수 있어야 할 것이다. 따라서 음식량을 줄여서 결과적으로 서비스 가치를 떨어트리기보다는 가격을 인상하는 대신 그 이상으로 서비스 결과와 프로세스 품질을 향상시킬 수 있도록 노력하는 것이 더 바람직할 것이다. 더욱 개선된 맛과 세련된 모습의 메뉴 제공, 친절하고 깨끗한 서비스 환경 제공 등을 통한 서비스 결과와 프로세스 품질의 향상은 가격인상이 가져오는 서비스 가치 감소 효과를 상쇄하고도 남을 수 있을 것이기 때문이다.

4 고객만족과 고객충성도

높은 고객 충성도를 달성하고자 하는 것은 고객의 재구매 가능성을 높여서 판매기회, 즉 수익창출 기회를 확대시키고자 하려는 데에 있다. 서비스-수익 사슬 개념이나 고객만족지수 모델에 따르면 높은 고객만족은 높은 고객충성도를 가져오게 된다. 그러나 이러한 고객만족과 고객충성도 혹은 이를 확대한 재구매 가능성의 관계를 조사한 연구결과는 일관성 있게 나타나고 있지는 않다.

선도적인 서비스 기업들의 고객만족 연구 결과에 따르면 예상 밖으로 고객만족과 고객충성도 사이에는 일정한 관계를 나타내고 있지 못하다(Heskett 등, 1997). 특히 단기적인 고객의 특성은 경쟁적인 가격 인센티브의 영향을 받아서 기존 서비스에 대해 만족했다 하더라도 쉽게 다른 서비스 구매로 옮겨가게 만들 수도 있다. 따라서 만족 그 자체가 고객충성도를 높여주는 것은 아닐 수도 있다는 것이다(Reichheld와 Aspinall, 1993-94).

그러나 1990년대 초에 이뤄진 Xerox의 조사는 고객만족과 고객충성도 사이에 매우 밀접한 긍정적인 관계가 있음을 보여주고 있다(Heskett 등, 1994). 고객만족의 정도를 5점 척도(1=낮음; 5=높음)로 측정한 이 조사에 따르면 5점을 응답한 고객은 4점을 응답한 고객에 비해 무려 6배나 높은 재구매의도를 보여주었다. 또한 American Express

Travel Services의 자료에 따르면 고객만족을 결정하는 두 가지 요소인 신속한 티케팅과 정확한 티케팅의 성과가 높은 지점일수록 매출수익률이 높게 나타나고 있다(Heskett 등, 1997). 신속한 티케팅과 매출수익률 그리고 정확한 티케팅과 매출수익률의 상관계수는 각각 0.51과 0.65로 매우 높은 수준을 보여주었다. 이러한 사례들은 결과적으로 고객만족도가 높을수록 고객충성도 혹은 재구매 가능성은 높아진다는 것을 실증적으로 보여주고 있는 것이다.

Ⅲ 서비스 품질 리더십

서비스 품질의 향상이 고객만족을 가져올 수 있고, 궁극적으로 충성도가 높은 고객의 유지와 창출을 통해서 높은 수익성을 가져오게 된다는 것을 살펴보았다. 서비스 품질의 향상은 바로 서비스 기업이 경쟁의 우위에 서기 위해서 반드시 해야 할 사명이 되는 것이다. 그러나 서비스 품질을 높이기 위한 기업의 다양한 노력은 경영자의 적극적이고 체계적인 리더십의 뒷받침 없이는 일회성의 구호에 그치거나 전시효과를 노리는 형식적인 인증의 획득과 같은 소모적인 결과만을 초래할 위험성이 있다. 보다 지속적이고, 효과적인 서비스 품질 향상이 이뤄지기 위해서는 경영자의 적극적인 참여와 헌신이 있어야 한다. 열정을 가진 경영자의 적극적인 리더십의 발휘를 통해 기업 내에 서비스 품질을 우선시하는 문화를 창출하는 노력이 무엇보다도 중요하기 때문이다.

경영자가 기업 내에 품질 리더십(quality leadership)을 구현하기 위해서 해야 할 일은 무엇일까? George 등(2006)은 다음의 4가지 단계적인 과정을 거쳐서 효과적인 품질 리더십을 구축할 수 있다고 주장한 바 있다:

단계 1: 품질에 헌신하라(commit to quality)
단계 2: 기업의 시스템과 가치를 이해하라(know the company's systems and values)
단계 3: 품질개선 프로세스에 참여하라(participate in the quality process)
단계 4: 품질을 경영모델에 통합하라(integrate quality into the management model)

다음에서는 이 4가지 단계적 과정을 구체적으로 살펴보기로 한다.

1 품질에 대한 헌신

품질 리더십의 첫 번째 단계는 기업뿐만 아니라 최고경영자 스스로 품질개선 프로세스에 헌신적인 자세를 가져야 한다. Fred Smith를 비롯한 최고경영진은 최고 수준의 서비스 품질제공을 모토로 FedEx를 설립하고, 설립 첫해에 바로 품질 훈련 프로그램에 참여하였다. Ray Marlow는 1987년 Marlow Industries에서 처음 품질개선을 위한 시스템 접근방식을 도입하면서 신중하고도 사려 깊은 리더로서의 헌신적인 역할을 보여준 바 있다.

Corning의 회장으로 취임했던 Jamie Houghton은 "리더로서 어떤 일을 시작할 때는 일단 결심이 서면 설혹 결과가 얼마나 효과적일지에 대한 확신이 서지 않더라도 확고하게 실행에 옮겨야 한다"라고 강조한 바 있다. 2004년 회사 웹 사이트에 올린 아래의 글에 담긴 그의 리더십 철학을 살펴보면 이를 좀 더 자세하게 이해할 수 있다.

> 리더십은 개인의 완벽성 추구에 관한 것으로 본능적으로 '옳은 일'을 알고 행하는 것을 의미한다. 리더십은 끊임없이 의구심을 가지고 열린 마음으로 귀 기울일 수 있는 능력을 충분히 가지는 것을 필요로 한다. 리더십은 특권이 아니라 책임이다. 리더십은 기업의 가치와 목적에 대한 뿌리 깊은 신념을 가지고 이를 활성화시키고, 구체화시키며, 변함없이 오래 지속되도록 밀고 나아갈 수 있는 능력을 나타낸다. 리더십은 기업의 기본적인 가치와 목적을 제외한 모든 것을 변화시키고자 하는 의지를 나타내는 것이다.

2 기업의 시스템과 가치에 대한 이해

기업의 리더가 되면 새로운 경영 시스템에 대한 질문을 자주 받게 된다. "우리가 지금 하고 있는 것은 무엇인가? 경영자로서 당신이 변화시키려는 것은 무엇이고, 왜 그러려고 하는가?" 따라서 품질변화를 이끌어가는 과정에서 두 번째로 리더가 해야 할 일은 스스로가 또한 품질개선의 리더로서도 인식되기 때문에 시스템에 대해 잘 알고 있어야 하는 것이다.

리더는 먼저 기업의 비전과 사명, 정책과 가치를 창출해야 한다. 다른 기업의 비전을 살펴보고, 고객과 경쟁기업에 대해 연구하며, 스스로 기업의 강점을 평가해 보고, 명확하게 기업이 추구하고자 하는 바와 달성하고자 하는 바가 무엇인지를 규명해야 하는 것이다. 특히 품질과 관련하여 기업이 추구하는 가치가 무엇인지를 명확하게 정의하여야 한다. 품질 가치(quality values)란 기업의 품질개선 노력을 가시적이고, 측정 가능한 방식으로 이끌어가는 지침을 말한다. 다음은 Marlow Industries가 정의하는 품질 가치의 내용을 나타낸다.

- 상급 경영자는 반드시 리더가 되어야 한다.
- 종업원은 스스로 의사결정을 행하고 행동을 취할 수 있는 권한을 가진다.
- 고객과 종업원 및 공급업체를 정직하게 대한다.
- 고객의 요구사항을 충족시킨다.
- 품질은 예방으로부터 오는 것이다.
- 문제가 발생하기 전에 문제를 예측하고 필요한 행동을 취한다.
- 처음부터 올바르게 행한다.
- 고객만족을 위해 지속적인 개선을 행한다.

품질 가치를 정의한 후에는 경영자 스스로 이를 잘 실행하는 것이 중요하다. 종업원들은 항상 경영자 스스로 이를 잘 이행하는지 주시하고 있기 때문이다. 입으로 말하는 것과 실제 행하는 것이 다르다면 종업원들은 이를 잘 따르려 하지 않을 것이고, 품질개선 프로세스는 실패하고 말 것이다. 품질을 강조하고 적극적으로 품질개선 프로세스에 참여하는 리더의 모습은 기업이 최우선적으로 강조하는 것이 무엇인지를 명확하게 종업원에게 각인시켜 줄 수 있을 것이다.

3 품질 프로세스 참여

품질 리더십 단계의 3번째인 적극적인 참여는 다양한 형태로 이뤄질 수 있다. FedEx의 경우 Fred Smith는 회사가 실행하게 되는 모든 품질 프로세스와 시스템의 개발에 직접 관여하고 있다. 회사를 처음 설립할 때부터 고객이 가치를 부여하는 것은 시간이 정확한 익스프레스 배달 서비스라는 신념을 가지고 있었기 때문에 정시배달 능력을 주요 성과측정치로 사용하고 있다. 1980년대 말에 Smith는 서비스 품질지수(SQI; Service Quality Index)라는 보다 포괄적인 고객만족과 서비스 품질을 측정하는 지표를 개발하였다.

품질의 목표와 측정치를 개발하고 실행하기 위해서 Smith는 기업의 품질목표와 고객의 욕구 그리고 서비스 품질지수가 측정치와 동기부여 수단으로서 가지는 잠재적인 효과성을 이해해야 했다. Smith는 측정치의 개발을 통하여 모든 FedEx의 구성원들에게 매일 고객만족과 서비스 품질과 관련해서 어떻게 하고 있는지를 정확하게 알려주게 되었다.

바로 적극적인 품질개선 프로세스에 참여하는 리더의 모습을 잘 보여주고 있는 것이다.

좋은 리더는 고객에 초점을 맞추는 것이 얼마나 중요한지를 알고 있다. FedEx의 각 관리자에게는 판매 지역별로 주요 고객에 대한 책임을 할당해 주고 있다. Smith와 관리자들은 경영자 차원에서 고객을 지속적으로 면담하여 그들의 욕구가 충족되고 있는지를 확인하고 있다. 품질 리더들은 자신의 시간을 고객과의 관계를 개선하기 위해 투자함으로써 고객 초점화 노력을 강화하고 있는 것이다.

4 품질의 경영모델 통합

리더로서 품질에 의한 경영에 대해 헌신적인 자세를 가지고, 기본적인 원칙을 이해하며, 품질개선 프로세스에 실질적으로 참여하고 난 후에는 네 번째 단계로 품질 시스템 경영을 기업의 경영모델로 제도화시켜야 한다.

코네티컷 주에 위치한 International Human Resource Group은 1990년대 초 Baldrige Quality Award를 수상한 기업들을 대상으로 인적자원(human resource) 관리부서가 사내에서 수행하는 역할에 대해서 조사한 바 있다. 기업들에게서 공통으로 발견된 특성은 인적자원 부서가 독립적으로 기능을 수행하기 보다는 다른 부서들과 파트너십을 유지하면서 모든 부서들을 고객으로 인식하고 이들에게 봉사하는 자세로 기능을 수행하고 있다는 것이었다. 몇몇 수상기업의 경우는 모든 부서 혹은 사업 단위마다 적어도 한 명 이상의 인적자원 부서를 대표하는 직원을 할당해 놓고 있었다. 이러한 방식을 통하여 시스템에 직접 커뮤니케이션이 통합되는 효과를 거두고 있다. 즉, 전적으로 이사회의 주장이나 추정에만 의존하기 보다는 실제로 부서에서 일어나는 상황에 바탕을 두고 훈련 프로그램을 도입하거나 종업원 혜택 프로그램을 채택하고, 품질 표준을 지속적으로 강화시키고 있는 것이다. 회사 사장이 일거에 모든 곳을 찾아다닐 수는 없는 것이다. 대신에 인적자원 부서 직원들이 곳곳에서 부서 책임자들과 목적 달성에 초점을 맞추는 노력을 함께하고, 진전이 얼마나 이뤄졌는지를 가늠해 보며, 종업원들의 의견을 이사회에 피드백하도록 하는 것이 효과적인 것이다. 이는 결과적으로 최고 경영층의 품질 마인드를 잘 유지하면서 변화에 대응할 수 있는 능력을 가져다주게 된다.

참고문헌

강하은과 김승철(2023), "Service Profit Chain 모델을 이용한 K-pop 산업의 가치창출 과정에 관한 연구," *한국엔터테인먼트산업학회*, Vol. 17, No. 1, pp. 1-15.

오정석 등(2013), *SH공사 고객만족도 제고방안 연구*, SH공사 도시연구소, pp. 24−25.

윤유라와 박제우(2019), "공공기관 고객만족지수(PCSI)모형을 활용한 기록정보서비스 품질조사," *연구방법논총*, Vol. 4, No. 1, pp. 93−110.

이상기와 구자원(2020), "법률서비스 조직의 내부품질이 직원 및 고객의 만족도와 충성도에 미치는 영향 : 서비스-수익 체인(S-PC) 모델을 중심으로," *경영교육연구*, Vol. 35, No. 1, pp. 1−40.

이유재(2007), *공공기관 고객만족도조사 모델(PCSI)의 이해*, ㈜한국능률협회컨설팅, pp. 4−8.

이청림과 이유재(2012), "공공기관 고객만족지수 모형의 개발과 적용 : PCSI (Public-service Customer Satisfaction Index)를 중심으로," *마케팅연구*, Vol. 27, No. 4, pp. 69−99.

Fornell, C., Johnson, M.D., Anderson, E.W, Cha, J. & Bryant, B.E. (1996), American Customer Satisfaction Index : Nature, Purpose, and Findings, *Journal of Marketing*, Vol. 60, No. 4, pp. 7−18.

Heskett, J., Jones, T.O., Loveman, G.W., Sasser, Jr., W.E. and Schlesinger, L.A. (1994), "Putting the Service-Profit Chain to Work," *Harvard Business Review*, March-April, pp. 164−174.

Heskett, J., Sasser, Jr., W.E. and Schlesinger, L.A. (1997), *The Service Profit Chain*, The Free Press, N.Y. pp. 12.

Oliver, R.L. (1993), "Conceptual Model of Service Quality and Service Satisfaction : Compatible Goals, Different Concepts," in Swartz, T.A., et al. eds., *Advances in Service Marketing and Management: Research and Practice*, JAI, Greenwich.

Reichheld, F. and Aspinall, K. (1993−94), "Building High-Loyalty Business Systems," *Journal of Retail Banking*, Winter, pp. 21−29.

Silvestro, R. and Cross, S.(2000), "Applying the service profit chain in a retail environment: Challenging the satisfaction mirror," *International Journal of Service Industry Management*, Vol. 11, No. 3, pp. 244−268.

Walker, R.H., Johnson, L.W. and Leonard, S. (2006), "Re-thinking the Conceptualization of Customer Value and Service Quality within the Service-Profit Chain," *Managing Service Quality*, vol. 16, No. 1, pp. 23−36.

Yu, C.J., Wu, L., Chiao, Y. and Tai, H. (2005), "Perceived Quality, Customer Satisfaction, and Customer Loyalty : the Case of Lexus in Taiwan," *Total Quality Management*, Vol. 16, No. 6, pp. 707−719.

Zeithaml, V.A. (1988) Consumer Perceptions of Price, Quality and Value : A Means-end Model and Synthesis of Evidence, *Journal of Marketing*, 52(July), pp. 2−22.

Zeithal, V.A. and Bitner, M.J. (1996), *Service Marketing*, Singapore.

NCSI (2024), https://www.ncsi.or.kr/index.asp.

한국행정학회 (2014), *행정학사전*, https://www.kapa21.or.kr/bbs/dictionary/7091.

»» 13장

식스 시그마 서비스와 서비스 디지털화

초기에 Motorola에 의해 창안된 식스 시그마 품질개선 운동은 그 후 GE 등을 통해 체계적인 경영철학의 개념으로 확대발전하게 되었다. 제조부문을 중심으로 발전하기 시작한 식스 시그마 접근방법은 오늘날 서비스부문에 확대 적용되어 많은 성과향상의 결과를 보여주고 있다. 본 장에서는 먼저 식스 시그마에 대한 기본적 이해를 돕기 위해 식스 시그마의 기원과 개념 및 관련 용어를 살펴보기로 한다. 식스 시그마 실행의 단계적 과정과 구체적인 개선의 절차로서 기존의 프로세스를 전제로 한 개선활동을 의미하는 DMAIC 개선 프로세스와 새로운 프로세스 설계를 전제로 한 개선활동을 의미하는 DMEDI 개선 프로세스에 대해 살펴본다. 아울러 서비스 프로세스에 IT를 결합한 품질관리의 주요 개념으로서 서비스 디지털화의 개념을 살펴보기로 한다.

핵심용어

- 식스 시그마
- 진실의 순간(MOT)
- DPMO
- DMEDI
- 타임 트랩
- 셋업 시간 감축
- 기능분석
- 블랙 벨트 제도
- 단위 당 결함 수
- 시그마 측정치
- Little's Law
- 풀 시스템
- 5S
- SIPOC 다이어그램
- 기회 당 결함 수
- DMAIC
- 자료측정 도구
- 백업 능력
- 식스 시그마 설계

I 식스 시그마의 의미와 체계

1 식스 시그마의 기원

1970년대 말에 많은 미국의 기업은 심각한 상황에 놓여 있었다. 이 시기에 가장 심각한 상황에 놓여 있던 기업 중의 하나가 Motorola였다. 주로 일본의 기업들에 의해 시장에서 위협받고 있던 Motorola의 당시 회장 Bob Galvin은 일본기업들이 가진 경쟁우위의 핵심이었던 품질을 직접 공략하여 회사의 경쟁력을 회복하려고 결심하였다. 1981년부터 시작된 이러한 Motorola의 품질혁신 노력이 바로 오늘날 식스 시그마 품질혁신 노력으로 정착되게 된 것이다(Ingle과 Roe, 2001).

출발 첫해에는 지속적인 개선노력에 초점을 맞추어 기초적인 품질개선 도구의 활용능력을 키우는 데에 중점을 두었다. 당시 Motorola에서는 Joseph M. Juran과 Frank M. Gryna를 초청해서 사내의 700여 명에 달하는 최고 경영자들을 대상으로 품질개선 훈련을 실시하기도 하였다. 고위 관리자들이 적극 참여하여 품질개선 프로젝트를 선정하고, 수행팀의 리더를 선발하여 실행하도록 유도한 Motorola의 노력은 바로 식스 시그마 품질실현을 가져온 주요 성공요인 중의 하나가 되었다.

1983년에 이르러서는 기본적인 품질개선 도구가 가지는 문제해결 능력의 한계성을 극복하기 위해 보다 정교한 문제해결 도구들을 도입하고 활용하기 시작하였다. Dorian Shainin이 주도하여 다변량분석(multivariate analysis)기법을 활용하기 시작하였으며, 실험설계(DOE; design of experiments) 기법이나 신뢰성 분석기법들도 도입하기 시작하였다. 1985년경에는 소위 "백만 개당 3.4개의 불량"이라는 식스 시그마 품질수준의 개념이 등장하게 되었다. Motorloa의 품질개선을 위한 노력은 새로운 품질개선 도구들의 적극적인 도입과 활용에서도 찾아볼 수 있다. 1985년에는 QFD, 1986년에는 벤치마킹(benchmarking), 1987년에는 포카요케(Poka－yoke), 1988년에는 사이클 타임 감축 등의 새로운 품질개선의 개념과 도구들이 적극적으로 활용되기 시작하였다(Bhote, 2002). 한 추정치에 따르면, 1986년부터 1998년까지 식스 시그마를 통해 Motorola에서 이루어진 금전적인 개선 효과는 160억 달러에 달하는 것으로 보고 된 바도 있다.

1988년에 Motorola가 말콤 볼드리지 국가품질상을 수상하게 되면서 식스 시그마 품질의 개념이 널리 알려지게 되었다. Motorola에서는 미국뿐만 아니라 전 세계를 대상으로 자신들이 수행한 노력의 상세한 내용을 컨퍼런스를 통해 발표하였고, 여러 책과 논문을 통해 이를 소개하였으며, Motorola University를 통해 이에 대한 강의를 개설하기도 하였다. 많은 기업들이 이러한 Motorola의 성과에 관심을 가지게 되었고, 그중에서도 GE와 AlliedSignal(지금의 Honeywell)은 식스 시그마의 도입을 통해 성과를 거둔 대표적인 회사로 널리 알려졌다.

특히 미국 내에서의 식스 시그마 확산은 GE가 1997년과 1998년 및 1999년에 발표한 연례 성과보고서에 의해 폭발적으로 이루어지기 시작하였다. 당시 GE의 회장이었던 John F. Welch에 의해 주도적으로 실행되기 시작한 GE의 식스 시그마는 1998년까지 7억 5천만 달러, 1999년 말까지는 20억 달러 그리고 2000년대 초에는 50억 달러의 수익증대 효과를 가져왔을 것으로 추정된다. 주목할 점은 GE의 이러한 식스 시그마 성과의 주요 부문이 제조활동 지원을 위한 서비스 부문에서 이루어졌다는 점이다. 가령, GE의 Lighting 사업부는 최대 고객인 Walmart에 대한 대금청구 시스템을 개선함으로써 청구서 오류와 분쟁의 98%를 감축시켰고, 지불 속도를 증가시켰으며, 두 회사 모두에게 생산성을 향상시키는 성과를 가져오게 하였다. 또한 GE Capital은 사내 변호사가 이끄는 프로젝트 개선팀을 통해 계약검토 프로세스를 합리화함으로써 계약체결 소요시간을 대폭 단축시켰고, 결과적으로 연간 1백만 달러의 비용개선 효과를 거둔 바 있다. 오늘날 GE가 10%를 상회하는 기록적인 운영마진(operating margins)을 달성하고 있는 것은 바로 식스 시그마가 가져다주는 재무적인 성과를 생생하게 입증해 주고 있는 것이다(Pande, 2000).

2 식스 시그마의 정의

식스 시그마(Six Sigma)가 무엇인지에 대한 설명은 다양한 형태로 이루어지고 있다. 상품과 프로세스의 개선을 위해 엔지니어나 통계전문가들이 사용하는 고도의 기술적인 방법으로 설명되기도 하고, 고객이 요구하는 사항을 완벽하게 충족시켜 주는 것을 목표로 하는 품질혁신의 개념으로 설명되기도 한다. 후자의 경우는 식스 시그마라는 용어 자체가 나타내주고 있는 우수한 품질능력, 즉 "100만 개의 작업활동 혹은 결함발생기회당 3.4개의 결함"의 수준을 반영한 설명이라고 할 수 있다. 또한 식스 시그마란 보다 나은 고객만족과 수익성 그리고 경쟁능력의 성취를 위해 기업이 나아가도록 하려는 "기업문화 변화노력"이라고 설명하는 경우도 있다. GE나 Motorola와 같이 전사적으로 식스 시그마에 대한 참여가 이루어지는 기업에서는 식스 시그마가 곧 기업문화의 변화노력이라는 설명이 타당할 것이다.

식스 시그마를 기술적인 개선 방법으로 인식하거나, 혹은 고객욕구의 완벽한 충족이라는 목표개념으로 인식하는 것, 더 나아가서 총체적인 기업문화의 변화노력이라고 인식하는 것 사이에는 기본적으로 큰 차이가 없다. 모두가 품질개선을 통한 고객만족 추구라는 기본적인 식스 시그마 개념을 공유하고 있기 때문이다. 이러한 식스 시그마에 대한 다양한 인식들을 종합해 보면 다음과 같이 그 정의를 내려 볼 수 있을 것이다(Pande 등, 2000):

> 식스 시그마란 비즈니스 성공을 이루고, 이를 유지하며, 극대화하기 위한 종합적이고 신축성 있는 하나의 시스템이다. 식스 시그마는 고객욕구를 세밀하게 이해하고, 실제 상황과 자료 및 통계분석을 능숙하게 활용하며, 보다 적극적으로 비즈니스 프로세스를 관리하고, 개선하며, 재개발하는 것에 관심을 쏟음으로써 실행되는 것이다. (여기서 말하는 비즈니스 성공이란 비용감축, 생산성 향상, 시장점유율 증대, 고객보유, 사이클 타임 감축, 불량률 감축, 문화변화, 상품/서비스 개발 등을 말한다.)

3 식스 시그마 품질수준의 의미

3.1 통계적 의미의 식스 시그마 품질수준

시그마(σ)란 본래 통계적 의미로 표준편차를 의미한다. 품질경영의 측면에서 본 표준편차의 의미는 프로세스가 지니고 있는 품질변동의 폭을 나타낸다. 따라서 어느 프로세스의 시그마값이 상대적으로 작다면 그만큼 품질변동의 폭이 좁음을 나타내며, 결과적으로 불량의 발생가능성이 낮음을 의미하게 된다. 제 6 장에서 살펴보았듯이 어느 프로세스가 고객의 욕구를 충족시키기 위해서 설정한 품질특성의 상한과 하한을 각각 규격상한(upper specification limit)과 규격하한(lower specification limit)이라고 한다. 가령 5분 간격으로 운행되는 지하철의 운행시간의 서비스 규격을 ±0.3분으로 정해놓았다면 규격하한인 4.7분과 규격상한인 5.3분 내에 전동차가 도착하면 만족스러운 서비스가 되는 것이고, 이를 벗어나서 보다 빨리 혹은 늦게 도착하면 불만족스러운 서비스 즉, 불량인 서비스가 되는 것이다.

어느 프로세스의 품질수준을 시그마로 표현하는 방법은 그 프로세스가 가지는 표적수준(중심)으로부터 규격상한 혹은 하한까지의 거리가 현재 프로세스가 가지는 시그마값의 몇 배에 해당하는 지로 나타내게 된다. 가령, 지하철 운행간격의 서비스 규격은 5.0±0.3분이고 어느 지하철 노선 운행간격의 시그마(σ)값이 0.1분이라면 이 노선의 품질수준은 0.3/0.1=3.0 시그마 수준이 된다. 만일 다른 어느 노선의 운행간격 시그마의 값이 0.05분이라면 이는 0.3/0.05=6.0 시그마 수준이 되는 것이다. 후자의 경우는 운향간격의 편차가 매우 작은 것을 나타내며, 따라서 표적수준을 보다 정확하게 충족시키는 운행능력을 가지고 있음을 나타내게 된다.

만일 두 노선의 평균 운행간격이 5.0분을 유지하고 있다면, 〈그림 13.1〉에서 보는 바와 같이 3.0시그마 수준일 경우 운행간격이 서비스 규격을 벗어나게 될 가능성은 0.27% 즉, 2,700ppm이 되며, 6.0시그마 수준일 경우는 0.0000002% 즉, 0.002ppm이 된다. 운행간격의 편차가 ½로 감소되면서 운행간격이 서비스 규격을 벗어나게 될 가능성은 백만분의 일에 가깝게 대폭 줄어들게 됨을 알 수 있다. 이는 바로 품질개선을 통한 품질변동 원인의 제거가 품질향상에 커다란 영향을 미치게 된다는 것을 단적으로 보여주는 것이다.

다음의 〈표 13.1〉은 시그마로 표시한 품질수준의 실제적인 의미를 알기 쉽도록 비유적

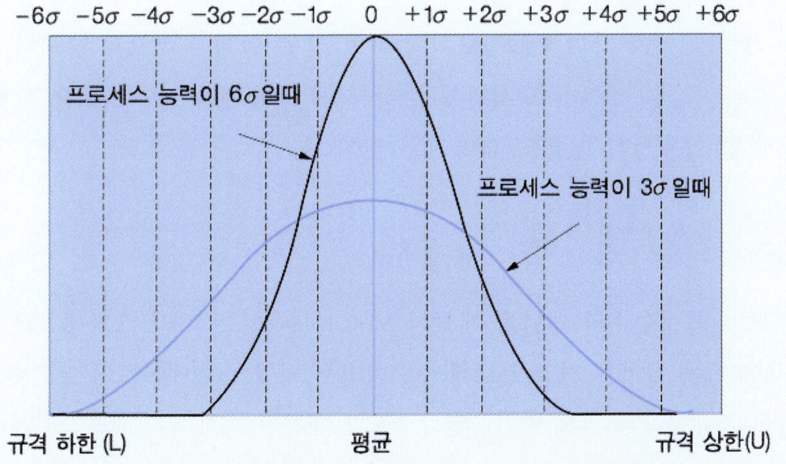

• 프로세스 능력이 3σ일때 규격 상한 혹은 하한을 벗어나는 불량이 발생할 확율 : 0.27% = 2,700 ppm
• 프로세스 능력이 6σ일때 규격 상한 혹은 하한을 벗어나는 불량이 발생할 확율 : 0.0000002% = 0.002 ppm

그림 13.1 통계적 의미의 식스 시그마 품질수준

표 13.1 시그마 품질수준의 비교

시그마 수준	면적 비유	오타 비유
7	뜨개질바늘의 점	여러 개의 대형 도서관에 소장된 모든 책에서 1개의 잘못 인쇄된 단어가 발견됨
6	보통 다이아몬드의 크기	어느 소형 도서관에 소장된 모든 책에서 1개의 잘못 인쇄된 단어가 발견됨
5	A5 용지 크기	백과사전 한 세트에서 1개의 잘못 인쇄된 단어가 발견됨
4	보통 거실의 바닥면적 크기	어느 책의 한 장(chapter)에서 1개의 잘못 인쇄된 단어가 발견됨
3	소형 철물점의 바닥면적 크기	어느 책의 1페이지에서 1.5개 정도의 잘못 인쇄된 단어가 발견됨
2	대형 슈퍼마켓의 바닥면적 크기	어느 책의 1페이지에서 25개 정도의 잘못 인쇄된 단어가 발견됨
1	보통 공장의 바닥면적 크기	어느 책의 1페이지에서 170개 정도의 잘못 인쇄된 단어가 발견됨

자료원: Harry, M.J. (1988), *The Nature of Six Sigma Quality*, Discussion Document, Motorola.

으로 나타내 본 것이다. 가령, 1σ의 품질수준을 가진 프로세스에서 불량의 크기가 보통 공장의 바닥면적쯤 된다면, 3σ의 품질수준인 경우는 그 크기가 작은 철물점 바닥면적쯤 되고, 6σ의 품질수준이라면 다이아몬드 알 크기쯤 된다. 잘못 인쇄된 활자의 수로 나타낸다면 1σ 수준인 경우 페이지마다 170개의 잘못된 단어가 발견될 가능성이 있다. 반면에 3σ 수준이라면 페이지 당 1.5개 정도의 단어만 잘못 인쇄된 것으로 나타날 가능성이 있고, 6σ 수준이라면 조그만 도서관에 소장된 책 전체에서 1개 정도만 잘못 인쇄된 단어가 발견될 가능성이 있음을 나타내는 것이다.

3.2 관리적 의미의 식스 시그마 품질수준

식스 시그마 품질수준의 개념을 개발한 Motorola에서는 여러 프로세스를 대상으로 품질변화의 모습을 살펴본 결과 프로세스에 따라서 최대 1.5σ배만큼의 프로세스 평균의 이동 현상이 존재한다는 것을 발견하였다. 즉, 실제적인 프로세스의 품질평균의 위치가 표적 수준에 비해 최대 1.5σ배만큼 크거나 작은 현상이 발생한다는 것이다. 따라서 관리적인 측면에서는 이러한 프로세스 중심의 이동 현상을 감안한 식스 시그마 품질수준을 실제적인 목표로 사용하게 되는데 소위 '3.4ppm'이란 식스 시그마 품질수준을 대변하는 품질수준의 값은 바로 이를 나타내고 있다.

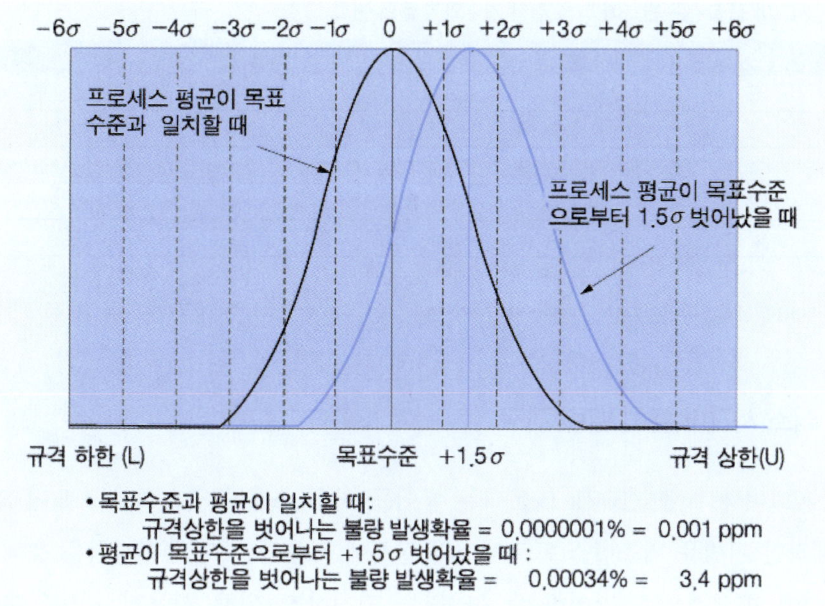

그림 13.2 관리적 의미의 식스 시그마 품질수준

〈그림 13.2〉는 관리적인 측면에서 실질적인 품질목표로 하는 식스 시그마 품질수준을 나타내고 있다. 그림에서 프로세스 품질의 평균이 표적 수준에 비해 1.5σ배만큼 우측으로 이동할 경우 프로세스 평균으로부터 규격상한까지의 거리는 $6.0\sigma - 1.5\sigma = 4.5\sigma$가 된다. 따라서 이 경우 규격상한을 기준으로 할 때의 실제적인 품질수준은 4.5σ 품질수준과 같게 되는 것이다. 다만, 4.5σ 품질수준과 다른 점은 규격하한 쪽에서는 불량이 발생하지 않는다고 간주할 수 있다는 것이다(규격하한까지의 거리는 7.5σ가 되므로). 품질수준이 4.5σ일 경우 규격상한 혹은 하한을 벗어날 가능성은 0.00068%이므로 상한을 벗어날 가능성은 0.00034% 즉, 3.4ppm이 된다. 따라서 식스 시그마 품질수준의 실질적인 불량 발생 가능성은 3.4ppm이라고 볼 수 있는 것이다.

〈표 13.2〉에는 관리적인 측면에서 시그마 품질수준 변화에 따른 수율과 결함수(다음 "II−1.3"의 측정치 설명 참조)의 변화를 나타내고 있다. 3시그마의 품질수준은 현실적으로 백만 개당 66,807개의 결함 수 발생 가능성을 나타내며, 양호한 품질의 상품 혹은 서비스의 창출 비율이 93.72%임을 나타낸다.

표 13.2 시그마 품질수준 변화에 따른 결함 개수와 수율의 변화

시그마 수준	DPMO(백만 개당 결함 개수)	수율
6	3.4	99.9997%
5	233	99.977%
4	6,210	99.379%
3	66,807	93.32%
2	308,537	69.2%
1	690,000	31%

자료원: George, M.L. (2003), *Lean Six Sigma for Service*, McGraw−Hill, New York, NY, p. 25.

4 식스 시그마 블랙 벨트 제도

식스 시그마 블랙 벨트(Black Belt)라는 용어를 처음 소개한 것은 Motorola에 의해서였다. 통계적인 기법을 비즈니스 프로세스와 절차에 적용하는 훈련과 경험을 통해 기업의 성과개선에 핵심적으로 기여하는 종업원을 지칭하기 위해 사용한 것이었다(Chase, 1999). 한 연구의 추정치에 따르면 블랙 벨트의 활용을 통해 프로젝트당 평균 17만 5천 달러의 비용절감 효과를 거두는 것으로 보고 된 바 있다(Harry, 1998). 블랙 벨트 제도는 기본적으로 그린 벨트(Green Belt), 블랙 벨트, 마스터 블랙 벨트(Master Black Belt)의 3단계 수준으로 구성되어 있다(Ingle과 Roe, 2001).

(1) 그린 벨트

Motorola의 그린 벨트는 식스 시그마 도구와 기법의 훈련과 경험 과정을 거치게 된다. 그린 벨트에게는 통계학이나 리더십 기술의 활용에 있어서 블랙 벨트와 동일한 수준의 경험을 요구하지는 않는다. GE의 경우 그린 벨트는 블랙 벨트와 유사한 기술 구사능력을 가지며, 블랙 벨트의 프로젝트 수행을 보조하게 된다. 그린 벨트 자격을 받기 위해선 2개의 프로젝트 실행 경험을 가져야 한다.

(2) 블랙 벨트

Motorola의 블랙 벨트는 식스 시그마 문제해결 및 예방을 위한 도구와 기법의 활용에 있어서 전문적인 능력과 경험을 가진 사람들이다. 이들은 또한 리더십과 팀 구축 기술을 갖추고 있으며, 전체 10만여 명의 종업원 중에서 대략 120명이 블랙 벨트로 활동하고 있다. Motorola는 블랙 벨트에 대해 공식적인 훈련 프로그램의 이수나 프로젝트의 실행

과 같은 구체적인 지식요건을 요구하고 있다. 블랙 벨트가 되려면 훈련 및 실행요건을 충족시켰음을 입증하는 지원서와 지도를 받은 선임 블랙 벨트의 추천서, 그리고 후원자(통상 부서의 상사나 책임자)의 프로젝트 성과에 대한 추천서를 제출하여 심사를 받게 된다.

GE의 블랙 벨트란 식스 시그마의 실행을 위한 측정, 분석, 개선, 통제 단계의 활동(자세한 내용은 다음의 "II－2.1." 참조)에서 사용되는 12가지 방법에 숙달된 사람들을 말한다. GE의 블랙 벨트 훈련 과정은 엄격하게 정해진 과정에 따라서 진행된다. 대개 16－20주에 걸쳐서 진행되며, 1주의 훈련 과정을 이수한 후 3－4주 정도에 걸쳐서 학습한 방법을 프로젝트에 적용해 보는 식으로 진행되고 있다. 대개 2개 주요 프로젝트를 성공적으로 실행할 경우 블랙 벨트의 자격요건을 충족시키게 된다. Motorola와 달리 GE의 경우는 블랙 벨트 자격을 얻는 것이 부서에 따라서 고위직 승진을 위한 주요 혹은 필수적인 자격요건이 되기도 한다.

(3) 마스터 블랙 벨트

Motorola에서 마스터 블랙 벨트가 되려면 적어도 5년 이상 블랙 벨트로서 활동한 경험이 있어야 한다. 또한 5명 이상의 블랙 벨트를 성공적으로 지도한 경력을 갖추어야 하고, 자신이 속한 사업부의 상급 경영자뿐만 아니라 타 사업부의 상급 경영자로부터도 추천을 받아야 한다. 마스터 블랙 벨트는 식스 시그마 실행을 전담하는 역할을 하고 있다.

GE의 마스터 블랙 벨트는 식스 시그마 방법론을 실행함에 있어서 리더의 역할을 수행하며, 보통 직접 사내 Six Sigma Institute로부터 훈련을 받게 된다. 여러 개의 프로젝트 실행을 거치게 되며, 전적으로 식스 시그마와 블랙 벨트의 비용절감 프로그램을 위해 일하게 된다. 본래는 마스터 블랙 벨트나 블랙 벨트의 훈련대상자를 기술적인 지식이나 능력을 위주로 선발하였으나, 지금은 관리능력이나 조직관리 기술을 바탕으로 선발하고 있다. 전문적인 기술지원은 통계전문가와 같은 실제적인 전문가에게 위임하고 블랙 벨트나 마스터 블랙 벨트를 미래의 경영자와 리더의 원천으로 관리하는 것이다.

식스 시그마를 실행하기 위한 조직 내에는 실무적인 프로젝트를 주도적으로 실행하는 블랙 벨트 이외에 이들을 관리 혹은 후원하고 지도하는 구성원도 있다. 블랙 벨트를 직접적으로 관리하고 후원하는 역할을 하는 챔피언(Champions) 혹은 후원자(Sponsor)는 주로 고위 관리자가 맡게 되며, 사내에 식스 시그마 문화를 창출하고 이를 주도적으로

표 13.3 식스 시그마 조직의 구성원

일반적인 역할	통상적인 담당 직책명 혹은 벨트 명
리더십 위원회	품질위원회, 식스 시그마 실행 위원회
후원자	챔피언, 프로세스 소유자(process owner)
실행 리더	식스 시그마 지도자, 품질 리더, 마스터 블랙 벨트
코치	마스터 블랙 벨트 혹은 블랙 벨트
팀 리더	블랙 벨트 혹은 그린 벨트
팀 구성원	팀 구성원 혹은 그린 벨트
프로세스 소유자	후원자 혹은 챔피언

자료원: Pande, P.S. et al. (2000), *The Six Sigma Way : How GE, Motorola and Other Top Companies Are Horning Their Performance*, McGraw－Hill, New York, NY, p. 122.

추진하기 위한 최고 조직으로서 식스 시그마 리더십 팀(Six Sigma Leadership Team) 혹은 품질 위원회(Quality Council)는 사내의 최고 경영층으로 구성된다. 아울러 프로젝트 실행에 필요한 전문적인 지식을 조언하는 코치(Coach)는 컨설턴트의 역할을 수행하는 사람으로서 마스터 블랙 벨트나 블랙 벨트가 맡게 된다. 〈표 13.3〉은 식스 시그마 조직을 구성하는 주요 구성원의 역할과 명칭을 나타내고 있다.

Ⅱ 식스 시그마의 실행단계 및 개선 프로세스

1 식스 시그마 실행의 단계

식스 시그마가 지향하는 목표와 성과를 달성하기 위해서는 효과적인 실행을 위한 단계적 과정을 이해할 필요가 있다. 식스 시그마의 실행을 위해 제안되고 있는 단계적 과정은 다음의 5가지 절차로 요약해 볼 수 있다(Pande 등, 2000).

- 단계 1 : 핵심 프로세스 및 핵심 고객의 규명
- 단계 2 : 고객요구사항의 정의
- 단계 3 : 기존 성과의 측정
- 단계 4 : 개선의 우선순위 결정, 분석, 실행
- 단계 5 : 식스 시그마 시스템의 확대 및 통합

1.1 핵심 프로세스 및 핵심 고객의 규명

이 단계에서는 조직에서 수행되는 가장 중요한 다부문 연계(cross-functional) 활동들이 무엇이며, 이 활동들이 외부 고객과 어떻게 상호작용하게 되는지를 이해하기 위해서 전반적인 비즈니스 프로세스의 연결모습을 명확하게 그려보도록 한다. 이 단계에서 이루어지는 세부 활동은 다음과 같다:

- 비즈니스의 주요 핵심 프로세스(core processes)를 규명한다.
- 핵심 프로세스에 대한 핵심 산출요소와 핵심 고객(key customers)을 정의한다.
- 핵심 혹은 전략적인 프로세스의 전반적인 그림을 만든다.

여기서 말하는 핵심 프로세스란 외부고객에게 가치(상품, 서비스, 지원, 정보 등)를 제공하기 위해서 여러 부서 혹은 기능 부문에 걸쳐서 이루어지는 과업의 연결고리를 말한다. 주로 고객유치, 주문처리, 주문충족, 고객 서비스 혹은 지원, 신상품/서비스 개발, 대금청구 및 수납 등이 이에 속한다고 볼 수 있다. 핵심 프로세스를 구성하는 주요 활동들의 연결 흐름을 그려보기 위해서는 SIPOC 다이어그램을 사용할 수도 있다. SIPOC 다이어그램은 프로세스 관리 및 개선을 위해 널리 사용되는 유용한 방법으로서 프로세스의 흐름을 Supplier(공급자)-Input(투입요소)-Process(프로세스)-Output(산출요소)-Customer(고객)로 나누어 표현하게 된다(다음의 "2.1.-(1)" 참조).

1.2 고객 요구사항의 정의

이 단계는 실제적인 고객의 투입요소에 바탕을 둔 성과표준을 설정하여 프로세스의 효과성과 능력을 정확하게 측정할 수 있도록 하며, 지속적인 고객목소리(VOC) 자료를 수집하기 위한 시스템과 전략을 개발 혹은 강화하는 것에 목적을 두고 있다. 단계 2의 세부적인 진행은 다음의 순서로 이뤄진다:

- 고객의 자료를 수집하고, 고객목소리 전략을 개발한다.
- 성과표준(performance standards)과 요구사항 명세서(requirements statements)를 개발한다.
- 고객의 요구사항을 분석하고 우선순위를 부여한다(요구사항을 전략에 연계함).

고객의 요구사항은 산출 요구사항과 서비스 요구사항의 두 가지로 나누어 작성한다. 산출 요구사항은 프로세스의 종점에서 고객에게 전달되는 최종 상품 혹은 서비스가 가져야 할 특징(features)과 혹은 특성(characteristics)으로서 고객에 눈에 비친 유용성 혹은 효과성과 관련된다. 서비스 요구사항은 프로세스 자체의 진행 과정에서 고객을 어떻게 대우하고 서비스해 줄 것인가에 대한 지침을 말한다. 소위 스칸디나비아 항공의 전 회장이었던 Jan Carlzon이 말하는 '진실의 순간(MOT; Moment of Truth)'이라는 개념 —즉, 무엇이든지 고객이 기업에 대해 긍정적 혹은 부정적 견해를 형성하도록 만들 수 있는 사례—은 바로 서비스 요구사항을 개발하기 위해 도움을 줄 수 있는 유용한 개념이라 한 것이다. 여기서 유의할 점은 요구사항을 보다 구체적이고, 가급적 객관적으로 측정 가능하도록 정의하는 것이다. "신속한 배달"이라는 요구사항의 규정보다는 "주문수령 후 3일 이내에 배달"이라는 요구사항의 규정이 보다 구체적이고 측정 가능한 정의일 것이다.

1.3 기존 성과의 측정

이 단계에서는 고객 요구사항에 비추어 각 프로세스의 성과를 정확하게 평가하며, 핵심 산출요소와 서비스 특징을 측정하기 위한 시스템을 구축하는 것에 목적을 둔다. 단계 3의 세부적인 절차는 다음과 같다:

- 고객 요구사항에 대비한 성과측정 방법을 계획하고 실행한다.
- 기준 결함 측정치(baseline defect measures)를 개발하고 개선의 기회를 규명한다.

성과측정 실행의 과정은 5개의 단계로 구성된다

- 1단계: 측정 대상을 선정한다.
- 2단계: 측정 대상에 대한 실제적인 의미를 구체적으로 정의한다.
- 3단계: 측정에 필요한 자료의 원천을 규명한다.
- 4단계: 자료수집 및 샘플링의 계획을 마련한다.
- 5단계: 측정을 실행하고 보완한다.

성과의 기준을 개발하는 것은 현재 프로세스가 잘 운영되고 있는지를 알아보기 위해서이다. 일반적으로 사용되는 성과측정치로는 주로 프로세스가 산출하는 결함의 수준을 중심으로 측정하는 방법을 들 수 있다. 먼저 성과측정과 관련한 몇 가지 관련 용어들을

살펴보면 다음과 같다:

- 단위(unit): 프로세스를 거쳐 간 품목이나 고객에게 전달된 최종 상품 혹은 서비스로서 승용차, 담보대출, 호텔숙박, 계좌명세서 등이 예가 된다.
- 결함(defect): 고객의 요구사항이나 성과표준을 충족시키지 못한 것을 말하며, 엔진오일의 누출, 대출심사 지연, 예약 부실, 기재오류 등이 예가 된다.
- 불량(defective): 결함을 가진 단위를 말한다. 따라서 한 개의 결함을 가진 승용차나 15개의 결함을 가진 승용차나 불량인 것은 마찬가지이다.
- 결함기회(defect opportunity): 대부분의 상품 혹은 서비스에는 고객이 요구하는 사항이 많기 때문에 결함이 발생할 기회가 많다. 가령 호텔 서비스에 대한 고객의 요구사항이 30가지라면 결함이 발생할 수 있는 기회도 30개가 된다.

프로세스의 성과평가를 위해 사용되고 있는 대표적인 성과측정치로는 다음과 같은 것들이 있다:

(1) 불량비율(proportion defective)

결함을 가진 단위의 비율(불량단위의 수/전체 단위의 수)을 말한다. 전체 500건의 대출처리 중에서 14건에서 각각 하나 이상의 오류(결함)가 발견되었다면 불량비율은 다음과 같이 계산된다.

$$\text{불량비율} = 14/500 = 0.028 \ (\text{즉, } 2.8\%)$$

(2) 최종수율(final yield)

1−불량비율로 나타내며, 양호한 단위의 비율을 나타낸다. 위의 예의 경우 최종수율은 다음과 같이 계산된다.

$$\text{최종수율} = 1 - 0.028 = 0.972 \ (\text{즉, } 97.2\%)$$

(3) 단위 당 결함 수(DPU; defects per unit)

전체 단위에 대한 평균 결함의 수(총 결함의 수/전체 단위의 수)를 나타낸다. 가령 오류가 포함된 14건에서 발견된 총 오류(결함)의 수가 20개였다면 단위 당 결함 수는 다음과 같이 계산된다.

$$\text{단 위당 결함 수} = 20/500 = 0.04 \ (\text{즉, 대출처리 당 오류발생 가능성은 } 4\%)$$

(4) 기회 당 결함 수(DPO; defects per opportunity)

전체 결함발생 기회에 대한 평균결함의 수(총 결함의 수 / (전체 단위의 수 × 단위당 결함 기회의 수)를 나타낸다. 가령 각 대출처리 과정에서 발생할 수 있는 오류(결함)의 기회가 5건이라면, 위의 경우 기회 당 결함 수는 다음과 같이 계산된다.

기회 당 결함 수 = 20 / (500 × 5) = 0.008 (즉, 단위기회 당 실제결함 발생 가능성은 0.8%)

(5) DPMO(defects per million opportunity)

PPM(parts per million)으로 표시하기도 하며, 100만 개의 결함기회 당 발생하는 결함의 수를 나타낸다. 위의 경우 DPMO의 값은 다음과 같이 계산된다.

0.008 DPO = 0.008 × 100만 DPMO = 8,000 DPMO(혹은 PPM)

(6) 시그마 측정치

결함 기회에 대한 실제 결함발생 가능성의 크기를 Motorola가 사용한 시그마의 수준으로 나타낸 것이다. 여기서 말하는 시그마의 수준은 결함발생분포의 평균에 대해 현실적으로 발생하는 이동현상(대략 1.5배의 표준편차범위)을 반영하여 결정한 것을 나타낸다. 따라서 정규분포에서 가정하는 표준편차의 배수와는 차이가 있다(구체적인 내용은 앞의 〈표 13.2〉 참조). 위의 예의 경우 8,000 DPMO는 대략 3.9시그마의 수준에 해당한다고 볼 수 있다.

1.4 개선의 우선순위 결정, 분석, 실행

식스 시그마의 실제적인 실행을 통해 개선을 이루는 단계이다. 이 단계에서 이루어지는 접근방식은 첫째, 기존의 프로세스를 바탕으로 점진적인 개선을 실행하는 것과 둘째, 기존의 프로세스를 재설계하거나 새로운 프로세스를 설계하는 것과 같은 혁신적인 개선을 추구하는 것으로 나누어 볼 수 있다. 전자는 기존의 프로세스를 전제로 잠재적 개선의 가능성이 높은 영역을 규명하고, 실제적인 자료분석 결과와 창의적인 사고를 바탕으로 프로세스 지향적인 개선의 방안을 개발하는 데에 목적을 둔다. 반면에 후자는 새로운 개선안과 프로세스를 바탕으로 이를 효과적으로 실행하고, 실행의 성과가 측정 가능하고 지속될 수 있도록 하는 데 목적을 둔다.

일반적으로 사용되는 단계 4의 구체적인 실행 절차는 소위 DMAIC(Define-Measure-Analysis-Improve-Control)로 구성되는 개선의 과정으로 설명될 수 있다. 다만, 프로세스의 설계 혹은 재설계를 전제로 하는 실행 절차는 별도로 이를 구분하여 DMEDI(Define-Measure-Explore-Develop-Implement)의 과정으로 설명되기도 한다(George, 2003). 이 부분에 대해서는 다음의 2.1과 2.2에서 보다 자세하게 살펴보기로 한다.

1.5 식스 시그마 시스템의 확대 및 통합

식스 시그마의 성과가 단순히 하나의 개선 프로젝트의 실행을 통해 이루어질 수 있는 것은 아니다. 이는 식스 시그마가 가진 핵심적인 주제와 방법에 대해 장기적인 실행의지를 가지고 이를 지속적으로 추구할 때만이 달성될 수 있는 것이다. 마지막 단계인 단계 5에서는 성과개선을 가져오는 관행이 항상 실행될 수 있도록 노력함과 아울러 지속적인 측정과 재검사, 상품이나 서비스, 프로세스 및 절차의 개선이 이루어질 수 있도록 노력하는 것에 목적을 두게 된다. 단계 5의 구체적인 실행 절차는 다음과 같다:

- 개선을 유지하기 위해 필요한 측정과 활동을 지속적으로 실행한다.
- 프로세스 소유(process ownership) 및 관리의 책임을 명확하게 한다.
- 피드백이 이루어지는 감독 활동을 실행하고 식스 시그마 수준의 성과를 향하여 노력한다.

프로세스 관리의 체제로 전환함에 있어서 가장 기초적인 절차는 프로세스 소유자(process owner)를 지정하는 일이다. 프로세스 소유자가 무슨 일을 해야 하는지를 명시한 공식적인 직무기술서는 없지만 식스 시그마 조직에 있어서는 다음과 같은 책임을 수행하는 것이 필수적이다:

- 프로세스에 관한 기록을 보전한다.
- 프로세스 성과를 측정하고 감독한다.
- 문제와 기회를 규명한다.
- 개선노력을 개시하고 후원한다.
- 다른 프로세스 혹은 기능 부문과 조율하고 커뮤니케이션한다.
- 프로세스 성과를 극대화한다.

2 식스 시그마 개선 프로세스

2.1 DMAIC 개선 프로세스

DMAIC 개선 프로세스는 기존 핵심 프로세스의 성과를 개선하기 위해 가장 시급하게 실행해야 할 개선 프로젝트가 무엇인지를 결정하고 이를 실행에 옮기는 일련의 과정을 나타낸다. 다음에서는 각 단계에서 수행해야 할 과제와 유의사항을 살펴보기로 한다 (George, 2003).

(1) 정의(D: define) 단계

프로젝트를 수행할 팀을 구성하고, 프로젝트 수행을 통해 달성할 목표가 무엇인지를 결정하는 단계이다. 이를 보다 세부적으로 살펴보면 다음과 같다:

- 고객에게 미치는 영향과 고객이 바라는 요구사항을 이해함과 아울러 현재의 프로세스 혹은 산출이 욕구충족에 실패하는 이유를 파악한다.
- 프로젝트와 기업 전략의 연계를 이해하고, 기대되는 투자수익률의 수준을 파악한다.
- 프로젝트의 경계(범위)를 결정한다.
- 성공여부를 평가하기 위해 사용할 지표 혹은 평가치를 결정한다.

고객의 요구사항을 충족시키기 위해서 어떻게 대응하고 있는지를 파악하고, 현재의 문제점이 어디에서 발생하는지를 규명하기 위해서는 전반적인 프로세스 흐름에 대한 이해가 필요하다. 이러한 이해를 돕기 위해 널리 이용되는 도구로는 앞에서 간략하게 언급한 바 있는 SIPOC 다이어그램을 들 수 있다. SIPOC라는 명칭은 프로세스를 구성하는 요소를 공급자('S': supplier), 투입요소('I': input), 프로세스('P': process), 산출요소('O': output) 및 고객('C': customer)으로 나누어 다이어그램을 작성한 것에서 연유한다. 각 요소에 대한 정의는 다음과 같다:

- **공급자(S)**: 무엇이든지 프로세스에서 사용하게 되는 것(정보, 양식, 자재 등)을 공급하는 주체(개인, 프로세스, 회사) 또는 외부 공급체, 다른 사업부, 동료 종업원
- **투입요소(I)**: 공급된 정보나 자재
- **프로세스(P)**: 투입요소를 산출요소로 전환하는 단계적 과정

- 산출요소(O): 고객에게 전달되는 상품, 서비스 혹은 정보(핵심품질요소(CTQ; critical −to−quality)를 강조함)
- 고객(C): 프로세스의 다음 단계 혹은 최종(외부) 고객

〈그림 13.3〉은 장비 리스계약 체결 프로세스에 대한 SIPOC 다이어그램을 나타내고 있다. 이러한 SIPOC 다이어그램은 DMAIC의 정의(D) 단계에서 작성되지만 후속 단계에서도 계속 활용이 이루어진다. 즉, 프로세스가 고객이 요구하는 핵심품질요소에 대한 충족을 이루지 못할 경우 리드타임이나 품질수준을 측정 (M)하게 된다. 분석(A) 단계에서는 핵심품질요소를 개선시킬 수 있을 제한된 수의 프로세스 파라미터와 핵심품질요소를 연계시키게 된다. 개선(I) 단계에서는 주요 산출요소에 영향을 미치는 투입요소와 프로세스에 변화를 가져오게 되고, 통제(C)단계에서는 이러한 개선을 통해 얻어진 성과가 지속될 수 있도록 노력하게 된다.

한편, 프로젝트 실행의 성공여부를 측정하기 위해 사용하는 평가치로는 고객만족도, 프로세스 속도/리드타임, DPMO 혹은 시그마 측정치, 재무적인 성과 등을 사용할 수 있다. 프로세스에서 이루어지는 대략적인 리드타임의 크기는 다음의 식(Little's Law라고도 함)으로 산출해 볼 수 있다:

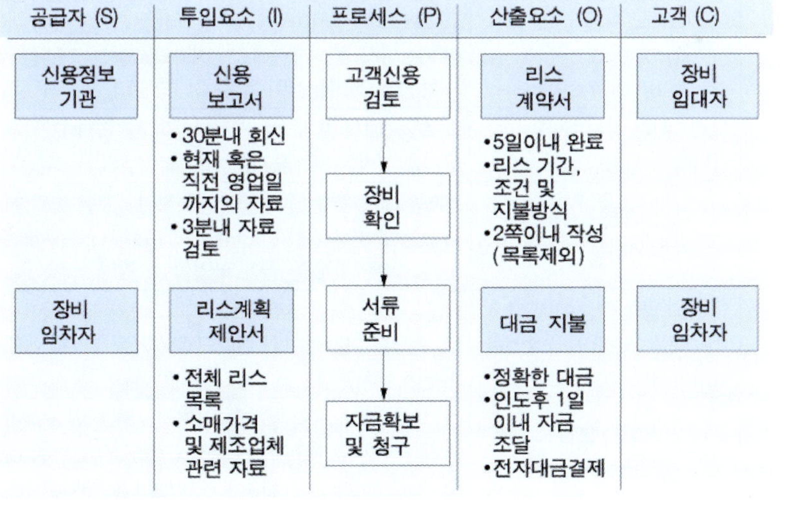

그림 13.3 장비 리스계약 프로세스의 SIPOC 다이어그램

자료원: George, M.L. (2003), *Lean Six Sigma for Service*, McGraw-Hill, New York, p. 279.

$$\text{리드타임} = \frac{\text{프로세스 중에 있는 WIP(work-in-process) 수량}}{\text{평균 완성률(즉, 단위시간 당 완성수량)}}$$

예를 들어 처리 중에 있는 대출계약 건수가 20건이고, 하루에 평균 5건 정도 처리가 이루어진다면, 대출계약 프로세스의 리드타임은 20/5 = 4일이 된다.

(2) 측정(M: measure) 단계

식스 시그마가 가진 주요 장점 중의 하나는 바로 자료를 기반으로 한 경영시스템이라는 것이다. 문제의 근본적인 원인을 올바르게 이해하기 위해서는 충분한 자료의 확보가 필요하다. 이러한 자료확보 노력 없이 개선(I)의 단계로 뛰어드는 것은 프로젝트 자체를 단기적인 처방에 치중하게 만들거나 불만족스러운 결과를 낳게 할 우려가 있다. 측정 단계의 실행은 다음의 세 가지 절차로 구성된다:

표 13.4 자료측정을 위해 사용되는 도구

목적	도구	내용
프로세스의 설명	복잡성 가치 흐름도 (complexity value stream maps)	작업활동을 가치부가적 혹은 비가치부가적 활동으로 나누고, 사용 시간 및 복잡성의 정도를 표기한 프로세스 흐름도를 말한다.
	프로세스 사이클 효율 (process cycle efficiency)	프로세스의 총 사이클 타임에 대비한 가치부가적 사이클 타임의 비율을 나타낸다. 보통 10% 미만의 효율을 가진 경우는 비가치부가적 낭비의 가능성이 높음을 나타낸다.
	시간 가치 분석 (time value analysis)	프로세스에서 발생하는 가치부가적 시간과 비가치부가적 시간의 크기를 시각적으로 표시한 차트를 말한다.
초점화 / 차별화	파레토 차트 (Pareto charts)	문제를 야기시키는 원인들의 상대적인 비중을 측정한 후 가장 비중이 높은 원인부터 차례로 막대그래프로 표현한 차트로서, 비중이 높은 소수의 원인을 쉽게 파악할 수 있다.
	실패형태 및 효과분석 (FMEA; failure mode and effects analysis)	상품, 서비스 혹은 프로세스가 지니고 있는 잠재적인 실패의 형태를 (1) 실패할 가능성, (2) 실패의 감지가능성, (3) 실패의 심각성에 비추어 분석한다.
자료수집 / 정확성 평가	게이지 R&R (Gage R&R)	측정시스템의 신뢰성을 향상시키기 위해 이를 분석하고 조정하는 방법을 말한다. R&R이란 측정의 반복가능성(repeatability)과 재생산가능성(reproducibility)을 나타낸다.
변동의 계량화 / 기술	관리도 (control charts)	프로세스에 나타나는 성과의 시간적인 변동의 유형을 규명하고 이에 대응하기 위해 사용한다. 통제(C) 단계에서도 프로세스 성과를 실시간으로 감독하기 위해 사용한다.

• 기준(baseline)성과 측정치의 설정
• 프로세스의 관찰
• 프로세스 참여를 통한 자료수집

이 단계에서는 프로세스와 관련된 자료를 측정하기 위해서 다양한 도구들을 사용할 수 있다. 다음의 〈표 13.4〉에서 볼 수 있는 바와 같이 이러한 도구들은 (1) 프로세스를 설명하거나, (2) 초점화/차별화를 위해서, 혹은 (3) 자료수집 및 정확성 평가를 목적으로 하거나, (4) 변동의 크기를 계량화하고 기술하기 위해서 사용된다.

(3) 분석(A: analysis) 단계

분석 단계의 목표는 측정 단계에서 수집한 자료를 활용하는 것이다. 수집된 자료를 사용하여 서비스의 지연이나 활동의 낭비 혹은 품질불량의 원인을 규명하는 것이 분석 단계의 구체적인 목표이다. 이 단계에서는 특히 프로젝트팀 구성원의 경험이나 판단보다는 수집한 자료에 치중해서 근본 원인을 규명하는 것이 중요하다. 문제의 원인과 결과의 관계를 분석하기 위해서는 주로 제7장에서 설명한 바 있는 5W2H 분석, 원인－결과 다이어그램, 산포도, 실험설계 등의 기법을 활용하게 된다.

산포도 등을 주로 사용하여 개략적인 문제의 원인과 결과의 관계를 파악한 후에는 핵심적인 원인들을 대상으로 한 정밀 분석을 실시하게 된다. 정밀 분석의 대상은 주로 타임 트랩(time traps)을 구성하는 활동들에 집중되는데, 타임 트랩이란 통상 프로세스 리드타임의 80% 이상을 야기시키는 주요 비가치부가적 활동들을 지칭한다. 즉, 전체 비가치부가적 활동의 20%를 차지하는 주요 활동들로서 이들은 전체 비가치부가적 프로세스 리드타임의 80%를 소모하게 된다. 타임 트랩의 개선을 통해 프로세스 사이클 효율의 수준을 20% 이상으로 끌어올리게 되면 보통 수익의 5% 향상과 프로세스 재고(WIP)의 50% 감축을 기대할 수 있다고 한다.

(4) 개선(I: improve) 단계

개선의 목표는 결함과 낭비, 비용 등을 제거시키고, 정의 단계에서 규명한 고객의 욕구를 충족시킬 수 있도록 프로세스를 변화시키는 데에 있다. 개선 단계에서 사용되는 주요 도구는 다양하게 모색된 문제 해결 방안들을 고객의 욕구와 프로젝트 목표에 연계시키고, 이를 실행에 옮기기 위해 사용되는 방법들로 구성되어 있다. 특히 서비스 프로세스 흐름의 개선을 위해 사용할 수 있는 주요 방법으로는 풀 시스템(pull system), 백업 능력(backup capacity) 활용, 셋업 시간 감축(setup time reduction), 5S 등을 들 수 있다.

- **풀 시스템:** 기본적으로 수요발생 여부에 따라 프로세스의 진행이 통제된다는 개념으로서 불필요한 프로세스의 진행을 제거하기 위해 사용되는 방법이다. 서비스 프로세스의 경우 풀 시스템의 적용은 다음의 간단한 절차를 통해서 실행해 볼 수 있다:

  ① **단계 1:** 달성하고자 하는(고객이 원하는) 서비스 수준(프로세스 리드타임)을 결정한다.

  ② **단계 2:** 프로세스의 완성률(단위시간 당 처리량)을 산출한다.

  ③ **단계 3:** 최대 허용 가능한 WIP 수량을 계산한다(Little's Law의 활용).

  ④ **단계 4:** 최대 WIP 수량만큼만 프로세스 내에서 작업 진행이 이루어지게 한다.

  ⑤ **단계 5:** 모든 서비스 요구작업은 프로세스 투입 전 단계에 머무르게 한다.

  ⑥ **단계 6:** 프로세스에 투입할 서비스 요구작업을 결정하기 위한 선별시스템을 개발한다.

  ⑦ **단계 7:** 프로세스 개선 활동을 지속적으로 수행하여 프로세스 완성률을 높이고, 리드타임을 감축시키도록 한다.

가령 어느 보험회사에서는 모두 10명의 직원이 보험신청 심사를 담당하고 있다고 가정해 보자. 현재 직원 1인당 하루 심사처리 건수는 5건이라고 한다. 경쟁 보험회사에서는 고객이 신청한 보험심사를 7일 이내에 처리해 주고 있다고 한다. 이 보험회사에서는 경쟁회사와 비교해서 경쟁의 우위에 서기 위해서 5일 이내에 보험심사를 처리해 주려고 한다. 이 경우 필요한 완성률은 얼마이고, 최대 허용 가능한 WIP 수량은 얼마일까? 만일 심사진행 중인 보험신청 심사 건수가 평균 300건 정도 된다면 심사를 5일 이내에 처리해 주기 위해서 몇 명의 직원을 더 고용해야 할까?

① **필요한 완성률과 최대 허용가능 WIP 수량의 산출:**

단계 1: 달성하고자 하는 서비스 수준(프로세스 리드타임)=5일

단계 2: 프로세스 완성률=5건×10명=50건/일

단계 3: 최대 허용 가능한 WIP=프로세스 리드타임×프로세스 완성률
=5일×50건/일
=250건

단계 4: 따라서 250건 이내에 심사신청 건수가 유지되도록 관리해야 한다.

② 추가로 필요한 직원 수의 산출:

만일 최대 허용 가능한 WIP를 300건으로 유지하면서 5일 이내에 심사를 처리해 주려고 한다면, 필요한 프로세스 완성률은 다음과 같이 계산된다.

필요한 프로세스 완성률 = 최대 허용 가능한 WIP 수량/프로세스 리드타임
= 300건/5일
= 60건/일

필요한 총직원의 수 = 60건/5건/명 = 12명, 따라서 2명이 추가로 고용되어야 한다.

• **백업 능력 활용**: 위에서 제안한 방식은 서류작업이나 e-mail 혹은 전화요청 사항의 처리 등과 같이 고객과 직접 대면하지 않는 서비스 작업을 전제로 한 경우에 유효할 수 있다. 즉, 위의 "단계 6"의 경우 복잡한 작업 혹은 시간이 오래 소요되는 작업 등은 프로세스의 효율을 높이기 위해서 선별순위를 낮추는 것이 바람직할 수 있다. 그러나 만일 헤어컷과 같이 고객이 직접 대면하는 서비스 작업의 경우는 고객이 요구하는 헤어스타일이 복잡하다고 해서 늦게 온 고객보다 나중에 서비스해 줄 수는 없을 것이다. 이러한 고객 대면 서비스의 문제를 해결하기 위해서는 서비스 백업 능력의 확대가 필요하다. 이는 고객의 서비스 요구 발생시간과 요구충족에 필요한 시간의 변동 때문에 발생하는 수요와 공급의 불일치 정도를 완화시키기 위한 것이다.

고객수요의 변화가 큰 경우는 제한된 서비스 프로세스의 능력만으로 일시적으로 몰리는 서비스 수요를 효과적으로 처리하기가 어렵다. 따라서 피크 수요의 크기를 감안하여 정상적인 시간에는 사용하지 않는 백업 능력, 즉 소위 능력의 여유(capacity cushion)를 가지는 것이 필요하다. 다음의 〈그림 13.4〉에 나타낸 바와 같이 대략 20% 정도의 여유능력을 가지고 서비스 프로세스를 운영할 경우(80%의 가동률)는 서비스 수요의 변동이 크더라도 서비스를 받기 위해 대기하는 시간의 크기가 일정 수준 이하로 유지될 수 있다. 반면에 단순히 평균적인 프로세스 가동률을 높이기 위해 여유분을 줄여 프로세스를 운영할 경우는 수요변동에 따라 매우 급격한 대기시간의 증가를 가져올 위험성이 커지게 된다. 그러나 정상적인 수요발생시기에 사용하지 않는 서비스 능력을 추가로 유지하기 위해서는

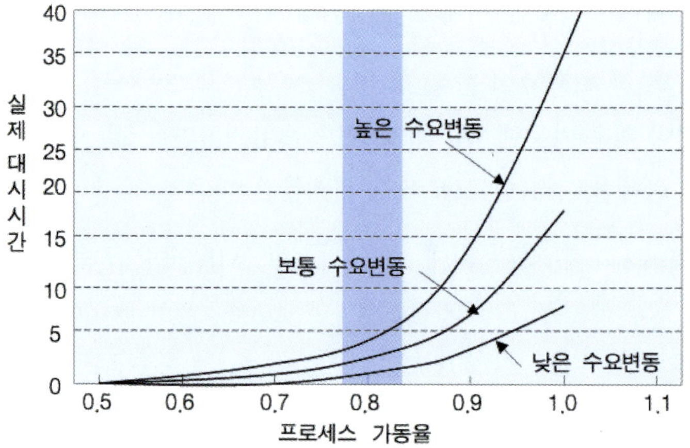

그림 13.4 고객 수요변동에 따른 프로세스 가동률과 대기시간의 관계

자료원: George, M.L. (2003), *Lean Six Sigma for Service*, McGraw-Hill, New York, p. 35의 그림을 요약 표시하였음.

많은 비용이 수반되게 된다. 서비스 수요에 따라 신축적으로 활용될 수 있는 서비스 시설을 갖추거나 교차훈련(cross−training)을 통해 다양한 서비스 수요에 투입될 수 있는 다기능 종업원을 확보하는 등의 합리적인 개선노력이 필요할 것이다.

- **셋업 시간 감축**: 셋업 시간(setup times)은 작업의 전환에 소요되는 시간을 말한다. 실제로 작업을 수행하는 데 사용되는 시간이 아니기 때문에 비가치부가적인 활동시간이라고 할 수 있다. 그러나 고객이 요구하는 다양한 서비스의 제공을 위해서는 불가피하게 필요로 하는 시간이라고 할 수 있다. 따라서 셋업 시간의 단축은 가치부가적 작업시간의 증가를 통해 프로세스의 서비스제공 능력을 향상시킬 수 있는 효과적인 수단이 된다. 셋업 시간의 단축을 위해 사용되는 절차는 다음과 같다:

  ① **단계 1**: 다음의 성격을 가지는 프로세스 관련 작업을 모두 규명하고, 나열한다:
  - 가치부가적 작업의 시작을 지연시킨다.
  - 가치부가적 작업의 중단을 야기시킨다.
  - "최대 속도"로 작업진행을 높이기 위해서 작업자의 시간을 소모하게 된다.
  - 프로세스에서 이루어지는 다른 과업과 매우 유사하거나 동일하다.

  ② **단계 2**: 작업의 중단 혹은 지연을 야기시키는 과업 중에서 프로세스 흐름 밖으로

보낼 수 있는 과업이 있는지를 검토한다(외부 셋업 유도).

③ 단계 3: 밖으로 내보낼 수 없는 중단 혹은 지연을 야기시키는 과업은 단순화하거나 자동화한다.

④ 단계 4: 프로세스의 진행을 안정화시킨다(SPC 하의 "관리상태").

- 5S: 기본적으로 프로세스가 이루어지는 작업환경을 정리하고 정돈한다는 의미를 가지고 있다. 온라인 은행업무 처리의 개선을 위해 새로운 서버(server)의 구매를 추진하고 있던 어느 은행의 경우 기본 서버들의 사용 환경에 대한 5S를 실시하여 큰 효과를 거둔 바 있다. 사용되던 서버 중에서 별로 사용되지 않는 데이터의 처리를 위해 묶여 있던 서버를 찾아내어 이를 효율적으로 활용하게 만듦으로써 추가 서버의 구입을 불필요하게 만들었던 것이다. 5S의 간단한 의미는 다음과 같다(보다 자세한 내용은 제 7 장 참조):

① 정리(Seri): 필요한 것과 불필요한 것을 구분하는 것.

② 정돈(Seiton): 사용이 편리하도록 저장하는 것.

③ 청소(Seiso): 깨끗하게 하고 깨끗하게 유지할 수 있는 방법을 모색하는 것.

④ 청결(Seketsu): 위의 3S를 항상 유지하고 감독하는 것.

⑤ 습관화(Shitsuke): 규칙을 만들어 잘 지키고, 항상 5S 실행의 의욕을 가지도록 하는 것.

(5) 통제(C: control) 단계

통제 단계의 주요 목적은 개선을 통해 이룬 성과가 지속되도록 하는 것에 있다. 프로젝트팀은 개선 과정을 통해 학습한 것을 프로세스 소유자에게 전달해야 하며, 프로세스에서 작업하는 모든 사람들로 하여금 새롭게 문서화된 절차를 사용할 수 있도록 훈련시켜야 한다. 서비스 환경에서 필요한 6가지 통제 활동을 살펴보면 다음과 같다:

- **활동 1–개선된 프로세스의 내용을 문서화하라(또한 문서화된 내용을 일상적으로 사용하라)**: 새로운 프로세스 실행 절차를 문서화하고, 새로운 절차에 따라서 종업원을 훈련시키며, 쉽게 새로운 프로세스를 사용할 수 있도록 한다.
- **활동 2–개선의 결과를 항상 금전적인 수치로 전환하라**: 프로젝트가 실행되고, 결과를 추적하는 단계가 시작되기 전(그리고 CEO에게 보고되기 전)에 프로젝트 결과가

재무적인 측면에서 입증되어야 한다. 필요한 경우 재무부서의 도움을 받아서 재무적인 효과와 성과를 계량화하여 조직 내에 개선의 필요성을 객관적으로 보여주도록 한다. 물론 금전적으로 환산하기 어려운 성과에 대해서도 그 중요성을 인식하고 이를 설명하는 것이 필요하다.

- **활동 3-일정 시간이 흐른 후에도 성과의 실현이 이루어지고 있음을 입증하라:** 새로운 프로세스 절차가 시행되어서 종업원들이 이를 편하게 느끼게 되려면 일정한 시간이 흘러야 한다. 따라서 2-3개월 정도 후에 새로운 프로세스 절차가 변화된 성과를 가져오고 있는지를 공식적으로 확인하는 일이 필요하다.
- **활동 4-자동화된 경보 시스템을 구축하라:** 프로세스의 성과를 즉각적으로 알리거나 문제 발생에 대한 경고를 자동으로 알려주는 시스템을 구축해야 한다. 오늘날에는 컴퓨터 시스템을 사용하여 실시간으로 핵심 프로세스의 성과를 확인할 수 있도록 해주는 "디지털 데시보드(digital dashboard)"를 사용하거나 자동화된 e-mail 성과 통지 시스템을 사용하기도 한다.
- **활동 5-파일럿(pilot)을 실행하라:** 파일럿 실행은 제한된 장소에서 일정한 설비를 사용하여 소수의 인원이 시험용 기술 버전을 사용하여 개선 프로세스를 실행해 보는 것이다. 파일럿의 실행은 충분한 기간 동안 이루어져야 하며, 경영자나 새로운 개선에 의해 영향을 받는 사람들에게 새로운 서비스가 그들의 욕구를 충족시켜 줄 수 있음을 입증할 수 있도록 충분한 자료를 수집해야 한다.
- **활동 6-통제 계획을 개발하라:** 프로젝트팀은 새로운 프로세스가 지속적으로 요구사항을 충족시켜 주고 있음을 확인하기 위한 프로세스 통제 계획을 개발해야 한다. 새로운 프로세스 활동에 대한 책임소재를 명확하게 하고, 프로세스 성과평가를 위한 핵심 측정치의 규명과 측정 방법을 마련해야 한다. 일반적으로 비용이나 수익, 생산성 수준 혹은 고객만족 자료에 관한 관리도를 사용한다.

2.2 DMEDI 개선 프로세스

새로운 상품이나 서비스 혹은 프로세스를 설계하려 할 경우 핵심 이슈가 되는 것은 알지 못하는 사항이 너무 많다는 것이다. 고객이 무엇을 원하는지, 어떤 모델 혹은 접근방식을 사용하는 것이 효과적일 것인지, 나아가서 필요한 기능을 구현할 수 있는 능력을 현재 가지고 있는지 조차도 확실하게 알지 못하는 경우가 많기 때문이다. 이러한 상황에 직면해서 식스 시그마를 실행할 경우는 앞서 기존의 프로세스를 전제로 한 개선의 모델(DMAIC)을 그대로 적용하기 어렵다. 따라서 이를 보완한 형태의 개선 모델이 필요로 하게 되는데 이를 DMEDI(define－measure－explore－develop－implement) 모델 혹은 DMADV(define－measure－analyze－design－verify) 모델이라고 한다. 경우에 따라서는 이를 식스 시그마 설계(Design for Six Sigma)라고도 한다. DMEDI의 경우도 DMAIC에서 사용하는 모든 프로세스 개선의 기본원리나 방법들을 활용하게 되며, 사실과 자료를 바탕으로 개선을 실행하게 된다. 다음에서는 DMEDI의 각 과정을 간략하게 살펴보기로 한다(George, 2003).

(1) 정의(D: define) 단계

정의 단계의 핵심 목표는 프로젝트의 사명을 개발하는 일이다. 프로젝트 사명은 개발할 상품 혹은 서비스에 대한 설명, 프로젝트의 목표와 범위, 팀 구성원, 재무적 성과와 위험성 등의 내용을 담으며, 비즈니스 전략과 명확하게 연계되도록 작성되어야 한다. 프로젝트팀은 프로젝트에 의해 영향을 받게 되는 여러 기능영역을 대표하는 구성원들로 이루어진 다부문 연계 팀이 되는 것이 바람직하다.

(2) 측정(M: measure) 단계

측정단계의 핵심적인 목표는 고객의 목소리(혹은 내부 프로세스를 대상으로 한 경우라면 프로세스 파트너의 목소리)를 이해하고 이를 측정 가능한 설계 요구사항으로 전환시키는 것에 있다. DMAIC의 경우도 프로젝트 우선순위를 결정함에 있어서 고객의 욕구가 중심적인 역할을 가지게 되지만, DMEDI 프로젝트의 경우는 고객의 욕구를 잘 이해하는 것이야말로 프로젝트의 성공을 결정하는 가장 중요한 요소가 된다. 따라서 이 단계에서는 고객의 욕구를 규명하고 이해하기 위해 고객목소리(VOC) 방법을 사용하게 되며(자세한 내용은 "제4장" 참조), 규명된 고객의 욕구를 서비스 설계요소로 전환하기 위해서 QFD(자세한 내용은 "제5장" 참조) 접근방법을 사용하게 된다. 이 단계에서는 고객의 목소리를 개략적인 설계 요구사항과 연결시키는 형태의 초보적인 QFD가 사용된다.

(3) 탐색(E: explore) 단계

고객의 요구사항을 정의한 후에는 개념적 설계의 수준에서 고객의 욕구를 충족시키기 위한 최선의 방법을 모색해야 한다. 이 단계에서 바로 혁신이 이루어지는 것이다. 그러나 최선의 방법을 모색하는 과정에서 여러 가지 상충되는 상황을 경험하게 된다. 가령, 고객의 욕구와 이를 충족시켜주기 위한 기업능력 사이의 상충이나, 서로 다른 설계 파라미터 간의 상충, 비용과 성과간의 상충이 발생하게 된다. 비록 상충문제를 극복할 수 있는 해결 방안을 찾아내는 것이 보다 혁신적인 상품이나 서비스를 만들어 내기 위해 효과적일 수 있지만 경우에 따라서는 적당한 타협점을 찾아서 이러한 상충문제를 해결하게 된다.

이 단계에서 주로 사용하는 분석의 도구는 기능분석(functional analysis) 방법이다. 모든 서비스는 고객의 관점에서 받아들여지기 위해서 특정한 일을 수행하게 된다. 기능분석은 고객을 위해 수행해야 할 일의 내용을 핵심적인 기능(과업)으로 분할하여, 각 기능별로 여러 가지 실행 방안을 마련하기 위해 사용된다. 예를 들어 시스템 수준에서 패스트푸드 서비스에 대한 실행 아이디어를 모색하기보다는 패스트푸드 서비스를 구성하는 핵심기능들을 먼저 구분한 후(즉, 주문수령, 주문충족, 대금회수) 각 기능별로 여러 가지 실행의 아이디어(예를 들어 주문수령의 경우 휴대용 단말기, 볼펜과 주문서, 컴퓨터 모니터, 인터넷 활용 등)를 모색하는 것이다. 다양한 아이디어의 창출을 위해서는 브레인스토밍(brainstorming), 벤치마킹(benchmarking), 서비스 현장 방문 등의 방법을 사용할 수 있다. 또한 이 단계에서는 전 단계에서 개략적으로 작성한 QFD를 바탕으로 각 기능과 설계 요구사항을 연계시키는 HOQ를 작성하게 된다. 여기서의 목표는 고객 목소리와 가장 강력한 연계를 가지는 기능을 가려내어 우선순위를 부여하게 된다. 이 기능들은 바로 새로운 서비스 설계의 토대가 되는 것이다.

(4) 개발(D: develop) 단계

개발단계에서는 세부 설계가 만들어진다. 핵심 서비스에 대한 설계와 더불어서 프로젝트의 실행을 위해서 요구되는 정보기술 요소의 개발, 인적자원계획의 수립, 장소/설비의 개발, 자재의 구매 등에 대해서도 관심을 두게 된다.

(5) 실행(I: implement) 단계

이 단계는 파일럿을 성공적으로 실행하고, 프로젝트 소유를 새로운 프로세스 소유자에게 이전하며, 새로운 서비스가 성공적으로 실행되도록 하는 것에 목표를 둔다. DMAIC의 통제 단계에서 이루어지는 활동들과 매우 유사한 성격을 가지고 있다.

Ⅲ 서비스 디지털화

서비스 품질과 IT(information technology)는 현대 비즈니스 환경에서 매우 밀접한 관계를 가지며 높은 수준의 품질과 효율성을 달성하는 데 필수적인 요소가 되고 있다. IT 서비스는 정보기술을 활용하여 기업 내부자원과 고객 비즈니스 환경을 효율적으로 관리함으로써 기업의 경제적 이익을 극대화하는 역할을 한다(신수행, 2022).

특히 빅데이터 · 머신러닝 및 딥러닝 · 클라우드 컴퓨팅 · 자연어 처리 등과 같은 기술의 발전은 데이터 분석으로 통합되고 기업은 통합된 데이터를 비즈니스 전략에 효과적으로 활용하여 경쟁우위를 확보하고 있다. 이에 따라 서비스 품질 관리에서도 IT를 적극 도입하여 빠르게 변화하는 다양한 고객의 니즈(needs) 속에 새로운 비즈니스 인사이트(insight)를 도출하여 이를 기반으로 고객만족을 향상하고 더 나아가 기업의 경쟁력을 강화하는 데 활용하고 있다.

1 품질 자동화와 효율성

품질 자동화는 IT 서비스 또는 클라우드 기반 서비스와 같은 온라인 서비스의 품질을 자동으로 모니터링하고 관리하는 프로세스를 의미한다. 이는 서비스가 고객에게 안정적이고 효과적으로 제공되는지 확인하고, 서비스의 성능, 가용성 보안 등 다양한 측면을 지속적으로 평가하는 것을 목표로 한다. 또한 서비스 품질 자동화를 통해 기업은 신속한 피드백을 받아 서비스의 안정성과 효율성을 유지할 수 있어 서비스의 지속적인 개선과 고객 만족의 향상 측면에 도입되고 있는 추세이다.

따라서 IT를 통해 기업은 서비스 프로세스를 자동화하고 최적화하여 인력 및 자원을 효과적으로 활용할 수 있으며, 서비스를 실시간으로 모니터링하고 피드백을 제공하여 서비스 중단을 최소화할 수 있다. 이에 따라 서비스 품질을 지속적으로 개선하고 고객 요구에 신속하게 대응하는 측면에서 활용할 수 있다.

2 고객 경험 개선

서비스 프로세스에서 IT 시스템의 도입은 고객이 서비스를 이용하는 과정을 개선하고 간소화할 수 있다. 예를 들어 영화관의 무인발급기 또는 카페의 무인단말기(kiosk) 등과 같은 서비스 프로세스상에서 적절한 IT 시스템의 도입은 고객이 서비스를 쉽게 이용할 수 있도록 도와줄 수 있다. 이에 따라 기업은 서비스 프로세스상 어느 단계에서 어떤 IT 시스템을 적절하게 도입할 것인지에 대한 문제가 서비스 설계에서 필수적인 고민이 되고 있다. 서비스 프로세스상에서 기업 고유의 고객 친화적인 인터페이스를 활용하는 서비스 편의성 제고는 기업의 경쟁력을 강화하는 데 도움이 될 수 있다. 어떠한 서비스에서 불편함을 느꼈던 고객이 고객 친화적인 IT 시스템의 도입으로 인해 긍정적인 경험을 갖는다면 고객 경험 개선의 차원에서도 긍정적인 영향을 미칠 수 있는 것이다.

또한 IT의 발달은 고객의 데이터를 수집 및 분석하여 고객의 선호도, 행동패턴, 의견 등을 통합하여 점점 고도화된 고객 맞춤 서비스를 제공할 수 있게 한다. 이를 통해 기업은 개인화된 서비스를 제공하고 고객 경험을 향상시킬 수 있으며, 더 나아가 고객과의 관계 유지, 고객 요구사항에 대한 정확한 이해 등과 같은 고객과의 상호작용 측면에서 경쟁력을 향상시킬 수 있다. 즉, IT 기술과 전략이 고객 경험 개선을 위한 서비스 품질 향상 도구로 사용될 수 있으며, 이를 기반으로 기업은 고객 중심의 서비스를 제공하고, 고객의 만족도를 높여 경쟁력을 강화할 수 있는 것이다.

참고문헌

신수행(2022), IT서비스품질이 사용자만족과 고객충성도에 미치는 영향 : MZ세대와 기성세대간 인식차이를 중심으로, *산업융합연구(구 대한산업경영학회지)*, Vol. 20, No. 5, pp. 13−21.

Bhote, K.R. (2002), *The Ultimate Six Sigma*, AMACOM, New York.

Chase, N. (1999), "Six Sigma Black Belts Stamp Out Though Quality Problems", *Quality Magazine*, Vol. 38, No. 9, pp. 32−39.

George, M.L. (2003), *Lean Six Sigma for Service*, McGraw−Hill, New York, NY.

Harry, M.J. (1988), *The Nature of Six Sigma Quality*, Discussion Document,, Motorola.

Harry, M.J. (1998), "Six Sigma : A Breakthrough Strategy for Profitability", *Quality Progress*, Vol. 31, No. 5, pp. 60−64.

Ingle, S. and Roe, W. (2001), "Six Sigma Black Belt Implementation", *The TQM Magazine*, Vol. 13, No. 4, pp. 273−280.

Pande, P.S. et al. (2000), *The Six Sigma Way : How GE, Motorola and Other Top Companies Are Horning Their Performance*, McGraw−Hill, New York, NY.

14장

e-Service 품질

인터넷을 기반으로 하는 서비스의 형태는 단순히 인터넷을 통한 상품거래에 초점을 맞추는 e-Commerce의 수준으로부터 전적으로 인터넷을 통한 정보와 지식의 제공을 통해 비즈니스를 수행하는 e-Service에 이르기까지 다양하게 나타나고 있다. 이러한 인터넷 기반 서비스 제공 활동은 넓은 의미로 모두 e-Service의 영역에 포함된다고 할 수 있다. 고객과의 직접적인 인적 접촉을 전제로 하는 대부분의 서비스 활동과 달리 인터넷을 통한 기술적 접촉에 의존하는 e-Service는 고객의 경험을 보다 중시하는 차별화된 서비스 품질의 차원을 가지고 있다. 본 장에서는 먼저 새롭게 그 비중과 중요성이 확대되고 있는 e-Service와 관련해서 전통적 서비스와 구별되는 특징은 무엇이고, 경쟁력의 기반은 어디에 두게 되는지를 살펴보기로 한다. 아울러 e-Service의 품질을 결정하게 되는 요소는 무엇이고, 이를 어떻게 측정할 것인지를 세부적으로 살펴보기로 한다.

핵심용어

- e-Service
- 이탈고객
- 충성고객
- 기반능력
- e-Service 품질측정
- 지원 서비스
- E-S-QUAL
- e-Commerce
- 탐색고객
- 옹호고객
- 고객중심능력
- 핵심 서비스
- 보충 서비스
- E-RecS-QUAL
- 고객경험 격자
- 위험고객
- e-Service 경쟁능력
- 가치부가 능력
- 촉진 서비스
- 보완 서비스
- 옴니채널

I e-Service 시장의 확대

e-서비스란 인터넷, 전자우편, 휴대폰, PC, ATM, POS, 신용카드, 충전카드, 스마트카드 등 다양한 전자적 방법을 통하여 서비스를 제공하고, 웹과 같은 가상적인 환경 및 새로운 미디어를 사용해서 언제 어디서나 이루어지는 서비스라고 한다(김현승, 2021).

오늘날 정보통신 기술의 발전과 더불어 신기술의 등장과 기술의 융복합 확대는 모든 산업 분야에서 급격하고 새로운 변화를 가져오고 있다. 이러한 변화를 기반으로 한 서비스 산업의 영역은 점점 확대되고 있으며 그 영역 또한 세분화되고 있다. 특히 인터넷을 기반으로 한 e-Service(electronic service) 영역은 온라인 서비스, 디지털 서비스, 인터넷 및 모바일 서비스 등으로 세분화되고 있으며, 한편으로는 이들 간의 공통적인 서비스 속성이 확대되면서 점점 더 이들 영역의 구분이 모호해지는 경향으로 나타나고 있다. 이처럼 e-서비스의 범위는 IT를 기반으로 단순한 정보전달에서부터 전체적인 서비스로서의 가치 창출로 확대되고 있으며, 그 범위가 점점 방대해지고 있다(김은희와 이경식, 2014).

1 신성장 e-Service 분야

정보통신 기술의 발달과 더불어 스마트폰을 통한 모바일 애플리케이션 이용의 확대 또한 e-Service 분야를 급격하게 성장시키는 주요 동인 중의 하나이다. 매년 닐슨코리아에서 진행하는 국내 모바일 애플리케이션의 최근(2023년 7월 기준) 이용 현황을 살펴보면 이러한 추세가 두드러지게 나타나고 있으며, 현재 모바일 애플리케이션 1위인 Launcher의 추정 순 이용자 수는 3천5백만 명에 달하고 있다(Nielsen, 2023). 모바일 애플리케이션(앱이라고도 함)은 e-Service를 언제 어디서나 이용 가능하게 하는 도구이며 e-Service와 서비스 이용자를 매개해 주는 매개체가 되고 있어, 기존의 서비스를 원활하게 제공하는 것을 넘어서 새로운 서비스가 등장하게 되는 주요 요인이기도 하다.

과거에는 일부 요식업에서 기본 서비스의 일종으로 무료로 제공되었던 배달 서비스는 모바일 애플리케이션에 본격적으로 서비스가 제공되면서 새롭게 등장한 대표적인 e-Service로 자리매김하였다. 또한 플랫폼 등을 활용해 자산 및 서비스를 다른 사람과 공유해 사용함으로써 효율성을 높이는 경제 모델인 공유경제의 등장으로 다양한 서비스가 등장하였다. 공유경제 모델을 기반으로 한 대표적인 e-Service에는 개인 주택의 빈 공간을 숙박용으로 제공하는 숙박 공유 서비스(예, Airbnb), 자사 소속의 차량이나 공유된 차량을 승객과 중계하는 자동차 공유(카셰어링) 서비스(예, Uber 카카오택시) 등이 있다.

2 e-Service로 비중이 이동되는 분야

기존의 많은 서비스 분야들이 e-서비스로 확대되고 있으며 전통적인 대면 서비스에서 벗어나 e-서비스로 크게 확대되고 있다. 대표적인 서비스 분야는 정부 서비스 분야이며, e-서비스의 영역은 공공 서비스 부분에까지 확대되고 있는 실정이다. 행정안전부에서는 2016년 제1차 전자정부 기본계획에서 시작해 2020년 포스트 코로나 시대의 디지털 정부 혁신 발전계획을 거쳐 2023년 디지털 정부의 가속화를 통해 지속적으로 공공 서비스의 e-Service 정착 및 확대에 노력하고 있다.

디지털정부 서비스의 주요 내용으로 모바일 신분증의 도입, 인공지능(AI; artificial intelligence)을 통해 행정지원을 안내하는 국민비서 서비스, 공공기관이 보유한 개인정보를 본인에게 제공하는 마이데이터 등이 있으며(행정안전부, 2017; 관계부처합동, 2019; 2020), 2023년부터 2027년까지 다음과 같은 디지털플랫폼 정부 구축이 추진되고 있다(〈표 14.1〉 참조).

표 14.1 디지털플랫폼정부 추진계획(2023년~2027년)

과제	e-Service
1. 대국민 서비스 전달체계 혁신	1-1. 원사이트 토털 서비스 구현 1-2. 마이AI 서비스 제공 1-3. Any-ID 간편 로그인 1-4. 디지털 우선 체계 확립
2. AI · 데이터기반 과학적 국정운영	2-1. 범정부 데이터 공유·분석 2-2. 사회문제의 효과적 해결 지원 2-3. 데이터기반 행정 역량 강화
3. 민 · 관 협력생태계 조성	3-1. 공공데이터 전면 개방 3-2. 공공 서비스 개방 3-3. 민 · 관 협력체계 확립
4. 디지털플랫폼 정부 인프라 구축	4-1. 공공부문 클라우드 정착 4-2. 차세대 지방행정공통시스템 구축 4-3. 스마트 업무환경 고도화

자료: 대한민국 정책브리핑(2023), *행전안전부의 디지털 플랫폼정부 추진계획(2023년~2027년)*.

한편으로 민간부문에서 기존의 서비스가 축소되고 e-Service로 전환되면서 그 비중이 확대되고 있는 대표적인 서비스에는 오픈뱅킹 서비스가 있다. 과거 은행 업무를 보기 위해서는 긴 대기시간, 지점의 직접 방문, 은행 영업시간 준수, 신청 서류 작성 및 신분증 지참 등 불편한 점들이 많았으나 인터넷뱅킹 서비스를 시작으로 이제는 오픈뱅킹을 통해 고객은 하나의 앱에서 본인이 보유한 여러 금융기관의 계좌를 조회하고 이체가 가능해졌다. 2019년 전면 시행되어 현재 은행 및 금융투자, 카드로 확대되어 서비스를 제공하고 있어 고객은 언제 어디서나 다양한 금융 서비스를 이용할 수 있게 된 것이다(지인해, 2023). 또한 은행 지점의 지리적 한계를 벗어나 365일 언제나 지점 방문 없이 모든 은행 업무를 모바일에서 제공하는 은행이 생겨나기도 하였다(예, 카카오뱅크). 이와 같이 4차 산업혁명 시대에 새로운 기술 및 서비스 분야의 등장과 더불어 비대면 온라인 서비스의 확대를 가져왔던 팬더믹 시대를 거치면서 기존의 서비스를 비대면화하는 추세는 더욱 가속화되고 있다.

3 e-Service로 서비스가 확장되는 분야

산업의 발달 및 유통채널의 디지털화로 인하여 유통채널은 매우 다양하게 나타나고 있다. 유통채널은 제조업자가 최종소비자에게 전달되기까지의 모든 경로상의 전달 주체를 의미하며, 우리 일상에서 쉽게 접할 수 있는 유통채널은 편의점, 대형마트, 시장의 상점들이다. 이러한 유통채널의 패러다임은 싱글채널, 멀티채널, 크로스채널, 옴니채널로 다양하게 확장되었으며 최근 유통분야에서 가장 많이 주목하고 있는 채널은 옴니채널(OMNI channel)이다(〈표 14.2〉 참조). 옴니채널은 고객이 온라인, 오프라인, 모바일

표 14.2 유통채널 패러다임의 변화 양상

유통채널의 종류	내용
싱글채널	오프라인 점포만 존재
멀티채널	각 채널의 독립적 운영 (온 · 오프라인 경쟁관계)
크로스채널	각 채널의 유기적 운영 (온 · 오프라인 보완관계)
옴니채널	고객 중심의 유기적 채널 운영 (온 · 오프라인 상생관계)

자료: 구자현(2019), 인터넷마케팅, 제11장 : 인터넷 소비자 편의성의 일부분 발췌 저자 재구성

등 다양한 경로를 넘나들며 상품을 검색하고 구매할 수 있도록 한 서비스이며, 각 유통채널의 특성을 결합해 어떤 채널에서든 같은 매장을 이용하는 것처럼 느낄 수 있도록 한 쇼핑 환경을 의미한다(한국경제용어사전, 2023). 백화점 온라인몰에서 구입한 상품을 백화점 오프라인 매장에서 찾는 '스마트픽'이 옴니채널의 대표적인 방식이다.

특히 모바일 애플리케이션의 등장으로 인해 유통채널은 e-Service 분야로 확대되면서 고객은 언제 어디서나 다양한 제품 및 서비스를 고객 스스로 판단하는 합리적인 가격으로 구입 및 이용할 수 있게 되었다. 이를 쇼루밍(showrooming)이라고 하며, 옴니채널 소비패턴 속에서 최근에 등장하고 있는 키워드이다. 오프라인 매장에서 상품을 보고 온라인에서 구매하며, 고객이 원하는 것은 단지 '저렴한 가격'만은 아니며 취향에 맞고 품질도 좋은 제품을 합리적인 가격에 구매하려는 일종의 가치 소비행위를 의미한다(구자현, 2019).

기업에 입장에서는 온라인 및 오프라인 채널 구축을 통해 시장을 보다 넓게 확장할 수 있으며, 기존 채널과의 시너지 효과를 통해 지속적인 성장을 이룰 수 있다. 또한 온라인 채널로 차별화된 서비스 구축을 통해 고객과의 쌍방향 교류가 가능하고, 이를 기반으로 개인 특성에 맞춘 서비스를 제공하여 고객의 충성심을 높이는데 새로운 채널을 활용할 수 있다. 마지막으로 가치 있는 새로운 서비스를 저렴하게 제공할 수 있는 것이다.

특히 소매시장에서 온라인 유통경로는 매우 지배적인 현상이 되고 있으며 파격적인 변화를 이끌고 있다. 대표적으로 시간이 없는 고객이 마트를 편히 이용할 수 있도록 점포 상품을 원하는 시간에 배송하는 서비스(예, 이마트 쓱배송)가 있으며, 로드샵의 제품을 라이브 방송을 통해 직접 방문하지 않아도 꼼꼼히 살펴보고 구매할 수도 있는 것이다(예, 네이버 쇼핑LIVE).

Ⅱ e-Service 품질의 특징

1 e-Service와 전통적 서비스의 차이

인터넷을 매개로 하는 e-Service와 서비스 제공 종업원을 매개로 하는 전통적 서비스의 차이는 무엇일까? 〈표 14.3〉은 두 서비스 형태 간의 차이를 요약해서 설명하고 있다.

표 14.3 e-Service와 전통적 서비스의 차이

특징	e-Service	전통적 서비스
서비스 접점	스크린 접촉	대면 접촉
이용가능성	상시	정상 영업시간
접근성	가정에서	매장위치를 방문해서
시장영역	전 세계적	지역적
환경	전자적인 교류	물리적 환경
경쟁적 차별성	편의성	개인적 서비스
프라이버시	익명	사회적 상호작용

자료: Fitzsimmons, J.A. and Fitzsimmons, M.J. (2001), *Service Management*, 3rd ed., McGraw-Hill, p. 243.

먼저 서비스가 이루어지는 접점을 살펴보면 e-Service는 컴퓨터 스크린을 통해서 고객과의 접촉이 이루어지는 기술 중심의 접점을 가지고 있다. 반면에 전통적인 서비스는 서비스 종업원이 고객과 직접적인 접촉을 통해 서비스가 이루어지는 인적교류 중심의 접점을 가지고 있다.

대부분의 전통적인 서비스는 서비스 제공이 가능한 시간 즉, 영업시간 혹은 운영시간이 정해져 있으나 e-Service의 경우는 특별한 사정이 없으면 24시간 연중무휴로 서비스 제공이 이루어진다. 이는 e-Service가 전통적인 서비스에 대해 가지는 가장 큰 장점 중 하나이기도 한다.

e-Service의 경우는 가정에서 컴퓨터를 통해 모든 상품의 거래가 가능한 것이 특징인 반면 전통적인 서비스는 매장을 직접 방문해서 거래가 이루어지는 것이 특징이다. 물론 텔레마케팅(telemarketing)과 같은 전통적인 서비스도 전화나 우편을 이용하여 고객의 매장 방문 없이 거래가 가능할 수 있도록 해주기도 한다. 그러나 이는 서비스 접점이나 이용가능성 등의 측면에서 볼 때, e-Service와는 그 성격을 달리한다.

e-Service의 가장 큰 특징 중 하나는 시장영역에 지리적인 제한이 없다는 것이다. 가령, 인터넷을 사용하면 해외에 있는 서비스 기업을 통해 책을 주문할 수도 있고, 호텔이나 렌터카를 예약할 수도 있으며, 비행기 탑승권(e-Ticket)을 구매할 수도 있다. 반면에 전통적인 서비스는 지리적인 위치에 따라서 대상으로 할 수 있는 고객이나 시장이 제한되게 된다.

그 밖에도 e-Service는 전자적인 상호작용을 통해 고객과 교류하며, 편의성을 중심으로 한 경쟁의 차별성에 중점을 두고, 익명성이 보장될 수 있는 것 등에서 전통적인 서비스와 다르다고 볼 수 있다.

2 e-Service와 e-Commerce의 차이

e-Service란 웹과 같은 새로운 미디어를 사용해서 서비스를 배달하는 것처럼 가상적인 환경에서 이루어지는 서비스라고 할 수 있다. 그러나 가상공간에서 이루어지는 서비스는 서비스 콘텐츠는 거의 없으면서 웹상에서 순수하게 상품만을 판매하는 것으로부터 무료로 혹은 서비스계약의 일부로서 순수하게 서비스만을 제공하는 것에 이르기까지 광범위한 흐름이 존재하고 있다(〈그림 14.1〉 참조).

이들 중간에는 온라인 여행사와 같이 가치부가적 서비스를 제공하는 서비스 형태도 있고, 원하는 형태의 기능을 갖춘 컴퓨터를 주문할 수 있도록 해주는 것과 같은 서비스 속성이 높은 상품판매 서비스 형태도 존재한다. 이러한 점에서 광의의 e-Service는 가상공간에서 이루어지는 모든 형태의 서비스 제공 및 판매를 포괄하는 것으로 볼 수 있지만 협의의 e-Service는 순수하게 서비스적인 속성의 정보와 콘텐츠를 제공하는 것을 의미한다고 볼 수 있다. 이는 단순히 웹을 사용하여 표준화된 상품을 판매하는 의미의 e-Commerce와 대비되는 개념으로서 순수 서비스의 속성을 강조하기 위한 것이라 할 수 있다.

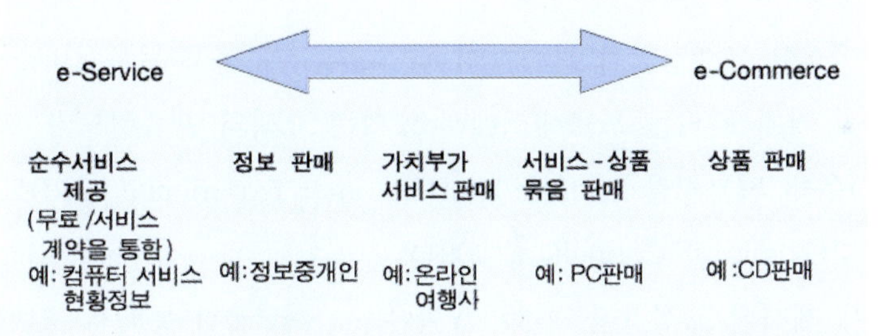

그림 14.1 인터넷과 고객 서비스 유형

자료원: Voss, C.A. (2003), "Rethinking Paradigms of Service - Service in A Virtual Environment," *IJOPM*, Vol.23, No. 1, pp. 88-104.

3 e-Service와 고객경험

e-Service의 특징은 가격이나 상품 혹은 입지에 의해서 브랜드가 차별화되기보다는 주로 고객의 경험에 의해서 브랜드의 가치가 결정되는 특징이 있다. 따라서 e-Service

사업을 주도하는 기업들은 총체적 고객경험(total customer experience)의 중요성을 잘 인식하고 있다. 고객경험에 초점을 맞춘 대표적인 e-Service 성공업체로서 평가받고 있는 Dell Computer의 경험방침을 보면 이를 잘 이해할 수 있다(Zemke와 Connellan, 2001):

텍사스주 Round Rock에 위치한 Dell Computer 본사의 홀을 걷다 보면 도처에서 다음과 같은 구절을 목격하게 된다. "고객경험을 소유하라." 게시판이나 명찰 뒤에도 보면 이러한 구절이 쓰여 있는 것을 볼 수 있을 것이다. 또한 Dell Computer의 기업사명을 보면 "시장에서 최고의 고객경험을 제공함으로써 세계에서 가장 성공적인 컴퓨터 회사가 되는 것"이라고 정의되어 있다.

여기서 말하는 경험이란 고객이 Dell과의 교류과정에서 겪게 되는 모든 것 즉, 온라인상에 처음 클릭하는 것으로부터 판매 종업원과의 거래를 거쳐, 배달된 박스를 열어 컴퓨터를 꺼내게 되기까지의 모든 과정에서 이루어지는 바를 의미한다.

경험을 중시하는 이러한 구절은 Dell의 고객경험위원회(Customer Experience Council)로부터 나온 것이다. 이 위원회는 온라인상에서 회사가 고객과 교류하게 되는 모든 과정을 조사하기 위해 설립된 팀이다. Dell은 공식적으로 정시 및 정확한 주문충족률, 판매 후 서비스 및 지원, 판매 후 컴퓨터 성능과 같은 3가지 고객경험 요소를 월별로 추적하고 있다. Dell은 전화나 온라인 등을 통한 원격 고객문제 해결능력에 있어서 업계의 선두를 차지하고 있다: 고객의 요청이 처음 있은 지 15분 이내에 데스크톱 컴퓨터 문제의 70%와 서비스 문제의 90%를 처리해 주고 있다.

다음에서는 이러한 고객경험과 관련하여 e-Service가 제공하는 서비스의 결과와 서비스를 얻기까지 거치게 되는 프로세스에서 느끼는 고객의 만족정도가 고객의 행동을 어떻게 특징 지우게 되는지를 고객경험 격자(Customer Experience Grid)모형을 통해서 살펴보기로 한다(Zemke와 Connellan, 2001).

〈그림 14.2〉에 제시된 고객경험 격자의 Y축은 e-Service를 통해서 고객이 받게 되는 결과를 나타낸다. 즉, 회사의 홈페이지를 통해서 구매한 상품이나 다운로드받은 소프트웨어 혹은 날씨에 관한 정보 등과 같이 무엇이든지 회사가 제공하고자 하는 핵심 제공물(core offerings)을 말하는 것이다. 격자의 X축은 이러한 결과를 얻기 위해서 고객이 거치게 되는 프로세스를 말한다. 고객이 결과를 얻기 위해서 회사와 상호작용하게 되는 일련의 과정으로서 회사의 웹 사이트를 돌아보는 일, 정보를 출력하는 일, 가격을 알아보는 일, 상품을 주문하는 일, 고객 서비스 요원과 체크하는 일, 배달을 요구하는 일 등과 같이 수많은 회사와의 접촉점으로 구성된다. 대부분의 전자상거래 기업들이 스스로를 차별화할 수 있는 기회는 이러한 프로세스에 존재한다고 볼 수 있다. 어느 웹 사이트에서

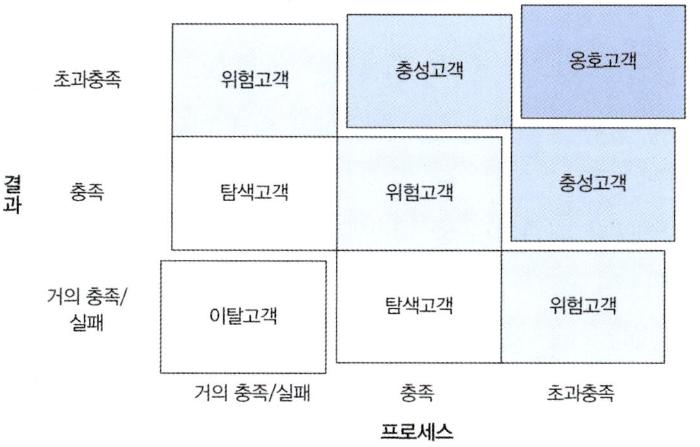

그림 14.2 e-Service 고객경험 격자
자료: Zemke, R. and Connellan, T. (2001), *e-Service*, AMACOM, NY.

구할 수 있는 결과는 다른 사이트나 아니면 기존의 유통채널을 통해서 대부분 구할 수도 있기 때문이다. 고객에게 제공하는 프로세스의 특징이 곧 고객의 지각을 긍정적으로 만들거나 부정적으로 만드는 중요한 요소가 되는 것이다.

〈그림 14.2〉에 표시된 고객의 특성그룹은 크게 두 가지로 구분해 볼 수 있다. 하나는 그림의 우측 상단에 위치한 두 그룹(옹호고객, 충성고객)으로 구성되는 가치기반 경쟁을 중시하는 그룹이고, 다른 하나는 나머지 중앙과 좌측 하단에 위치한 세 그룹(위험고객, 탐색고객, 이탈고객)으로서 가격기반 경쟁을 중시하는 그룹이다. 전자의 고객그룹을 유지하기 위해서는 고객의 기대 이상으로 결과나 혹은 프로세스를 제공하는 기업의 노력이 필요하다. 이러한 노력을 통해서 기업은 지속적인 고객의 구매를 기대할 수 있다. 후자의 고객그룹은 적은 비용 혹은 낮은 가격조건으로 유인할 수 있다. 그러나 이러한 고객의 유인 방식은 일시적인 고객유치에 성공할 수 있으나 차별화의 상실로 곧 다른 사이트에 고객을 잃게 되는 위험성이 있다. 각 격자에 위치한 고객의 특징을 살펴보면 다음과 같다:

(1) 이탈고객

프로세스와 결과 모두에 있어서 욕구충족을 하지 못한 고객을 말하며, 실제로는 예전의 고객 즉, 우리 회사에서 이탈한 고객(defector)인 셈이다.

(2) 탐색고객

프로세스나 결과의 어느 한 측면은 만족하였으나 다른 한 측면에서는 만족하지 못한 고객을 나타낸다. 다른 측면의 만족을 추구하기 위해 적극적으로 다른 여러 사이트를 찾아보거나 친구나 동료들에게 자문을 구하는 고객이다. 적극적인 탐색(searching)을 통해서 다른 사이트나 기존의 유통 매장에서 대안을 찾게 되면 곧 떠나버리게 된다. 따라서 이러한 위치의 고객을 가진 회사라면 고객을 충족시키지 못하는 측면을 적극적으로 개선하는 노력을 기울여야 할 것이다.

(3) 위험고객

격자의 중간 부분에 위치한 고객집단으로서 몇 차례 회사와 거래를 하지만 다른 광고나 동료의 권유로 쉽게 이탈할 위험성을 가진(at-risk) 고객그룹을 말한다. 이 고객그룹은 결과와 프로세스의 만족 정도에 따라서 다음의 3가지 그룹으로 나눠진다:

- 프로세스 불만족 그룹: 그림의 좌측 상단에 위치한 고객을 나타낸다. 핵심제공물의 내용은 뛰어나지만 이를 얻기까지 거치는 프로세스가 불만족스럽다고 느끼는 고객이다. 대부분의 웹 사이트들의 특성은 이러한 영역에 포함되는 경우가 많다. 고객이 원하는 것은 모두 골고루 갖추었지만 웹사이트의 구성이 복잡하거나 페이지 넘기는 시간이 오래 걸리는 경우 혹은 구매 절차가 복잡한 경우가 이에 해당된다.
- 결과 불만족 그룹: 그림의 우측 하단에 위치한 고객을 나타낸다. 프로세스에 대한 만족감은 매우 높지만 제공하는 결과가 불만족스러운 고객의 그룹이다. 이 경우도 고객은 욕구충족이 가능한 사이트를 발견하게 되면 쉽게 떠나버리게 된다.
- 만족그룹: 웹사이트가 제공하는 결과나 프로세스 모두에 대해서 대체로 만족하는 고객그룹을 말한다. 그러나 만족감을 느낀다고 해서 충성스러운 고객이 되는 것은 아니다. 어느 레스토랑의 음식이나 시설에 대해서 좋다고 느끼긴 하지만 꼭 다시 찾아야겠다는 생각이 들지는 않는 경우가 이에 해당한다고 볼 수 있다. 따라서 이러한 고객도 보다 나은 프로세스나 결과를 제공하는 사이트를 발견하면 곧 옮겨갈 위험성이 있다.

(4) 충성고객

프로세스나 결과의 어느 한 측면에서는 만족을 느끼고 다른 한 측면서는 기대 이상의 만족을 느끼는 고객그룹을 나타낸다. 다른 사이트나 판매회사로 쉽게 옮겨가지 않을 장기적으로 충성도가 높은(royal) 고객그룹이다. 기업의 성공적인 비즈니스를 위해 확보해야 할 고객그룹이라 할 것이다.

(5) 옹호고객

기업이 가질 수 있는 최상의 고객그룹이다. 결과나 프로세스 모두에 대해서 기대 이상의 만족을 느끼는 고객으로서 장기적으로 웹사이트에 높은 충성도를 보일 뿐만 아니라 배너광고처럼 웹사이트를 적극적으로 홍보하고 옹호해 줄(advocate) 고객이기도 하다.

Ⅲ e-Service 품질의 측정

1 e-Service 경쟁능력

e-Service 경쟁능력은 어떻게 구성되는 것일까? 제조경쟁력의 구성과 관련해서 논의되는 대표적인 경쟁력의 구성요소는 품질, 가격, 신뢰성, 유연성을 들 수 있다. 이러한 구성요소 간에는 선후관계가 존재해서 신뢰성의 기반 위에 일정한 순서로, 그리고 누적적으로 경쟁능력을 구축하는 것이 바람직하다는 경쟁능력의 샌드 콘(sand cone) 모델(Ferdows와 DeMeyer, 1990)은 많은 관심을 불러일으킨 바 있다. 혹자는 이러한 경쟁능력의 구성요소를 고객으로부터 주문을 획득하기 위한 자격조건(order qualifiers)과 성공조건(order winners)으로 구분하여 선후관계의 존재를 설명하기도 하였다(Hill, 1989). 최근 한 연구에서는 〈그림 14.3〉처럼 이러한 샌드 콘 모델의 개념을 적용하여 e-Service 경쟁능력의 구축모형을 제안한 바 있다(Voss, 2003).

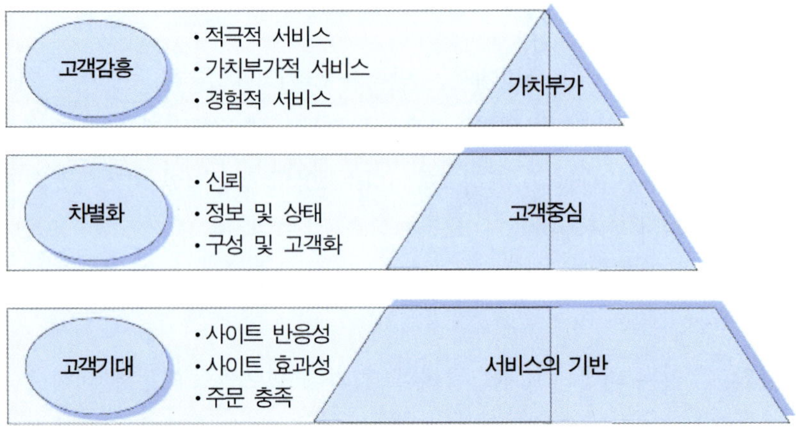

* 각 단계의 경쟁능력은 하위 단계의 능력이 갖춰졌을 때 효능을 발휘할 수 있다.

그림 14.3 e-Service 경쟁능력 구축 모델

자료: Voss, C.A. (2003), "Rethinking Paradigms of Service - Service in A Virtual Environment," *IJOPM*, Vol.23, No. 1, pp. 88-104.

1.1 기반능력

e-Service가 가져야 할 기초적인 능력을 나타낸다. 다른 상위 경쟁능력의 토대가 되는 능력기반으로써 기반능력을 잘 갖추지 못하면 고객을 상실할 위험성이 크다. 기반을 구성하는 e-Service 경쟁능력 구성요소는 반응성, 탐색용이성, 웹사이트 효과성, 주문충족 및 배달로 나누어 살펴볼 수 있다.

(1) 반응성

고객이 요청한 사항에 대한 반응을 나타낸다. 반응의 시간과 질 즉, 신속성과 정확성이 중요한 요소가 된다. 빈도가 높은 질문을 체계적으로 정리해서 고객으로 하여금 필요한 사항을 쉽게 구할 수 있도록 도와주는 FAQ(frequently asked questions)기능은 효과적인 반응성 제고 수단이 될 것이다.

(2) 탐색용이성

고객이 원하는 정보와 서비스를 쉽게 구할 수 있도록 홈페이지가 체계적으로 갖춰져야 함을 의미한다. 원하는 정보를 담은 페이지를 찾기 어렵거나, 페이지 여는 시간이 오래 걸리는 것, 혹은 원하는 결과의 다운로드 소요시간이 길게 걸리는 것은 모두 탐색용이성을 떨어트리는 요인들이라 할 것이다.

(3) 웹사이트 효과성

고객의 욕구 즉, 필요로 하는 바를 얼마나 잘 충족시키는지를 나타낸다. 일반적으로 3가지 측면에서 효과성을 살펴볼 수 있다. 첫째는 과업성과의 측면으로서 고객이 요청한 과업을 수행하기 위해 소요되는 시간을 말한다. 둘째는 고객이 가지는 주관적 만족감이고, 셋째는 서비스 결과가 지니는 품질의 수준이다.

(4) 주문충족 및 배달

고객주문 혹은 요청한 서비스의 정시제공 능력을 나타낸다. 서비스 결과가 제공하는 높은 수준의 품질과 만족감에도 불구하고 고객이 원하는 시간에 결과가 제공되지 않으면 고객이 이탈하게 될 것이다.

1.2 고객중심능력

기반능력이 e-Service가 가져야 할 필수적인 능력이라면 고객중심능력은 시장에서 경쟁적 우위를 창출하기 위해 필요한 능력이다. 고객에 초점을 맞추는 고객중심능력은 신뢰, 정보 및 상태 그리고 구성 및 고객화의 측면에서 살펴볼 수 있다.

(1) 신뢰

전자상거래를 실행하는 기업들에게 있어서 신뢰를 구축한다는 것은 중요한 과제 중의 하나가 된다. 한 연구에 따르면 금융거래가 한 번 잘못된 경험을 한 고객은 결코 다시 돌아오지 않는다고 한다(Urban 등, 2000). 특히 고객정보와 관련한 프라이버시 유지문제는 신뢰구축에 중요한 영향을 미치게 된다.

(2) 정보 및 상태

고객에 대한 정보나 주문상태에 대한 정보를 실시간으로 제공하는 능력을 말한다. 온라인 은행거래가 제공하는 주요 이점은 바로 언제든지 자신의 계좌에 대한 정보를 조회할 수 있다는 것이다. 물류 사업 분야의 경우 발송한 우편물 혹은 수하물이 현재 어떠한 상태에 있는지를 실시간으로 고객에게 알려주는 능력은 고객의 신뢰를 얻을 수 있는 효과적인 수단이 될 것이다.

(3) 구성 및 고객화

고객으로 하여금 원하는 상품구성의 내용을 설계할 수 있도록 하는 능력, 즉 고객화 능력을 말한다. 이러한 능력을 잘 갖춘 대표적인 기업으로는 Dell Computer를 들 수 있을 것이다. 고객이 웹상에서 원하는 사양을 가지고 자유롭게 성능과 가격을 알아볼 수 있으며, 주문이 이루어지면 고객이 원하는 상품구성을 가진 컴퓨터를 신속하게 배달해 주고 있다.

1.3 가치부가 능력

가치부가 능력은 기반능력과 고객중심능력을 갖춘 후에 고객의 확고한 충성심을 얻기 위해서 필요로 하는 경쟁능력의 구성요소라고 할 수 있다. 가치부가의 측면에서 생각해 볼 수 있는 e－Service 경쟁력 구성요소는 적극적 서비스, 가치부가적 서비스, 경험적 e－Service를 들 수 있다:

(1) 적극적 서비스

저장된 고객정보와 데이터베이스 탐색능력, e－mail 등을 사용해서 고객이 요청하기 전에 고객이 원할만한 정보를 적극적으로 제공하는 능력을 말한다. 가령 eBay의 경우 고객이 일단 경매에 응찰하면 고객이 정한 최대금액 내에서 자동으로 응찰가를 조정해 주게 되며, 최고가를 넘어선 다른 응찰가가 발생할 경우 이를 즉시 e－mail로 알려주게 된다. 물론 자동응찰 서비스 프로세스에 대한 정보도 즉시 고객에게 알려주고 있다.

(2) 가치부가적 서비스

가치부가적 서비스 창출은 고객에게 만족감을 더해주고, 고객유지 능력을 높여주며, 수익을 증가시켜 줄 수 있는 수단이다. 서비스 배달을 지원하기 위한 웹기반 인프라를 구축하는 것은 좋은 예가 된다. 전문 컨설팅 회사들의 경우 사내 훈련 코스를 지원하기 위해 특별히 구축된 웹기반 강의실을 개설해서 참여자에게 포럼이나 콘텐츠 링크 서비스를 제공하고 있으며, 웹기반 학습자료도 공급해주고 있다.

(3) 경험적 e－Service

웹사이트 방문 고객에게 단순히 필요한 거래를 효과적으로 완료해주는 것뿐만 아니라 방문 중에 즐거운 경험을 가질 수 있도록 해줌으로써 고객이 다시 찾도록 유도해 주는 능력을 말한다. 다양한 동영상, MP3 음악, 시각적인 매력을 주는 화면 등의 제공은 고객에게 단순히 필요한 서비스를 제공한다는 차원을 넘어서 고객으로 하여금 다시 찾고 싶게 만드는 즐거운 경험을 제공하는 수단이 될 수 있을 것이다.

2 e-Service 품질 모형

보다 비가시적인 측면의 서비스 제공을 특징으로 하는 e-Service의 품질을 어떻게 측정할 것인지에 대한 논의는 매우 제한적으로 이루어져 왔다. 우선 고객이 인식하는 품질의 평가대상인 e-Service의 실체 즉, 구성내용이 무엇인지를 규명하는 노력이 있어야 하고, 구체적으로 이런 구성내용의 품질수준을 어떻게 평가할 것인지에 대한 논의가 필요하게 된다. 다음에서는 이러한 측면에서 van Riel 등(2001)이 제안한 e-Service의 구성내용을 먼저 살펴보고, 인터넷 판매 서비스에 초점을 맞춘 품질 구성요소를 살펴보기로 한다. 마지막으로 최근 논의되고 있는 e-Service 품질 측정방법을 살펴보기로 한다.

2.1 e-Service의 구성내용

전통적인 서비스를 구성하는 요소로서는 핵심 서비스(core service), 촉진 서비스(facilitating service), 지원 서비스(supporting service)를 들 수 있다(〈그림 14.4〉 참고). 핵심 서비스란 고객이 서비스로부터 기대하는 결과를 말하며, 호텔의 경우는 침실제공이 되고, 항공사 같으면 항공편 제공이 된다. 촉진 서비스나 지원 서비스는 핵심 서비스와 밀접하게 연관된 부수적인 서비스를 말한다. 경우에 따라서는 핵심 서비스 이외의 모든 부수적인 서비스를 포괄하는 개념으로 보충 서비스(supplementary service)란 용어를 사용하기도 한다. 온라인 서적 판매회사를 예로 든다면 서적탐색 서비스나 대금청구내역 확인 혹은 안전한 지불 방법 제공 등은 촉진 서비스라 할 수 있고, 서평 제공이나 서적 추전 등은 지원 서비스라 할 수 있을 것이다.

최근 Grönroos 등(2000)은 이러한 전통적인 서비스 구성요소와 더불어 사용자 인터페이스(user interface)를 인터넷 서비스의 구성요소로서 새로이 제안한 바 있다. 그러나 인터넷을 기반으로 한 e-Service의 경우는 사용자 인터페이스 이외에도 전통적인 서비스와

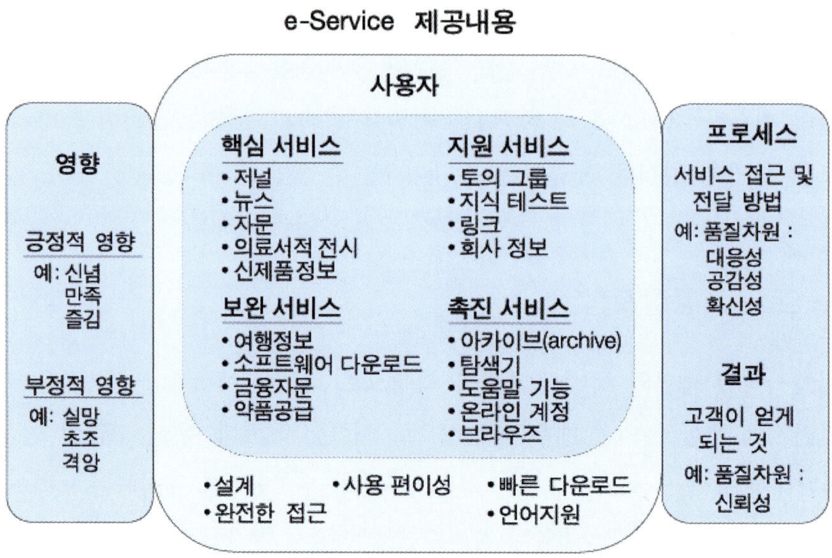

그림 14.4 e-Service의 개념적 모형(의료 포탈 사이트 사례)

자료: van Riel, A.C.R. et al. (2001), "Exploring Consumer Evaluations of e-Services : A Portal Site," *Int. J. of Service Industry Management*, Vol.12, No. 4, pp. 359-377.

구별되는 또 다른 구성요소가 존재한다. 즉, 보충 서비스처럼 핵심 서비스의 가치를 높이는 것에만 초점을 맞추기보다는 전체 웹사이트의 가치제고를 목적으로 한 독립적 성격의 서비스 제공이 이루어지기도 한다. 가령, 〈그림 14.4〉에 예로 든 의료 포털 사이트의 경우 의료전문 금융 서비스나 보험 서비스, 여행예약 서비스의 제공 등은 핵심 서비스의 가치부가보다는 관련 서비스 제공을 통한 웹사이트 전체의 가치제고에 초점을 맞추는 것이라 할 수 있다. 이러한 서비스는 촉진 서비스나 지원 서비스 등의 보충 서비스와는 그 목적이 구별되기 때문에 별도의 구성요소로서 구분하여 보완 서비스(complementary service)라고 부른다.

2.2 인터넷 판매 서비스 품질 구성요소

최근 Janda 등(2002)은 온라인 쇼핑고객을 대상으로 실시한 인터뷰를 통해서 인터넷 판매 서비스에 대한 품질의 차원을 연구한 바 있다. 이들이 인터뷰를 통해 얻은 자료를 정리하여 얻은 품질의 구성요소는 〈표 14.4〉와 같이 5가지 차원으로 나누어 살펴볼 수 있다.

표 14.4 인터넷 판매 서비스 품질의 차원

품질 차원		내용
성과	거래효율성	사이트 다운로드 소요시간, 주문입력 후 배달까지 소요시간 등
	배달충족	상품배달의 정확성, 배달오류의 해결의지 등
접근성	다양성	상품구색의 다양성
	보편성	상품 원천의 다양성, 다중 언어 및 화폐 지원 등
보안	재무적 보안	고객의 재무적 정보의 보안
	비재무적 보안	고객의 신상정보 등의 보안
감각		상품 및 인적구성원과의 상호교류
정보	수량	구매 관련 정보제공
	신뢰성	정보의 신뢰성

자료: Janda, S., Trocchia, P.J. and Gwinner, K.P. (2002), "Consumer Perceptions of Internet Retail Service Quality", *IJSIM*, Vol. 13, No. 5, pp. 412−431의 내용을 요약정리한 것임.

(1) 성과

인터넷 판매 서비스 품질의 성과(performance) 차원은 물리적인 측면에서 주문충족과 관련한 고객의 기대를 얼마나 잘 만족시켜 주고 있는가를 나타낸다. 단순히 적합한 상품을 배달해 주는 것뿐만 아니라 전체 거래를 완료하기 위해 얼마나 많은 시간과 노력을 사용해야 하는지도 포함한다. 따라서 세부적으로 볼 때, 성과차원은 거래의 효율성과 배달충족 능력을 포함하게 된다.

(2) 접근성

전 세계로부터 다양한 상품을 구매할 수 있는 능력을 나타내는 품질의 차원을 말한다. 이러한 의미에서 접근성(access)은 웹사이트가 제공하는 상품의 다양성과 보편성의 측면에서 살펴볼 수 있다. 가령, 희귀하고 드문 상품까지도 제공할 수 있다면 다양성이 높은 서비스가 된다. 또한 세계 도처로부터 조달된 상품을 제공한다든지, 다양한 언어지원 혹은 화폐금액 결제가 지원된다는 것은 보편성이 높은 서비스가 될 것이다.

(3) 보안

대부분의 경우 고객은 웹사이트를 통해 상품을 구매할 때 고객의 신상에 관한 정보와 대금결제를 위한 지불수단에 관한 정보를 제공하게 된다. 보안(security)이란 바로 이러한 고객의 정보가 얼마나 안전하게 처리되고 관리되는지를 나타내는 서비스 품질의 차원이다. 고객의 보안에 대한 관심은 신용카드번호 등과 같은 재무적인 정보의 안전성과 주소나 전화번호와 같은 비재무적인 정보의 안전성으로 구분하여 살펴볼 수 있다.

(4) 감각

고객이 쇼핑을 하면서 상품과 더불어 다른 사람들과도 접촉할 수 있는지를 나타내는 능력의 차원을 말한다. 즉, 감각(sensation)의 품질차원은 가상 마네킹을 사용해서 구매 전에 고객이 상품을 착용해 보도록 도와준다든지, 혹은 실시간 채팅 룸을 제공해서 판매원이나 다른 고객과 직접 교류할 기회를 제공하는 것과 같이 고객의 구매경험을 강화시켜 주는 특징을 나타낸다. 인터넷 판매가 가지는 인적교류의 제약성을 보완해 주기 위한 노력을 의미하는 것이다.

(5) 정보

웹사이트가 제공하는 정보(information)의 적절성과 신뢰성을 나타내는 품질의 차원이다. 주로 수량적인 측면과 신뢰성의 측면에서 살펴볼 수 있다. 구매상황에서 고객에게 가격비교내용과 같이 적절한 정보를 제공할 수 있는 능력은 수량적 정보제공 능력을 나타낸다. 반면에 고객이 제공된 서비스를 신뢰하는 정도는 신뢰성측면의 정보제공 능력을 나타내게 된다.

2.3 e - Service 품질의 측정

서비스 품질의 경우와는 달리 e–Service 품질에 대한 연구는 이론적인 측면이나 실증적인 측면에서 모두 아직은 초보적인 수준에 머무르고 있다. 최근에 이뤄진 e-Service 관련 연구의 내용은 대개 3가지 범주로 나눠 살펴볼 수 있다. 즉, 웹 사이트의 기술적인 품질, 고객만족에 영향을 미치는 차원 그리고 웹 사이트 서비스 품질의 범주로 나누어 살펴볼 수 있다(Akinci 등, 2010).

초기의 e-Service 관련 연구는 웹 사이트의 서비스 품질보다는 기술적 품질에 초점을 맞추었다. Loiacono 등(2001)이 개발한 WebQual은 연구자들에 있어서 이론적으로나 실증적으로 가장 포괄적인 웹 사이트 품질 규명 노력으로 받아들여지고 있다. WebQual은 웹 디자이너들이 보다 나은 웹 설계를 할 수 있도록 지원하기 위해 12개의 측정차원을 제시하고 있다. 이 연구에서는 학생들을 대상으로 실제구매보다는 웹사이트에 대한 단순한 평가측면만을 측정하였기 때문에 고객 서비스와 같은 중요한 품질속성은 측정하지 못하였다. 따라서 WebQual의 측정척도는 서비스 품질 측정을 위한 것이라기보다는 디자인 평가를 위한 것이라 할 수 있다.

웹 사이트의 기술적인 품질연구와 더불어 웹 사이트를 통한 상품구매 경험이 고객만족에 영향을 미치는 차원들을 규명하려는 노력들도 문헌에 등장하게 되었다. Van Riel 등(2001)은 가치 인식에 대한 고객만족의 영향과 3가지 서비스 구성요소와 관련한 전반적인 고객만족에 대해 조사하였다. 또한 Harris 등(2006)은 고객만족과 사후 구매 의도의 관점에서 온라인 환경하에서의 서비스 회복 전략을 조사하기도 하였다.

웹 사이트의 기술적인 품질과 고객만족에 대한 연구는 자연스럽게 연구자들에게 웹 사이트의 서비스 품질에 대한 관심을 유도하게 되었고, 품질측정 척도를 개발하려는 노력을 기울이게 만들었다. 최초로 완전한 형태의 e-Service 측정척도 개발과 관련한 시도는 Wolfinbarger와 Gilly(2005)가 개발한 eTailQ에서 찾아볼 수 있다. eTailQ는 웹 사이트 디자인, 고객 서비스, 충족/신뢰성 그리고 안전성/프라이버시 등의 4가지 차별화된 요소들을 나타내는 14개의 측정척도로 구성되어 있다. 보다 포괄적인 e-Service 품질 측정도구의 개발은 Parasuraman 등(2005)에 의해서 이뤄졌다. 이들은 e-Service 품질측정을 위한 도구로써 E-S-QUAL을 개발하였고(〈표 14.5〉) 특히 서비스 회복과 관련된 품질측정 도구로써 별도로 E-RecS-QUAL을 개발하였다(〈표 14.6〉).

E-S-QUAL은 〈표 14.5〉에서 보는 바와 같이 다음의 4개의 차원으로 구성된 22개 측정치로 이뤄져 있다:

- 효율성(efficiency): 사이트 접근과 이용의 편의성과 속도
- 충족(fulfillment): 주문배달과 상품구매가능성이 충족되는 정도
- 시스템 유용성(system availability): 사이트의 정확한 기술적 기능수행 정도
- 프라이버시(privacy): 사이트의 안전성과 고객정보 보호 정도

표 14.5 E-S-QUAL 측정척도

구분	측정문항
효율성	EFF1 : 이 사이트는 내가 필요한 것을 쉽게 찾을 수 있게 해 준다. EFF2 : 이 사이트에서는 어느 곳이든지 쉽게 찾아갈 수 있다. EFF3 : 이 사이트에서는 거래를 신속하게 완료할 수 있다. EFF4 : 이 사이트에서 제공하는 정보는 구성이 잘 되어 있다. EFF5 : 이 사이트는 페이지 로드를 빠르게 한다. EFF6 : 이 사이트는 이용하기가 간편하다. EFF7 : 이 사이트는 빠르게 들어가 볼 수 있다. EFF8 : 이 사이트는 구성이 잘 되어 있다.
충족	FUL1 : 이 사이트는 약속한 날짜에 주문한 것을 배달해 준다. FUL2 : 이 사이트는 적절한 시간 내에 배달 가능하도록 품목을 마련해 준다. FUL3 : 이 사이트는 내가 주문한 것을 신속하게 배달해 준다. FUL4 : 이 사이트는 정확하게 주문한 품목을 보내준다. FUL5 : 이 사이트는 가지고 있다고 표시한 품목을 실제 재고로 보유하고 있다. FUL6 : 이 사이트가 제공하는 품목은 신뢰할 수 있다. FUL7 : 이 사이트는 정확한 상품배달을 약속해 준다.
시스템 유용성	SYS1 : 이 사이트에서는 항상 거래가 가능하다. SYS2 : 이 사이트는 즉각적으로 열리고 실행된다. SYS3 : 이 사이트가 갑자기 작동이 멈추게 되는 일은 없다. SYS4 : 이 사이트에서는 주문정보를 입력한 후에 페이지가 넘어가지 않는 일은 없다.
프라이버시	PRI1 : 이 사이트는 나의 웹 쇼핑행동에 대한 정보를 잘 보호해 준다. PRI2 : 이 사이트는 다른 사이트와 나의 개인적인 정보를 공유하지 않는다. PRI3 : 이 사이트는 내 신용카드에 대한 정보를 잘 보호해 준다.

* 각 측정문항은 5점 척도(1=전혀 그렇지 않다; 5=정말 그렇다)에 의해서 평가됨.

온라인 쇼핑고객을 대상으로 조사한 실증적인 자료를 바탕으로 분석한 결과 E-S-QUAL이 제시한 4가지 차원은 높은 신뢰성과 타당성을 보여주었다. 4가지 차원의 서비스 품질에 미치는 영향은 효율성과 충족이 가장 높은 것으로 나타났고, 그다음은 시스템 유용성과 프라이버시 순으로 높게 나타났다.

E-RecS-QUAL은 다음의 〈표 14.6〉에 나타낸 바와 같이 모두 3개의 차원으로 구성된 11개의 측정치로 이뤄져 있다. 온라인상에서 이뤄지는 서비스 회복노력과 관련된 품질측정척도라는 의미로 E-RecS-QUAL(e-recovery service quality scale)라는 명칭을 사용하였다.

표 14.6 E-RecS-QUAL 측정척도

구분	측정문항
대응성	RES1 : 이 사이트는 편하게 품목을 반환할 수 있는 옵션을 제공한다. RES2 : 이 사이트는 상품반환을 잘 처리해 준다. RES3 : 이 사이트는 실질적인 보증제도를 제공한다. RES4 : 거래가 처리되지 않았을 경우 어떻게 해야 하는지를 잘 알려준다. RES5 : 문제에 대해 즉각적으로 처리해 준다.
보상	COM1 : 이 사이트는 사이트가 발생시킨 문제에 대해 보상해 준다. COM2 : 주문한 것이 정시에 도착하지 않았을 경우 보상해 준다. COM3 : 반환하려는 품목을 나의 집이나 직장에서 가져가 준다.
접촉	CON1 : 이 사이트는 연락할 회사의 전화번호를 제공한다. CON2 : 이 사이트는 온라인상에서 연락 가능한 고객서비스 담당자를 제공하고 있다. CON3 : 이 사이트는 문제가 발생할 경우 직접 담당자와 통화할 수 있도록 해주고 있다.

* 각 측정문항은 5점 척도(1=전혀 그렇지 않다; 5=정말 그렇다)에 의해서 평가됨.

- 대응성(responsiveness): 사이트를 통한 효과적인 문제처리와 반환처리
- 보상(compensation): 문제와 관련해서 고객에게 보상하는 정도
- 접촉(contact): 전화 혹은 온라인상의 고객 지원정도

e-RecS-QUAL의 타당성과 신뢰성에 대한 검증은 제한된 표본의 크기 때문에 Parasuraman 등(2005)의 연구에서는 충분히 이뤄지지 못하였다. 그러나 후에 2,017명의 은행 서비스 이용 고객을 대상으로 이뤄진 Akinci 등(2010)의 연구를 통해서 e-RecS-QUAL의 타당성과 신뢰성은 확인되었다.

한편 다양한 지표 분석기법의 발달로 인해 새로운 측정도구들이 개발되거나 기존의 측정도구들이 개선되고 있어서 다양한 기법으로 서비스의 측정이 이루어지고 있다. 또한 새로운 서비스 품질 측정 척도의 개발과 더불어 Python, Studio R과 같은 여러 도구들을 통해 기존의 척도를 이용하거나 보완하여 다양한 서비스 산업에서 서비스 품질의 측정이 이루어지고 있다(김현승, 2021). 특히 코로나 팬더믹 이슈로 인한 대면 설문조사 및 모바일 설문조사의 한계로 인해 빅데이터를 활용한 서비스 품질 측정도 주목받고 있는 실정이다. 고객이 제품이나 서비스를 받고 난 후에 작성하는 고객후기, SNS에서 제품이나 서비스에 대해 작성한 글에 대한 분석을 통해 서비스 품질의 속성 규명과 이에 대한 측정이 이루어지고 있으며, 기존의 측정 척도를 보완하여 보다 e-서비스 산업 분야에 맞는 서비스 품질 측정 또한 다양하게 시도되고 있다.

참고문헌

구자현 (2019), *인터넷 마케팅 제11장 : 소비자 편의성*, 목원대학교.

관계부처 합동(2019), *디지털 정부혁신 추진계획*.

관계부처 합동(2020), *포스트 코로나 시대의 디지털 정부혁신 발전계획*.

기업나라 (2013), *채널별 특징 파악하고 전략적으로 접근하라*.

김은희와 이경식 (2014), "E-서비스 특성에 대한 고찰," *한국컴퓨터정보학회*, Vol. 22, No. 1, pp. 211−214.

김현승 (2021), *네트워크 텍스트분석을 활용한 e-서비스 품질 연구동향의 계량서지학적 연구*, 박사학위논문, 단국대학교.

대한민국 정책브리핑 (2023), *행전안전부의 디지털 플랫폼정부 추진계획(2023년~2027년)*.

손재희 (2022), *오픈뱅킹시스템의 성장과 시사점*, KCA Media Issue Trend, Vol. 54, pp. 22−32.

지인해 (2023), *국내 OTT 산업 및 기업의 주요 현황과 시사점*, KiRi 리포트 이슈분석, pp. 17−20.

Akinci, S., Atilgan-Inan, E. and Aksoy, S. (2010), "Re-Assessment of E-S-Qual and E-RecS-Qual in a Pure Service Setting," *Journal of Business Research*, Vol. 63. pp. 232−240.

Ferdows, K. and De Meyer, A. (1990), "Lasting Improvements in Manufacturing Performance : in Search of a New Theory," *J. of Operations Management*, Vol. 9, No. 2, pp. 168−184.

Fitzsimmons, J.A. and Fitzsimmons, M.J. (2001), *Service Management*, 3rd ed., McGraw−Hill.

Grönroos, C., Heinonen, F., Isoniemi, K., and Lindholm, M. (2000). "*The NetOffer model: a case example from the virtual marketspace,*" *Management decision*, Vol. 38, No. 4, pp. 243-252.

Harris, K.E., Grewal, D., Mohr, I.A. and Bernhardt, K.L. (2006), "Consumer Responses to Service Recovery Strategies: the Moderating Role of Online versus Offline Environment," *Journal of Business Research*, Vol. 59. pp. 425－431.

Hill, T. (1989), *Manufacturing Strategies : Text and Cases*, Macmillan, UK.

Janda, S., Trocchia, P.J. and Gwinner, K.P. (2002), "Consumer Perceptions of Internet Retail Service Quality", *IJSIM*, Vol. 13, No. 5, pp. 412－431.

Loiacono, E.T., Watson, R.T. and Goodhue, D.L. (2001), "WenQualTM : a Web Site Quality Instrument," Worester Plytechnic Institute, *Working Paper*.

Parasuraman, A., Zeithaml, V.A. and Malhotra, A. (2005), "E-S-QUAL : A Multi-Item Scale for Assessing Electronic Service Quality," *Journal of Service Rresearch*, Vol. 7, No. 3, pp. 213－233.

Urban, G.L., Sultan, F. and Qualls, W. (2000), "Placing Trust at the Center of Your Internet Strategy", *Sloan Management Review*, Vol. 42, No. 1, pp. 39－48.

Van Riel, A.C.R. Liljander, V. and Jurriens, P. (2001), "Exploring Consumer Evaluation of e-Services: a Portal Site," *International Journal of Service Industry Management*, Vol. 24, No. 4, pp. 359－377.

Voss, C.A. (2003), "Rethinking Paradigms of Service－ Service in A Virtual Environment," *IJOPM,* Vol. 23, No. 1, pp. 88－104.

Wolfinbarger, M. and Gilly, M.C. (2005), "eTailQ : Dimensionalizing, Measuring and Predicting eTail Quality," *Journal of Retailing,* Vol. 79, No. 3, pp. 183－198.

Zemke, R. and Connellan, T. (2001), *e－Service*, AMACOM, NY.

Nielsen (2023), http://www.koreanclick.com.

대한민국 정책브리핑 (2023), http://www.korea.kr.

한국경제용어사전 (2023), https://dic.hankyung.com.

찾아보기

a

ABC 기법 302
ABC(activity-based costing) 302
ABM(Activity-Based Management) 304
account management 240
activity drivers 303
adequate service 88
advertising 241
affinity diagram 96
alternative ranking 101
American Society of Quality 33
American Society of Quality Control 33
appraisal cost 290
assessing customer complaints 270
assignable causes 154
attribute control charts 160, 190
attribute guarantees 276
attributes 160

b

back stage 132
benchmarking 54
Black Belt 346
blueprinting 132

c

C_{pk} 측정치 158
CAGR(Compound Annual Growth Rate) 11
capacity cushion 359
category scaling 105
cause-and-effect diagram 184
CE(concurrent engineering) 122
central tendency 161
chain reaction 40
check sheet 184
chronic complainers 275
CIT(critical incident techniques) 77
CL(central line) 161, 190
clues 248
CM(category management) 228
complementary service 384
constant sum 108
contextual inquiry 95
continuous improvement(CI) 180
contract performance 215
control chart 184, 190
control variables 136
COQ 모델 288
COQ(cost of quality) 288
core service 383
corporate design 244
correlation matrix 130
cost assignment view 303
cost drivers 303
cost objects 303
cost structure 215
credence attributes 19
critical incident 77
cross-functional team 122
customer communication 238
customer deployment 126
Customer Experience Grid 376

customer panels 94
customer research 91
customer research 270
customization 19
CWQC(company-wide quality control) 36
c-관리도 169, 172

d

delay 187
demand-side 226
deployment 125
deserved standards 252
Design for Six Sigma 363
design of experiments 136
design responsibility 219
desired service 88
desires 248
direct magnitude estimation 104
dispersion 161
DMADV(define-measure-analyze-design-verify) 모델 363
DMAIC 개선 프로세스 354
DMEDI(define-measure-explore-develop-implement) 모델 363
Do it right the first time 32
DPMO(defects per million opportunity) 352
DPO(defects per opportunity) 352
DPU(defects per unit) 351

e

e-Commerce 375
economy of experience 5
ECR(Efficient Consumer Response) 225
ECR-Austria 모델 226
EDI(electronic data interchange) 219, 227
EFQM(European Foundation for Quality Management) 193
empathy 267
EMS(Environmental Management System) 204
Enron의 회계부정 사건 205
ER(efficient replenishment) 228
E-RecS-QUAL 388
e-Service(electronic service) 370
ESG 46, 206
E-S-QUAL 387
eTailQ 387
EUL(efficient unit load) 227
Excellence Model 193
expectancy-disconfirmation 252
expectation standards 252
expectations 248
expected service 64
experience attributes 19
explicit service 21, 62
expressive performance 62
external failure cost 290
e-커뮤니케이션 245

f

facilitating goods 21
facilitating service 383
fail point 132
financial capability 214
flexible service process monitoring 272
flow chart 184
FMEA(failure modes and effects analysis) 142
FMEA의 전개 과정 142
focus group 93
front stage 132
function deployment 126
functional analysis 364
functional quality 62
Fundamental Concepts of Excellence 193

g

Green Belt 346

GRI 207
groupthink 현상 93

h

histogram 184, 188
house of quality 127

i

ideal standards 252
if Japan can, why can't we? 39
impersonal communications 239
implicit service 21, 62
importance value 131
in-control 163
industrial society 5
Influencer 243
information 21
information processing 26
in-plant representative 223
inspection 187
instructional materials 243
instrumental performance 62
interactive 245
internal brainstorming 94
internal communication 238
internal failure cost 290
interrelationship diagraph 96
intervention 249
interviews 93
ISO 199
ISO 14000 204
ISO 9000 199

j

JIT-II 223

k

Kano 모델 109

l

LCL(lower control limit) 161, 190
Lehman Brothers 사태 205
line of interaction 132
line of internal interaction 133
line of visibility 133
location studies 94
lower specification limit 155

m

Malcolm Baldrige National Quality Award 39, 42
market research 91
Master Black Belt 346
material ownership 219
mental stimulus processing 26
minimum tolerance standards 253
Moen의 측정 방법 304
monitoring processes 270
MOT(Moment of Truth) 350
MPM(Multi Pickup Method) 96

n

NCSI(National Customer Satisfaction Index) 325
nested hierarchy process 106
new concept deployment 127
NHP 106
noise variables 136

o

O2O(Online to Offline) 10
OCR(Online Customer Reviews) 114
operations 187
organization deployment 126
OTT(Over-The-Top) 11
out-of-control 163
outsourcing 8

p

Pareto chart 184, 186
PCSI(Public-service Customer Satisfaction Index) 326
PDCA 싸이클 181
PDSA 싸이클 181
people processing 25
perceived quality 328
perceived service 64
permission marketing 245
personal communications 239
personal selling 239
physical evidence 133
Poka-Yoke 144
possession processing 26
postindustrial society 5
PQC 모델 295
PQC(Poor-Quality Cost) 288
PR(public relations) 242
predicted service 88
predictive expectation 252
preindustrial society 5
prevention cost 289
Principles of Scientific Management 31
problem-tracking system 272
process capability index 157, 214
process deployment 127
process flow chart 186
process owner 353
process view 303
procurement 212
production scheduling 215
productivity 307
proportion defective 351
publicity 242
pull system 358
purchasing 212
p−관리도 169, 170

q

QC 서클 34
QFD(quality function deployment) 124
quality assurance 32, 214
quality control 35
Quality Council 348
quality deployment 126
quality improvement 35
quality leadership 332
quality loss function 136
quality planning 35
Quality Trilogy 36
quality values 333

r

random causes 154
regular pair comparison 102
relationship matrix 130
reliability deployment 127
resource drivers 303
robust design 136
root-cause analysis process 272
RPN(risk priority number) 142
R−관리도 164, 165

s

sales promotion 242
satisfaction guarantees 276
satisfiers 109
scaled pair comparison 103
scatter diagram 184, 189
scoring method 108
script 248
search attributes 19
Seiri 195
Seiso 195
Seiton 195
Seketsu 195

service calls 94
service design thinking 146
service guarantees 276
service package 21
service process matrix 22
service recovery paradox 280
service standards and scripts 133
servicescape 55, 244
servitization 9
SERVQUAL 71
sharing of cost data 219
Shitsuke 195
signal-to-noise ratio(S/N) 141
simple ranking 101
SIPOC 다이어그램 349, 354
Six Sigma 39, 341
Six Sigma Leadership Team 348
SNS(social network service) 95
solution 9
sourcing 212
SPC(statistical process control) 160
SQI(Service Quality Index) 334
Statistical Quality Control 32
storage 187
stratification management 196
structuring 96
supplementary service 383
supplier value analysis effort 215
supply-side 226
supporting facility 21
supporting service 383
survey 92
sustainability 205
Sustainable Development 45, 230
sympathy 267

t

target values 131
task deployment 127
technical quality 62
The Wealth of Nations 30
theory of justice 273
time traps 357
total customer experience 376
total productivity 309
TPM(total productive maintenance) 192
TQC(total quality control) 36
TQM(total quality management) 36
TQS(total quality service) 48
transportation 187
tree diagram 96
UCL(upper control limit) 161, 190

u

upper specification limit 155
user interface 383
u-관리도 169, 174

v

value measurement techniques 100
value migration 4
variable control charts 160, 190
variables 160
verbatims 96
vital few 186
VOC 전개 126
VOC(voice of customers) 91
VOE(voice of engineers) 130
voice of customer deployment 126

w

WEF(World Economic Forum) 46
word-of-mouth 241

x

$\bar{x}$-R 관리도 164

$\overline{x}$–s 관리도 164
$\overline{x}$–관리도 164, 167

Z

ZD(zero defect) 36
zone of tolerance 89

ㄱ

가격기반 경쟁 377
가시선 133
가치 이동 4
가치기반 경쟁 377
가치부가 능력 382
가치측정기법 100
각본 248
감가상각비 24
감동요인 109
감성분석 114
감성사전 114
감정이입 267
개입 249
검사 187
결점비율 174
결함 위치 체크 시트 184
경영자를 위한 14가지 처방 40
경험경제 6
경험경제 시대 5
경험속성 19
계량치 160
계량형 관리도 160, 164, 190
계량형 체크 시트 184
계수치 160
계수형 관리도 160, 169, 190
계수형 체크 시트 184
계약이행성과 215
계정관리 240
고객 전개 126
고객 충성도 331
고객 커뮤니케이션 238
고객 패널 94
고객가치 방정식 322
고객경험 격자 376
고객만족 329
고객만족지수 모델 324
고객목소리 91, 349
고객불만 평가 270
고객상실 비용 264
고객조사 91, 270
고객중시 53
고객중심능력 381
고객화 19
공공기관 고객만족지수 326
공급업체의 가치분석 노력 215
공급측면 226
공동 구매관리 228
공정성이론 273
과업 전개 127
과학적 관리의 원리 31
관리도 184, 190
관리상태 163
관리상한 161, 190
관리하한 161, 190
광고 241
구매 212
구전 241
구조화 96
국가 고객만족지수 325
국부론 30
규격상한 155
규격하한 155
그린 벨트 346
근본 원인 분석 프로세스 272
기능 전개 126
기능분석 364
기능적 품질 62
기대 248

기대된 수준 71
기대-불일치 모델 252
기대표준 252
기대하는 서비스 64
기본요인 109
기술적 시스템 52
기술적 품질 62
기업 디자인 244
기하평균 105
기회 당 결합 수 352

ㄴ

나무 다이어그램 96
내부 물적 상호작용선 133
내부 브레인스토밍 94
내부 커뮤니케이션 238
내부실패비용 290
노조 개입 54
녹색구매 230
뉴 콘셉트 전개 127
능력의 여유 359

ㄷ

다부문 연계 팀 122
다수 사소한 원인 186
다중선택법 96
단서 248
단순순위평가법 101
단위 당 결함 수 351
대체순위평가법 101
도구적 성과 62
동정심 267
디지털 고객 95

ㄹ

로부스트 설계 136

ㅁ

마스터 블랙 벨트 346
만족요인 109
말콤 볼드리지 국가품질상 39, 42
면담 93
명백한 서비스 62
명시적 서비스 21
무결점 36
묵시적 서비스 21
문제추적 시스템 272
물적 증거 133
미국품질관리학회 33
미국품질학회 33

ㅂ

백 스테이지 132
범주형 척도법 105
벤치마킹 54
보완 서비스 384
보조시설 21
보충 서비스 383
분류신뢰성 79
불량비율 169, 351
불량품질비용 288
불만족 고객 263
블랙 벨트 346
비관세 장벽 199
비교표준 56
비용구조 215
비용자료의 공유 219
비용할당 차원의 모델 303
비인적 커뮤니케이션 239
비적합성비용 299

ㅅ

사내 대리자 223
사용 지침서 243
사용자 인터페이스 383

사회교환 44
사회적 책임 55
산술평균 105
산업사회 5
산포도 161, 184, 189
상관성 매트릭스 130
상습적인 불만고객 275
상호연관성 다이어그래프 96, 98
상호작용선 132
상황적 조사 95
샌드 콘 모델 379
샘플링 기법 32
생산성 307
생산일정계획 215
서비스 가치 330
서비스 디자인 씽킹 146
서비스 만족보증 276
서비스 문화 55
서비스 보증 276
서비스 블루프린팅 132
서비스 생산성 307
서비스 속성보증 276
서비스 실패 260
서비스 콜 94
서비스 패키지 21
서비스 표준 및 대본 133
서비스 품질지수 334
서비스 풍경 55, 244
서비스 프로세스 메트릭스 22
서비스 회복 266
서비스 회복 시스템 269
서비스 회복 패러독스 280
서비스-수익 사슬 322
서비스의 불일치/만족 관계 모델 247
서비타이제이션 9
설계책임 219
세계경제포럼 46
소수 핵심 186
소싱 212
소싱 프로세스 212
소유물 프로세싱 26
솔루션 판매 9
수요측면 226
습관화 195
시그마 342
시장점유율 40
시장조사 91
시장지향적 53
식스 시그마 39, 341
식스 시그마 리더십 팀 348
식스 시그마 블랙 벨트 346
식스 시그마 설계 363
신뢰성 전개 127
신뢰속성 19
실패발생점 132
실험설계 136, 141

ㅇ

아웃소싱 8
암묵적 서비스 62
여론조사 92
연관성 매트릭스 130
연쇄반응 40
연평균성장률 11
예방비용 289
예상 서비스 88
예상기대 252
온라인 고객 리뷰 114
옴니채널 372
옹호고객 379
완전품질수준 모델 301
외부실패비용 290
욕망 248
우수성 기본개념 193
우수성 모델 193
우연원인 154

운송 187
원가대상 303
원가유발요인 303
원인-결과 다이어그램 184, 191
위험고객 378
유사성 다이어그램 96, 98
유연한 서비스 프로세스 모니터링 272
유통채널 372
이상상태 163
이상원인 154
이상적 표준 252
이탈고객 377
인간 프로세싱 25
인내 영역 89
인적 커뮤니케이션 239
인적자원 관리 52
인적판매 239
인터렉티브 웹 사이트 245
인플루언서 243
일반형 조합비교법 102
일본이 할 수 있다면 우리가 못할 이유가 무엇인가? 39
일정합계평가법 108

ㅈ

자본 집약도 23
자원유발요인 303
자재소유 219
작업 187
잡음대비 신호비율 141
잡음변수 136, 141
재정적 능력 214
저장 187
적정 서비스 88
적정품질수준 모델 299
적합성비용 299
전개 125
전기산업사회 5
전사적품질관리 36
점수평가법 108
정돈 195
정리 195
정보 21
정보 및 분석 시스템 53
정보 프로세싱 26
정신적 자극 프로세싱 26
조달 212
조직 전개 126
종업원 만족 52
중심선 161, 190
중심화경향 161
중요성 평가치 131
지각된 가치 328
지각된 수준 71
지각된 품질 328
지각하는 서비스 64
지속가능 공급망 관리 221
지속가능 구매 229
지속가능능력 205
지속가능발전 45
지속가능한발전 230
지속적 개선 54, 180
지연 187
지원 서비스 383
직접중요성추정법 104, 105
진실의 순간 350

ㅊ

처음에 올바르게 하라 32
척도형 조합비교법 103
청결 195
청소 195
체크시트 184
초개인화 10
촉진 상품 21
촉진 서비스 383

총 생산성 309
총체적 고객경험 376
최소인내표준 253
축약적 표현 96
충성고객 379
층별관리 196

ㅌ

타임 트랩 357
탐색고객 378
탐색속성 19
통계적 품질관리 32
통계적 프로세스 관리 160
통제변수 136, 141

ㅍ

파레토 차트 184, 186
판매촉진 242
팬더믹 양상 9
퍼블리시티 242
평가비용 290
평균적인 수준 155
포카요케 144
포커스 그룹 93
표적치 131, 155
표준화 19
표현적 성과 62
풀 시스템 358
품질 가치 333
품질 리더십 332
품질 삼박자 36
품질 위원회 348
품질 전개 126
품질개선 35
품질계획 35
품질변동 191
품질보증 32, 214
품질비용 288
품질손실 함수 136, 137
품질의 집 127
품질통제 35
프런트 스테이지 132
프로세스 능력지수 157, 214
프로세스 모니터링 270
프로세스 소유자 353
프로세스 전개 127
프로세스 차원의 모델 303
프로세스 플로우 차트 186
플로우 차트 184

ㅎ

합당한 표준 252
핵심 서비스 383
핵심상황 77
핵심상황법 77
허용 마케팅 245
현장조사 94
환경경영 시스템 47, 204
환경지속가능성 47
활동 및 성과측정치 303
활동기준원가계산 302
활동유발요인 303
후기산업사회 5
희망 서비스 88
히스토그램 184, 188

기타

5S 195, 361
5W2H 방법 180

지속가능경영을 위한

서비스 품질경영

저 자 유영목 · 임현정 · 김현승

발 행 인 김지영

발 행 처 자유아카데미

주 소 경기도 파주시 회동길 37-42

파주출판도시

전 화 031-955-1321

팩 스 031-955-1322

홈페이지 www.freeaca.com

전자우편 main@freeaca.com (대표)

editor@freeaca.com (편집)

crm@freeaca.com (영업)

등 록 제406-2003-017호, 1980. 7. 12

제1판1쇄 2024년 11월 25일 발행

저자와의 협의하에 인지생략

ISBN 979-11-5808-651-0 93320